荆楚文庫

〔順治〕黄梅縣志

〔清〕徐昱修　〔清〕蕭藴樞纂

〔乾隆〕黄梅縣志

〔清〕薛乘時修　〔清〕沈元寅纂

荆楚文庫編纂出版委員會
武漢大學出版社

荆楚文庫

〔順治〕黄梅縣志
SHUNZHI HUANGMEI XIANZHI
〔乾隆〕黄梅縣志
QIANLONG HUANGMEI XIANZHI

圖書在版編目(CIP)數據

〔順治〕黄梅縣志/〔清〕徐昱修;(清)蕭蘊樞纂.
〔乾隆〕黄梅縣志/〔清〕薛乘時修;(清)沈元寅纂.
—武漢:武漢大學出版社,2022.5
ISBN 978-7-307-22142-0
Ⅰ.①順…　②乾…
Ⅱ.①徐…　②薛…　③蕭…　④沈…
Ⅲ.黄梅縣—地方志—清代
Ⅳ.K296.34
中國版本圖書館 CIP 數據核字(2021)第 278479 號

責任編輯:程牧原
整體設計:范漢成　曾顯惠　思　蒙
責任校對:李孟瀟
出版發行:武漢大學出版社(中國・武漢)
地址:武昌珞珈山
電話:(027)87215822　　郵政編碼:430072
録排:武漢恒清圖文菲林輸出工作室
印刷:湖北新華印務有限公司
開本:787mm×1092mm　1/16
印張:30.75　插頁:6
版次:2022 年 5 月第 1 版　2022 年 5 月第 1 次印刷
定價:138.00 元

ISBN 978-7-307-22142-0
9 787307 221420

《荆楚文庫·方志編》編纂組

組　　長：劉偉成　陽海清（執行）

副 組 長：劉傑民（執行）　王　濤　謝春枝　范志毅（執行）

參編人員（以姓氏筆畫爲序）：

王　濤　李云超　宋澤宇　范志毅　柳　巍　馬盛南　陳建勛

梅　琳　張　晨　張雅俐　陽海清　彭余焕　彭筱濺　賀定安

劉傑民　謝春枝　嚴繼東

編　　審：周　榮

顧　　問：沈乃文　李國慶　吴　格

出版説明

湖北乃九省通衢，北學南學交會融通之地，文明昌盛，歷代文獻豐厚。守望傳統，編纂荆楚文獻，湖北淵源有自。清同治年間設立官書局，以整理鄉邦文獻爲旨趣。光緒年間張之洞督鄂後，以崇文書局推進典籍集成，湖北鄉賢身體力行之，編纂《湖北文徵》，集元明清三代湖北先哲遺作，收兩千七百餘作者文八千餘篇，洋洋六百萬言。盧氏兄弟輯録湖北先賢之作而成《湖北先正遺書》。至當代，武漢多所大學、圖書館在鄉邦典籍整理方面亦多所用力。爲傳承和弘揚優秀傳統文化，湖北省委、省政府決定編纂大型歷史文獻叢書《荆楚文庫》。

《荆楚文庫》以『搶救、保護、整理、出版』湖北文獻爲宗旨，分三編集藏。

甲、文獻編。收録歷代鄂籍人士著述，長期寓居湖北人士著述，省外人士探究湖北著述。包括傳世文獻、出土文獻和民間文獻。

乙、方志編。收録歷代省志、府縣志等。

丙、研究編。收録今人研究評述荆楚人物、史地、風物的學術著作和工具書及圖册。

文獻編、方志編録籍以一九四九年爲下限。

研究編簡體横排，文獻編繁體横排，方志編影印或點校出版。

《荆楚文庫》編纂出版委員會

二〇一五年十一月

總目録

荆楚文库

〔順治〕黄梅縣志

〔清〕徐昱 修
〔清〕蕭藴樞 纂

前言

《〔順治〕黄梅縣志》九卷，清徐昱修，清蕭藴樞纂，清順治十七年（一六六〇）刻本。

徐昱，清直隸永平（今河北完縣）人，貢生，官黄梅知縣。蕭藴樞，湖北孝感人，舉人，儒學教諭。

黄梅縣前身爲南朝齊所置永興縣，治今縣西北，屬齊昌郡。隋開皇初改永興縣爲新蔡縣，十八年（五九八）又改新蔡縣爲黄梅縣。縣名來源據《大明一統志》：黄州府黄梅山『在黄梅縣西四十里。其山多梅，故名，隋以此山名縣』。屬蘄州。元初移治今址，屬蘄州路。明隸湖廣布政司黄州府蘄州。清屬黄州府。

邑之有志始於明萬曆十一年（一五八三），黄州府推官曾維倫創修志書，《千頃堂書目·卷七·地理類中》録之，今佚，僅瞿甲所撰《序》與纂修者名單見於順治志。徐昱於清順治十五年（一六五八）到任。其時湖廣提督學政王發祥檄下屬郡縣編纂志書，昱即延蕭藴樞等人開館修志。黄梅經兵燹，舊志無存，昱遷人搜訪，於邑人吳履之藏書中尋得殘篇數册。遂以之爲參考，博訪採輯，增損正誤，於順治十七年（一六六〇）書成付梓。

志分五綱：輿地、政務、人物、仙釋、藝文，凡九卷六十目，卷一前設序，書末有黄景恒、蕭藴樞跋。每綱前有首敘，『引起所以引其綱目』，大多數目後有『説』，爲評説者對該目所涉事實之評述議論。是志内容以紀實爲原則，不避俚俗，記敘簡樸，所録者取其足備考鏡者。節孝事跡關乎倫紀，是志增録相關淹没而未彰者，『以見懿德之有同好』。

是志修於清初，雖僅有五綱之分，然子目詳盡，一邑之風土人情皆有所涉，其編排次序已有後世志書雛形，且分卷較爲合理。唯五綱之數於志例實爲籠統，一門之下所領子目衆多，難令觀者有一目了然之感。時梅邑飽經戰亂旱澇之苦，地瘠民貧，纂修者期以是志遞之清廷，而求薄民賦、討軍實、興教化，其拳拳之心足爲可貴。

據《中國地方志聯合目録》，是志僅國家圖書館藏有清順治十七年（一六六〇）刻本。該刻本末有康熙九年（一六七〇）吳祖堯所撰《重建儒學記》一篇，版心書口下落款『竹蓑堂』。鑒於其字體與前文存在差異，文字排列不似前文工整，雖書口上鐫『吳序』，其内容與修志始末並無關聯，或爲後世所增。本次據此刻本影印。

（彭筱溦）

目録

黃梅縣志序

祥不敏奉

簡書衡文楚北朝夕惴惴惟不得當是懼已而思之學臣之職非徒以課帖括定殿最而已凡事

之關乎綱紀文章人心風俗可以裨益政教者皆當修而明之乃檄下有司各排纘其所治之郡邑志而梅邑獨刻期告竣祥讀之而竊有感也政治之大矣

農禮樂而已梅地廣袤不過二百餘里而山林川澤實居其半高者苦旱窪者苦澇圍濱江一瘠土也災而歲賦粮三萬七千有奇賦重則民貧民貧則吏困

元結有舂陵之詩陽城無上上之考此其難治者一也獻寇蹂躙之後災荒洊臻戶無土著人不聊生獸聚鳥散剽掠四起然而旗鼓之臺不存關隘之防未

復武備既弛誰捍牧圉此其難
治者二也教化久衰風俗頹敝
薦紳厮養以號交呼蒼頭盧兒
皆列上坐必可陵長賤可妨貴
加以好鬼信佛人病不爲致醫
而專崇淫祀屈喪不與哀泣而
廣召異端漸漬既深極重難反
此其難治者三也此三者兵農
禮樂之大務也而難治如此譬
如琴瑟不調當急解而更張之

他日
朝廷採風問俗勤恤民隱以梅邑
利病臚列上聞爲之薄其賦斂
討其軍實興其教化則此志也
其亦三道之一助乎然則學博
蕭君詮次之功與邑令徐君贊
成之力亦何可沒也是爲序
順治十七年庚子仲冬至前一
日
欽差提督湖廣湖北等處學政按

察司僉事王發祥序

志序

書成梓人報工竣學蕭公索序於余余以薄書鞅掌日懼奉職無狀不得與諸子事筆墨又何敢贅一辭添虵足敬謝不敏已而邑孝廉洪公及士梁公介臣造庭而請曰志雖志邑也凡官斯邑者咸志焉如戴公中姜公忻來公三聘桂公生芝之武公圖功鍾公顯俊不到今與論猶馨哉今公治績炳炳也異日梅之人誦公言如見公焉公何可不以筆舌留後思余惟樸樕一材承乏茲土將及瓜矣終日作錢穀計懼上考不能爲梅

民繪圖請命余固區區一俗吏也今二公弗棄余余試爲二公言梅地濱江而阻舟楫既無捆載之商賈又鮮懋遷之貨殖年豐不能資與國歲歉無以告隣封客佃外招嘯聚烏散蓋大稱不便且也額糧三萬七千有奇科重賦繁土瘠

民貧旱則易暵潦則巨浸兼以兵寇蹂躪殲殪逃亡過半上累官評下苦孑遺呼籲無門此正余之痛心疾首者矣蕭公立言及此知余心哉梅爲四通六合之區閩粤之班師荆揚之振旅比歲問道焉備應稱繁吏胥呼困而署宇未治圮且不修居官者幾攢眉供役者日蹙額借箸莫籌動多掣肘蕭公惓惓以興復望司牧意深遠哉異日採風問俗廑

天子廷俾梅民疾苦觀如列掌則蕭公之言當不沒也維時聚首秉筆者蓋黄子景恒張子弘綱沈子文珂王子獻臣汪

子流恒數文學焉若參訂若彙次若恊輯莫不採奇禹穴正訛補佚字櫛而句比之以襄事不衰余故得隨分校正云爾

順治十七年庚子歲孟冬月北平徐昱

漫書於縣署之梅閣

志序

楚良史倚相能讀八索九丘孔安國曰九州之志謂之九丘丘聚也言九州所有土地所生風氣所宜皆聚此書也古者封建之制行分土列爵各有分地分民在其邦國者亦各有其國之私書所謂志者是也志雖作于侯國而籍則掌于王官五代以

來其書散佚不傳明洪武三年命儒士魏俊民等六人編類天下郡縣地理形勢爲大明志規形勝備風俗攷沿革廣見聞前古所未有也今

國朝法周禮外令掌四方志之制令天下郡縣率撰修志書梅以兵燹殘刦遺編斷簡捜輯失序有學諭蕭公秉筆慮始邑矦

徐公銳意董成草創討論視舊志增損有加正其謬盭叅定典氏凡疆域道理山川物產里數戶口錢穀所應有者皆具其中此成周當時大司徒佐王安擾邦國之首務而爲我

朝所亟圖也蕭公著說立評悉本子長孟堅蔚宗永叔論賛序傳領其玄致標其洞涉

所謂奇文不墜于世微言不絕于今者乎然自歷代薦辟選舉忠孝賢哲節義古蹟陵墓而外於仙釋則另志蓋梅山川輿衍靈秀將半攘之攷陶元亮結蓮社韓昌黎諫佛骨仙釋固未可盡闢亦不可不慎也蕭公立說知言哉他往蹟如太子驛梁昭明懸弧處邑治基宋鮑明遠故宅此地緣

人顯明神廟中石中丞馴服黄台吉功在邊陲汪司馬治河玄夷授簡幕府籌邊績紀樞部瞿徵君理學醇深著述克棟邢侍御累世台省科名眉累若講之祖晦之弱冠登賢書子孫冠麟經宴曲江俱不足述惟李氏歲書載士高祖孝義名臣本傳視邑志家譜更詳差足備志中採摭耳邑中

羣祀之禮與他郡縣同若專祀則宋公昭德侯祭法能禦大菑能捍大患則祀之公于梅旱澇霖霪有祈輒應他靈驗不能更僕數村民禜禬禮近于蜡牲用醞辜子貢云一國若狂殆將類是然亦不得比于淫祀矣至梅風教詳前志曾司李論中往京辦諸掾仕至縣幕雜職見縉紳先達咸知守分不呼字號近則編民市猶肆然無忌葢數年兩闈晨星望斷清華綱紀頹靡非望邑之文學樹赤幟奪錦標披雲日大振風會有不可者王昭禹曰外令掌四方之志則下知風俗之所向梅之風俗若此亦地志圖經之一大係也志成蕭公命予序其事予特謹蕪言以應

順治十七年庚子歲重九之後三日邑居

士洪世講謹序

黄梅縣志目録

黃梅縣志 卷一 目錄 三

黃梅縣志 卷一 目錄 四

黄梅縣志例

一志以紀實故攄事直書不避俚俗蓋寧樸勿華寧簡勿繁取其足備考鏡云爾若摹倣左國史漢務字琢句求免涉於鋪張非紀實也

一前志無存往蹟莫稽徧為搜訪僅得殘篇數冊於吳子諱履之篋中吳子稱積學性愛藏書則吳子之有功於梅也多矣

一舊志多散失且殊無倫次今編為輿地政務人物仙釋藝文五志而條列詳明各從其類如風土之

黄梅縣志　卷一　志例　一

附輿地災異之附政務陵墓之附人物古蹟之附仙釋皆以類見也編次之餘幾費尋繹未審有當否

一輿地等五志各用首敘引起所以引其綱目也其中事各有說人各有評說者說其事之當興革評者評其人之關風教雖云未議實具有深心也

一節孝事關倫紀其曾經　題旌者固足風勵一世矣然豈無拍舟自矢盡養不愧名湮沒而弗彰者乎表而出之以見懿德之有同好云

一脩志奉

湖北督學宗師王　面諭嵩委栢　惴惴懼弗勝以故舉黃子景恒張子弘綱共襄厥事草創討論各見所長矣然廣收採則鄙雜陳存疑闕則穿鑿不免潤色之能竊有望於後之博物者

一栢之脩斯志也博訪採輯極力搜求約兩月餘而與諸子共事筆墨焚膏繼晷又五閱月釐正舊志頗多削除草率之罪幸　邑君子共鑒焉

黄梅縣志　卷一　志例　二

脩黄梅縣志姓氏

明萬曆十一年

黄州府推官樂安曾維倫脩輯

鄉官　石崑玉　熊偉

汪可受　瞿甲

魏廷釆　陳一経　仝編

儒學生　程夢麟　周鼎

魏文宣　胡思順

汪美　蔣廷焴

黄梅縣志　卷一　姓氏　一

清順治十七年

知黄梅縣事北平徐　昱校正

儒學教諭孝感肅縕樞輯

鄉官　吳　卿　將　文

洪世講　梁　憲

黄景恒　仝編

儒學生　張弘綱　汪流恒

沈文珂　蔡雲起

王猷臣

北抵圻州
古角山
南山
北山
頓旗尖
三渠舖
五祖寺
停前驛
東抵直隸宿松縣界
兩河口
茅栗山
柘林舖
悠悠河
礦山
黃花港
馬鞍山
東觀
馬頭橋
上新
下新
獨山
源湖
楊家穴
涉湖
感湖
新開口巡檢司
七

輿地圖
後山界
紫云山
唐家山
双峰山
高山寺
城隍嶺
龍岐寺
考田山
白馬寺
西抵廣濟縣界
楊梅嶺
赤塘山
排子山
大河舖
粉壁山
金鐘舖
上山橋
赤土坡
河泊所
張家湖
太白湖
楊林
万柳堤
白湖渡橋
孔龍鎮
柴池湖
南抵江西九江府界

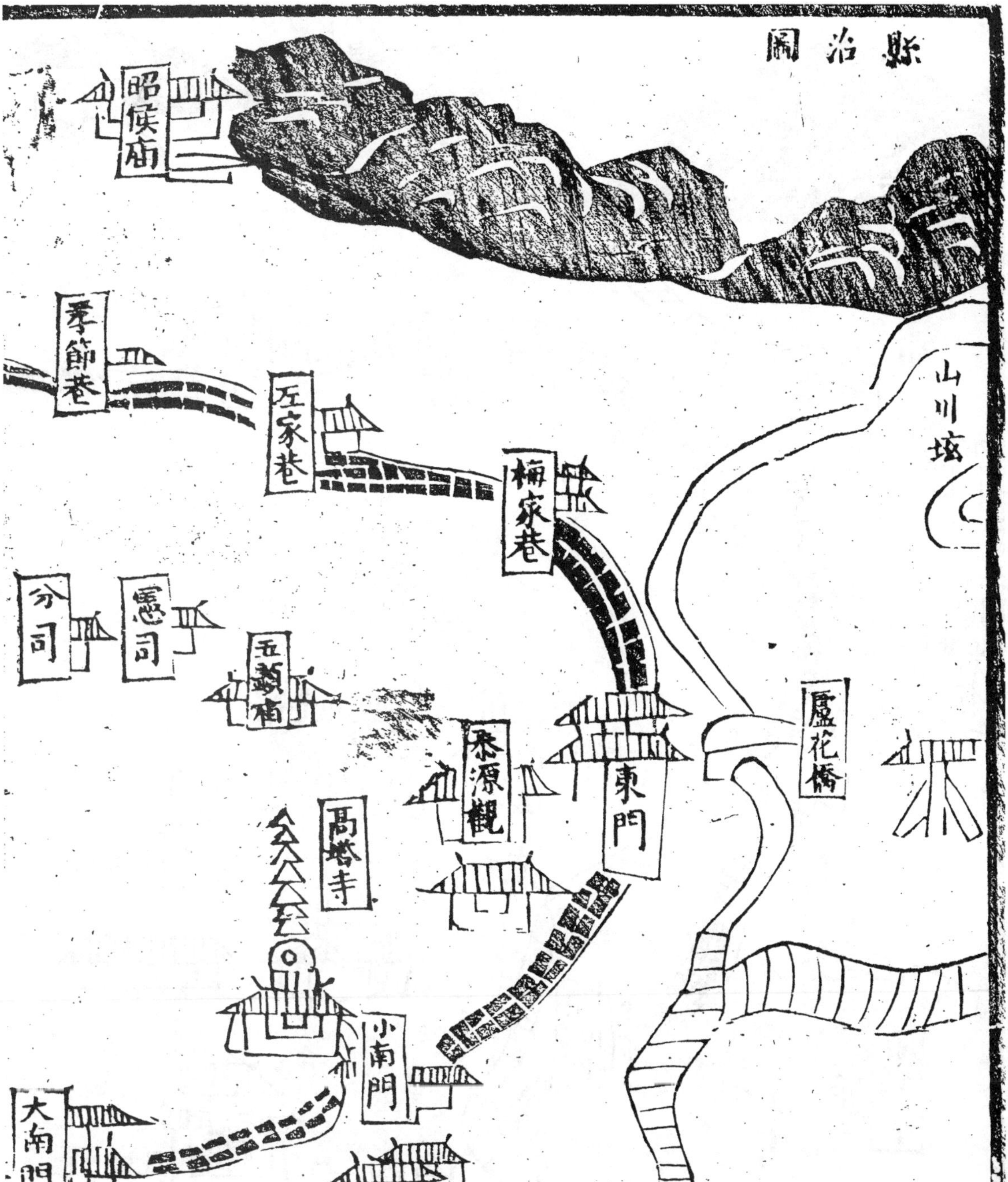
縣治圖
昭侯廟
孝節巷
左家巷
梅家巷
山川壇
分司
憲司
五顯廟
泰源觀
東門
盧花橋
高塔寺
小南門
大南門

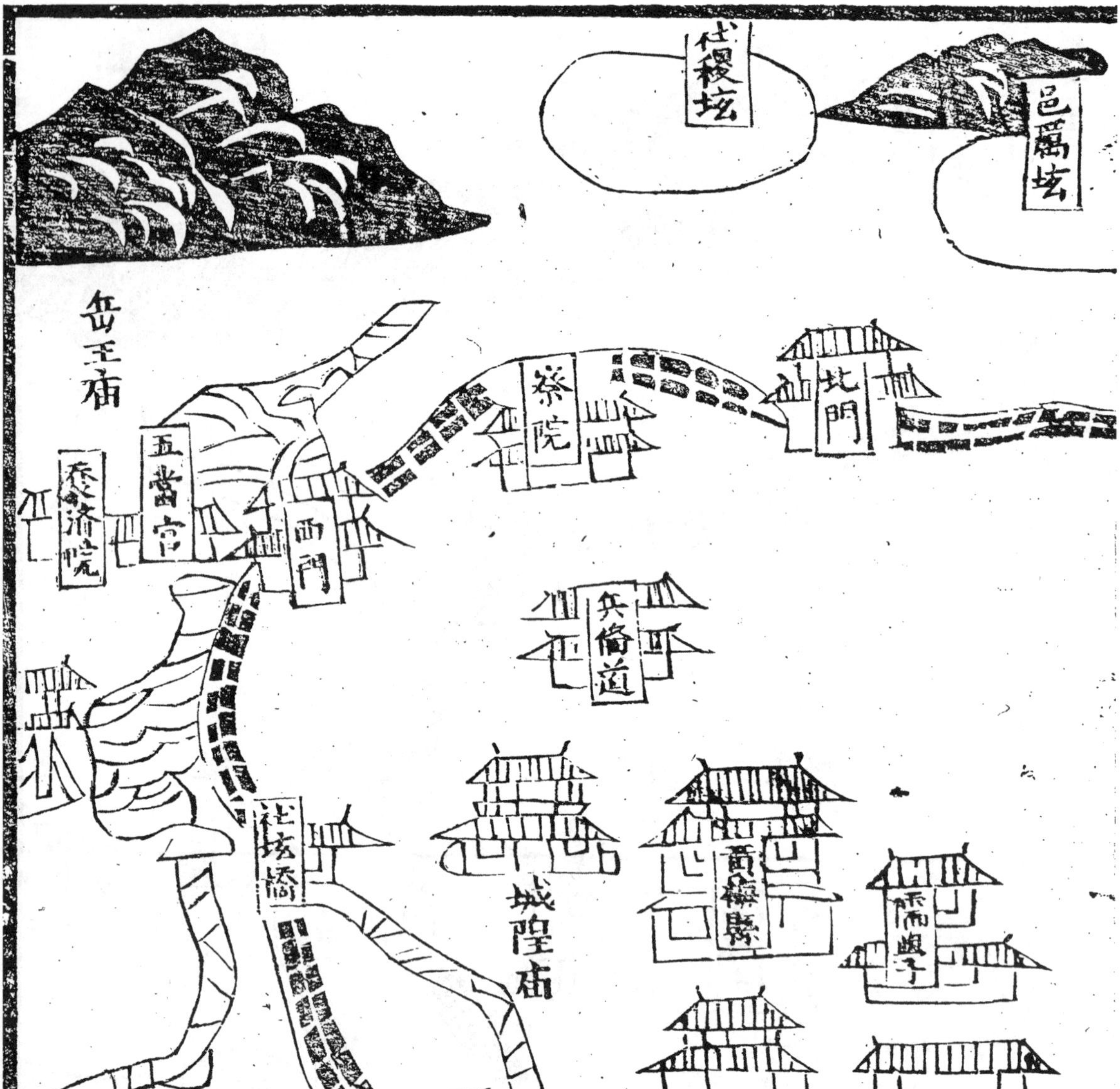
社稷坛
邑厲坛
岳王庙
察院
北門
五當宫
養濟院
西門
兵備道
社坛橋
城隍庙
黃梅縣
儒學
演武門
演武亭
天衢

黄梅縣志卷上之一

知黄梅縣事北平徐　昱校正

署儒學教諭事蕭蘊樞編輯

鄉官　吳　鄉

洪世講

黄景恒　叅訂

張弘綱　汪流恒

儒學生　沈文珂　協輯

王獻臣

二百八十

輿地志

昔在皇帝旁行天下方制萬里畫埜區州自古已然泊乎周建侯封秦列郡縣漢唐而下莫不分土而治不又於今為烈乎此輿地所以志也梅地負山濱江或為蘄春邑或名新蔡邑或屬九江郡或隸江夏郡世代屢更境域不一然其山川之可紀形勝之可表往蹟未盡泯也物產之相沿風土之相習遺俗猶有存也考舊蹟訪故聞畧表梅封域亦及史之闕文也與

建置沿革

黄梅本禹貢揚州之域與蘄春同壤分野當鶉火之次際翼軫之分 按晉天文志自南斗十二度至須女七度為星紀于辰在丑吳越之分野屬揚州自張十七度至軫十一度鶉火之次于辰在巳楚之分野屬荊州

說

凡天文之說在圖籍昭昭者固指掌可知也然以列星分野其事極虛誕多怪況以一邑而推分野又有所不必乃世儒往往稱說不衰及觀他邑乘亦多有之故雖不列分野名目而諸文學所引述

者亦載之以備叅訂云

虞夏屬揚州域蘄春郡名新蔡縣 按邑以蔡名以地濱江有山曰蔡有湖曰五阜俱產大龜所稱九江納錫大龜盖在于此而明一統志亦稱五阜湖在黄梅縣西禹貢納錫大龜世傳出此

殷周仍之

春秋屬楚郡縣同

秦屬揚州域九江郡名蘄春縣

西漢屬九江郡又改江夏郡亦名蘄春縣

東漢屬江夏郡名黄梅縣 按永元間三老亭侯以山徙湖淤蔡不復產而地多

梅有上中下梅水山有黄梅山黄梅水遂更縣名曰黄梅

三國吳立蘄春爲郡而黄梅在中

晉以蘄春入弋陽郡即今光州而黄梅在中

後周改蘄州黄梅隸焉

唐屬蘄州隸淮南道按唐高祖武德年間以梅地置南晉州又析分四縣曰義豐長吉塘陽新蔡尋俱罷故今土人往往傳故址遺署焉

宋屬蘄州隸淮西道

元立蘄州路隸淮西江北道而輿圖言梅元嘗僑治中州

明屬蘄州并隸黄州府統轄湖廣武昌道我

清與一統因其舊云

說

按梅封據今東抵松滋南接江州其爲古揚州域洵不誣矣故治九江隸淮南歷代沿革不一爲熙其在虞夏以新蔡名傳其納錫大龜實産於此夫禹貢所稱九江蓋古荊州域也豈洞庭五阜俱産神龜而禹未之及耶又傳唐置南晉州析分四縣梅地僅彈丸耳胡一地而置四縣耶何以尋置而尋廢耶然史冊無考則或稗官野史之訛傳耶盡信書不如無書於茲二說竊有疑焉

疆域

梅在黄州之東廣五十五里袤一百七十里

東至雙墩二十五里　江南宿松界

西至雙城驛三十里　廣濟縣界

南至大江清江鎮一百里　江西九江府界

北至唐家山七十里　蘄州界

東北至廻旆嶺宿松界四十里

東南至鷄鷹嘴宿松界六十里

西北至中峯山廣濟界五十里

西南至龍坪鎮廣濟界九十里

西至蘄州陸路一百六十里水路二百一十里

西至黄州府陸路三百五十里水路三百九十里

西至會城陸路五百一十里水路五百七十里

東至南京陸路一千里水路一千里

東至京師陸路二千八百里

西至京師陸路三千二百里水路三千五百里

說

按梅域廣袤不過二百餘里而峻嶺深澤不可𣖾藝者實平分其半疆域可謂狹矣然載糧三萬六千閭右日苦征輸邑令歲受參罰豈俗獷而土瘠與抑賦重而民瘼與然則邑之難治初不關地之廣狹也明矣

山川　附湖港堰塘

正北之山二里曰北山（山之頂周正平曠類方屏玉枕為邑來穴邑人無知謂赤土可用紛紛掘取之大鑿小坑漫莫成形多矣是不可不嚴行禁止）其上為鳳臺山一曰飛昇臺（羅致福真人仙登於此故名）三里曰楊家存山　五里曰驃騎山　七里曰七嶺崗山（以山崗分七支而行故名）其上為菩提庵福山　徐曰晒穀山　十曰姚家山　稍轉為穀背山　為台望山（自南望之峰巒聯拱如台星）其中曰嵩嶺　曰其嶺曰馱黃嶺　稍右曰汪山口　曰卓壁嶺　曰佛子嶺　二十里曰豹兒山（上有雲峰庵）東抵赤墻嶺曰小溪山（內有梅師嶺拳石峒）轉上距縣四十里曰三丫嶺山　曰上寺山　曰下梅水山　曰中梅水山　曰上梅水山　距

縣七十里更上曰紫雲山（即老祖及道悟道場按山路縈數十里望之若削筆及造其巔坦袤寬曠東西環拱內有平田五十餘畝峯頂僧人每年植茶名紫雲茶）

東北之山　二里曰閟宮山　十里曰石門山　十五里曰多雲山（上有多雲庵流支禪師塔在焉）曰烏牙山（上有靈峯院唐白居易撰碑）曰城隍嶺山　二十五里曰東山一曰馮茂山（即五祖大滿禪師道場絕頂有白蓮池）稍右曰白楊嶺山　五十里曰壠坪山　七十里曰唐家山（抵蘄州界）曰獅子山　曰南山（即普庵禪師道場）曰北山（即無迹禪師道場兩山頂背相依故曰南山黃火北山烟）七十里曰皷角山　曰天衢山

曰廻旆嶺山（抵宿松界）

西北之山　十里曰粉壁山　十五里曰安德山　二十里曰楊梅嶺山　三十里曰考田山　考田之西曰大竹山　曰小竹山　東曰高山（上有高山寺靜鑑禪師真身在焉）曰石脚山　深入為三十六水山（一水盤環三十六度故名其下為宋益飛仙廟內有黃齡峒即宋益脩仙處）稍右曰巾峯山（中有白馬寺）

正南之山　十里曰卓壁山　十五里曰茅栗山　曰車皷山　二十里曰下古礫山　二十五里曰

中古礫山　三十里曰上古礫山　四十里曰停
前驛山　五十里曰畢家塝山
正西之山　三里曰赤土坡山　七里曰毛光山
十里曰金鍾山　十五里曰死市山漢黥布所築東西二城在
内　二十里曰大河鋪山　三十里曰西山　一曰破
額山即四祖大醫禪師道場　前曰瑶鳳山　曰獅子山邑褒武集
於顕墓在焉　曰大葉山　四十里曰黄梅山邑之取名以此
東南之山　三里曰馬頭山　五里曰熊家山孝廉熊兆
師祖塔在焉　向北曰龍泉山　十里曰筆架山　曰香

爐山　曰德章山有廣嚴二大師及清身道者真身　曰馬鞍山絶頂
有天窓峒　曰蕭山　十五里曰礦山　二十里曰小本
嶺山　曰大本嶺山　曰獨山　四十里曰東观
山抵宿松界
西南之山　十里曰路頭山　稍右曰福盆山其象環抱
如盆邑太僕瞿茂卿墓在焉　十五里曰破山口山　曰黄齡背
山　曰搖頭山　二十里曰焦墩山　四十里曰
沙羅脊山　曰遊螺墩山狀如覆釜每于雨暗霧蒙時望之若遊于湖中
邑贈君黄見溪墓在焉　曰舒城山山在太白湖東四面皆水上有陶宋二公祠舊為梅

邑避乱要區有黄子錦景恒避乱小說附識于後
邑多山而舒城獨峙水三巒盤旋突兀波中網釣
千艘夙饒魚利無以遡炎霞水鳧雁堪弋居其地
者不耕可以得食匪僅曰避亂而避亂莫過于此
明末流寇歷境結山寨者米粟不繼入崖峒者煙
火就爇血國鬼關不似人世獨西鄉以舒城山為
命賊騎熟視不能攻繞指而退
清興大兵由漢陽抵廬山水陸並進寸壤蹂躪而薄
舒城者得以無恙即丙戌戊子小醜肆逆邑多哭

職從戎之徒奴隸叛主紳衿側足報怨行刼慘有
不可言者其得偷生未有不依湖舡泊舒城也由
是觀之遭時之亂凶不如處小具智勇無嗇賫
滅亡之道也避亂之地明巘不如隱巖峒穴不如
水舟安土重遷自罹陷穽沵明哲之士㝡書此以
俟後之有識者擇焉
北南之山　隔河而環拱者曰段家洲山　曰河南
前山後山　曰金牛山　曰天馬山　曰團山
曰欲脛山　曰龜山　曰雙尖山　曰鷄子山

白茅屏山 二十里曰上新山 曰下新山 九
十里曰蔡山上有龍王廟有義門蔡國夫人墓古大江經流其下
東北之水 一發源于唐家山龍平山麓下陷斗河
經渡下橋河至兩河口合流
一發源于古角河經傳葡驛河至兩河口迄稻林
舖下鐵塘口
一發源于茅栗山安亭港出悠悠河至龍泉山與
大河合
一發源於小溪山三尖嶺經多雲過閻家舖河至

黃梅縣志 卷一 九

沙河合諸水於鐵塘口流尋轉縣前謂之縣河自
縣西流滙張家湖會焉頭橋河殷家河聚於西南
流黃蓮嘴走下新達東觀出急水入大江
西北之水 一發源於青草太平六渡河三十都水
經芳田冲下大河舖至白花坂分流為二其西流
者入長安湖其東流者下桂家賽入濯港
一發源於安德山經添木港入大河洩於白湖
一發源於大紫山經雙城小河斜下龍頭山河至
舒城山河合長安湖入濯港東流黃蓮嘴走下新

達東觀出急水入大江
南面之水 白湖渡河接太白湖通孔龍小江小江
築有壩壩北亦達黃蓮嘴壩南直達清江鎮即濱
大江梅民南兌二糧於此合倉

湖

東南去縣三十里曰大源湖 曰小源湖 五十里
曰感湖 六十里曰涉湖
西南去縣四十里曰太白湖 曰陶水湖 二十五
里曰楊林湖 九十里曰柴池湖

黃梅縣志 卷一 十

港

西南去縣三十里曰白湖渡 二十里曰濯港 南
二十里曰黃花港 二十里曰清油港
東南去縣二十里曰大港 二十五里曰古港 十
五里曰安亭港

堰

曰上官堰 下官堰 桑木堰 新堰 穀嘴堰
白鴈堰 羞鴉堰 渡下堰 三渠堰 鸛鳥堰
三口堰 菩提堰

塘

白村官塘　上縠塘　下縠塘　觀音塘　劉家塘

白水塘

說

凡山水之不名秀者不足紀梅之山峯巒層疊嵯峨嶮巇往往多仙靈與宅焉乃其水出自東北遶縣西流潴而不洩曲而能幽夙稱佛國蓋以此也余也訪南北西山謁東西二峯登眺之餘每一悵望又見其湖光蕩漾綠野千村恒令人流連不忍去云

形勝

梅居楚黃末壤控金陵上流巡鄂渚而下直走六百里大江汪汪衣帶一水東峙潛皖南距潯陽萬山從峻諸水曲折實爲吳楚交會之區更屬荊揚咽喉之地

附八景

紫雲霽雪

山時有紫氣出沒嚴寒雪厚數尺日晛雪消遙望如銀屏玲瓏

北山古木

幹蒼枝曲盤旋如蓋周圍纔二畝許相傳爲古娑蘿樹

南山古峒

峒有奇石怪木寬敞如屋數間內有石棹古字

西山碧玉　見四祖仙釋內

東山白蓮　見五祖仙釋內

多雲樵唱

歌聲響應空谷中若有和之者

太白漁歌

漁舟千艘朝暮歌聲不絕故鄉人有續倒太白聽漁歌之句

西池夜月

相傳池水有光夜明如月

說

按邑西南多水東北多山四面環帶亦稱形勝哉第河流淺涸茂鮮久積魚鹽之利而西砂低曠下

力微綿科第雖代不乏人宦冑則稍陞世及或謂
就永福河鐵塘口築馬頭之分流塞猶兒之夬流
俾衆水歸一流遶縣河則水道深而商旅行邑西
下如卜家橋外張家湖畔連作數墩或樹大呂祠
或列浮屠文筆士民且便之哉而惜其徒托之空
言也

物產

穀之屬

早稻曰洗杷早　救公饑　泒水早　一刀齊

飛上倉　黄金糯　晚稻曰烏穀　見秋紅　竹
椏秥　蓋草秥　青水糯　柳條糯　烏鄭糯
赤米糯　粟　[illegible]（俗云小麥）　黍　麰（俗云大麥）　芝麻　膝
豆（即黄早）　黑豆　蚕豆　紅豆　刀豆　扁豆　茶
豆　茭豆（即豆角）　菉豆

蔬之屬

白菜　芥菜　油菜　葱　韭　薤　蒜　芹菜
蘿蔔（有紅白）　茄　莧　菠菜（葉可食根可粉）　山藥　芋頭
笋　百合（本以百片合故名出山中）　絲瓜（味甘性冷小兒豆瘡方出未出以其近蒂者三寸連皮燒存性爲末砂糖調服多者可少）　王瓜　南瓜　菜瓜　茶
瓜　葫蘆

果之屬

梅　杏　桃　李　櫻桃　烏梅　海桃　棗
栗　柿　枇杷　柑　蓮子　藕　菱　銀杏（俗云白果）
石榴　王李　芡　菰

藥之屬

土牛膝　蒼术　桔梗　香白芷　地榆　香附
天南星　柴胡　益母草　半夏　石菖蒲　烏

藥　枳殼　茵陳　天花粉　蓖麻　地骨皮
枸杞　黄精　茯苓　良薑　山查　瓜蔞　皂
荚　荆芥

畜之屬

馬　騾　驢　牛　羊　豬　犬　猫　鵝　鴨
雞　鴿

鱗之屬

鯉　鮀　鯽　鮎　白魚　鱓　鯖　鯿　鰱
鱤　鯇　[illegible]　魛　烏魚

介之屬
龜 鱉 螺 蝦 蚌蛤 蟹
毛之屬
虎 豺 狸 狐 豹 鹿 麞 麂 兔 獺
猴 野猪 豪猪
羽之屬
鴈 雉 鷹 鷂 翠 鸛似鶴赤脚無朱頂 鶺鴒 秧
鷄 竹鷄 燕 鷺鷥 鴛鴦 鳧 鵲 鵝
鳩 布穀 百舌 鶯 啄木 白頭公 錦鷄
杜鵑

布之屬
綿 葛 土紬
貨之屬
菜子可作油 青靛 榮麻 葛麻 苧麻 綿花
花之屬
葵 芍藥 鷄冠 木樨 桂 夜落金 木槿
梅有黄白 七里香 十樣錦 月月紅 石竹 卷
觀音蓮 菊不一種 紫蝴蝶 百日紅 千葉榴
芙蓉 薔薇 海棠 梅桂 蘭 萱 山丹
栀子 紫荊 金鳳 玉簪
竹之屬
貓竹 筀竹可絲以制器 斑竹 紫竹 苦竹 水竹
荊竹 叢竹
木之屬
椿 樟 松 栢 楓 檜 槐 檀 栗 柳
楊 櫟 柘 株 柞 櫨 杉 檽 蠟樹
三春柳 梨樹

草之屬
艾 蓼 藍 葛 菖蒲 蒿 蘆 芝 蔕
芒 茅 萍 接骨草 酸醬草 馬鞭草 狗
毛草 佛指甲 虎耳草 斷腸草毒人至死
蟲之屬
蠶 蜂 蝶 蜻蜓 蜩夏鳴 蟬秋鳴 螢 蜘蛛 蟋
蟀 果蠃 蚯蚓 蛾 蠅 蠅虎 蟻 蚊
壁虎 斯螽 土狗 蜈蚣毒人 蛇毒人至死
説

嘗讀書矣書曰惟土物是愛厥心臧又曰不貴異物賤用物民乃足凡以國之所寶惟食用二者而已梅地半山澤食貨惟農更足供斤器近雖疲賦役然使年豐歲熟亦未嘗不家給户足也若乃給日用充匕筯而外求所為珠璣玳瑁綺羅錦繡梅實無以應矣梅之人曰吾邑所實不在此也

風土

梅俗舊稱地沃民淳、多力農不事商賈游俠、士君禮教、好學而謹、朴而不陋、彬彬有鄒魯風、後以糧欠訟興閭多頑梗遂稱難治大端土廣人稀山鄉苦旱水鄉苦澇以故輸賦不能前而官以是病也有不美者強則凌弱衆則暴寡小每加大賤每犯貴士大夫多懷忌剋惟徒自尊大不能為轉移風教之舉近因兵火物力惟艱吏號凋殘雖生聚教訓十數年於兹矣而簡陋相因大抵然也

冠婚喪祭一概不務文縟惟尚儉朴歲時伏臘敬祀祖先亦時宴會親朋其工匠無土著率四方來者耴相通而食凡百貨通鹽利者又皆西吳徽歙之

八鄉市不工紡織故布帛俱將粗率宦族不尚雕鏤故器具啉不華美俗多信神每歲三十兩月四五祖誕會男婦必朝謁進香二八兩月又必朝謁　九華進香立春先日造春牛芒神各鎮脩綵架謂之迎春上元迎龍燈亦結綵架午日龍舟浮小江捌月拈香戲祀　福神於村坂竟成惡俗猶褸必共建醮會又不時扮戲俗云戲願四時之候寒暑相半盛夏則衣絺葛隆冬則衣粗綿蓋地不產蚕桑故也

地為古揚州域其土塗泥故高者多燥卑者多濕燥者苦旱濕者苦澇

說

蓋聞習俗移人賢者不免則欲移風易俗使民囘心而嚮道將尚寬與務猛與抑寬猛并用與有不調必改而更張之勿謂治一邑不難也梅俗朴而近野、兼以壤地多山淤近更因荒乏苦徵輸俗亦澌矣司牧者能勿加之意乎

黄梅縣志卷上之二

校輯同

政務志

古昔吏習民安遵何道歟則政務尚矣然一邑之務咸萃於司牧者之身倘一事廢缺其何以明綱舉而目張乎故首建官署以聽政屬署以贊政公署以奉上三者備而體統立矣次則造士有典政莫先於明倫也壇廟有制政莫大於祀神也城池以固吾圉武備以壯吾威復有關

隘以禦暴郵舍以傳命政於是其有紀矣然又慮民俗之難齊也爲之村鎮以定民居保甲以防民奸使民得以各事産業而財賦有所出矣民得以歡然生聚而力役有所供矣至若建橋梁以利涉築隄防以備澇省災異以飭政又何一非居官之要圖乎即一邑爲其政務之詳密有如此脩廢補墜恤隱培殘能無望於今之爲良司牧者

縣署

縣治坐城西南隅相傳爲前宋鮑參軍故址

元仁宗皇慶元年縣令樊懋侁開建縣治

明洪武九年知縣唐輔亦本此開設治廳署廨

洪武十四年知縣黄子政建譙樓一座

成化六年知縣戴中又重建縣治自儀門至頭門左側爲排年汪從政基地中將縣前一帶舖基抵換以擴治基

萬曆末年知縣鍾顲俊建石欄杆於堂下改譙樓而新之愈益壯麗

崇禎十五年十二月二十三日獻賊屠城官居民房盡燬知縣張聯芳遁去後還治搆草舍僅建治廳三間卑小非舊今猶仍之

清順治十一年知縣鄧源濬始建圜堂三間建坐樓三間於後以爲署廨題曰梅閣

署制　按舊正廳三間其中堂曰琴堂堂左後有架閣庫以藏田畝冊籍左前有幕廳朔望坐捕官畫卯堂右有庫琴堂後衛堂曰圜堂圜堂後曰内廳五間其中曰自公堂西有西樓花園琴堂下左有

承發吏户糧禮右有鋪長司兵刑上中道有戒石
碑亭（碑書爾俸爾禄民膏民脂下民易虐上天難欺）前有儀門儀門外西
有囹圄東有土地祠迎賓館前中有鼓樓樓外東
有申明亭西有旌善亭（二亭老人朔望坐此於堂宣六諭申報善人而獎之故名）
最前數丈曰頭門建木牌坊扁曰楚東雄藩外
有屏墻（今多廢缺）

屬署

清軍廳在縣署東晋糧廳在縣署西明末裁糧廳清
軍兼之故稱戎糧廳（今署廢無存）

巡捕廳在儀門内東（今署廢無存）
陰陽學原在西郊後改急遞鋪左（今廢）
醫學原在東郊後改急遞鋪右（今廢）
僧會司在東禪寺
道會司在泰源觀（今觀久燬）
稅課局在治東丁字街今五顯廟基是元末罷局明
初復開設正統元年以課額不敷遂罷局改廟
鐵冶局縣南十五里磧山之前明初開設大使一員
副使二員洪武三十年罷局是後不復産鐵矣

新開口巡檢司縣西南七十里明初開設（今署廢無存）
清江鎮巡檢司縣南九十里明初開設（今署廢無存）
停前驛縣東四十里舊有官廳居宅（今廢驛丞寓城應遞）
河泊所梅有源感湖太白湖桂家賽楊家穴踖池湖
五河泊所官（今官久裁）

行署

察院在西關外明嘉靖癸亥知縣劉伯源買翟氏董溪
地建立（今廢）
分察二司在鳳凰池南二司基地相連明知縣戴中

買民鄢鑑地建立（今廢）
兵備道衙門在西關内（今廢）
遵會倉舊在西關外後改縣署右（今廢）
清江鎮便民倉成化年知縣戴中建（今廢）
孔壠公館萬曆間知縣張維翰建（今廢）

説

語曰君子攸躋君子攸寧出政臨民之地蓋
弗可苟也即佐二巡驛行臺公館無一非體統所
係豈可聽其鞠為茂草乎乃以凋敝之餘有廢莫
舉點金無術固重當事之嘆然使有志興復則又

拭目望之矣

學校

舊郭友直記郡縣有學校始於魏獻武帝歷代因之

元秦君為尹創今學基居縣治左

至正六年知縣喬思忠建兩廡戟門（即今中門）講堂（即今明倫堂）自孔子而下各有像制禮器清學田

明洪武三年知縣唐輔奉 旨建學宮改尊道堂曰

明倫堂下置兩齋東曰進德西曰脩業

洪武十五年令郡縣學各樹卧碑於明倫堂右壁

南向

景泰六年知縣王端建文昌祠後廢

成化元年知縣黃武建學倉一所饌堂一所後廢

成化六年知縣戴中重建學宮而啓聖祠教諭兩

齋倚舍一時並建

嘉靖十六年知縣梁廉奉 旨建敬一亭於明倫

堂後聖殿東明汲井傍創一門曰數仞宮墻又於

明倫堂左出建禮門右出建義路

隆慶三年知縣姜忻鑿泮池跨以月橋改置明宦

鄉賢祠於戟門左右創姑棚一所於明倫堂前

萬曆十年署縣事推官曾維倫又重脩之乃於櫺

星門外（聖殿頭門）砌石街數丈監天衢坊一傍列木柵

以絫外護

萬曆末年 聖殿復圮生員王敬臣竭力募脩晝

夜狂呼感動縣令鍾顯俊及邑紳士乃重建之

崇禎十五年冬為獻賊全燬

清順治六年己丑知縣陳觀天教諭張士淑諭諸生

捐優免買民房建今 聖殿惜非舊制而門欄格

扇俱闕未脩

順治十六年教諭蕭蘊樞捐已俸罰諸生以佐

其費始將殿前格扇裝脩一新然兩廡 啓聖祠

明倫堂仍廢未脩

廟制 中為文廟廟東明汲井前開一門曰數仞宮

墻（即通明倫堂）下兩翼為東西廡廡各五楹六柱設五

壇（今廢）前為戟門（今廢）戟門外左右為明宦鄉賢祠（今廢）

下為泮池池前為櫺星門（石柱三間）門外有屏左為儒

學門曰賛門（今廢）直入自禮門横折而東曰 啓聖

祠（今廢）

神主　祠之上為啓聖公孔氏神位　東配先賢顏氏（顏子之父）先賢孔氏（子思之父）西配先賢曾氏（曾子之父）先賢孟氏（孟子之父）

廟之上至聖先師孔子位像勒石碑為唐吳道子筆（道子有像三一坐一行一立此立像也元教諭陳可大自江陵傳梅邑因刻石祀之明末毀燬無存邑孝廉蔣文時得墨刻順治七年廟成文捐貲鐫石勒像建龕崇祀舊志執政者羅封過橋馬驚伏乃下馬得孔像碑此必他邑事若以為梅事則誤矣）

東配復聖顏子　述聖子思子

西配宗聖曾子　亞聖孟子

東哲閔子（損）仲子（弓）端木子（賜）季路子（由）卜子

西哲冉子（伯牛）宰子（我）冉子（有）言子（偃）顓孫子（師）

東廡（內五坛每坛一十一位共五十五八）

金鄉侯澹臺滅明　任城侯原憲

汝陽侯南宮适　莱蕪侯曾點

原昌侯商瞿　正興侯漆雕開

睢陽侯司馬耕　平陰侯有若

東阿侯司馬施　陽谷侯顏辛

上蔡侯曹卹　枝江侯公孫顏

鄄城侯秦祖　雷澤侯顏高

上邽侯壤駟赤　成紀侯石作蜀

鉅平侯公夏首　膠東侯后處

濟陽侯奚容蒧　富陽侯顏祖

淦陽侯句井疆　馮翊侯秦商

即墨侯公祖句茲　城武侯縣成

汧源侯燕伋　宛句侯顏之僕

建成侯樂欬　堂邑侯顏何

林慮侯狄黑　鄆城侯孔忠

徐城侯公孫蒧　臨濮侯施之常

華亭侯秦非　文登侯申棖

濟陰侯顏噲　泗水侯孔鯉

蘭陵伯荀況　睢陽伯穀梁赤

莱蕪伯高堂生　樂壽伯毛萇

彭城伯劉向　中牟伯鄭衆

維氏伯杜子春　良鄉伯盧植

滎陽伯服虔　司空王肅

司徒杜預　呂黎伯韓愈

豫國公程顥　新安伯邵雍

溫國公司馬光　將樂伯楊時

建寧伯胡安國　華陽伯張栻

魏國公許衡

西廡 内五城海姑一十一位共五十五人

單父侯宓不齊　高密侯公冶長

北海侯公皙　杞國公顏無繇

共城侯高柴　壽張侯公伯寮

益都侯樊須　鉅野侯公西赤

千乘侯梁鱣　臨沂侯冉孺

沭陽侯伯虔　諸城侯冉季

濮陽侯漆雕多　高宛侯漆雕徒

鄒平侯商澤　當陽侯任父齊

牟平侯公良孺　新息侯秦冉

梁父侯公肩定　聊城侯鄡單

祁鄉侯罕父黑　淄川侯申黨

厭次侯榮旂　南華侯左人郢

朐山侯鄭國　樂平侯原亢

胙城侯廉潔　博山侯叔仲會

高堂侯邽巽　臨朐侯公西輿如

内黃侯蘧瑗　長山侯林放

南頓侯陳亢　陽平侯琴牢

博昌伯步叔乘　中都伯左丘明

臨菑伯公羊高　乘氏侯伏勝

考城伯戴勝　曲阜伯孔安國

廣川伯董仲舒　岐陽伯黃逵

扶風伯馬融　高密伯鄭玄

任城伯何休　偃師伯王弼

新鄉伯范甯　道國公周惇頤

洛國公程頤　郿國張載

徽國公朱熹　開國公呂祖謙

崇安伯蔡沈　任城伯真德秀

廣川郡公吳澄

名宦祠

元喬思忠　明戴中　金章

朱　璧　來三聘　桂生芝
武圖功（以上俱知縣）　李　美（縣丞）　蔡　敏（主簿）
李　震　沈　鑨　蕭廷儲
唐世鄉（以上俱教諭）　顏　樸　席　懋（俱訓導）

鄉賢祠

宋岳　雲　元郭友直　明吳宗吉（徵君）
韓　中　邢　纓　邢　褒
石　金　胡　鳳　瞿　晟
龔　懋　石有恒　瞿九思（聘君）

洪　晟　王　麟　向　榮
張　桂　王　鈍　陳　昉
瞿　甲　段尚繡　潘文浩
沙　瑞　鄧　俊

學署

舊制明倫堂在文廟後為課藝鄉飲之所（今廢）堂東有祭器書籍庫西有興文土地祠堂後為敬一亭亭之樓為尊經閣（今俱廢）堂之下兩翼東曰進德齋西曰脩業齋（今廢）東下出廟左曰禮門西下出廟右曰義路（今廢）東隅啓聖祠為教諭廨前為東齋廨又前為西齋廨俱南向（俱廢順治己丑止建小屋三間至丙申冬盡圮教諭蕭蘊樞捐俸脩葺以為課士堂外復結茅以居）前出為黌門（今廢教諭蕭建草亭一間非舊）

祭器

祝板一　籩七十五　豆二百六十七　酒樽桌一
銅爐瓶三　瘞毛血盆八　黄緞帳　鐵香爐八
牲匣八　胙盆二十五　齋戒牌一　登五
燭臺二十四　鉶二十　簠簋各四十　酒樽三
爵一百二十六　酒壺二　毛血盆八　浣洗盆三

篚六　錫燭臺二　銅香爐　鐵香爐
磁香爐二十四　黄綾帳二　鐵爐瓶三（以上前志舊有者俱廢）
錫燭臺六對　燭架一　毛香爐十　帛匣九
籩豆三十　大胙盆二　讀祝板架四（以上魯維倫置俱廢）

書籍

明頒降書籍　四書大全　四書集註　五經集註　周禮集註　孝經小學　性理大全　資治通鑑　近思錄　文公家禮　大明律　為善陰隲　孝順事實　以上貯庫以備課士今俱缺

學田

元知縣喬思忠置有學田（係馮政祥户侵隱） 明知縣姜忻置田陸拾叁畝（坐毛家坂盡荒未墾）後置城隍嶺田叁拾貳畝（盡荒順治十三年教諭蕭蘊穗招佃開墾壹拾陸畝餘壹十陸畝俱屬冲淤莫開）

社學

社學即里學也有舊址在東関外明制考選儒童以為社師順治十六年奉

湖北督學道王 通行興復責令報成

說

攷古歷代建學之意至深遠矣有文廟以釋奠而禮器詳焉不缺有講堂以課士而書籍犁焉可考有祠以祟聖人之先有從祀以尊聖道之傳而師儒之次舍必立凡以使士習禮樂務詩書敬業尊師弗內于邪用為國楨所関經世殆非細故設廟貌不備庸有師儒爲梅之廢弛久矣如兩廡啓聖明倫堂尚俟議建入廟思敬能勿慨然云

射圃

射為古道所重誠不可廢舊在南河之畔相傳鮑叅軍視射故地也廣圍一百五十步有亭曰觀德明成化五年知縣戴中因水冲御改教場西尋廢天啓五年知縣徐澤清河南故圃仍建觀德亭如初復射圃記詳藝文今廢

書院

在東禪寺之左嘉靖乙卯知縣張九一建聚奎樓一座大廳號房大門共若干間圍墻瓦覆頗稱宏敞萬曆二年知縣張維翰撤毀後遂無議建者

說

士君子習揖讓重脩名攷德比藝敬業樂群洵雍雍盛世風也今則侵没古制漸遠教化學者有口不稱忠信目不覩經史若矣古道不修良可浩嘆

養濟院（在西関外今廢）

祀典

祀有與他邑同者有與他邑不同者並紀之

春秋二仲上丁日

教諭先祭啓聖祠行三獻十拜禮先四拜迎神也中二拜謝賜酒賜胙也後四拜送神也

其陳設啓聖公爵三　登二（盛太羹肉汁之不和者）　鉶二（盛和羹在登西傍）　簠二（黍稷）　簋二（稻粱）　左籩八（形鹽藁魚棗栗榛芡菱角鹿脯）　右豆八（韭菹醓醢菁菹鹿醢芹菹兔醢筍菹魚醢）　篚一（盛白帛一丈六尺）　酒尊一　香爐一　燭臺一對　豕一　羊一　祝案祝板

祝架一　又燭臺一對

四配各爵三　登一　鉶二　簠一（黍）　簋一（稻）　籩六（減榛芡）　豆六（減韭菹醓醢）　篚一　香爐一　燭臺一對

共羊一豕一

祭畢縣官同學官祭聖殿如前儀但多一分獻設分獻官二以獻東西哲陪祭官二以獻東西廡也

其陳設先師四配與啓聖祠同

東哲爵五　鉶一（和羹）　簠一（黍）　簋一（稷）　籩四（鹽棗栗鹿脯）　豆四（菁菹鹿醢芹菹兔醢）　篚一　香爐一　燭臺一對　豕一　西哲如之　兩哲共用酒樽一

東廡五壇共一案棹　爵一（無鉶）　簠簋籩豆香燭豕俱如東哲　西廡同　兩廡共酒樽一

（考之他李祠中豕二羊二一豕一羊獻啓聖一豕一羊各分四分以獻四配正殿豕四羊二一豕一羊獻先師一豕一羊各分四分以獻四配一豕各分五分以獻十哲兩廡各一豕分五十五分以獻五十五位此牲原胙盆之所由設也查梅例以二豕二羊總獻祠中以四豕二羊總獻正殿兩豕總獻兩廡他李兩廡每位有爵每坛有籩豆簠簋查梅例五坛總設一案總獻一爵不知後世失其序與抑先從其簡與併記之以俟後之考禮者）

如梅例陳設共計酒樽六　篚一十四　爵四十

二　簠十六　簋十六　登十　鉶三十二　籩一百　豆一百　香爐十　燭臺十二對　祝板二　祝架二

祭畢乃祭名宦賢祠各行八拜禮

其陳設各爵三簠簋籩豆香燭豕俱如兩廡

共計酒樽一　爵六　簠八　簋八　香爐二　燭臺二對　祝板二　祝架二

（按明制二祠共猪一口故今革祭止裁一口其用二口者借用也）

春秋二仲上戊日

縣官同學官祭北壇南壇禮儀陳設俱同聖奠但北壇玄帛南壇白帛北曰望瘞南曰望燎

北壇者社稷壇也左社右稷壇在縣治北祈而西明洪武七年建有門有官房有牲房有門子司之萬曆二年署縣事同知熊炯以前制久廢乃勸民陳琢築垣甃甓未幾復頹十年掌縣事推官曾維倫捐俸繚以周墻鎖以柵門增土方各二丈高三尺陛三級圍以石條前後空地數十丈夾道樹以松今俱廢止存土壇土級

南壇者風雲雷雨壇也中風雲雷雨左境内山川右本縣城隍壇在馬頭山余家莊後成化間以河漲屢隔遷縣東關官山右制同北壇後乃頹塌掌縣事曾維倫繚墻植松壘石關級門南向今廢故址猶存

佐官祭禮主廟關聖廟岳王廟郭公祠城隍廟鮑公祠各行八拜禮土地祠行四拜禮

禱主者宋公也語詳仙釋

關聖名羽漢封武安王明封伏魔大帝為忠烈威神天下所共祀也

岳王名飛宋忠臣封武穆王有子岳霖居黄梅分一十三户明敕鄖邑俱立廟子孫給衣巾奉祀梅故立廟城西奉　旨立祀生二員全書編祭價四兩

郭公名維贄湖廣巡撫建梅城故祠祀以報其功

鮑公名照前宋人以參軍駐守梅地晋家不去而卒縣基乃其故址故祀之

三月清明七月十五十月初一日

先期牒城隍請下厲壇監祭無祀鬼神祭時行八拜禮

厲壇者無祀鬼神壇也明洪武三年建距北城尺有咫在村官塘之右

上任

知縣前一日宿城隍廟明日盟神乃祭門上任事畢乃於文廟禱主城隍廟土地祠行香　縣丞先謁城隍乃祭門上任見長官畢行香如前　典史不謁城隍但上任見長官畢行香　教諭祭學門

上任事畢乃於文廟興文土地祠行香

迎春

迎春之日衆官對芒神一揖起春明日鞭土牛祭芒神行八拜禮

芒神者古句芒氏也禮記孟春之月其帝太皞其神句芒蓋木德之神也

說

人謂鬼神之憑依將有人矣余謂人之憑依又將在鬼神蓋天地之靈爽可以宏化育往哲之功烈可以懾後人故理幽以贊明尊古以正今道應爾

也然聞之黍稷非馨明德惟馨長民者苟無治教不匱之思而歆神之我既神之爲我生靈既則不能矣獻爵陳帛豈可視爲具文也哉

城池

梅舊無石城明萬曆十七年土民劉汝國作亂不能拒守二十二年乙未湖廣巡撫郭惟賢題請建城以長沙別駕孫鉉來掌縣事而董其功貴捐貲併而皖潘泉罰鍰數萬金城之圍可三里徑可一里凡七門東曰仁育北曰拱辰西曰正義南曰文明西南之間有利道門（久塞不開）化龍門東南之間有小南門共四門各有城樓以二十六年戊戌告成城外北爲山南爲河無市東西皆有關廟崇禎十五年獻逆燬城知縣張聯芳復治繕之顧其高堅皆不如初城樓則俱未建立

清順治十六年己亥知縣徐昱始建南門立城樓一座南門久塞至是復開以昌文運

梅舊無池北山是其來脉東南以河爲拒西以西池塘爲拒明季以流寇之故鑿濠環城以爲池

說

按梅自鑿濠之後遂傷來脉卒致寇鋒屠城科第自此寥落閭閻從此蕭條雖一時之氣運使然亦地理之咎也則填北濠以培來脉其可視爲緩圖乎

市

市一十一曰東長街（東城外）東市街（東門内左家巷）至稅務前横街（自左巷至塔下巷）南市街（自塔巷口抵聯魁坊）河街（自南市街希蘭坊循墻直走抵泰源觀）縣前街　新街（縣右）鳳凰池街（縣左）四牌坊

東街（由坊下小北門口抵五显庙）西市街（自四牌坊抵西門）西長街（西城外）

坊一十三曰畢家坊（東城外）承詔坊（泰源觀後晉惠帝詔為羅真人立觀今以承詔名坊）忠孝坊（左家巷左）希蘭坊（稅務前）上春坊（有巷俱穿南市）下春坊 翔鸞坊（鳳凰池）宣冝坊 宣化坊（俱西門內）市曹坊（分司左橫穿鄭家巷）崇信坊（小北門）宣範坊（大北門）金城坊（西城外）

巷二十五曰泰源觀巷 梅家巷（東市）左家巷 塔下巷 倪家巷（稅務前）南門橋巷 穿司前巷 劉小

巷（南市）段家巷（南市）正南門巷 石家巷（南市）天衢門巷 演武門巷 穿橋巷（新街）許家巷（鳳凰池）羅家巷（鳳凰池）司前橫巷 鄭家巷（稅務前）孝節巷（小北門初名思姑巷徐拭妻齊氏孝姑姑死思之故名後諸生魏廷采以巷有齊氏孝又有李文明妻胡氏鄭故呈扁今名以勵俗）陳家巷 大北門巷 錢家巷 葉家巷（北門之西）穿北小巷 羅家巷

井十曰萬家井（縣前今廢）義井（在四牌坊后邑人石溥捐地倩甃有記嵌井边石墻）清泉井（五显庙后）忠井（原張家井鴻臚張訓居此聞建文遇难正衣冠北拜赴井死族人名為忠井宅后賣與羅遂名羅家井在五显庙東）段巷井（在段家巷井欄石鐫曰睦和三年立蓋宋徽年號也）司邊井（鄭家巷）明汲井（儒學禮門外清洲醉緣明汲者明王汲引之義也）護坊雙井（石御史子溥鑿以護繡衣坊者）道會倉井（左西關外）孫公井（署縣事孫鉉建城因鑿此井在西門城內）

說

梅初市巷交錯井汲清虛巷布萬家煙火滿目萬一有警立巷長督煙兵脇民快攖城固守均所積而食之汲井泉而飲之亦可以待援也兵火之後茅舍不滿五百市巷迷其故矣井亦有堙而未開者招募興復其可已乎

武備

演武亭在西南城外舊制有官廳三間下左有旗纛臺再下左右有旗鼓臺今廢止存基址

明制皂隸六十名民壯一百二十六名吹手三十名以備巡守新開鎮設弓兵二十九名清江鎮三十名以哨江洋停前驛設堡兵三十名以防關隘霜降俱來會操後堡兵革去以鹽排夫堡兵遂廢城內外立什伍編保甲名備器械十家一甲甲長

司之以防不虞有警則合民皂炯民沿城同守末年流寇橫行數擾客兵竟以內應召獻逆屠城

清制皂隸一十六名馬快八名民快五十名霸降閱操如舊儀兩司弓兵未複順治十五年知縣徐昱募銃手設練總以助城守

說

聖世銷兵器罷民伍務文教以興民行而武衛之奮亦所不廢後世征伐日煩故統六師于大司馬而政刑之餘不釋兵戎古人安不忘危意深遠哉

明初命郡邑立演武場設民壯弓手以資武備久乃循名失實民壯祇供句攝稃鼓數警曾不聞有羸股肱決射御之能適年兵寇相仍災荒歲摻土著稀少客佃四集狼子駢脅之夫相煽為盜莫可控止即依昔演武之制行之恐患尚未消于有備況以干櫓無具悠々廢弛乎

關隘

梅無關止四方要路狹而可守警而宜防者為隘口北通蘄州後山楊子九山門峰山是為北隘

東北通宿松太湖停前驛是為東北隘

東通宿松佛坐嶺是為東隘

西通廣濟雙城驛是為西隘

西南通廣濟龍坪保賽廟是為西南隘

南通潯陽江清江鎮是為南隘

東南涉湖口江斷夭是為東南隘

龍坪清江斷夭俱可自孔龍來縣是為邑南總隘

以上何處有警宜隨地而防守之

說

王公設險以守國則邊關乃其要害而邑當兩界之衝是一邑亦有一邑之要害警則設守設候設偵不可無即無事而盜賊出沒尤不可不預為防蓋彼以兩邑為展轉逃遁之窟故不獨在隘口也允審邇隣邑者宜令鄉保立堡團練以詰奸細以嚴搜捕則綠林或不得肆志矣

郵驛

停前驛東通太湖之楓香驛西通廣濟之雙城驛原設驲馬一拾陸匹後加叄匹共壹拾玖匹淅江協

濟馬陸匹損設支應庫子壹名舘夫貳名

傳舍

縣前曰急遞總鋪

自總鋪而東十里曰栢林鋪　又十里曰兩河鋪　又十里曰三渠鋪　又十里抵停前驛之畢家鋪

自總鋪而西十里曰金鍾鋪　又十里曰大河鋪　又十里抵獲城驛

自總鋪而南十里曰路頭山　又十里曰濯港　又十五里曰白湖渡　又十五里曰孔家壠　又十

里曰深溝鋪　又十里曰唐思穴　又十里曰老夾鋪　又十里曰清江鎮各有鋪兵以傳遞公文

繇停前抵雙城又設横山之鋪六曰畢家塝　曰三渠鋪　曰車門鋪　曰陶家鋪　曰後邑鋪　曰板橋鋪自車門以下四鋪無兵

按全書新編各鋪司兵徭編六十名永充二十一名內總鋪徭編五名永充一十一名金鍾鋪徭編五名永充一名三渠鋪徭編六名永充一名栢林畢家清江孔壠兩河濯港六鋪各徭編四名永充一名白湖渡徭編四名路頭山徭編三名大河鋪徭編四名永充二名深溝唐穴老夾三鋪各徭編三名其差調給發鋪長司司之

村鎮

績村成鎮梅有三十六鎮要鎮設立鄉約保甲其鎮之見於舊志者十

清江鎮（有巡司縣南九十里濱江長樂鄉地）

新開口（有巡司縣西南一百里濱江屢崩居民內徙長樂鄉地）

孔壠鎮（縣南五十里長樂鄉地）

唐思穴鎮（縣南七十里長樂鄉地）

楊家穴鎮（縣西南九十里長樂鄉地遠隔感湖居民比屋地勢湾下荒瘠之區）

濯港鎮（縣南二十里長樂鄉地）

上新鎮（縣南十五里新城鄉地）

下新鎮（縣南二十里新城鄉地）

東觀鎮（去縣五十里新城鄉地草屋數家不成鎮屢議併入黄花未果）

獨山鎮（縣東二十里新城鄉地）

以上俱屬聚而成市者其未入舊志者二十有六

皷角鎮　壠坪鎮　小溪鎮　考田鎮

傳前鎮　五祖鎮　多雲鎮　十村鎮
龍敲鎮　楊樹鎮　阜壁鎮　蔡山鎮
張家林鎮　項橋鎮　茶兒嶺鎮　下山鎮
山南鎮　張家湖鎮　上沿鎮　路頭鎮
劉塘鎮　黄花鎮　沙羅鎮　白湖鎮
黄蓮鎮　斷塘鎮

說

君子於志村鎮不能無三嘆焉往明盛時地闢人稠爐火相望雞犬相聞今則居民累經烽燧十室

九空滿目皆荊榛矣雖歷任司牧漸次招撫一村始見數家然各方地勢不同更遷匪一詎能盡復其初耶如東觀之民不滿甲難立鄉保係傳前以至柄林自路頭而達清江為兵馬孔道民無寧宇楊穴白湖斷塘黄蓮洪濤巨浸歲苦馮夷倘必執荒鎮而求之小民其何以應

保甲

梅例城市鄉鎮各立鄉約保長地方以司保甲之事

城市四廂鄉約保長地方各四人鄉鎮各一人頂因荒殘各鎮祇立鄉約保長間有間無地方則未立也每逢編隸專責之鄉約十家為一甲立一甲長稽察十家人口生理不許容留異郡流移及面生可疑之人此嚴保甲以弭盜之法也

說

保甲連坐之法始于商鞅申于王安石所以嚴搜剔杜容隱也今第為奉行故事何怪民俗之日偷乎倘嚴行互結之法申飭連坐之科則盜賊窩户無所容匿地方自靖矣然與保甲相須而宜舉行

者莫如講約令各鄉鎮設立講所擇高年有德者為約正每朔望督率鎮民赴講所聽講

六諭鄉約以季終呈報善惡到縣善與衆共獎惡與衆共罰則民知所趨嚮户可封而俗可美矣

黄梅縣志卷上之三

鄉圖

梅有四鄉四十二圖每圖十户凡四百二十户每歲每圖輪一户爲里長凡四十二里也

新城鄉 在縣東南舊八圖今增爲十圖

鳳源鄉 在縣東北舊十啚今仍之

永福鄉 在縣西舊十三啚今改十一啚

長樂鄉 在縣南舊十一啚今仍之

按梅例十年之間有三大差一條銀一南粮一漕

粮各有觧户及幹辦公務四鄉各簽一人謂之鄉頭着畨數不均則服役有多寡之患順治十年知縣鄧源濂審撥始申請增減定之

户口 即人丁也

前代無考

明嘉靖七年知縣胡効忠審乙萬二百七十丁後開除二丁實在丁乙萬二百六十八丁永爲定額

清順治初年以死亾過多凡兩審而兩減之除故絶五千五百七十三丁順治七年奉布政司將所除丁附入秋粮内帶徵順治十一年知縣鄧源濂奉文編審又減除故絶八十五丁五分增出四千二百三十丁五分以所增之數補新舊減除之數尚少一千四百二十八丁請豁不允每户分帶三丁四分

田糧

明萬曆十三年知縣來三聘奉 旨丈量

田四千五百七十三頃四十二畝五厘三毫

内上田三千五百九十七頃一十四畝八分二厘

每畝秋粮六升五合

中田八百五十四頃九十一畝五分九厘三毫每畝秋粮三升

二則田每畝帶夏税大麥七抄九撮八圭八粒三粟 小麥六勺九抄六撮二圭一粒七粟 税絲六厘八毫四絲三忽 桑絲一毫二絲五忽五微二塵九渺

下則田一百二十一頃二十五畝六分六厘每畝秋粮三升無夏税

地二千二百八十三頃四十四畝二分五厘六毫
内上地九頃一十八畝四厘四毫每畝秋粮六升
五合
中地九百一十頃三十六畝八分二厘每畝秋粮
五升
下地八百二十頃三十一畝三分五厘一毫每畝
秋粮三升七合七勺九抄三撮二圭一粒一粟
三則地每畝帶派夏稅大麥七抄九撮八圭八粒
三粟　小麥七勺七抄六撮一圭　稅絲六厘八

毫四絲三忽　桑絲一毫二絲五忽五微二塵九
渺
下ㄟ地五百四十三頃五十八畝五厘九毫每畝
秋粮一升無夏稅
山二百二十頃七十七畝二分八厘九毫每畝秋
粮二升無夏稅
塘二百三十二頃五十五畝九分五厘二毫每畝
秋粮六升五合帶派夏稅麥絲與上田同
以上共秋粮三萬六千五百一十九石一斗三升

五合四勺七抄内官米三千四十七石七斗二升七合二勺　民米三万二千一百一十一石四斗八合二勺七抄
夏稅大麥五十一石三斗二升一合五勺　小麥
四百四十七石二斗九升一合一勺　麥共四百
九十八石六斗一升二合六勺　稅絲二百七十
四斤一十二兩三錢四分六厘六毫二絲　桑絲
五斤六錢四分
按秋粮初有官米民米之分厥後奉例不分官民一起編差田地初有秋粮夏稅之分厥後夏稅加在秋粮之上凢有加派俱以秋粮為主不分下則田與下ㄟ地一起坐派清初報除老荒七千有奇

順治十一年知縣鄧源濤偽報開墾于是民苦徵荒

賦役

賦役名色煩劇有出自户口者有出自田粮者有丁
三粮七者有本色者有折色者僅將新編全書叅
舊全書開列款目以備稽攷
一起運京邊錢粮如宗祿曆日舊在撥運然曆日解京宗祿充餉故皆入起運
盛京絹正摃二百四十一兩七錢九分九厘七毫
江南農桑絹正摃二兩九錢六分三厘五毫
新加比絹七十六兩九錢三分六厘七絲

宗庫正項三百四十八兩二錢七厘八毫
太倉米折正項銀七百一十三兩一分九厘
兑軍折色正項三千八百九十一兩三分一厘
隨漕楞木松板銀六兩八錢九厘五毫
運粮官軍行月粮銀六百二十九兩二錢七分六厘
江西運粮官軍月粮併司農改抵共三十兩三錢
三分三厘
三六耗蓆輕賫銀三百一十八兩九分五厘
淺船銀併辰州軍餉改抵共一百二十一兩六錢

六分
南粮蓆竹江濟共銀三百八十二兩四錢
原派辰餉改抵猫竹二十二兩五錢二分
部解南兑二運官盤費二十四兩伍錢
北京富户一十二兩六錢四分
解南户口鈔併辰餉改抵共正閏扛費一百三十
二兩五錢三分五厘
宗禄折色茶價官員柴薪皂隸等銀共正扛五千
四百一兩一錢二分二厘

盛京藥味併辰餉改抵共銀一十九兩八錢九分
解南藥味六錢六分九厘
南柴薪二十四兩帶閏八錢
緞疋翎毛天鵞活雁鶿鵝麂皮共銀一百二十八
兩四錢一分五厘
營繕司料正扛費共五百九十八兩一錢二分
偏橋倉併辰餉改抵屯田司料共二百零七兩五
錢九分
軍器併辰餉改抵共一百二十六兩五錢二分

胖衣褲鞋銀五十八兩五錢
偏橋倉併辰餉改抵白硝麂皮共三百九十九兩
八錢四分七厘
綾紗絹價八十兩二錢一分
光禄寺甲丁庫供應併辰餉偏橋改抵共正扛費
銀五百八十六兩六錢三分二厘
新加顏料蠟茶黃白蠟銀四百七十九兩二厘四毫
一撥運 九解各衙門俸薪工食新全書編在存留茲以本縣爲存留故從舊編爲撥運
科舉銀併辰餉改抵共正賫九十兩九錢二分

布政司表夫併辰餉改抵共九両三钱十四年奉文裁半
按察司轎傘扇夫七名聽事吏四名舖兵二名禁
子十十六名皂隸一十二名每名工食七両二
钱共二百九十五両二钱十四年各裁一両二钱
按察司脩倉刑具銀四十両
驛鹽道吏書一十六名每名廩給一十一両共壹
百九十二両半十四年裁
皂隸一十二名每名七両二钱共八十六両四
钱十四年各裁一両二钱

黄梅縣志　卷三　七　二百八十

本府應朝盤纏銀六両
同知書辦六名每名十両八钱共六十四両八钱九年各裁一両八钱
經歷馬夫一名七両二钱九年裁一両二钱
知事書辦馬夫各一名共一十四両四钱九年各裁一両二钱
照磨書辦一名門子一名皂隸四名馬夫二名共
五十両四钱九年各裁一両二钱
齊安驛驛丞俸銀三十一両五钱二分　書辦

名皂隸二名共二十一両六钱九年各裁一両二钱
司獄司俸銀三十一両五钱二分　書辦皂隸各
一名共一十四両四钱九年各裁一両二钱
軍儲倉大使副使二員俸銀共六十三両四分
大使書辦一名皂隸二名副使書辦一名皂隸
一名共三十六両九年各裁一両二钱
後湖河泊所俸銀三十一両五钱二分　書辦一
名七両二钱九年裁一両二钱
蘄州遞運所馬船一隻水夫一十六名共銀一百

黄梅縣志　卷三　八　三百〇五

三十五両一钱二分下江防道座用
蘄州遞運所紅船二隻水夫二十名共一百七十
両四钱内除三十六両四钱一分抵防道傘夫工食
一存留本縣支給
知縣俸銀二十七両四钱九分
薪銀三十六両十四年奉裁一十八両四钱九分
心紅紙張油燭銀三十両十四年全裁油燭銀十両
脩理家伙銀二十両九年全裁
迎送上司傘扇銀十両十二年裁八両十四年全裁

吏書一十二名每名十兩八錢共一百二十九兩六錢九年各裁四兩八錢

門子二名步快五十名皁隸十六名燈籠夫四名禁卒八名轎傘扇夫七名庫子四名斗級四名共九十五名每名七兩二錢共六百八十四兩九年各裁一兩二錢

馬快八名各一十八兩共一百四十四兩九年各裁一兩二錢草料不扣

倉書庫書各一名各夫一十二兩共二十四兩九年各裁六兩

脩理倉監銀二十兩

縣丞俸銀二十四兩二錢二釐

薪銀二十四兩十四年裁八兩二錢二釐

書辦一名門子一名皁隸四名馬夫一名各支七兩二錢共五十兩四錢九年各裁一兩二錢

典史俸銀三十一兩五錢二分

書門皁隸馬夫共五十兩四錢九年各裁一兩二錢

新開清江鎮巡檢二員俸銀共六十三兩四分

書辦二名皁隸四名共四十三兩二錢各裁一兩一錢

停前驛驛丞俸銀三十一兩五錢二分

書辦一名皁隸二名共二十一兩六錢九年各裁一兩二錢

教諭訓導二員俸各三十一兩五錢二分共六十三兩四分十六年訓導奉裁

書辦一名門子五名各七兩二錢共四十三兩二錢

齋夫六名各一十二兩共七十二兩訓導名下奉裁

膳夫二名各二十兩共四十兩廩生支領十四年裁三分之二

喂馬草料銀每員一十二兩共二十四兩訓導名下奉裁

停前驛支應銀三百六十兩

舘夫二名正閏共一十四兩六錢四分

驛馬一十九匹每匹連閏三十兩五錢共五百七十九兩五錢

各巡司求充弓兵六名每名五錢四分帶閏九釐共三兩二錢九分四釐後編五十三名每名正

○閏銀六兩一錢共三百二十三兩三錢 十四年半裁
各舖司兵永充二十一名每名一兩八錢共三十
七兩八錢 徭編六十名每名正閏五兩七錢九
分五厘共三百四十七兩七錢
各河渡夫工食正閏銀一十九兩九錢二分六厘
七毫 十四年半裁
各渡修舡銀三兩 十四年半裁
迎送皂隷存一半共一百一兩六錢六分六厘
排夫三百名除本縣應役轎傘夫六名外二百九

十四名該銀二千一百五十二兩八分
脚馬七十二匹共一千七百五十六兩八錢
龍亭儀仗脩理二兩
文廟二祭共四十兩
啓聖祠二祭共七兩
名宦鄉賢二祭共七兩
岳王廟二祭共四兩
文廟香燭銀一兩二錢六分 原在學倉內支
山川壇二祭共一十二兩

社稷壇二祭共一十兩
邑厲壇三祭共一十二兩
鄉飲二次共一十兩 十四年半裁
霜降祭旗操賞銀三兩
本縣迎送吹手八名每名正閏七兩三錢二分共
五十八兩五錢六分 係民壯內扣出
門神桃符春牛等銀四兩 十四年全裁
本縣倉米內額載孤貧一十三名口共支口糧二
十三兩四錢布花銀三兩九錢 十四年全裁

本縣學倉米除教官入經制併新裁外實存銀一
百四十四兩作廩生二十名廩糧 十四年裁三分之二
孔瓏公館廚子一名歲支正閏工食一兩八錢三
分
供應銀四百二十九兩 十四年全裁
修用銀除裁正官明暖轎一十二兩六錢實徵銀
一百六十五兩四錢 歲貢作與脩理文廟參考賞賜俱于此內通支
歲貢盤纏一十五兩 每年扣
歲貢花紅酒席十兩 正陪赴考脚力各一兩二年

一貢歲該六兩
歲科考生童試卷供應賞賜銀六十兩裁十四年半
科舉生員以三十三名為率每名盤纏二兩花紅九錢酒席一錢共銀九十九兩每年三十三兩
對讀生三名各一兩書手三十名各五錢共一十八兩每年六兩
會試舉人以七名為率每名長夫二十四兩共一百六十八兩每年五十六兩
本縣應朝正佐官四十兩首領官二十五兩吏十

兩造冊紙扎工食六兩共八十一兩每年二十七兩十四年奉文不遇朝覲之年應裁充餉
一應裁解部欵項
司庫聽解軍餉米折正賫銀四百九十四兩五錢九分九厘
練兵餉米折正賫銀七百二十兩七錢一分四厘
蘄州小麥銀九十九兩議撥六十一兩抵補本縣經制外實裁銀三十六兩五錢五分九厘四毫
按本數算來該裁三十七兩二錢九分

蘄州練兵工食銀八十四兩二錢
兊軍水次公費銀五兩七錢八分
盤塘哨水手工食併衣鞋正閏銀八兩七錢八分
三江口守備廩粮四兩四錢四分三厘三毫
三江口下哨官廩粮正閏銀九兩三錢
廻風磯練兵銀一十六兩八錢四分
北枝院心紅銀一百九十七兩三錢九分
撥守各哨船水手工食衣鞋正閏銀三十三兩六錢八分

刷卷銀一兩
本府捕盜廳柴薪銀三十七兩二錢
本縣看守分憲公舘山川等壇門子工食銀七兩九錢三分
院司公舘什物銀二十六兩七錢二分七厘
布政司造冊工食銀一十三兩五錢
原派辰餉改抵盧溪縣造冊銀四兩五錢
正官明暖轎等銀一十二兩六錢
朝賀習儀行香紙燭銀六錢

原額人丁一萬二百六十八丁
額徵銀三千五百一十六兩三分六厘九毫八絲
新加顏料等銀一百四十三兩七錢七毫
共徵銀三千六百五十九兩七錢三分七厘七毫
每丁派銀三錢五分六厘四毫二絲
原額秋粮三萬六千五百一十九石一斗三升五合
四勺七抄夏稅折色加入秋粮除南兊本色外
額徵銀二萬二千叁百五十七兩八錢八分一厘
八毫六絲

新加比絹顏料等銀四百一十二兩二錢二分七
厘三毫五絲
共徵銀二萬二千九百七十兩一錢一分九厘六
毫
外加萬曆四十七八年加增畝餉九厘正槓銀共
五千一百六十三兩六錢九分三厘四毫三絲
外加帶派湖課一百七十五兩三錢三分二厘三
毫
通共二萬八千三百九十兩一錢四分五厘

每石該七錢七分二厘五毫
一兊軍本色正米一千七百二石二斗九升每秋粮
一石派四升六合六勺一抄六撮三圭八粒三粟
加四耗々米六百八十石九斗五升六合每石
派一升八合六勺四抄六撮五圭五粒三粟
另納盤脚米三十四石四升七合八勺每石派九
勺三抄二撮三圭三粒七粟舊規遇改折每進
倉一石折價七錢今變舊例
一南糧本色正米七千五百六十五石二斗每秋粮

一石派二斗七合一勺五抄七撮一圭五粒
加二五加耗々米一千八百九十一石三斗每石
派五升一合七勺八抄九撮二圭八粒七粟
另納盤脚米一千一百三十四石七斗八升奉
文每石進倉米折銀一兩該一千一百三十四
兩七錢八分每秋粮一石派折價銀三分一厘
七絲三忽五微以八分充餉該銀九百七兩八
錢二分四厘七塵二纖以二分給解役該銀二
百二十六兩九錢五分六厘

說

按梅自兵火後生齒彫耗而户口之籍未減土田崩蕪而稅糧之額猶供朝廷雖歲下蠲赦之條然裁減抽扣日爲兵餉計以故司牧者目擊蓬蒿不暇爲百姓請命也目今惟有丈量一法可以稍甦民困又以奉行不力告罷終必至崩淤者莫清隱漏者莫稽賦役之困人寧獨荒粮也哉即以荒論亦有可議者梅之荒據稱不下六七千石倘按圖稽粮按粮稽畝按畝稽數

其荒熟多寡可立剖也今則荒者歲歲以不足告熟者亦歲歲以拖欠聞荒熟莫辨無怪乎胥里之包侵日多而窮民之消乏日甚也有心民瘼者尚其鑒諸

湖課

一太白湖原編盛京乾魚正銀二十六兩六錢六分二厘五毫　扛銀二錢三分九厘九毫　江南乾魚正銀四兩一錢八分七厘五毫　扛銀三分七厘六毫八絲　江南黃蔴正銀二十兩五錢七分五厘九毫　扛銀一錢八分五厘　熟鐵正銀四十八兩六錢五分一厘六毫　扛銀四錢三分七厘八毫　遇閏加銀一兩六錢四分六厘五毫　線膠正銀四兩六錢七分八厘　扛銀四分二厘

一毫　遇閏加銀一錢八厘二毫　鯡魚三兩　本府鈔銀一十七兩四錢一分六厘七毫七絲　遇閏加銀五兩八錢五厘五毫九絲

一桂家賽原編盛京乾魚正銀二十六兩三錢八分一厘二毫五絲　扛銀二錢三分七厘四毫　江南乾魚正銀四兩一錢四分三厘七毫五絲　扛銀三分七厘二毫九絲　黃蔴正銀二十兩二錢七分九厘九絲　扛銀一錢八分二厘五毫　熟鐵正銀四十七兩九錢三分三厘　扛銀四錢三

分一厘　遇閏加五兩三錢六分九厘　線膠正
銀四兩六錢九厘　扛銀四分一厘四毫　遇閏
加三錢五分二厘　鯆魚一兩八錢　本府鈔銀
一十七兩四錢四分　遇閏加五兩八錢一分三
厘
一源感湖原編盛京乾魚正銀三十四兩二錢四分
五毫　扛銀三錢八厘　江南乾魚正銀五兩三
錢七分七厘　扛銀四分八厘三毫　黄蔴正銀
一十九兩六錢六分四厘五毫　扛銀二錢六分

七厘　熟鐵正銀七十兩一錢一分一厘　扛銀
六錢三分一厘　遇閏加三十五兩一錢八分四
厘六毫　線膠正銀六兩七錢四分二厘　扛銀
六分一厘　遇閏加二兩一錢七分一厘　鯆魚
銀三兩六錢　本府鈔銀二十三兩三錢五厘
遇閏加七兩七錢六分八厘
一楊家穴原編盛京乾魚正銀一十六兩五錢六分
扛銀二錢四分九厘　江南乾魚正銀二兩六
錢　扛銀二分三厘　黄蔴正銀一十三兩三錢

一分四厘　扛銀一錢一分九厘　熟鐵正銀三
十一兩四錢九分九厘　扛銀二錢八分三厘
遇閏加一兩三錢五分　線膠正銀三兩三分
扛銀二分七厘　遇閏加四分二厘　鯆魚正銀
一兩八錢　本府鈔銀一十二兩五錢四分二厘
遇閏加四兩二錢四分四厘
一柴池湖原編盛京乾魚正銀一十四兩五錢九分
三厘　扛銀一錢三分四厘　江南乾魚正銀二
兩三錢二分六厘　扛銀二分一厘　黄蔴正銀

一十四兩四分八厘　扛銀一錢一分七厘　熟
鐵正銀三十三兩一錢八分一厘　扛銀二錢九
分九厘　遇閏加一兩一錢七分七厘線膠正銀
三兩一錢九分四厘　扛銀二分八厘　遇閏加
一錢八厘　鯆魚正銀一兩五錢　本府鈔銀一
十一兩一錢五厘　遇閏加三兩一錢七厘　天
奉　文加汪天七五兩　以上泒入秋粮共九十兩五錢有奇乃民粮帶泒有
一百七十五兩三錢必淤塞不止一柴池湖而別湖亦有帶泒也
一白水塘黄泥湖　二水附近廣濟湖課屬廣濟代徵

原編盛京乾魚正銀一十三兩六錢五分六厘
扛銀一錢二厘　江南乾魚正銀三兩八錢三分
五厘　扛銀三分四厘　黄蔴正銀二十兩六分
二厘　扛銀一錢八分　熟鐵正銀三十五兩九
錢八分五厘　扛銀三錢二分三厘　遇閏加三
兩五錢二分九厘　線膠正銀三兩五錢一分
扛銀三分一厘五毫　遇閏加二錢三分五厘
鯡魚正銀一兩五錢　本府鈔銀一十六兩四錢
一分　遇閏加五兩四錢六分七厘

蘆課

梅無蘆洲止楊家穴有傳弼奇蘆洲一𢁉舊課二兩
八分六厘週圍皆民粮田地絕無淤生

清

順治九年奉例加課一兩六錢明例因蘄州課多佃
衆歲輸一人收觧將本課附蘄州搭觧南京今改
南京為江南省設尹工部蘆政主事駐劄遂改例
本佃自觧江南
按梅以一佃歲走江南課少費多豈能支乎議者
謂申請將本洲改入蘄州或復舊例附州搭觧亦

可否則未有不受奢寃者恐終成無主之洲也

津梁

津之屬

濯港渡　縣西南二十里官渡
柘林渡　縣西南十五里私渡
白湖渡　縣南四十里有橋
傅公渡　孔壠下五里今廢
湯家渡　孔壠往封郭洲渡
東觀渡　私渡

黄梅南行九十里至清江鎮市連德化之小池口
往九江者必由小池口渡江蓋德化有渡舡而
黄梅無渡舡也往例梅之馬往九江則駐江頭
槽房馬夫送使客至小池口過渡潯陽驛馬丁
南岍接遞如潯陽馬送黄梅必渡小池口到縣
換馬所以黄梅無馬舡而德化有馬舡也順治
十二年小池民以泊宿過兵起釁誣告黄梅舊
有馬舡申道轉申江西撫院移文湖廣撫院批
下江防道道批黄梅縣知縣祁山將舊無馬舡

情由申道轉申撫院批詳在案十三年江西復
移文湖廣批道行縣知縣孫琦畫二處地形併
稟無馬舡情由再申蒙批准在案

梁之屬

鳳凰橋 在縣治東北今添戍街
明月橋 在西關外
辭母橋 在利道門外俗呼射弹橋相傳五祖于此辭母
卜家橋 在教場側今圮舉人蔣文脩
平政橋 在小南門外知縣鍾顏俊所建今舉人蔣文重建

文昌橋 跨縣河通關帝廟今廢
太平橋 在西關外通會倉左
蘆花橋 在東關外寇過廢順治十年邑民龔德甫重建
馬頭橋 在小南門外一里許
上谷塘橋 西南五里
下谷塘橋 西南七里
上山橋 正西五里
下山橋 正西六里
沙河橋 東五里知縣楊本俊建石梁

仁壽橋 東八里鄉民項世金建
兩河口橋 東十五里知縣鍾顏俊建
上沿港橋 南七里
獨山橋 南二十里
石頭橋 俗呼石橋頭在阜壁山下
飛虹橋 即五祖花橋
渡下橋 在龍坪山口河澗水急邑人盧立吾募建今圮費大难脩
勒馬橋 東四十里古角山口唐招討使曾元裕大破王仙芝于黄梅至此勒馬遂名
望雲橋 即南山花橋每歲亢旱土人入山禱雨至橋上輙停望雲氣以占雨候故名

聶家橋 考田山口邊大路聶伯敏所建
於家橋 大河舖於益吾所建
雙城橋 義民袁必泉建
靈潤橋 即四祖花橋
胡祿橋 意生寺西
女兒橋 在馬鞍山
白湖渡橋 舊有大石橋明末居人斷橋以拒寇順治十年重募脩建
通理橋 白湖渡下三里

堤壩

桂公堤

梅長樂鄉一帶皆濱江上自攏坪保賽廟歷蔡山何家堡屬黃梅自何家堡歷套口至小池口屬下衣家園至斷腰又屬黃梅明初康茂才建長堤于沿江累脩于知縣楊本俊范德趙萬曆三十六年戊申洪水衝堤破口數十處崩陷田地三千餘畝民舍俱漂樓泊無所知縣桂生蛟駕舟載銀米沿堤周濟已而懇上臺發帑建堤築崩陷之險口而改築內地其餘破者補之畢者增之高堅倍昔百姓利賴名桂公堤

鍾公堤前名魯公堤

桁南自濯港三十里抵孔壠地勢窪下春夏之交洪水渰沒官道行旅苦之明萬曆十年署縣事推官魯維倫捐俸築堤三十里歲久崩塌萬曆四十八年知縣鍾顯俊重築此堤亦捐俸顧工或勸有財者助之或罰有罪者曰以官贖鍰為汝作功德又以責汝辜民樂于輸堤高一丈廣丈二尺裝沙覆其上沿堤樹楊柳三丈一株樹茂行人暑不張蓋自孔壠下至清江填補脩築高阜蕩平百姓感之故又曰鍾公堤

石公堤

斷腰堤即桂堤之尾也一破則楊穴無寸土可以立錐且沂而上之灌下新至黃蓮嘴亦是水改要害之地順治六年邑鄉官石鎮國任安池道會德化宿松黃梅三縣合築高廣倍前作壓堤上令民駐守着經紀積穀以備脩堤之需

嚴家閘

下孔壠十五里德化之封郭洲歲苦坐湖渰沒而黃梅之柴池湖亦受其害萬曆年間德化紳衿會梅之孝廉那懋學司馮汪可受相地勢買嚴氏田地穿堤建閘以畜洩之名嚴家閘

說

按桂堤自保賽至斷腰百里而遙其間有何家堡至小池口乃德化地方彼地套口為江堤險地套口一破德化之封郭洲當其衝梅之柴池湖等處受其害梅不可不議協濟也陸家嘴為江灣迴流

之處累歲崩没頃沿十六年巳崩入長江大水一
起又自柴池湖滃及封郭洲故德化又不可不議
救護也陸家嘴急宜改築內地避其横流之勢兩
縣閧會協力興工其沿堤脩補各隨境內地方可
也鍾堤古道未没舊蹟可循獨樹木被附近居民
盜伐殆盡詩咏芾棠曰勿翦勿伐召伯所茇玆樹
亦芾棠之遺愛也倘後之賢侯仍舊增築栽培嚴
禁地方毋得盜伐則不惟行人戴德表裏田粮亦
將永賴之矣

灾異

唐僖宗中和二年三月天鳴無雲而雨後黄巢陷州
郡至黄梅民多流亡
宋孝宗隆興元年秋螟蝗蔽野殺禾稼
寧宗嘉定七年正月上元日江州及黄梅黑雲暴
作遊人驚走踐踏死者無数
元成宗二年癸丑自春至秋大亢旱隕霜雨沙
文宗至順三年壬申四月地震越三日大雨雪雹
壞民居數百餘間暴風揚沙石東觀源湖之間
有舡自水中提至半空散落人家
順帝丙子二年春地震爐下口山崩
明洪武十年丁巳正月十八夜雨黑水如墨汁池水
盡黑
宣德三年六月初三隕霜禾稼盡殺
正統己巳年大旱流殍載道
嘉靖二十三年甲辰大旱自三月至七月不雨民
間有經旬難望九食火斗米堪求八歲兒之謠
嘉靖二十八年己酉七月有虎入市噬人官遣捕

户追殺之
嘉靖二十九年春天雨木氷似螘非煙似雪非雪
草木皆成幡幢之形少壯鬚髯宛若老翁此謂
木氷亦曰木介
嘉靖三十一年五月初三環邑諸山遍起蛟龍大
雨平地水深數丈縣學二基没其過半人畜死
者數千灣泊處積屍如林
嘉靖四十五年冬凍雪三月破足死者無數
隆慶二年正月夜雨黑水

隆慶六年二月雨雹雞黑咫尺莫辨大者如卵小者如鵞卵起蕲霍口沿梅西鄉壞民屋千餘間斃者無數禽獸池魚亦多死者

萬曆十六年戊子大旱凶荒民携老稚乞食於外道死者相枕藉有盗劉少溪聚無食之民数千據宿松柴家山作亂出没梅境三年始勦滅之

萬曆三十六年戊申五月大雨四旬不息洪水汎濫長堤寸潰巨侵懷山穀價異貴人情洶洶賴邑侯桂躬詣上臺號泣請命多所蠲賑民稍存活

崇禎四年辛未地震二次

崇禎七年甲戌天雨黑子形如五穀又九年丙子六月下新鎮雨氷末

崇禎十四年辛巳邑大疫死亡過半貧者不能具棺惟以蓆薦纍屍棄之中野

崇禎壬午十一月孔擺鎮地藏菩薩眼中出淚一縷循鼻而下拭之復出衆駭異至十一月二十三日八賊陷城焚戮極慘

清順治乙酉四月淚復出如前甫一月清兵追闖賊及左兵前後經過其地寸土蹂躪又值大水離散飢饉相仍益兩試而兩騐云

順治九年壬辰歲大旱米至五錢一斗民多流亡

順治十年上沿港虎夜入居民譚老家抄殺一家老幼六口併豬牛牲畜無一存者至天明虎猶不去鄉人共圍截殺之又順治十年古角鎮童家湾居民程允之家被虎夜入室抄殺男婦五口止存一幼男亦被傷尋醫治之得活當夜又傷鄰舍穆家三口虎亦被殺擡至縣相騐猛獸

之害人如此

說

凡物之近怪事之荒誕而不足信者聖人罕言之然史書日食書祲祿謂其關政務也君子於極備極無而識五事之休咎彼太戊之桑穀高宗之雊雉宋景之熒惑謂非徵應之明騐歟古天子謹天戒臣人守常憲道固然爾至若猛獸驅而百姓寧不能不厚望於今之劉昆云

黄梅縣志卷中之四

知黄梅縣事北平徐昱校正

署儒學教諭事蕭蘊樞編輯

鄉官　吳　鄉　洪世講　黄景恒　參訂

儒學生　張弘綱　汪流恒　沈文珂　王獻臣　協輯

人物志

夫衆庶憑生所在多有而倜儻非常地不數出則人物不可不志是故以闡賢侯之嘉猷則志秩官志宦績焉以徵取士之大典則志科目志明經焉以示優卹之殊寵則志恩蔭志封贈焉以彰士夫之偉烈昭俊乂之令名則志忠義志賢哲志孝友焉以搜高蹈之孤踪著金閨之淑範則志隱逸志節烈焉此與如草之有芝石之有玉鳥獸之有麟鳳使人莫不美而愛之而傳若夫齒則重于鄉義則稱于國播遷表其姓字下至荒祠之必紀古墓之必書凡以美碩德垂萬禩非僅備方聞已也爰爲人物志

秩官

唐知縣一人餘無考

陳　起有傳

宋知縣二人餘無考

戚　方有傳　程　晃有傳

元知縣二人餘無考

樊懋侊有傳　喬思忠有傳

明按梅邑明制舊設知縣一員縣丞一員主簿一員典史一員教諭一員訓導二員

天啓間奉裁主簿一員訓導一員

清順治十五年奉全裁訓導止設教諭一員

明知縣

白德誠貢士　唐　輔有傳

黄子政舉人有傳　張同寅

楊遇春貢士　張　德進士

徐仲勳　錢　濟進士有傳
黃　武有傳　戴　中進士有傳
金　章進士有傳　朱　璧進士有傳
諸　倆進士有傳　陰　縉貢士
丁　儀舉人　徐行慶進士
周　俊貢士　袁仲吉進士
林　福舉人　梁　廣舉人有傳
郭　基　劉　璋舉人
程　宇舉人　馬應龍舉人有傳

張九一進士有傳　胡效忠舉人有傳
劉伯源舉人建察院　楊本俊舉人有傳
姜　忻進士有傳　范德超舉人有傳
張維翰貢士　蔣　樓舉人
蔡　鎧舉人　來三聘進士有傳
皮宗詩舉人　孫　鉉舉人有傳
馮可立四川人　陳嘉言江西人
桂生芝舉人有傳　武圖功進士有傳
王繼祖舉人　鍾顧俊舉人有傳

徐　澤舉人　周　獻舉人
饒　壹舉人湖口人　王　質進士有傳
何文郁貢士貴州人　張聯芳舉人有傳

清知縣

張秉紀湖廣襄陽人順治二年任　張　興北直貢順治二年任
李鑄實北直選貢順治四年任　陳觀天江南選貢順治六年任
鄧源瀛遼東人順治七年任　祁　山北直貢順治十二年任
孫　琦北直歲貢順治十三年任
徐　昱北平人恩貢順治十五年四月任有傳

明縣丞

吴珣　李顯有傳

張瑚貢士　殷友常貢士

李美有傳　王端

劉魁有傳　趙迪

任讓　汪裕

陳霽　徐煥有傳

鄭仕　李英

姚侃　周緯有傳

梁元　李陽扶貢士

殷禮　黄璘貢士

黄宗儒貢士　李庭貢士

于一龍　楊騰龍

周希旦　馬之馴貢士有傳

喻文凌　費應德

劉定達　姚弘佐

董應承　蘇夢陽

施廷贇

清縣丞

趙紹山西貢順治二年任　陸道亨江南人順治五年任

董復禎河南人順治十年任　章國材浙江人

沈宗文浙江人順治十三年任

明主簿

蔡敏有傳　王倫

周庠　湯清

文英　周彥高

鄧忠　崔琳

端愷　常耕

龐元　黄宗乾

楊鍊　龐岡

劉瑄　樓鳴鳳

蔣文卿　劉煉
金廷梁　胡照
何霆　劉湘
周湘　程象
王守道　劉汝錄
梅子鯨　嚴用禮
程致中　程紹洪
歐陽璇　以後奉裁

明典史

田大有　丁志宏有傳
王綱　許贇
古通　于雲
夏本壽　劉欽
楊廷燕　熊袞
呰龎　張銳
朱守儉　徐大章
宋汝高　孫敬祖

湛汝龍　王繼袍
周之泰　梁祚
沈時逢　周上智
鄒天相

清典史

時必昌　梁文正
盧顥俊北直東鹿人

明教諭

李震有傳　王原賓舉人
鍾安定　金寬舉人
喬世卿舉人有傳　梁友儲有傳
沈愷　熊梁舉人
蕭廷儲有傳　沈鑣有傳

王廷美　徐爵
黄早舉人有傳　饒廷光
段盡忠有傳　陳文舉人有傳
魏中　張相舉人
滕國賢　何子遠有傳
謝自修舉人蒲圻人　周敬止舉人
王堯天舉人　黄建中舉人
林若備　周玉振
闕士埼舉人有傳　吳思文舉人江夏人

清教諭

李明徽委署中戊子舉人安陸人縣　張士淑貢士委署蘄州人
胡虞潢武陵舉人中乙未進士　蕭蘊樞孝感舉人撰修志書

明訓導

史學禮　王宣舉人有傳
鄧琳　余浩
阮鑑　嚴玉振
龔章　亢伸
顏朴有傳　許珍
汪廷瑤　陳裕
孫勵明　馬驥有傳
席慈　聶翰

昝用中有傳　程大本
徐慶　謝君相
劉壽仁　包良臣
雷孟暘　劉師洛
吳世卿有傳　張堯勳
張聖化　李明元

清訓導

傅若訓孝感人恩貢　蕭仲蔚漢陽人貢士奉裁

宦績 知縣

唐陳起蘄州春地人南唐舉進士初為寧鄉令改稱
歸令轉湘鄉萍鄉令遷本縣令有妖人諸祐者
自言能使人貧者富富者貧民從之積衆數百
起到任數日籍祐為里長不服遂執祐斬之拜
監察御史

宋戚方宋高宗時中興名將駐劄黄梅之龍坪山保
障一方

程晁江南浮梁人宋祥興二年由進士任本黄梅
值英山寇起晁率邑民斬羣賊保捍一方民戴
之尋家焉

元樊懋侁真定人皇慶元年任大興學校勸課農桑
有循吏聲建縣治自樊懋侁始

喬思忠晉寧人至正時為梅尹竭心教化學宮多
所修飾鑄銅為祭器鐫石紀膳田元議入祀典

明唐輔洪武初年任時縣治蕩于兵燹輔悉建自縣
治學宮及郵舍旗亭煥然一新且廉敏有為吏
民稱歎

□政洪武十四年任有善政修譙樓奏建停前
驛

錢濟直隸舒城人由進士政務大體在任八年卒
百姓思之子敏尋任本府知府亦尚德化有父
風

黄武浙江歸安人以懷才抱德舉授廣東按察司
知事尋遷梅令撫字催科有陽城風遷山東莒
州知州

戴中江西新淦人由進士性倜儻有治才疏滯扶
弱敬老賓賢興學勸農凡利民者為之恐後取
進令黄武之善行之初不掩美術才邑縣治學
宮及倉庫郵舍驛亭公署悉公卜建考滿擢監
察御史百姓立碑思之文見藝文志

金章直隸工元人由進士不事苛刻聽決催科率
取式前令民甚便之然獨以抗直不依阿故仕
途終于坎坷

朱璧江西樂平人由進士聽斷明允馭吏胥不少
假借尤加意學校尋遷都察院經歷

諸僩浙江秀水人由進士簡直不阿權貴愛民自喜邑有黠卒數為民害僩得其人一日縛之磔于市豪右屏迹

梁廉江西泰和人由舉人政尚簡靜不事更張蓋有古循吏風常製祭器濬西河有功學校先尹戴中以成化戊子任廉以後戊子任民有先戊後戊戴父梁父之謠擢南京户部主事

馬應龍雲南永昌人由舉人儉素先僚案民賴其節省決訟片語爭者具服是時囹圄几空陞道

州刺史

張九一河南新蔡人由進士有文章名弱冠來任胥吏咸視謂無當者及下車悉繩以法精敏英發片言了解性惠和捐俸賑貧建東禪書院集邑弟子員厲文一時向化舉擢吏部主事邑人思之立去思碑亭文見藝文志

胡劾忠淮安沐陽人由舉人為政崇寬大一切利病毅然興革之往梅額冊率以虛丁實派民不堪命劾審平之

楊本俊雲南太和人始授仁壽尹轉補本縣慈祥愷悌薄賦寬徭與民休息俸外不妄持一錢在任四年橋梁廨宇多所修建擢海州刺史

姜忻江西南昌人由進士練達廉明革弊興利在任二年擢姑蘇二尹去之日行李蕭然民遮道哭留豎碑建祠祀之文見藝文志

范德超四川巴渝人由舉人性寬厚遇事若迂然極識大体脩孔龍楊家穴二堤民便之

來三聘浙江進士整肅胥役惠養子民居官清介

有一琴一鶴之風勾拇公事以木隸往還故民間無差提之擾徵收革火耗縱有羨餘拆封之日即充解費期年大治盜息民和奉　旨丈量秉公執法不避權貴調繁合肥事尚未竣清筭原籍解還黄梅士民戴之呈請入名宦祠又建祠東關外今為流冦所燬過其址者猶徘徊不忍去云

孫鉉餘姚縣人初為長沙別駕明萬曆二十二年巡撫郭公惟賢疏建梅城請以鉉晉秩郡丞來

受縣事以董其成公奉公忠私體恤輿情不忍
勞民傷財百姓悅服

桂生 從貴谿舉人怨多才寬仁有體萬曆三十
六年來任值洪水沖堤縣民居盡沒乘舟
散給銀米賑之洒滑澤實出至誠已即請賑
請蠲請建堤工派丁粮民悉子來竟成永利獲
真盜輒溺之故處荒歲民得安枕調任去士民
呈請入名宦祠

武圖 功山東曹縣進士萬曆三十九年來任善詩
喜文學日課諸生及儒童為治清簡詞無大小
真偽悉來而聽之有嘉石肺石之誦入覲銓部
秩滿出為辰州太守轉湖南憲副致政歸百姓
思之不置呈請入名宦祠又建祠東關外

鍾顯俊 閩上杭舉人優禮待士愛民如子聽訟明
而公多修建初作東西兩佛國坊次作鼓樓并
堂下石欄修學宮築長堤勞蹟僕不勝數時有
鄉愚倡亂不動聲色以次擒之治梅五載去之
日士民攀轅餞送滿道至清江信宿復牽裾擁

留相向洒淚而別

王質 山西進士以兵部主政左遷黃梅令清廉自
愛牧民禮士明末政令煩苛處以寬裕故世亂
而民不擾陞湖廣巡憲去任

張聯芳 北直舉人涖任數月即值獻逆陷城之慘
為國護印宵遯後奉上令還治兩載餘為邑築
城垣搆官署撫瘡痍集流亡頗有善政入
國朝順治二年以不屈賊捐軀邑人哀之

清

徐昱 永平灤陽拔貢下車首省荒丞問疾苦力
懇緩征逋欠求申減除荒糧乃奉
功令而未果然其志切撫字雖設法征輸毋展籍檄
然平市價息爭訟百姓感其德從流離歸集者
百餘戶從山野入城者數百家政聲嘖嘖

宦績 縣丞 主簿 典史

明李顯洪武十年任清熏明敏加意学校堂廡齋舎時加脩葺

李美愛民守已當路重之頻委視篆他邑所過民輙思之

劉甦高唐人以御史謫熏平剛直孳孳與民導利袪害去之日攀轅者數千人

徐煥江西吉水人由監生持守甚端出入省騶呵公庭蕭然數月不聞鞭朴之聲以内艱去

周綍河南許州人莊重純朴循循儒吏毎東帯見諸當路神釆修然物論偉之

馬之駉當武侯任時以明經授黃梅丞真醇慈愛慱洽熏明其去也民思之建碑立亭于武侯祠側

蔡敏江南長洲人由舉人持身清慎動以愛民為念生平食不重味坐不設裀一冠裘踰十八年表裏洞徹無几微矯飾尋改任引年歸休壽八十七

丁志宏順天府人性戇直不妄取予毎緝捕盜賊輙曰無誣累良善也去任之日僅一蒼頭負一布衾而已

官續 教諭 訓導

元陳可大江西人任黃梅教諭訓迪有方捐俸周乏舉動法古儼然師道

明李震河南葉縣人端愨不苟然諾與諸生講解剖析幾微秩滿當遷諸生請留之復三年

唐世卿浙江海寧人由舉人資性穎異每誨迪諸生未嘗廷詈一人人亦敬服無敢忤者遷橫州通判

梁文儲廣東南海人由歲貢任黃梅教諭董正生

徒有胡瑗授蘇湖之風居官清介不計餽遺貧不能歸遂家於梅今登戊子賢書梁憲即其九世孫也

沈鑨浙江平湖人有雋才入名宦

蕭廷儲江西廬陵人爲人純謹會督學使者嚴剔公以平恕應之善類獲全入名宦

黃早四川瀘州人賦性剛果秉禮持正義不苟合待諸生嚴而有恩

段盡忠曹州人剛直不阿持身嚴肅雖盛暑必冠帶接諸生諸生服其教無敢便服出遊者

陳文江西靖安人由舉人任襟宇明曠贊知縣姜倡置學田

何子遠九江府德化縣人由司訓陞本學教諭渾厚坦易行不背言去日諸生郊送無不涕別

王宣淮安人由舉人任行誼孤高讀書談道自樂丁外艱歸起復遷禮科給事中轉光祿寺丞

顏朴江西廬陵人問學宏洽訓廸嚴正有古人風入名宦

馬驥辰州人古樸好禮言吶吶不出而誠惻獨至致仕年九十

席懿四川人敦行礪節家世搢紳能下人軫恤寒士在任一年而卒當事賢之遣人扶櫬歸入名宦

晉用中四川人質任自然遇事有先見在任六年或餽遺知其貧者辭不受後遷合肥教諭

闕士琦字褐公湖廣桃源人天啓甲子冠葩經署黃梅諭其學原本六經涉獵異書詩文不獨軼瑯琊歷下北地諸子視公安竟陵別衍派緒于

石公較莊于退谷較學于鵠灣較勁鐸梅三載日夕課士品騭有廬陵之諷所著桃源索隱郎當草捕鯉堂稿蠍蜞集諸刻行世甲戌成進士授南安令以太孺人垂耋終養歸後二十七年門人洪世讌爲之傳

宦績 附署政

元李黼字子威崇寧人泰定丁卯狀元爲江州總管紅巾逼淮西黼斬黃隔行省平章皆遯去黼嘆曰民不可棄也亟挽舟抵黃收召士卒得行省復狗梅下之擒令事開廩賑殍集兵作犄角力爲捍禦行省悅其忠誠奏黼知政事江夏豫章兩路總管後同姪廌昭竟死節江州追封龍西郡謚文忠賜廟額曰崇烈

明安貞本府同知洪武初署篆措置有方守法不撓郡志載名宦

謝朝宣龍渠人正德初以監察御史謫黃州同知隨署梅篆謙恭下士視百姓猶子在官九月多所樹建

羅瀚豐城人舉人任本府推官以清苦聞委署梅推誠布惠摘奸執法威令大著公嘗討饗粥呼侍入取供之睡而不至公自往食之急呼跪堂下問粥何在侍入即叩首謂某餓業已食之乞無刑拷公笑而釋之他日以狀白郡守更喝

之曰刑之能寃人如是守大悟一郡訊讞多所平反

崔孔昕山東濱州人嘉靖癸丑進士任本府司理歲庚申下視邑篆静默敦治体性端毅不假嚬笑胥吏望風㤺䫛不敢舞文其馭民率真誠相結民樂輸納再閲月几致刑措

劉介齡廣東廣州府人進士由左遷任蘄州判隆慶庚午署縣事性豁達不拘々文法遇事動以節省為念民賴之

曾維倫樂安人由進士任本府司理萬曆九年冬梅令缺報中丞御史臺両下素悉梅劇困念非精明愷弟莫可任于是熟議曰非曾君才不足親梅者亥檄委視梅事公固辞越明年春始至下車問民疾苦悉覧山川土風率精明闓澤崇大體親細事旌良善不善者剪之再閲月覩學宮圮嵏奠稱即捐贖修甃凡縣治廨宇壇祠城垣坊扁一槩新之邑由濯港至孔壠地卑濕時時滯水馬陷脛没公又捐贖築堤四十里未嘗借民力一日也在任甫朞箸政有端更僕难數梅民大悦集建両祠生祀之

說

周禮以六計蔽群吏而總其法于廡凡以訓官箴也其有功德者紀之太常登之俎豆蠡勸有位也然大要以為民故下民之稱誦即徴有位之殿最今觀諸君子所在民安所去民思々必勒石圖像長有榮號致垂不朽豈非能循實盡職政平訟理其廢幾有栄燕生魚中牟馴雉之遺風乎書曰民

罔常懷々于有仁考民謡察治道吏之賢不肖在此矣

黄梅縣志卷中之五

科目

進士

宋崇寧癸卯科

王伻瑄 官翰林學士 毯古角山

紹興庚辰科

陳　義 治春秋官四川宣撫巷向家坂

嘉定甲戌科

劉　昕 治書經累官蘇州守 評事旻子應端祖

紹定乙丑科

劉思睿 治易經官司制議 昕之姪

淳祐辛丑科

劉應端 治書經初任無錫縣累官浙江僉憲 昕之孫

淳祐庚戌科

劉朝俊 治書經初任都統後擢元招討司招討 思齊子

咸淳甲戌科

魏　讓 治詩經累官工部尚書

元泰定丁卯科

陳　經 治春秋賜及第二名官至李士

至順庚辰科

汪堯舉 治詩經未擢官

汪振卿 官至御史

永樂甲申科曾棨榜

韓　中 初授行人遷廣西全州守

成化丁未科費宏榜

邢　纓 官至御史有傳

弘治庚戌科錢福榜

徐　欽 官行人司正

正德戊辰科吕柟榜

邢　褒 禮科都給事中 纓之子有傳

正德辛未科楊慎榜

石　金 初授行人拜御史 以直言謫有傳

嘉靖丙戌科龔用卿榜

胡　鳳 初授知縣官至 參政有傳

嘉靖戊戌科茅瓚榜

洪　恩 初授户部員外郎遷浙江衢州知府 陞太僕卿晟之孫模之子有傳

嘉靖庚戌科唐汝楫榜

曹　麟 初授許州知州遷戶部員外郎陞天津兵憲

嘉靖癸丑科陳謹榜

瞿　晟 初授戶部主事轉郎中陞廣平知府贈太僕有傳

萬曆庚辰科張懋修榜

石崑玉 初授戶部主事累官大同巡撫

萬曆庚辰科張懋修榜

汪可受 初授浙江金華知縣歷任兵部右侍郎有傳

萬曆丙戌科

萬曆丙戌科

邢懋敬 初任直隸常熟知縣調國子監

萬曆丙戌科

龔　懋 任四川巴縣知縣

萬曆乙未科朱之蕃榜

邢懋頎 初任河澗府推官陞刑部主事

萬曆己未科莊際昌榜

石有恒 任長興知縣殉難贈太僕少卿

崇禎辛未科陳于泰榜

石　確 初任丹徒知縣調宜興補洪同

崇禎甲戌科劉理順榜

宛三省 任建德知縣補山東黃縣

崇禎庚辰科賜進士特用

張國光 任上饒知縣陞鎮江府同知

科目 元宋多不詳故不列科分

舉人

宋

王大用 省元

魏允嵓 治易經累官江南運使

黄宗 治易經累官御史

劉漢傳 治書經任常州學授應端之子

元

陳天祥 未仕

魏翀 治禮記官翰林承旨

郭友直 治書經任天臨路總管府有傳

陳子英 治詩經官提舉使學士經之孫

明永樂癸未科

馮性 治詩經任四川萬年縣諭

韓中 治詩經見進士

永樂乙酉科

周才 治詩經任知縣知府藴之父

永樂戊子科

汪善 治春秋任廣東高州推官遷江西吉安府

永樂辛卯科

商玖 治春秋

永樂甲午科

周縕 治春秋任合江令遷四川重慶知府才之子

姜時敏 治易經

永樂庚子科

邢繼祖 治詩經

永樂癸卯科

劉禮 治書經任河南封丘縣丞

宣德丙午科

朱銘 治易經舉魁任南宮學正

宣德乙卯科

商瑜 治詩經解元任浙江蕭山諭陞國子監

正統戊午科

吴顗 治易經任山東德平學諭

成化辛卯科

王麟 治詩經

成化甲午科

邢纓 治詩經見進士有傳褒之父鏊璧祖

成化丁酉科
魏　澄 治詩經 有傳
成化庚子科
王　忠 治易經任夔州府推官 慶麟、慶篆曾祖
成化丙午科
韓　璁 治詩經任江西萬載縣斈訓
洪　晟 治詩經任江西永寧令 模範、失恩之祖
吳　節 治易經任揚州通判 遷壽州知州
弘治己酉科

梁　鑾 治詩經
項　淵 治詩經
徐　欽 治詩經見進士歲貢 用之子鍇、鑑之兄
弘治乙卯科
石　麟 治易經
邢　寰 治詩經見進士 纓之子鑾、璧父
弘治辛酉科
程仲禮 治詩經
向　榮 治詩經任通判遷知州

弘治甲子科
周　球 治詩經任北直南樂令
張　桂 治詩經任直隸溪州知州
石　金 治詩經見進士
正德丁卯科
陳　言 治書經任泗州斈正 有傳華之弟
正德庚午科
洪　模 治春秋舉魁 晟之子太僕恩父
胡　鳳 治詩經見進士

陳　華 治書經 言之兄
正德癸酉科
余　慶 治詩經任沔陽 建昌知縣
胡　橋 治詩經任四川 彰明縣令
正德己卯科
陳　昉 治詩經任淮安 同知晟之弟
嘉靖壬午科
陳　晟 治詩經任四川 青神令昉之兄
嘉靖辛卯科

周繼學 治詩經任靖江令

汪玉 治詩經任四川廣安知州

嘉靖丁酉科

洪恩 治詩經見進士

曹麟 治春秋見進士有傳

嘉靖庚子科

熊偉 治詩經任光州知州華宇之祖

嘉靖癸卯科

瞿星 治禮記晟之弟九思之叔有傳

嘉靖丙午科

周寀 治詩經貢士渭之子任武陟知縣

倪民望 治詩經任知縣有傳

邢奎 治詩經任德州知州寰之孫

嘉靖己酉科

瞿晟 治詩經見進士星之兄九思父

嘉靖乙卯科

邢璧 治詩經任福建政和令寰之子

嘉靖辛酉科

章宗理 治詩經任江西新城令

嘉靖甲子科

段尚絅 治詩經初授泰興令拜御史有傳

隆慶丁卯科

宛如麟 治詩經

隆慶庚午科

王應奎 治詩經

邢應軫 治詩經

萬曆癸酉科

瞿九思 治春秋舉第八名有傳官待詔晟之子甲之父

嚴自察 治易經

王夢麟 治易經任彰明令忠曾孫纂之兄

萬曆丙子科

邢懋敬 治詩經任常熟縣令寰之孫奎之子

萬曆己卯科

石崑玉 治詩經舉南闈二名見進士

汪可受 治詩經貢士勲之子見進士

萬曆壬午科

瞿　甲 治詩經第十名九思之子

龔　懋 治詩經見進士

熊華宇 治詩經偉之孫貢士汝璞之子

萬曆乙酉科

邢懋順 治詩經見進士璧之子纓之姪孫衮之孫舉人秉均之祖

邢懋學 治詩經壑之子衮之孫纓之曾孫懋敬之弟

熊華國 治詩經偉之孫任江西臨州府推官

萬曆戊子科

鄒如穎 治詩經任浙江遂安縣知縣

萬曆丁酉科

石韞國 治詩經知縣石航昌之子任萬載知縣

項　楚 治詩經

萬曆庚子科

胡寄垣 治詩經任河南南召知縣

萬曆癸卯科

劉　衮 治詩經由助教陞户部主事累官贛州知府

王夢篆 治詩經初任靖安知縣仕平樂府別駕忠之孫夢麟之弟

邢懋勳 治詩經

梅啓元 治詩經任浙江海寧知縣

萬曆丙午科

、石有恒 治詩經崑玉之子有信之兄確之父見進士鄉舉第七名

萬曆乙卯科

石有信 治詩經崑玉之子有恒之弟

萬曆戊午科

余鍾岳 治詩經

陳欽命 治書經任北直玉田教諭

天啓辛酉科

石　確 治詩經舉第七名有恒之子崑玉之孫見進士

陳　瑜 治詩經任四川萬縣知縣調北直中城兵馬使

天啓丁卯科

宛三奇 治詩經見進士

崇禎癸酉科

石鎮國 治詩經舉第四名初任石首諭陞助教累官副憲

吳　鄉 治詩經初任善化諭壬午貴州同考順治己亥擢信豐知縣

洪世講 治詩經晟之玄孫範之曾孫

張國光 治詩經庚辰特用桂之曾孫

崇禎壬午科

蔣文　治詩經槑之兄

蔣槑　治詩經文之弟順治己亥授江南含山知縣

清順治丙戌科

邢秉鈞　治詩經纓褱之後璧之曾孫懋順之孫

熊兆師　治禮記任廣東陽山知縣

順治戊子科

梁憲　治詩經教諭友偕玄孫

順治丁酉科

程允廸　治詩經仲禮之玄孫

附薦舉

唐

李玭　以博學宏詞薦未授官

宋

戚容　以博通墳典薦授祭酒

元

陳復一　以德行薦授大理寺評事　陶復　以李克才聰薦授蘄州別駕

明

洪友瑋　以明經薦任本學訓有傳　劉嗣儼　以孝廉薦任蜀府典儀正

楊以道　以孝廉薦任兵科給事中　徐士燕　以明經行修薦任本縣學諭

沙興　以孝行薦任知事　洪彌高　以儒士薦任本縣學訓

洪升遠　以孝行薦任沂州同知　魏鐶　以孝弟力田薦未授官

陶璦　以人材薦任庫大使　周俊　以耆老人材薦未授官

瞿罕　以孝經舉授崖州知州有傳

曺飛　以廩生中武舉崇禎初上籌兵三十六字奉召兵部叅謀加司務銜

明經

明貢士張訓 任鴻臚　劉彦高 任知縣

於敬 任主事有傳　劉仕恭 任縣丞

趙靖 任吏目　鄂鎬 任吏目

汪瀚 任主簿　黃真 任檢校

陳淵 任主簿　張士緣 任知縣

馮敏 任主簿　張翀 任照磨

高昂 任經歷　翟敏 任縣丞

黃芳惠 任縣丞　潘文浩 任知府有傳

洪亮 任縣丞晟之祖　劉敏學 任通判

施綸 任州判　孫旺 冠帶

劉睿 任檢校　黃茂 冠帶

徐淳 任檢校　劉欽 任知縣

濮端 任吏目　張儼 任吏目

丘洪　劉潛 任吏目

徐洙鑑 任知縣　袁俊 任照磨

韓英　江澄

李馥 任教諭　汪岳 任同知

張怡　翟綬

王順 任教諭　石信 任經歷舉人麟嵗貢鶚之父

黃譜 任州判　胡機

許文 任訓導　吳文 任州判舉人嵩之兄

潘銓 任訓導文浩之子　鄧俊 任縣丞有傳

徐用 進士鈫貢士鎧鍅之父　龔麟 任教授

官祿 任光祿寺署正　沙瑞 任學訓陞寧府紀善有傳

劉紳 任學正　梅琥 任知縣

石璽　羅伯暹

石鶚 任主簿有傳麟之兄　胡瀚

胡鑑 任州判　李藻

項潔 任縣丞　趙忠 任審理

劉瀚　向必成 任知縣有傳

程仲義 任經歷　翟華 任縣丞

程仲甫 任通判陞南工部主事　王宗憲 任知縣

張清 任訓導　徐鎧

張璽 任主簿　周龍

沈瀹 任縣丞有傳　吳珂 任縣丞

余世魁任訓導　洪範任都事
桂棟冠帶　石鎮弟任縣簿金之
李人傑恩選　夏文質
袁鎏　沈汀任縣簿
徐鐩　程麟
周渭任照磨有傳禺之父　張洪潤之兄
張潤任學訓甫傳　田寶任知縣

黄卷贈文林郎　周宗
盧俊任學正　洪佑任教諭
徐廷猷　鄧天麒任學訓
李馥宇任學訓　田珊任學訓
王清任學訓　吳洽
沙濱蘭任教諭　胡惟貞任教諭
何召穿任教諭　柏栻任訓導
劉楚儒任訓導　程夢麟貢元未就校司理
柳棨冠帶　石朝章任州判
楊楷任訓導　魏廷槐冠帶
熊華學　熊汝璞華宇之父

汪美勳之兄　汪勳可爰之父
王國士　徐廷鑑任知縣
石肯定崑玉之子　李榮任教職
李芳春教職　石徹昌任知縣
石鍾靈任縣丞　馮體道
王夢周荆門州學正夢篆兄　祝多壽永州學正
吳鳳翎　商起巖任教職
邢楙才任教職　余夢龍任教職
張宏道任教職　張弘慶任教職

熊汝瑶　劉宥任教職
石翰明　石粹玉崑玉之弟
陳錫　石煒然任沐陽縣令
陳龍頻　張養浩
沈一鳴　周士龍禺之子禹之父
商祚來　王賢臣夢麟之子
魯如愚　魯邦常拔貢
程甲代　張瑛拔貢
熊啓翼　郭應昌任教諭

周天度拔貢　陳　千文行俱優名族世胄多師事之
毛文錦　周應夏
洪　度有傳　曹　鯤
清貢士黎　平　歐陽佺
徐　健恩選　陳　苹千之弟
魏　朔任教諭　鄧起鳳教職
歐陽任教職　項　城教職
熊　楚　董　學
蔣　家耒陽學訓　張　徽甲午副榜

石　碤有信子　梅開璦
黄中醇恩選恒之子　吳士千
黄景恒歲貢醇之父

附例監
明　陶文美　金　瑛　劉宗海任縣丞
金　珏　張廷鳳　程元慶
劉　翰　程仲春　汪　藎任兵馬副
王希旦任州同　吳　完任經歷節之子　程　東任縣丞
宪　栁任經歷　張　鍊任主簿　石　錸
商　奎任經歷　程　鏜任主簿　桂　耀任主簿
向日葵任主簿　程　正　汪　苹
汪　廸任州判　石　溥任州判金之子　錢世青

陳　琅千之伯　程　度任主簿　錢世柄任斷事
胡惟亨鳳之子　趙顯宗　石　澍
石　澤鎮之子　胡惟學　石徹啓
石徹緒　陳一猷　洪紹貞講之祖
熊汝璧偉之子　楊　烱　楊　炤
熊汝瑗偉之子恩貢別駕　余　澤任縣丞　陳如錫任主簿
王三省任主簿　吳廷鄉任主簿節之孫　楊　策
楊　梟任經歷　錢　槤　王　極任主簿
石　汲　石　沂　程達幾

邢懋祖奎之子　曹文萃　洪紹哲恩之子
楊勲　向日紉　曹鳳荊府奉祀正
潘浪荊府典寶　熊儒荊府典儀　王廷春儒官
王夔暘州判　胡尔度　汪道陽
瞿阜　錢尚仁儒士　蔣宗孝中書
柯甲　柯登　程蘇
黃中朗若雲之孫　陳珙瑜之弟　洪世讓講之弟
石輅鎮国之子　熊師周司理華国之子　熊齊聖貢華學之孫
陳應才千之高祖　陳世淳華之祖　陳鑑

武科職
唐　唐國徵授常侍安南將軍　魏英授大招討使封五原郡公
宋　胡瑞封威德侯　施綸授左衛使
元　陳國玉學士經之子授大將軍司馬元帥
陶德甫以勇名授戎　繼士貴授指揮
明　於顯授都督府進封英山侯　石泰授千揔昭勇將軍
於琥顯之子授大都督　周乃武武進士授守波府遊擊
蔡玟武舉授守備　張其謨武舉授守備
李先實武舉授守備　戚佐武舉

清　程曉武舉授盧州千揔　方禹武舉
王道武舉　王信本姓程武舉
余欽武舉

附衛職

李文新城鄉鐵嶺衛 商勝祖鳳源鄉燕州衛 周貴鳳源鄉遼東衛

周宗鳳源鄉甘州衛 李榮鳳源鄉金吾衛 張仁七鳳源鄉羽林衛

陳浦隆永福鄉鎮勇衛 陳安六新城鄉武驤衛 汪安五永福鄉義勇衛

蔡春永福鄉河源守 瞿可榮永福鄉金吾衛 王勝長樂鄉南京衛

潘興隆長樂鄉遵化縣 趙福二新城鄉遵化衛 李祖三新城鄉武城衛

李勝三新城鄉定原衛 宛濤新城鄉錦衣衛 殷安新城鄉武城衛

鄒興鳳源鄉遵化衛 董真鳳源鄉遵化衛 陶勝三鳳源鄉金吾衛

鄒圭鳳源鄉燕山衛 胡安八長樂鄉錦衣衛 郭郁新城鄉遵化衛

張福長樂鄉紹興衛 周見一永福鄉燕山衛 黎福鳳源鄉金吾衛

盛太四新城鄉松門衛 楊必冀永福鄉成都衛 李浦勝新城鄉會州衛

李文俊鳳源鄉潯州衛 吳宗奇新城鄉金吾衛 樊顯一永福鄉金吾衛

王安仁鳳源鄉淮慶衛 盧浦勝新城鄉濟州衛 石官保新城鄉太原衛

湯勝祖長樂鄉錦衣衛 劉興鳳源鄉金吾衛 錢貴卿永福鄉定遼衛

趙浦勝長樂鄉薊州衛 陳應辛鳳源鄉濟州衛 劉漢新城鄉開平衛

高勝四新城鄉鐵嶺衛 張福二新城鄉武城衛 徐文庸永福鄉盧州衛

王重永福鄉遵化衛 戴旻新城鄉淸海衛 鄭朝衍鳳源鄉寧山衛

聶福真長樂鄉平溪衛 王省十鳳源鄉平溪衛 廖進三鳳源鄉九江衛

袁安鳳源鄉金吾衛 鄧世昌鳳源鄉淮安衛 方逢貴鳳源鄉金吾衛

劉勝新城鄉留守衛 張勝二永福鄉遵化衛 鄭保二長樂鄉定遼衛

方慶二永福鄉平溪衛 熊福鳳源鄉定遼衛 孫祖長樂鄉廣寧衛

恩蔭

明

汪道春　司馬可受之子以廩生受父蔭入監初授太常寺典簿歷陞思恩府知府

石磐　中丞昆玉之孫忠烈有恒之子以生員受父蔭入監初授太僕寺主簿歷陞淮安府知府轉淮海憲副致仕

封贈

明

邢暹　御史綬之父弘治間以子官封御史

徐用　貢士行人欽之父弘治間以子官封行人司

石堅　千户泰之父弘治間贈千户昭勇將軍

石廸　御史金之父以子官正德間封御史妻官氏封為孺人

胡世槐　叅政鳳之父以子官嘉靖間贈刑部郎中

曺容　副使麟之父以子官嘉靖間封為户部員外郎妻黄氏封為宜人

汪智　知州恭之父嘉靖間以子官贈知州

瞿廷桂　太僕卿晟之父嘉靖間以子官贈户部主事妻王氏封為安人

洪模　經魁太僕卿恩之父嘉靖間以子官贈户部員外郎妻胡氏節婦封為大宜人

倪鳳岐　生員入孝行通判民望之父登處明以子官贈知縣妻王氏封為太孺人

段洧　御史尚綗之父以子官封知縣

石丞芳　中丞昆玉之父以子官封户部主事

汪勳　貢尚書可受之父萬曆間以子官封叅政

黄卷　知縣若雲之父萬曆間以子官封知縣

周渭　以子官封承德郎

宛一成　三奇之父以子官贈知縣

張惟正　國光父以子官封知縣

清

熊犖夏　兆師父以子官封知縣

附吏任

明

張　旭任經歷　李　道任大使　柯世喀任經歷

曹　容任吏目　王　絅任巡檢　趙　位任州判

邢　相任所官　李　鑑任驛丞　徐　栢任主簿

陳世清任典儀千之伯祖　吳　濱任典史　陳廷模任典史

李　棟倉官　高　烺倉官　徐　洧任巡檢

毛　詩倉官　孫　鉞驛丞　陳世治典史

王　林獄官　洪紹元大使　黃　銳大使

岳　鳴典史　趙仲俸　陳廷和倉官　張　奎典史　徐大遂

項應璺巡檢 項城人　張鵬翔倉大使　李向華典史

說

余聞成周取士之法蓋甚詳矣自漢而下逮唐宋若孝廉方正賢良孝弟力田諸科目非一即二千石長吏得自辟曹椽不洵盛乎今我

皇上撫辟求賢引會英雄取士一倣古科目明經之制故天下豪俊用得悉致搜羅而諸如懷才抱異碩德苟能復不資格置之濟濟多士宛然前代盛時規模也彼巖穴自老之士其亦景青雲而動色乎

黃梅縣志卷中之六

忠義

唐魏英字時育以義俠聞為太原兵馬將與高駢友善子元述猶稱机警王仙芝據黃梅闕卒七千助招討使曾元裕破之殺五萬餘人追斬芝傳首長安巳乃黃巢逼蘄春又密遣子通駢及蘄黃招討使劉巨容合兵蹞之死者什七巢因竄挫轉掠他郡事聞封英五原郡公太子少傅元述左驍衛大將軍南樂郡公

明張訓官南京鴻臚寺序班告歸養親聞建文遇難北拜辭其父士英曰忠孝不能兩全矣乃正衣冠北拜投井而死其子孫名其井為忠井聚族環井而居示不忘先人遺跡之意也

沙瑞字鳳翔嗜學循理事親至孝以歲貢任寧府紀善宸濠反勸瑞從瑞泣曰常大王諱即事成千秋後且稱叛逆矧天下舉平籍何辭首亂以憂太后不祥濠恚曰若從耶不從且死瑞擲首流血曰大王急求臣臣固死耳復叱之跪塗三

月又不從囚之瑞乃痛哭自縊死邑令馬公應
龍題其墓右曰一官容易死綱常白日青天只
自傷古來板蕩邑多少地下相逢應避藏時人
多其忠孝兩全云
邢纓字文甫進士初任琴川令會縣大水發菑賑
之活數萬人官拜御史臺中多建疏不避權貴
征邊有功逆瑾憚之後遷雲南副使卒于官
石金字南仲進士拜監察御史巡視廣西值土官
岑猛亂撫臣姚公鏌不能平廷議以王守仁代

之金與同心勦平十八寨獨立敢言與漢陽戴
金同聲立朝京師謠云楚有二金臺中錚錚會
江西按察司副使胡世寧發宸濠奸狀逮獄舉
朝噤莫敢言公力辨之旋按浙江多所建白
世廟前星未耀方士邵元節請禱之金即抗疏
言　陛下當節勞葆和以兆麟趾不宜妄諸鬼
神因與麻城御史俞希禮上時政忤　旨詔俱
下錦衣讁公戍宣城公從容就事無幾徵見顏
面尋卒從祀鄉賢及　穆宗即位誥卹奉議大

夫光祿寺少卿
胡鳳字文明進士初令常熟時海寇倭金錫獗鳳
極力禦勦民得安堵後遷廣州守三年政稱循
良尋遷四川威茂兵備副使遣白草番猺亂攻
關堡當事洶洶公調發悉中機宜手縛元俘李
保等獻轉參政治蹟炳炳
瞿晟字景明生而神奇十歲聞　敎皇帝崩哭不
食舉進士初授戶部陝西司主事尋署廣西司
員外會虜大入邊軍儲告乏尚書遂奏以晟

爲山西司郎中與計畫邊事凡六十晝夜而鬚
髮盡白贏得其利公利民者百十條以對因上
覈邊儲疏當事者忌左遷廣平知府轄九縣田
鑿長渠三百里引水爲四閘溉田數十萬畝而
廣平自是豐饒內地有盗掠富人劉承德者
晟黙與神禱即從衆中呼盜名誅之會勤勞遂
卒于官年四十九百姓如喪考妣至今祀之卒
後陞太僕寺卿奉檄從祀府縣鄉賢祠
石有恒字伯常進士讀書多大志文章知名海內

初授遂安令邑稱神君改調長興境上肅然遠
遁寇難公不為屈罵賊而死復聞于朝贈太僕
寺少卿謚忠烈予祭蔭子建祠專祀視卹典有
加焉
周乃武庠員憤棘闈不利赴武科聯捷授寧波遊
擊禦倭屢建奇功一日偶為倭襲勤降不屈罵
賊而死
李先實以武舉官守備作行軍先鋒遇敵奮勇呼
賊不屈而死

說
古人忠義之氣其足不朽于天地者豈必盡捐軀
哉彼為國家捍社稷靖疆場殉難不尚視死如歸
固足尚矣即正色立朝直言敢諫處危疑震撼之
際而建功立業能確乎不拔使僉壬側足其凜凜
勁節未始不顯當世垂來禩耳低徊憑弔之餘殆
于企之殆于身之矣

賢哲
宋王仲瑄性敏嗜學一目十行俱下行文長篇立就
登進士第授翰林學士至今子姓繁衍書香不
絕
元劉昕字公正進士以功名自許初任眞州政簡刑
清民便之後遷蘇州守德教益孚解組歸民扳
留莫能得
汪振卿居官端廉不阿權貴有古驄馬風解組而
歸屏跡林泉詩酒自娛與俗無忤人咸欽其進

鄭友直以書經領至正庚午鄉薦任天臨路總管
府經歷文章制行迥出明流居官以德化民政
有特操退有雅量
彝卓然
明邢寰字猶興進士任禮科給事中勁節不回宸濠
之變首發其奸　毅皇帝好遊事力諫而止梅
先有蔴鐵乾魚之貢本邑靡累之害公疏改折
至今賴之請祀鄉賢以報公德
洪恩字汝承進士主計部督儲江西常例悉革輪

邊餘羨盡還之朝補浙衢守革稅蠲贖興利袪
害仁愛覃被及守永昌懷夷安民政聲播于中
外擢太僕卿辞疾歸杜門謝事勤課子侄優游
泉石年六十三卒
曹麟字汝祥進士初知許州務獎勸農建書院西
湖上課士禦寇有方四境賴之三年遷計部斷
餉得理擢副使兵備天津捕緝嚴密訊讞明允
遭毋疾乞歸侍養父母俱八十五令終制滿常
携詩數卷坐太平莊松風亭對談孝弟勤儉結

詩酒會年六十六卒
石崑玉號楚陽　萬曆己卯南監鄉試第二庚辰
聯捷歷官至御史中丞公宅心忠厚莅官清介
爲蘇州太守執法不阿領餞使奏名廉潔節鉞
雲中邊境帖然致仕歸里躬心白業自號懶着
居士有文集詩稿行世閱年八十有九
汪可受號靜峯　萬曆己卯鄉薦庚辰聯捷歷官
至少司馬公老成夙優居官廉敏初爲金華令
政聲卓然轉吉安太守設院課士為山西督學

溽人稱盛奉命濬河則績倅二貫秉鉞禦邊則
聲軼韓范　神宗賜宴旌為天下清廉第一晩
歲歸里長蔬究心内典年踰六十卒諭予祭塟
廕子
石確字敦五忠烈有恒之子進士初授丹徒令綽
有善政調繁宜興靖亂保赤一方賴之隨以丁
艱歸里遭年飢平糶賑濟里人蒙惠者竪亭勒
碑以志不忘
宛三奇字士常甲戌進士謙恭自下居鄉有長厚

之稱莅任建德清而不剋除盜民安禱雨霖降
通邑屡鐫德政官歸産業蕭然家無餘貲泊如
也
魏澄成化丁酉鄉舉為人端謹邑人有寃以百金
請澄為解澄曰汝理直偶為有司屈吾當直汝
何庸金也乃反其遺而白當事得理居鄉授徒
頗衆家贍者取其一錢貧者否氏上春官年三
十卒妻王氏以節膺奬云
韓璁嗣學詼愽制行孤介成化丙午鄉薦授江西

籣安縣學訓弘治戊午聘雲南生試尋致仕
洪晟舉人字晦之初任教授轉江西永寧知縣未半載即解組居鄉雅飭不趨時態無少長貧富悉禮待之崇祀蓬溪名宦邑鄉賢
陳言字萬言成化丁卯鄉薦任泗州學正廸士以古行不拘々于文藝遷都昌令卒于任士民祀之合潘劉楊令為四祠
陳昉正德己卯舉人任淮安同知敷政詳明張弛有法沭陽鹽城間旱災乃發廩搜粟多所全活

陳晟字德器舉人任四川青神知縣剔獘鋤奸政尚寬平民甚戴之随以詿誤落職居鄉數十年竟未入城市
瞿星字景星英資絕倫以文詞與兄晟齊名癸卯上公車卒于路士論惜之
汪玉字汝成舉人質性誠確授靖江尹以撫活疲瘝自任政多循和陞廣安知州治簡淨無擾民常懷之
邢璧字惟文舉賢書授歙和令政和以倭入寇民苦瘡痍下車極力撫循又聞寺多田兵燹後多為勢家侵奪公祖莫給公一日搜山澤中斷碑追還之尋歸年六十餘卒
倪民望字威仲生早孤事母王氏盡孝弱冠登鄉薦令南康捐俸新學宫巳趣具餉々兵佐城三巢督撫張特疏加品俸無擇新縣事一方席安為立祠祀之
熊偉號珍山登嘉靖庚子賢書授河南兖州刺史循良著績致歸後奉特　詔進階朝議大夫以

示優異朝野賢之
段尚絅號敎庵以鄉薦授泰興令政著清廉卓異行取南臺御史彈劾不避權貴金陵有凛々驄馬之懼時同鄉南糧解役以逋負留滯南都公傾橐濟之衆感恵者竪亭碑于邑之西關外以志不朽
王夢麟字文郊生而穎異弱冠登萬曆癸酉賢書任四川彰明令居家孝友喜高談闊論居官不事尚刻愛民猶子三載解組曳稚遮道泣留歸

家貧約不以為念壽七十八終
瞿九思字睿慕川進士晟之子天資迥絶學力深醇
以春秋中鄉試第八名因邑難註誤閉門著述
有六經以俟録孔廟禮樂考中庸位育圖說洪
範衍義明詩擬萬曆武功録化民成俗歌共計
三十二種梓行海內書上　神宗御覽徵授翰
林待詔具奏辭官究心理學御史史學遷按楚
特建江漢書院迎請講學所言皆足裨益治平
羽翼傳註真濂洛關閩之後一人也享壽七十

有一奉檄從祀府縣鄉賢祠
鄒如穎字允貞萬曆戊子舉人以才學名家歷縣
三任橐囊蕭然清廉自愛致政山林著述以老
石柱國號念恒貢士胤昌子弱冠膺鄉薦剡有苦
心北遊二稿中年筮仕授江西萬載令美政多
端如開列糧戶花名指實徵比俾奸民不得以
戶頭名目包官累民剔萬邑之積弊而百姓樂
輸但以耿性抗節不阿當事未三載即掛冠歸
老在林下垂二十年盛德之光洵溢族黨云

劉寰號四山萬曆癸卯舉人性敏嗜學為人長厚
由助教陞主事轉贛州知府捐俸以充兵餉減
賦以甦民困清廉著績政聲卓然
王夢篆字珍文萬曆癸卯舉人古貌古心沉酣典
籍為江西靖安令遷廣西平樂府別駕政聲卓
然清苦自甘行李惟圖書數卷而已歸林下堊
家之無生者十一意清祖塚與鄰豪田疋興搆
訟平之還山使闔族知所世守足徵孝友享年
八十卒

石有信字叔孚萬曆乙卯鄉薦丙辰副榜公天性
孝友棠鄰冰霜以中丞公年耄無意仕宦竭力
承事壽垂九齡時人謂其居治世而不濫處亂
世而不困方之郭有道擬議誠當矣
吳宗吉聰穎過人志行醇雅築梅山精舍講習工
詩文受薦辟為英山令致仕歸老後孫　君周
政績卓然
洪友璉　洪武二年以明經薦舉任本縣學訓性
渾融綜教嚴整歷官主三十二年卒

潘文浩貢生任廣西灌陽令慈惠愛民治有虎噬人浩為文禱于城隍越三日虎伏死廟門毛鞭若有鞭笞痕者猺獠奸黠民患之乃綏其党以恩術縛之在任十六年御史中丞薦其德能馴虎信可服夷擢梧州府知府

於敬嵗貢生授刑部主事小心馴謹折獄惟嚴而多所平反在任十餘年

鄧儁由貢生任四川大足縣縣丞善政德民有遺愛傳登縣祀

石鸞由貢生任贛州瑞金簿征歛有法誠恪長官躭静乞休民保留之竟卒于官

向必成字自勉由歲貢嘉靖初任沛縣令礼士賑貧時泡雪而河淤漕運大阻公極力濬鑿始通八閱月以疾乞休優游林泉享年八十三卒

王宗憲由選貢任廣西灌陽令不倚阿當路僅八月解組歸田摘蔬烹鱗對客飄然若物外

沈淪素行清介以明經為長洲丞先是為諸生時與蘄州洪武山交審後武山為督學臨長洲歡然道故請同閱卷人有鑽刺者厲拒之及交署惟圖書數卷而已始終不易其素乃如此

周渭生而穎異少孤依兄受書日記千言年十三補邑諸生屢試冠軍不第竟以太學生任山東恩縣

張潤浩州學訓古貌古心吟詩自娛里門稱為張女子歸田葛巾布衣如畊郊野人

鄧天麒自少卅貧嗜學動恋不苟事繼母尤孝講學授徒出其門者多豪雋士為豐城訓導僅八月病卒

李馥字少孤事母極孝饘需及授徒束脩悉給諸弟居惟茅屋數椽署有座間清話能延客囊宸剩貧不語人之句方授官未任卒

盧俊爲邑程族子塾師纖芥無所請謁規切與鑑多所數益由貢授許州訓陞進賢教諭再陞信陽學正引年解組吟咏鳳坪山罕退賢信陽而祀名宦

程鎧字鳴遠慷慨有節氣人咸以大受期之為浙

江蕭山簿時海寇起當事知其才委守龕山率官民兵防禦策護一方賴以安堵

石澍字洪霖德性循古事繼母盡孝撫二弟有成睦族敦友嘗轉貸于人以急其危貢雋才屢弁太學雅稱其遠到器乃早卒莫不哀之

洪紹貞號惕所勳之子恩之侄有夙慧年弱勺應童子試太僕公見試牘大奇之即補弟子員弱冠入太學屢試監元積分授西蜀旌陽簿會直指巡蜀觀風命題冨歲子弟童公辦事署中恭

陳童旨題義甚悉又以所治邑經問公疏解悉本毛鄭直指顧監司守令曰此簿我輩中人勿令祗候吾署另僉員代之命視旌陽篆愛民如子賢聲懋著薦剡有加以內艱歸睦族課子校孫嶽嶽人以為裕後之兆

石徹昌號文豈峯人柱國父篤行孝友品貌偉然八戰棘闈而落副車以明經授九江學訓署視瑞昌德安二篆二邑民戴之尋陞浙江泰順令政平訟減有路不拾遺之治忠厚流澤宜其永也

邢懋才字樂予選貢授本省蒲圻訓性豪邁善詩酒蒲邑有黃生者嗜酒而貧捐束脩佐之每招飲談論不輟後黃生闈試冠軍咸稱腳跡門生云

貢若雲萬曆癸巳選貢先為合江令後改興寧令捐俸賑飢全活甚衆卒以循良課績勅贈父母

洪度字公庶幼失怙恃即自立志嗜學善詩文工書法兼真草篆隸諸體公師事汪司馬於黃連

別塾遣洪濤浮澈篋發之乃衆僧道肯集篆金剛經三十二分司馬歎摹授梓字夂磨滅公精思七晝夜重臨刻佈海內寶之宗伯董玄宰學士陳眉公何象岡俱未庵釋以小楷摹勸上石藏燕京摩訶庵以志不朽公屢試輙冠諸生六舉於鄉不售止辟明經子鳴夏髫年入黌旋補學生詩文書法俱有父風先公卒公年七十城陷被執不屈而死士論惜之

邢士鯤字季萬懋順季子為人不事小節處儔中

神采修然如鷄群之鶴篤聲氣座上客常滿兄
驥年相若事之等父雅有酒過兄至郎爾然文
戰偏師必捷陸幼瞻張無始黃經甫三先生尤
受知深吳越之彥誦其試卷而姝交者比比古
文詞詩賦書法世擬徐山陰筊筍無託稿軼不
傳詩數十章流布野客口中者僅吉光片羽惜
哉

邢秉鈞字和石順治丙戌鄉薦天才煥發年十二
補弟子員每試輙第一讀書精猛倍恆乙酉

禁旅南下士多鼠竄鈞小舟一葉棲蘆葦中讀廿
一史戊子金寇之亂為仇家擠陷貽絕命詞云
皎皎胸臆烈烈肝腸生不逢辰罹此誣枉羣陰
蔽明衆忌成黨冢無措石難脫鉗網視死如歸
究報不爽三年仇人斬滑咸嘆其英烈云

曹飛號長卿憲副麟之長子也邑廩膳生屢舉不
第投筆中萬曆戊午科武舉學有淵源夙稱義
俠一言一動必倣古人目擊時艱慨然作救世
想游侍御薦其運籌帷幄俾參謀選奉　旨録
用後復以籌兵三十六字衍數萬餘言上思宗
特舉才能授兵部參謀加銜司務海內名卿咸
接交爲其籌兵書奏疏稿及小遊詩草說劍詩
集伏闕詩稿俱行世壽齡七十卒

石礪字用之邑文學生邑王孫有信子少負奇姿
卓然不羣凡九試異等七入棘闈困諸生不第
江防使唐公顯悅辟舉異才堅辭弗就尋值寇
亂梅城孤立奮身捍禦繕守備餉兵民破產捐
助護全闔邑生命心力俱竭遂以積瘁至于隕

身卒之時年四十有四鄉先達劉公家謚曰端
毅邑紳衿里民以萬餘言祈請當事謂其功著
城社才畧堪表公舉崇祀自縣而郡達于督學
至于中丞御史臺各有看許其俠烈洵足紀爲

評

余觀梅之所爲士夫君子抱奇儻之才顯功名竹
帛者不少次亦能儆官箴砥名節德被閭里其樹
望人倫馨聞後世豈不偉哉然以公儀休爲相不
逐其織婦不受魚而端無他大節而太史公至傳

之循吏天下艷稱之大抵事在可傳。無耶多為也。如令無所短長是使董賈比肩而孔墨混迹遑足以取笑而自腆耳余之别仕宦而著賢哲其亦古宜遵之意乎

孝友

元陳子英江州義門陳氏之後也定康初徙黃梅十世同居。門以内。尺帛斗粟無私。都。時元末大飢英妻勸異居。英。即出。其。妻。鄉人重之以明經領鄉薦官提舉

張德懋蘆塘村傭也母老妻亡僅一女執爨值年飢鬻工養母或與肉。必懷以歸訊其故曰有母在也及兵亂負母逃唐家山從舊識乞粒為炊坐母于上歌舞侑慰自餒不令母知母卒廬于

墓傍哀慕終身

嚴仲祥獨山人性孝友有子十一人九世同居不蓄私財植紫荊于庭天曆中旌表義門

明洪祥字士高德性渾成無疾言遽色事親孝養備至服勞終身不怠父友璋病瘋延年餘起卧粥餌衣被垢穢必躬治之未嘗解帶妻完顏氏貴家女也璋念兒郎孝而婦或少懈心終不安一日強坐謂祥曰吾病將愈汝姑去就室留一僕扶我足矣士高陽諾而陰伏父寢傍是夜父步

抱呼僕不寤力殆而仆忽一人恭脇驚曰爾爲
誰士高曰兒也知父晝所云非實特候於此則
相持泣曰天乎兒孝至矣已而父疾良已祥與
妻益竭力承事優游十餘年及父卒思慕不置
見父形於醮𢔄鏡中人謂誠孝所感士高喜讀
書明義理死生利害了無凝滯嘗值暴雨或勸
其急行笑曰緩急等濕耳壽九十七終里閈評
祥行號曰隱德洪先生子六人俱賢曰亮者金
華武義丞亦曲盡孝愛云本傳出李氏藏書

王麟事親誠孝竭力甘旨不計有無父塟廬墓三
年領成化辛卯薦所得坊資分給貧乏及昆弟
之不能輸死者宗族鄉黨稱之

魏德明年十三父母俱亡傭身備塟忍飢以活弟
妹夜取薪火照讀雖未成名亦竟以詩書啓後

王忠字廷諫事親盡孝及卒哀慟踰常塟之日引
巳發忽暴雨至忠歎旋舉入曰不可忠曰吾父
存日畏雷獨使死而冒雨塟乎伏棺號痛挽紼
迓侯懸始襄事領成化庚子薦授夔州府推官

清介自守居官八月即致歸過瞿塘舟不得下
載石數片以壓之

倪鳳岐生員性孝友居父喪哭泣盡哀(毀)滅性能
撫弟以成父志不幸早卒後以子民望受封事
見郡志孝行中

石鍊兄御史金役公家母曾氏疾鍊旦夕侍湯藥
起卧惟謹至廢寢食累年月竟負恙而卒

程巒少孤事母至孝以躬耕起家置田百畝屋千
椽推與弟共凡里中婚嫁殯殮不給者皆捐貲

相助年八十四有司屢旌之

嚴橋邑庠生事母至孝又捐腴田遺弟一夕盜火
其族居惟戒無焚橋室梓里羨之

周撰性篤孝年十二補弟子員受餼廩會父之官
母疾日夕服侍至削肌體母故哀慟不絕遇風
雨輙抱棺呼或夢中如狂竟以病卒里人傷之

胡思謙聰敏過人五歲母卒即哀號擗踊如禮勺
水不入口者五日又十五年繼母卒寢苫経麻
不御酒肉三年而骨立尋亦告終火柴未就時

論惜之

沙莫蘭英山教諭家窶父母繼亡易產業治喪乃成禮弱弟病幾死公日夜調護之弟廼愈然不自給蘭以己田遺弟自甘蔬水其屬文摛詞樂遒循理則有宋儒之風焉

瞿甲字釋之九思長子幼舉神童群書一覽成誦年方十齡旁通詩賦一日赴臬司為父辨冤臬司曰若乳臭果何能曰能詩賦時大雷即令咏雪篇中有老天若念冤民苦何不連霜六月飛

之句一國奇之十九鄉試掄魁玄兔一表海內喧誦惜不壽而卒巡撫郭惟賢建祠題曰孝子才入奉檄從祀鄉賢

瞿罕字曰有九思少子七歲能文博極群書持己端方秉性仁孝廬墓承志為父白冤伏闕五次往返徒跣不辭凍餒更篤友愛視孤侄猶己子七經督學獎薦而奉院司題舉　崇禎間以所著孝經進　御覽受辟舉崖州知州居官多清政崖民至今誦之邑中呼瞿氏有雙孝子云

陳瑜字藍生性篤孝友睦諸昆不分胞從孝廉十餘年凡所有竭力承歡餘即分給弟妹父沒刻木肖像而事初任閬中諭遷蜀巂縣令赴任之日即將現置田廬盡付弟侄有子二人無寸壤需官成也詎意流寇犯蜀貲囊盡散家屬流離止長子里中孤苦雖有懷優孟之志者非其時也

洪夔甲字惟一篤學勵行銳志進取四舉於鄉不第充為葛屺瞻先生所振孝事二親年俱耄耋

終身不急友愛其兄與事父等父薄宦產業當具臧獲安其庸下者了無競心世比之韓元長汜稚春焉安厝父母自鬻飫產供葬具絲毫不取給于兄為輿論所許自少至老手不釋卷經史百家靡不研究行己端潔日誦昭烈勿以善小而不為語不置晚歲有足疾城陷之夕蹩躠于萬死一生之中倖獲考終天之報施亦厚矣

洪夔祖號肖惕邑諸生天性孝友急病讓夷有古人風父遠宦蜀付家政廩蓄頗豐值漕役諸父

中侵冒甚多出橐代輸而不之計夙有負者欲
以身償悉焚其券了無難色且重賑之及父任
歸問所殖落々也兄弟和洽共爨不忍析箸九
族黨貧窘者婚嫁殯葬以身任之學使者而
舉行優琴書詩奕之娛至老不輟享年七十有
四三子俱文學長世美次世振次世寵振年咏
勺宗伯董玄宰校楚畸面拔之惜志未竟死於
賊難有伯道之嘆今世美衍緒頗蕃亦淳德之
報云

陳顒年邑庠生少孤繼母王氏慈而撫之長好學
惇洽有才名事王溫清定省出于誠至不殊生
母王年方二旬即孀居氷節八十有七顒年左
右承歡克襄母節歷六十餘年孝行內外無間
言邑侯王諱繼祖學師傅諱全蒙聞而嘉之旌
曰孝追曾閔

張恩有兄光病疽醫言入吮之可活恩白兄兄泣
下曰汝嫂亡誰為吮者恩曰嫂猶入合耳吾夭
合忍坐視乎含水嗢之再四而愈

揚勳例貢任貴州思恩府同知賦性仁孝豪俠好
施有盜掠其室繼母林氏被執利丹交加勳出
泣請身代盜感釋林而去邑尹聞而賢之詳
上臺力請旌表

龔暎祥事孀母至孝母病割股飼之而愈越七年
母又疾祥又割股及卒同兄映麟廬墓三載極
其哀痛縣令額廬以旌之

商贊母疾不粒食贊亦屏粒恐飢且割股療之不
效及母卒號泣不已同頭從母地下私往横岡

山捨身于萬仞之崖氣雖絕猶巖然而立也拾
骸者奇之

評

五倫重子百行首孝誠能生事死塟發乎天性止
乎禮義足以風世矣如割股捨身之事其一踐至
性可以動天地泣鬼神非不云異然吾感其孝而
悲其愚也曾子曰啓予足啓予手蓋欲全髮膚以
順親心耳使父母知其子有如許苦楚生則加疾
死亦含悲順親之謂何若開沽譽之徑盍令始事

者無色矣魯論說孝諸章童而習之何不奉為典
刑焉

隱逸

唐。李玭開元時人博學能文一日明皇夢神自稱廬
山使者請立廟明皇即詔刺史獨孤正令廟令
所在學士制使者碑文作者凡六百八十一人
獨玭文稱制詔舉玭博學宏詞不赴或勸之玭
對曰世所稱詞學何如張九齡裴耀卿賢然今
縣以相李林甫罷去予安能保予之必終竟築
室東山麻林之窪讀書談道稱衡門居士乃差
碑文載藝文志

元汪兌舉字熙甫清介自立天曆中登進士第不受
官歸隱林泉詩酒嘯咏而已

明陳欒有絕才井貧嗜學領薦後第言一科雅好山
水琴咏隱多雲破領間鮮田夫野老與親不厭
也

汪淮不屈流俗耻與一準于義弘治間兩為社學
師屢膺義辟力辭不就

程仲魯布衣高尚不屑就試惟吟咏自若讀書白
鹿僧舍刻有東峯外稿

吳珂字君佩號靜齋公性敦孝友事嫡母惟謹兄
子鑣恃嫡凌厭輒以非禮相侵公處之恬如凡
田業產園恣其多取自是鑣亦感悟以明經筮
仕初授仁和丞值倭寇亂上以公有才幹委治
之卒靖亂有功尋遷湖口尹公以子天孫幼棄
官不仕遂搆茅恬隱鄉黨高之
周璽少究書善屬文一日試不錄輒心棄之隨築
一室名耕隱堂課子授徒日繙書披詠於其中
更喜工詩賦樂施與凡里中有婚葬不給者輒

致粟帛往佐之公不自德亦不究人謝語也子
渭以太學生通仕籍孫宗登嘉靖丙午賢書亦
隱德之報云
吳生邑侯貢士字觀我幼孤母鄧氏日夕課之不
衰目過成誦七歲能屬詩文十四游泮才名籍
盛時人擬之青蓮屢試第一制義入選者甚多
至今為後學膾炙生平著述不下數十卷告家
貧不能付剞劂凡七閱秋闈不第憤懣成疾而
卒為好學者傷焉

石梁庠生性敏嗜學輒自恚曰人生貴適志軒冕
胡以為遂放形山水間以孝弟訓子孫壽八十
六而終
汪朝東庠生平生好慱古工吟咏循循不與物忤
一日棄舉子業惟寓情于奕遂稱絕技飄然有
石爛松枯之趣里人稱為奕仙
商顯稚好詩書永樂二年徵聘至朝固辭不仕賜
號樂耕徵士翰林張和美作寒江歸隱圖送之
奉
詔歸來雪滿途商君豪興在林丘三謝

皇恩懷隻字一辭北闕別諸侯草閣當跦黃閣
貴布衣全勝錦衣遊畫圖不盡寒江意千載高
風一釣舟
汪美字勉齋汪勳字逸齋昆仲孝友居家先後出
貢不仕剡有東山漫隱詩稿後勳以子可受官
受封
石垣國字維甫柱史金之曾孫幼孤自立丰度脩
偉聲噪蘄林人以遠大期之慱雅湛醇留心經
濟尤精象緯李本寧太史作村史傳稱其精于

佐才自比管樂洵不虚也所著有𧰼聽詩稿行世惜才未大用以屠城殃其子憂憤而卒有鄧伯道之嘆天道悠悠真不可問

洪紹元字約所經甦撲之孫進士恩之侄累承先澤處膏無潤淡泊自守沉酣書史不慕榮利優游林泉與邑聘君瞿九思稱善郎世九思聯慰之曰人失陶潛鷟湲門前鄉邑孫成王旦葱籠階下槐陰

石維屏邑庠生系出世家靜居處子劇華琛山砥

行礪節率多隱德隣有鬻妻償債者惠金三兩保其偕老且囑勿令人知間入城市人不詢其姓名多不識其面貌明林學師稚器之薦舉德行堅辭曰為人自應行好事豈因之以為名乎其生平大槩如此享年八旬亦潛德之一徵也

王獻臣庠生字文可邑孝廉亭篆之子性愛山水工詩賦強年罷諸生試結茅窮谷自稱江漢遺民晚年究心禪宗多有所得

說

語曰魚泳於淵而釣者得以烹之為貪餌也獸藏於山而獵者得以制之為躁動也如數子優游泉石或疑其碌碌無奇節然志存澹泊不競聲利以視世之淫惰于富貴者寧不曠然而自得哉

黃梅縣志卷中之七

節烈

宋李氏夫韓秀碁涉詩書宣和末天下多故秀客游有老母氏事之惟謹母病劇氏泣禱天曰股獨不可療疾乎然非人情吾不敢干此名重為吾姑憂惟懇醫調治浹月姑愈氏益盡志孝養母後語人曰吾今九十三吾媳亦六十老矣孫可任勞而侍予不衰吾子有若無也非媳之賢誰撐理吾門户至此哉

元伏氏少定聘而夫亡誓不再嫁然家窘日用所需取給織紝日已母病疽屢為吮之尋愈承事舅曲卒年二十七里人哀之號曰孝烈女

蒲氏邑椽蒲汴女也性慧婉年十六爲紅巾所執欲污之紿以隨我至下山橋淨處賊謂為然女乃潛取髻簪在手刺賊一目伏地餘賊不平追及之罵不絕口死

明朱氏鴻臚寺序班張訓之妻也訓故氏欲以身殉因有二孤未果守節三十年告終上司扁其居曰厲臺恥不再配之義也

完顏氏孝子洪士高之妻士高父宗海為本學訓與縣尹完顏公善因以女妻其子氏性質柔婉士高侍父寓年餘氏亦竭力供事湯粥後訓子媳秩秩有禮族貧及隣煢者周之不斷

張氏里人馮永妻也適永僅二載永以鮮粮起窯溺水死氏時二十二歲即守志自如父母慮其少諷使更嫁輒痛號竟不可強壽七十餘終

周氏義門劉瑄之妻年二十四夫故三月而遺腹

子詔生氏勤績紝撫幼孤後詔復殀竟煢窘終身完節不渝有司表其里

王氏舉人魏澄妻澄以會試卒年二十七甘貧守節不窺門户邑侯顏其堂曰貞節

邢氏嚴高妻也高死年二十五氷節凜然正德間請奏建坊旌表有司以年飢罷

陳氏姑舅及夫俱沒氏年二十六無子依姪陳通母撫孤一日盜猝至通幼被執將刃之氏走吾曰一家之命懸于此子若殺之則喪三命絕一

家奚卒以氏代賊怒槍之二血迸流竟不詈賊駭之并釋氏壽七十餘終噫死難莫難于死代撫孤莫難于撫姪

胡氏經魁洪模之妻模卒氏年二十八事翁盡孝訓孤有方孀鄧勁厲壽七十餘卒

羅氏知縣陳言之妻子善卒于官而言以念子亦亡氏遠扶二櫬與媳李氏苻節撫幼以承先族里稱之年八十六卒

陳氏年十七適胡鵷十九而鵷卒氏是時舉一子纔兩月不顧哭泣毀絕一日始甦舅姑勸之以夫亡子可撫也始强進飦粥亡何子繼亡而氏以姑在可後死事之甚謹年三十始得乞其伯之子為嗣撫之成立家寒績布易食人咸曰此鄭婦布宜寶之年七十卒

胡氏邑庠生李文明妻也氏幼即端莊長歸文明見兄胡橋舉正德癸酉科有感勉文明篝燈佐讀不幸文明死氏守又旋卒僅餘一女氏年二十七日伏棺下蓬髮織面水漿不入口者五日後痛哭不絕三年如一日或微勸之嫁氏即鑴誓墓門以示自堅廬于墓側植叢栢踰年俱茂牧者偶折左栢曰尺許氏罵而恚曰左夫道也左栢折吾夫其有遺憾乎辭甚酸楚淚朋左長與右齊人以為誠感所致先後官梅者率厚幣造廬捐俸給之僉議奏聞尋止壽七十八卒

汪氏程太仰之妻以三十守節苦志不回邑人頌之壽九十九卒

章氏胡世松妻性純謹事舅姑極孝松有疾侍湯藥累年月松死欲殉之以頭觸柩几死寧年一百有一歲

周氏邑民程夢斗之妻斗負性豪俠遭里中諸惡少窘辱喪軀氏痛夫非命白于法司行檢氏不忍暴夫屍携孤泣懇以死請免讐黨止坐遣戍氏啣冤未盡晝日夜抱棺毀裂尋嘔血骨立而死邑人咸傷之

施氏柯大經妻婦道素閑經死氏哀毀骨立三十年貞守儀容不飾人稱其有抉目剪耳之風焉

嚴氏王脩妻性端莊修早折貞守四十年大有烈
丈夫風内外稱之無間

王氏倪鳳岐妻性端靜以孝謹聞年二十四始舉
民望鳳岐以疾卒家貧氏養姑育子艱苦備嘗
姻戚憐之欲奪其志不得勤紡績以辦賦稅後
子登嘉靖丙午科年踰八十隆慶三年膺恩典
勅贈孺人有貞節賢母之褒云

劉氏舉人瞿星妻事姑惟謹姑卧病侍湯藥不解
衣帶者二十日亡何星以會試客死于燕訃聞
氏終日不食唯悲號求死而已子九韶有異才

補博士弟子又殀君節益勵四十年如一日後
鲁司理旌其堂曰完貞

瞿氏諸生熊華問妻生而神異四歳不與外兄弟
同坐從父受烈女傳内則女誡一目數行能為
文鄉黨稱為今之大家女性幽貞幾微不露會
父罹寃女以兄在義不得比緹縈惟日夜號痛
既適華問日以砥名勵行相勗問卒氏事祖舅
姑盡孝内外稱其女德無間言一日以微疾端
坐而逝雖間巷道塗無不咨嗟嘆息焉

汪氏邑庠生熊華夏字咸叔之妻汪少孤事母至
孝居恒喜聞古烈女事長歸夏〻貧厲志讀書
汪工織紝勤井臼奉舅姑鮮産業烏有廬室蕭
然井之宴如也夏屢試不偶雪案弗輟尋就病
汪焚香叩禱請以身代一日夏謂汪曰高堂垂
白菽水無資弱子伶仃誰以提携二事重以累
汝汪曰妾旦夕望君生何為及此君病可痊無
須慮乃於夜半爇香祝天引刀割其左臂至三

寸許烹而熟之進于夏曰適其遺小鮮君其食
之強至三咽達旦家人未之知但見血痕淋地
舉以問汪〻不言而遂昏沉卧地矣家人驚曰
此必氏有割股事汪喘息言曰勿令吾君知嗚
呼古稱慷慨殺身不是過也時夏病稍瘥聞而
月而卒汪哀毁骨立誓以死殉既而愀然曰吾
君之以高堂弱子囑我者何託也吾尚當為吾
君奉舅姑撫孤子何忍遽死以違吾君命食貧
六載忽一日痛哭觸地嘔血數升而逝益視六

載如一日矣邑大中丞石公諱昆玉大司馬汪
公諱可受氏叔祖也二公咸作詩以吊之邑令
王公諱繼祖榜其廬曰節烈今之舉孝廉任東
粤陽山令熊兆師卽其孫也夏得如子官汪贈
孺人獲報洵不爽云

鄒氏遶孝廉倪民望之子倪乾端無出大孝三表
九載苦節四十一年于萬曆壬子年受而院旌
獎

李氏生員瞿平之妻平早卒氏青年守節氷蘗無

雙每日置平之衣冠書籍于庭撫而哭之崇禎
間奉　旨建貞節坊于西關外

黎氏生員王作雨之妻年十八適雨生一子甫三
歲雨卒氏盡屏衣飾蓬首垢面足不履閾者三
年制滿入曰脫孝服易新服氏曰吾服寧有盡
期除死方休耳四十年齊衰不改邑令陳嘉言
扁曰雪柏壽六十五終

王氏係廩生陳廷榮之繼室廷榮讀書苦志博學
有才屢覲棘闈中萬曆戊子副榜殀亡王氏年

方二旬孀居清苦撫前母廖氏幼子陳順年慈
愛無異已出教讀詩書長有才名母年八十有
七氷操霜節遠邇無間邑父母武諱圖功學師
謝諱自脩共相旌表曰節孝雙全

陳氏邑孝廉陳言之女生員程達都妻也達都勵
志篤學不幸殀逝氏爲未亡人者四十餘年生
二子紡績供讀後先俱列膠庠萬曆戊申水災
斗米千錢氏自饜糠粃存白粲以周貧乏所活
指不勝屈邑君馮可立額曰節義堂今其孫程

闢翹楚士林曾孫長世長治文名噪鄰邑亦氏
全節之報云

梅氏邑邢士琇之妻琇早亡家貧乏嗣氏立伯之
子爲子以誓不渝更勤織紝教子讀書及游泮
謂可以報琇不幸嗣子又殀氏曰吾惟有以死
殉吾夫于地下閉户丼窮完節五十年而逝

胡氏庠生黄若坤之妻年二十三坤故氏欲以身
殉東于養孤未果布衣蔬食常以禮佛爲事至
五十通慧語家中未來事一一不爽詢其故曰

我自能曉不堪示也卒年七十一終

洪氏生員王聖臣之妻邑名士洪庚之女也聖臣早卒氏纔一十九歲卒有娠於夫臨危誓以偕死夫曰倘天不絕我後遺腹生男吾死瞑目矣遂卒氏扃閉一閣朝夕禮浮屠每焚香祝曰願吾亡夫得早生天年四十會城陷其父引至城闉中不得出與父庚觸城死益義不苟辱于賊云

石氏生員曾儁之妻也壬午献賊陷城夫婦俱為

賊縛氏不肯辱于賊即私語夫曰惟以死殉君其潛逃勿依我也少頃賊勒上馬氏迫投井賊復援之氏遂以頭觸石血流滿面罵不絕口賊大怒刃之而死

梅氏生員石一音妻也音髫齡冠軍居恒讀忠臣烈士傳輒拍案嘆賞曰恨不同時哉其素所懷來益如此明末丙子各被執流寇不屈呼寇大罵蠢爾死賊敢侮我乎竟慷慨蹈刃而死氏聞慟痛哭觸地曰喪吾夫矣吾安用此未亡軀哉

奔投湘潭相繼而逝從容就義無難色矣一時咸白當事請詳　上臺批行卓犖中有此奇絕洵可勵俗仰縣特加旌表令之補廩員屢冠多士名磅者其子也

洪女邑庠生世寵女也兄楷少有令聞入黌序齎志蚤歿父母因是積憂相繼而亡女失怙恃年僅髫齔出入頤復惟諸父母是賴嫻習禮訓笑言不苟起居一閣女紅專務間涉書史粗知大義賊陷归年將及笄父母為賊執欲挾與俱

往女度知不免紿之道經炬烈處投火而死嗟乎女能不以身辱而又死其所難死烈行足傳不朽云

清

胡氏生員石砥之妻年廿六居孀閉室禮佛外人莫窺一面即眷屬亦不接見一日取夫書盡焚之曰吾夫子生平手不釋卷不忍此書之不隨夫子去也年三十一卒

周氏廩生胡振鷺之妻劉氏弟振龍之妻年方及笄良人俱為賊所殺妯娌誓死守節有稱隣嫠

于其前者郎引及自加其頸家産盡荒惟以紡
績針指為命屈指始末蓋兩人如一身二十年
如一日矣一門中有此雙節烏可以不傳
商氏馮公甫之妻有美色為賊所執強之從氏見
夫姑并執詐詩之先脫姑之難次脫夫之難奔
投烈火中而死
程氏生員岳懷寧之妻遇寇勒上馬不從砍頸仆
地華骨尚未斷尋甦未几夷散毀容自誓養孤
終身父母不能奪其志

潘氏生員沈文澤之妻成婚十日夫故即斷髮毀
容獨處終身倡隨之日少飲水之節堅故足錄
也
胡氏邑張惟正妻正昔學早逝遺子幼胡傷夫志
未就惓惓以詩書訓子啜粥茹草必命男就外
傅子國光年十二應童子試督學即奇而拔之
胡爰戒其子曰汝母艱難苦守惟期汝遠大事
業以慰爾父于地下慎勿自足崇禎癸酉光得
領鄉荐庚辰蒙特用賜進士胡曰但使爾作清

官愛百姓吾願畢矣敕贈孺人享年七十三而
卒
周氏邑文學石顯親妻也年二十餘夫逝號哭徹
晝夜矢以身殉水漿不入口者十有四日姑慰
之曰殉夫非節其撫貌孤克成夫志乃節也徐
唯唯強起旦夕焚香嗚咽未及三年淚盡血枯
兩目俱盲邑父老感而壯之聞之邑侯上達巡
方使者旌其堂曰天植完節孀居四十四年卒
瞿聘君慕川一聯吊之以截髮剔眸地下相從

神不死享耆齡完節人間棄去骨猶香其他名
公文人紀贈不能悉載云
王氏邑茂才石元岱妻也年二十二歲孀居苦節
孝事公姑義方訓子族黨咸敬禮之至明萬曆
已未歲年已七十矣適盜入其室爆家帛斃走
氏獨危坐不出盜執問其故謂吾夫君棄世時
囑毋踰此門今豈敢偷生以背遺言乎群盜義
而釋之其處危惡如此平時愈可知矣
邢氏邑庠生石研妻貢士邢士鯤女也研能讀書

獨善病氏于歸即全身藥爐間研李氏年方二十六郎禎舟自失盡出私蓄貨產還石諸昆處一室設研生朝夕泣奠以月以年如初禮雖播遷必懷之益誓死不渝者也

胡氏庠生梅亮中之妻方伯胡公鳳之孫女也年方二十二亮中即世氏剪髮碎首栢舟自誓凛若冰霜事孀姑向氏卒勤不輟久而孝敬彌篤姑病垂危氏焚香祝天祈以身代不起割股飼之尋愈亮中叔貢士開璗以事聞當事申請旌

袁氏堅辭不受潤黼節孝兩全云

黃氏生員黃景脩女生員石維錯妻也錯生而有楊太傅遂痿之疾氏亦不以語人夫蚤逝即栢舟自矢貲財于繙悉委諸石伯叔長齋奉佛其節蓋童而垂老者也

說

國家之淑士也既董以師儒又勸以禄位懲以法律士之蕩檢踰閑如故也彼婦人女子生長閨闥果誰督之而誰勸之懲之乎乃有抱風花雪月之感而節不改當紛華美麗之交而節不改處飢寒憔獨之苦而節不改或才子多方誘惑奸乞巧中奇禍而節不改或鋒刃卒然交加水火即時其起而節不改矢志弗渝從容蹈義雖古之文人墨士不是過也淑行幽貞豈非天性然哉

附三節婦

陳氏邑茂才嚴之恒妻也恒十九歲即世陳年方十七僅舉一女操履冰霜苦節四十八年乙酉左逆犯江洲年六十五矣携其女投井而死

勞氏江洲中丞公堪之孫女也年十七適邑茂才嚴天申甫二歲申喪苦節自如未四十髮白齒豁病卒于順治之乙未歲蓋堪比陳氏爲

徐氏之公李蓁夫李淑父子俱庠于崇禎十四年夫淑病故無子止遺一女徐氏年僅二十歲節經寇亂歲荒艱難困苦永矢靡他撫依僕婢二人耕鑿績紡堅守餘年玉潔水清家庭鄉黨憐憫稱誦

烈女熊氏紀畧旹康熙乙巳歲附

熊氏縣坊廂人年拾伍歲庠生熊兆昌之女幼聘

黄梅縣志　卷七　又十三

洪楠未及于歸楠以病殞或有勸其他適者遂引刀割鼻父母知其志不可奪買婢送之歸洪血殷紅未乾也縣令趙應登旌曰共姜邈烈本府旌曰高行在室通詳　上臺侯　題

附知縣趙應登贈烈女熊氏詩

輕塵弱草幾增悲決盡紅顏殉旂隨半面未諧琴瑟好兩髦親結死生稠盡眉人憶前因杳割耳名將令女垂邈向丹青或巾幗二處攙鼻更奚為

徐氏之公李蓁夫李淑父子俱庠于崇禎十四年夫淑病故無子止遺一女徐氏年僅二十歲節經寇乱歲荒艱難困苦永矢靡他僅依僕婢二人耕鑿績紡堅守餘年玉潔冰清家庭鄉黨憐憫稱誦

黄梅縣志　卷七　又十三

耆壽

宋黄眉翁失其名永福鄉之廟角里人寡嗜欲好咏歌恬飲而已咸淳間已百歲遇異人授以藥謂食此可再周甲子竟一百六十歲眉長有三寸垂而覩故人稱眉翁

元楊俊字士元初為博士弟子厭元棄書覓石龕古縣山中優游偃仰一百三十歲卒

明劉珏楊家穴劉宗一户稍涉詩書事多濟人利物享年一百二十歲卒

洪勳字汝謙範之子恩之弟禔身約累敦孝友睦族人義周里之貧窘以兒貴蔭壽官

蔣彬居黄梅鳳凰嶺生五歲不言一日有戲是兒癡者應曰如君喋喋不如我嘿嘿一坐皆驚稍長路拾遺金詰朝道旁俟失金者來還之壽八十有三

胡仲晃壽官敦倫尚義享壽百歲

沈萃庠生行已無忝父瀹以二室生十男萃處異母昆弟之間極其友愛享壽九十六歲

童涵知縣宗理父性剛直遇里族或不道輒義責之生平不御紈縠布袍山水間享年七十七

陳瀾壽官字平橋居心寬仁制行卓異父陳子琳家頗素封生子五人凡所遺產業瀾悉以讓諸昆弟孝友著聞手闢基業累萬金篤義好施遇貧困者輒賑之邑服盛德耄年詩酒自樂嚴訓後裔生八子皆衣冠濟濟曾孫瑜舉萬曆辛酉孝廉官累四川夔州道玄孫欽命舉萬曆戊午孝廉任玉田教諭其後子孫蔚起文名噪都邑

人咸以為盛德之報云

曹欽麟之兒壽官雅遵詩禮事父克孝累舉鄉賓

陳鉞壽官初為弟子員父植二柏於庭終身不剪一柯人推其孝愛享年八十

曹文獻欽之子壽官樂善勵行捐額觧百金於盜活寃者七命

汪淏壽官　石鈜壽官

黎衆表壽官見義民　汪希頏壽官

宛嘉謀壽官舉人如麟之父

李文郁以諸生補藩椽享年九十七

洪伯淮操身端潔有古人風享年八十

汪木雅遵詩禮克敦友愛享年八十三

蔣一元壽官字甲吾其父廷松有而還遺金全人子母夫妻之德晚年得舉一元七生八月無哭聲邑大奇之長有雋才雅好詩禮尊師取友教子無倦色長子忠性敏慧一目十行補邑弟子員而歿仲子文季子果同領壬午鄉薦才品卓異美擅二難邑人于是有藍田朋璧椬木雙茁之譽

朱錦生平未窺公府課子以讀書儉讓為先享年八十有三

沈都家温好施遇窮乏輒周之日與鄉人奕博此外泊如也壽九十九卒

汪朝宣事父母極孝每食必備其所好乃敢進稍有疾輒日夕不寢食友于弟昆敦睦族里公直不阿屢重鄉評一日偶見鄉人印書為假篆即延至宅呼僮僕投祖龍厲言勸戒令其改行輿論嘆服其制行可風也壽七十三而卒

説

五福首壽蓋身為錫福之基耳晉絳縣老人道四百四十五甲子此殆百世不一覯者至若香山九老洛中十二耆英不皆享筭耄期哉稱退齡芳史冊爰垂不朽今諸君共亦庶堪比德云

義民

元劉世矩性好施元豐間設粥賑飢

徐震元祐時人賑貧紓急不計有無

明陶文達喜讀書親賢樂士正統間輸穀賑荒上聞

賜金字坊旌其義勅曰國家施仁義民爲皆爾

陶文達能出稻谷二千五百石用助賑濟有司

以聞 朕用嘉之今遣人齎 勅諭爾勞以羊

酒旌爲義民仍免本户雜泒差役三年用副褒

嘉之意欽哉故勅

石銓獨出谷六千四百石助賑與陶文達同日膺

旌奉 旨建坊於李頭嘴

張士美允中長子罄家濟旱保民無流亡者事聞

旌爲義官

黄仲懋爲人富而好施歲飢出粟二千五百石助

賑有司上其義 勅賜以官凡津梁祠祀無不

有助

宛洧好讀書尚義隣有邀飲者席間色動洧詢之

知其獲盜將浸之源湖公固懇縱之一夕于穢

墻間獲布一筒莫肖其由年餘有馳馬者下道

拜曰公前所活者吾也僅以布謝今改行矣洧

然之不究其姓名云

熊楫性篤孝尤喜施與嘉靖甲辰歲大祲公委露

積于場令便取之

洪偕性孝友絕忮求訓詁力田稍有羨輒以周入

時稱長者

黎衆表性嗜義家不大裕能施棺施橋惠孚閭里

胡鵾性孝友多建橋梁時人稱爲長者

桂炳侍父疾衣不解帶撫兄子若己出屢輸資賑

乏助公家建置楊侯姜侯俱扁其義

胡世栢性豪俠捐財周貧不憚勞費邑令楊扁積

善堂旌之

袁少泉喜施捐資千金修雙城橋黄廣二邑大賴

之郡守縣令俱有旌扁

余亮 嚴文 黄來祚 陳哲 雷景福

許暹 何軏 陳吉 桂友芳 潘世昌

張錫 汪材 吳永義 錢子鳳 周浩

吳晟　鄒勗　周信　黃福滄　羅日星

以上俱義官皆助修廨舍橋梁及出粟賑荒者

說

余觀義民一冊似優于財者皆能為之無足甚奇然追思一生所閱多有鄉閭富兒目擊顛危一毛不拔即爵顯之家金穴纍纍視至戚無異路人比類而共觀之慈忍判若霄壤入品懸如舜跖孰謂捐金施粟是等閒事哉

流寓

宋鮑照東海人字明遠文辭贍逸義熙時與太尉袁淑吳郡陸展東海何長瑜並蒞木帝宋濬臨海郡王子頊鎮荊州以照為前軍參軍掌書記黃梅詳明德教寄洽先老宿弟宜史館居今

建治基即明遠讀書堂

陳宗達字世顯江州義門陳伯宣之後兄弟五人達居第三康定初以聚食繁多擇黃梅吉地家焉

胡瑞建炎中元大入寇瑞以良家子從擊兄弟六人俱從軍死子文政收兵還江州過黃梅蔡山

江心寺遂家

程晃江西浮梁人崇禎二年令黃梅尋家焉墓在小溪山雨台村東今後裔頗衍

邑有鄂氏相傳其姓岳乃宋故將軍岳飛第四子震遺裔也飛討李成駐兵黃梅會詔進屯洪州飛以土卒汴震莫可彈壓因留震黃梅及飛死震懼易姓匿大河間是時震弟靈以父冤聞震在黃梅亦往依焉今所謂十三戶鄂震霆等

孫也弘治中詔勅遺跡皆被焚今已復岳姓世
襲生員祠祀武穆廟中

元洪僞江西饒州忠宣公皓子三洪之裔也元末授
江州路建昌令尋授廣州路清遠令知世亂遂
掛冠不仕携四子二女渡淮訪所知道經黄梅
遂置田築室隱居于此

張允中原籍鄱陽縣元末以進士任户部主事管
九江稅廠因稅額不足降黄梅稅課司專落戢
因家于此爲户名張宗一

瞿大成其先合肥人通之孫能第三子洪武三十
三年能副李景隆靖難兵于白溝河敗績及長
子大芳俱死之靖難兵入大成惧逃之黄梅家
焉

明楊晢順天府人洪武乙卯科進士歷任湖廣分守
道副使入籍黄梅黄花港離城二十五里先朝
建有副使坊現分元晢光晢明晢美晢啓晢裕
晢昌里

梁友儲南海貢士任梅諭因家爲季仲玉入籍李
鄉户名梁仲玉之後七世改户名梁興一

説

古之孤臣去國孽子留遷往往有失祇牢騷慷
慨皆不得志于時之所爲他如遁跡荒濱遂成放
浪萍踪遠驅天末爰作逆旅羈魂朝燕夕越轉徙
無常則又丈夫四方所有事耳余也有懷今作流
寓志淚益潸然下矣

牌坊

登雲坊為戊子舉人汪善立址在西街今泯没

登科坊為辛卯舉人商玖立址無存

雲悌坊為庚子舉人邢繼祖立址無存

經魁坊為丙午易經魁朱銘立址無存

解元坊為乙卯解元商瑜立在西街今廢

擢秀坊為舉人吳顗立今廢

鳴鳳坊為丁酉舉人魏澄立今廢

青雲坊為庚子舉人王忠立今廢

驥騰坊為辛卯舉人王麟立在南街今廢

進士坊為永樂甲申進士韓忠立在中街今廢

四牌坊為御史邢纓給事中邢襄舉人邢奎邢璧立在四大街中今廢

亞方伯坊為丙戌進士四川參政胡鳳立在西市中今廢

綉衣坊為御史石金立在西關外今廢石人猶存

三代登選科第傳芳坊為知縣洪晟經魁洪模太僕卿洪恩立在學宮前左今廢

進士坊為進士瞿晟立在東街之中

御史坊為御史段尚絅立在西街中

天池鯤化坊為舉人章宗埋立在西關外

貞節坊為生員瞿平妻立在西關外

碑祠

鮑公祠在鼓樓門右今廢存址

鄧公祠公名惟賢以建梅城恩及于民建祠報之在西關外

戴侯去思碑亭侯名中績見本傳成化間民鑴石紀德豎縣儀門之右

張侯去思碑亭侯名九一續見本傳嘉靖間民鑴石碑建亭西郊通會倉前紀德

姜侯生祠侯名前立有碑在西關外置祠田五畝二分今廢址存

曾公生祠公名惟倫續見本傳在西郊通會倉之右

來侯生祠侯名三聘續本傳在東關外萬曆年間建今廢

馮公祠在下新萬曆間議立稅廠兵巡道馮公止之百姓立祠報德

桂侯彌功報德碑亭侯名生芝續見本傳亭在西關

武侯碑祠侯名奋功續見本傳在來祠左萬曆間建今廢

馬贊府碑亭贊府名之訓續見本傳在武祠前碑存

徐侯生祠侯名澤四川人在東關外今廢

饒侯碑亭侯名臺湖口人有惠政民建之在西關月城內

瞿孝子才入祠巡撫郭公惟賢為瞿甲建在貞節坊之右今廢址存

段御史恩德碑鄉人為御史段尚絅建報解南糧掛籌驫滯代賠救釋之恩也在西關外

石進士忠烈祠石有恒死于海寇奉旨立祠在東關內

石進士報德碑亭有恒之子石確值歲飢減糶價以惠民民立碑亭報之在西關外

陵墓唐宋元

皇陵有三一在余文嶺一在張安嶺一在七嶺崗之何家衖沿多山塚不知所出

參軍墓去縣治北半里許歷段家嶺折而西南向碑二尺有枯樹證前宋鮑照墓

義門陳宗達墓在縉亭港有碑

王學士墓宋諭埜翰林學士王仲瑄之墓去縣治東五十里古角山峻嶺華表森然

陳學士墓在縉亭港為元榜眼陳經之墓

戚祭酒墓國子監祭酒戚容之墓在段家嶺

汪御史墓元御史汪振卿之墓在屯頭嘴

陳元帥國王墓即經子墓在小圍山

陳孝子墓名至立墓在孫陂坂

四川宣撫使陳義墓去縣西十五里向家坂

劉學士墓在赤塘山為元直賢院李士刘忠山之墓

孝子墓孝子張德懋之墓在唐家山中

孝婦墓在茶兒嶺為孝婦伏氏之墓

文林郎清遠令洪儁墓楊樹橋

明

大夫韓中墓在縣南山南坂

勅封御史邢暹墓去縣南五十里

文林郎洪晟墓黄落山

勅封御史石廸墓屯頭嘴之大松山

光祿卿石金墓屯頭嘴之長山腰

處士魏道演墓在下沙坪龍

處士蔣彬墓在北却山之麓南向村官塘之上

誥封大夫曹容墓縣北十村坂之黄金塥

孝子洪祥墓尧市山

孝子熊楫墓馬頭山之熊家村

太僕卿洪恩墓尧市山

憲副曹麟墓去治十村坂之黄金塥

太僕卿瞿晟墓去治西福盆山

贈文林郎知縣倪鳳岐墓去縣治長吉山

忠孝郎官墓寧府紀善沙瑞之墓在萬倉坂金盆架左

節婦墓在治北杜家園為李大明妻胡氏之墓

節婦墓蔡山盆古村之左為生員胡鵷妻陳氏之墓

節推王忠墓在東縣城黄洛山

段御史墓在朗公後

瞿翰林墓 在太僕姚墓傍

瞿孝子墓 在濯港郭家嘴

石中丞墓 在屯頭嘴大松山

汪司馬墓 在箏栗山

石忠烈墓 在五祖山前

說

古之建坊立祠所以示旌表崇碩德也鐫石紀事冊牘圖像不啻施來葉哉然其表而異之者匪僅生存已也如其為忠臣孝子節婦烈女名卿哲相

生則旌其里死亦必封其墓誠不欲使峻秩徽蹤同歸丶衰草中耳昔人崇德報功之意不重可思歟

忠臣武穆王子岳震墓 在縣西楊梅嶺老樹坡

相公熊用墓 在接待寺

尚書於任墓 在劉家塘

黃梅縣志卷下之八

知黃梅縣事北平徐　昱校正

署儒學教諭事蕭蘊樞編輯

鄉官　吳　鄉

洪世講

黃景恒　參訂

張弘綱　汪流恒

儒學生　沈文珂　協輯

王獻臣

仙釋志

佛老之說自古稱之宗老者其蒙莊也丹還九轉爰成辟穀輕身而佛則自漢始入中國求書天竺遂來沙門佛事然吾儒以佛老為異端謂其塞仁義也梅自晉迄唐仙佛疊出如致福道信而下不下數十人一時稱盛號佛國今則罔有聞矣僅志以教後之宗佛老者

仙

羅致福真仙

羅致福汗雨廣禺人好玄術晉武帝時入陽明山洞
巳遍歷名山大川至梅悅鳳臺叢溝之勝構卄爲
一日遇道者携藥藍白蟾語合、留居之、経九歲、忽
夜半、指視赤虹亘天之祥、謂曰子玉皇仙侍、誤翻
瓶水化爲霖浸陷多郡、故謫居塵世、今陷滿、當復
宜、命予度汝、随引去、逾月、福於簷下洗手腥、乃曰、
病龍也可療、明晨一秀士以疾暂來謁、福曰胡不
見眞身、其竢吾郊北角、毋悸吾民、尋之北郊、龍果
蜣蟵伏坎中、即伏劔劈腦、肌白蜈蚣一、殺之、挍以
丹丸龍徐〻騰去、後名其地爲乾龍池、晉元康中
惠帝病尪幾絶偏索名醫福被召投之劑病即愈
賜金帛官爵不受勅號眞人禮送至泰源觀修煉
於此故觀旁有煉丹池一日濯足北郊之陂升高
阜四顧徘徊觀者駢集福冉〻謝曰泰源溝壑若
成河、〻流北岸吾重過、白日冲舉後名其地爲飛
昇臺

宋公飛仙

宋公諱益字儒日福建人晉烈宋太元壬午五月

朔十六坐以孝廉爲番禺令陞刺雅州俱有治績
劉裕薦晉拂衣遊廣東羅浮山遇葛仙拜爲師葛
曰子之德在生靈當戢神司血食無已同遊至黄
梅舒城山復遷考田黄龄洞宋元嘉末大旱縣尹
劉公諱弼聞黄龄有隱者能知未來事率六鄉耆
人同往求禱宋公延入圍棋數日辭歸市朝已改
易矣後逆相傳有生員張文通施丈錦亦師事之
後皆一齊昇仙至今有昇天石聚仙臺石棋盤傳
爲古蹟鄉人於每年八月二十日設香戲大會請
晏公逝享名曰雨會益晏公水神宋公以雨濟人
故以類聚也自唐而宋而明累有封爵謚爲昭王

福主眞仙

王月航眞人

月航初在紫虛觀脩煉後往龍虎山學法歸一日
有病者乞符水延至其家月航知故乃書雷符於
掌以往至則數老者陪坐取丈書數十道示之曰
此皆若所申奏被我輩勒得者航乃開掌雷發滿
洞狐皆擊死獲財寶無算自是以法爲戒埋藏牌

劍不用後以壽終號稱真人祀之紫虛觀中

姜石道真仙

姜道唐方士在多雲山頂修煉道成昇仙遺跡石壁間故里人呼壁為石道士因廟祀之山麓禱雨輒應

周龍王

龍王龍坪山人為孺子時就傅每與群孺浴於塘水湧歸周身人怪之久之身生鱗化為龍飛去後人祀為周龍王浴處即今龍王潭也鄉人祈雨投

蹤潭中輒應

烏沙龍王

烏沙者紫雲山之古龍王也天王道悟重新老寺之際有老人拜於前曰吾乃烏沙潭之龍王也上天有罰當死乞道力救之悟曰汝能易形乎曰能須臾化一小虫伏悟襟帶間是夕雷雨大作竟不能害次日老人拜曰沐大力餞血腥此山矣願助寺功請歇木孔之井中歇米孔之石中如其言寺成木米遂不復出至今有出木井出米石運米石

猶皆其遺蹟

白衣龍王

白衣始末無考但蔡山寺有龍王三尊原係一木裁為三像一日一風一雨祈禱者任意求迎一尊遇日即日遇風即風遇雨即雨靈感之妙亦可異也

千聖龍王

王姓干初為石人腳高氏工人晴日持蓑笠往田隨之果雨雨時棄蓑笠而往果晴後倚大樹坐化

即較坐長短截本樹立像祀以禱雨輒應是名千聖龍王初祀高宅今寄祀蓮花菴

說

釋之道近仁仙之道近智智者動而樂蟠天際地妙現神通固不肯向人間問散息也土俗好鬼愚昧無識遂有小祓即引為冥譴亟操豚蹄以祝之若是乎神之厲民以自養也神則何嘗有是哉梅之宋公惟考田至灌港一區之民戴之每歲八月有香戲大會強砍喬樹以為屋每至傷命主神紲

衣集茹二將血食屠豕無算轎傘旌鼓之來一望如蟻餔啜稍不當意輒破人室壁嘵嘵宋公有靈豈樂有此哉大約神聽高遠視愚氓如兒戲恣任其顛倒耳爵西門豹過止河伯娶婦一事千載流誦吾望鄉之賢者力為喻挽利賴在百世云

釋

千歲寶掌和尚

寶掌中印人也周威烈之十有二季示生生而左手握拳不展父母惟之曰此兒生有聖德其從佛乘中來耶攜以謁佛陀精舍遂展掌禮佛故以寶掌稱爲遍閱聖僧誦練乘部嘗曰我歎住世千季策錫黃梅居雙峰遂成叢社後又過廬山抵白下邂逅達磨又訪觀音大士於南海復返雙峯最後移錫江浦寂於會稽之雲門享年一千二百歲故號千歲寶掌

寶掌去後聞其化于紫雲者有道悟靜川道安香林道悟香林有事蹟附記于後

天王道悟和尚

道悟隱士崔子玉之後唐玄宗之開元二十五季示生年十五依長沙寺曇翥律師薙染受具於嵩山和尚南謁馬祖祖教以識取自心本來是佛師大悟服勤九年辭去北還去荊門半由自地結草爲廬節度使見訪了無接寺怒擲師水中旆返偏衛火焚惟聞空中有聲曰我是天王神我是天王

神使惶懼求懺火𦦨頓息宛然如初親往江邊見師在水衣裾不濕使重申懺悔迎請供養於府西建天王寺請師住持十餘歲杖錫過蘄春登雙峯遂卓錫龍峻之墟已遷蒲雙峯之南是名上寺乃退而庵於紫雲之巔即寶掌之故址也其寺原名老寺燬於隋末兵火師闢而新之獲烏沙龍王之助唐憲宗元和十三年戊戌四月十三日示寂有得法弟子一人龍潭信禪師是也信之子為德山鑒是為雲門法眼二宗之祖

香林和尚

香林諱元果舒城卞氏子明武宗正德元年九月九日示生年十十謁匡廬狐月雍渠受具後遍謁（正德間有僧元果者）名山至黄梅問一居士曰雙峯幾ヒ有崖洞可憩息否居士曰雙峯之下有白雲火𦦨二洞境甚都但多虎狼師曰無慮遂挈蒲徃白雲洞有虎乳兒於其内師叱曰若速去此洞我居矣虎哮吼數聲引兒去師坐洞中不火水者七日居士慮師死矣荷擔饋之見師怡然趺坐衆合掌拜曰吾師德足服虎矣後又移居老寺新其殿宇常示衆曰汝等但信自心即佛更莫外求閲年六十七坦化

遠公祖師

晉遠公初居廬山與陶淵明為友後渡黄梅建道場於張家湖塔與舊寺基在焉今遷寺名柘林

菩提流支禪師

流支中郎土入梁武帝時與達磨同來震旦建道場曰菩提示寂於多雲山其塔在焉

四祖大醫師

祖名道信姓司馬河内人父為永寧令即今廣濟以陳周靜帝大象二年（庚子）三月三日示生至今洛佛井尚在治門先是達摩尊者以其法傳二祖可大師可傳三祖璨師謁三祖乞解脱璨曰誰縛汝更求解脱乎師悟斷髮事之隋大業師於吉州祥符寺受戒時寇至邑入洶ヒ師曰無憂亟誦摩訶般若波羅密越三日天王見四門賊驚走亡何又大疫邑人復求救師誠誦摩訶般若波羅密七日時盛暑天降大雪疫乃止衆建雪山寺以酧之逾季

歸侍三祖授以衣鉢武德七年卓錫於破額山唐代宗慕之屢徵不赴遂賜紫衣以成其志閱世七十二年唐高宗永徽二年辛亥閏九月四日寂于毘盧塔九年四月八日塔户自開衆歡呼珍奉唐代宗謚為大醫禪師慈雲之塔宋元明累有褒贈祖涅槃時言吾手開過千佛當再來明武宗正德十四年右手漸舉火從頂發自焚其身惟存舍利邑感荊王鑄金為像

四祖衣鉢授五祖而本山闡化者有端禪師仲宣禪師止堂禪師名見于傳乩後有再來僧再來有事蹟附記于後

再來僧法幢

元時廣濟人李雲隆夢四祖僧偕居因生幢稍長投寺僧尚知剃度明洪武十七年與智語欲往余志五家托生化度為善遂坦化二十一年九月果生其家智來省之笑投智懷遂名善來歲餘抱至寺中禮佛即直入舊禪悉耴舊物人呼法幢則應尋投本寺終歲持誦法華圓覺等經志五父子悉化為善洪武末召至京師仍賜名曰法幢

五祖大滿禪師 六祖附見

五祖名弘忍黃梅人也先是四祖居破額山乚中有無名老僧以植松為業嘗請于祖曰法印可得聞乎祖曰若既耄矣脫有聞其能廣化耶倘能再來吾當遲汝僧作禮而去至濯港有女浣衣澤畔僧揖之曰可寄宿否女曰有父母在可往求之曰汝諾我即行女是之僧回山趺坐而逝女周氏季子也歸輒孕父母惡逐之傭紡里中夕於社屋之下以隋仁壽二年十月二十三日舉一子以為不

祥棄之港中逆流而上漁者汲而養之啼不止明日母踪其上流聞兒啼至其門啼忽止漁者異而還之乃育之社屋之下仍傭紡為生子不語者七年一日從拾遺麥田父迎令稱爺師曰吾將父天下後世誰復父吾哉至今名其里為新開口未幾逢信祖於道祖曰兒何姓曰不是常姓曰是何姓曰是佛性曰汝無姓耶曰性空[illegible]祖器之化其母令出家母曰諾祖歸告衆嚴壇以迎五祖諸比丘父僕不至意漸怠俄一貧嫗負兒竟趨佛殿衆

渺如也鐘鼓不扣而鳴衆始異之登堂禮拜即悟夙因復理前問曰法即可得聞乎祖曰兒尚幼且緩之師曰爺謂我不小今謂我不老若之何執侍七八年授以衣鉢是名五祖矣祖卓錫于馮茂山在破額之東故曰東山後又闢邑西東禪寺為法施之區緇素駿奔僧徒七百惟玉泉之神秀稱最越數年有姓盧名慧能尊者至根性殊勝腰石舂米者八閱月祖一日令衆呈偈于粉壁契法契機授以衣鉢秀即書曰身似菩提樹心如明鏡臺時

時勤拂拭勿使惹塵埃祖陽許之私召入方丈謂秀曰據汝見地尚在門外未見本性秀謝而退居數日能乃口占一偈倩人夜書於壁曰菩提本無樹明鏡亦非臺本來無一物何處惹塵埃祖見以履擦之曰亦未見性異日潛入碓房曰米熟也未曰熟矣欠篩祖杖碓者三叉而去能以是夜三更入方丈祖以衣鉢付之曰爺達麼老祖一蘆五葉今圓滿矣衣為爭端止汝勿傳法以心傳心不関衣也汝行哉祖送至潯陽江頭登舟把艣云吾今

渡汝能曰迷時師渡悟時自渡遂辭去祖歸數日不升堂衆問安否曰病則無衣已南矣咸亨三年歸老東山上元二年乙亥入室安坐而逝壽七十有四唐代宗謚為大滿禪師法雨之塔宋元皆有襃贈明嘉靖謚曰大滿廣化妙元普覺真身祖師

五祖衣鉢授六祖彼時大弟子主法者有神秀慧安道明智隍後于本山闡化者有戒禪師瀞祖表自禪師宗自禪師曉常禪師演祖有事蹟附記於後

法演禪師

五祖十五世嗣孫諱法演巴西綿州鄧氏子少為

書生長慕出世法初預成都講席已遍遊叢社晚至東山初五祖之寂也遺記云吾滅後當留真身吾手啓而拳當再來後四百六十年演祖果至其禮祖拈香則云昔年全體與麼去今日重來記得無是時像與手相裂中可容箸衆咸異謂演公乃五祖乘願再遊者也於是主東山席至崇寧三年六月二十五日上堂辭衆歸方丈淨髮澡浴且曰吉祥而逝年八十餘將寂之夕山摧石殞四十里內岩谷震吼

圓證祖師

即普庵祖師唐僖宗乾符二年賜號圓證別傳圓證得法于菏澤〻得法于六祖師固六祖之嗣孫也建寺南山墖在屏背山去寺百步梅遇旱求雨澤輙應之

無迹祖師

即彥賓祖師唐長慶元年為師建寺北山墖去寺四里許圓覺庵其墖院也

朗公祖師

朗公生寂未詳從江南渡江先建資福寺寂於東永福寺塔即在其寺中

張金祖師

師係蘄州張得賓之裔寂於蘄州背巾庵祀於黃梅考田山之白馬寺

靜鑑祖師

師豫章泰和梁氏子明洪武建元十有二月八日示生甫七歲父母繼歿往投雪峰寺悟空落髮後入終南山二十九載每以巳事未明欲捨身投崖若有救之者六投六救乃止忽有老僧稱天臺比丘謂曰君無泡影大事難辦時節一至其理自彰奚必身之捨為乃示以黃梅勝髙山可居師挈鉢而往岳氏以其山施之掛錫幽岩攻苦精進歲種魁芋三百六十本日噉其一閱歲久慧鑑渾圓一日呼弟子文簡及大衆曰有來必有去我其行乎三季後當以吾演化也跏坐而逝時正統十二年十二月初八日也距景泰元年十二月八日恰三年文簡會衆啓墖見師顔貌如生膠漆莊嚴於未

圓滿處泥涑疊之雅非師意時梅令梁姓者師族也甫治梅而夢師來見投刺稱宗弟謂令曰吾腰重未能揖其有以累子令形求之見於南山之巔惟肖於是削其累重而瘦骨稜〻千古如生矣

說

嘗論世之佞佛者持戒念典輙謂疾可瘥殀可壽歿可不墮獄若然則佛固不擇貞淫但為俗輩驅除難耳不幾謬乎是佞佛者非也世之謗佛者引孟氏之言曰邪說誣民引昌黎之言曰佛法為中

國審不知佛亦不外心性二字曷嘗有異說于其間攻之者自異耳是謗佛者亦非也然我輩為聖賢說法教以去邪存誠世人輒引去及闔岀ㄥ之祇敲樸不能生其畏而入寺則合爪投地詩書不能禁其暴而誦經則戒殺放生甚至父母妻子不便道者一到佛前便自供心狀其懦人為善去惡之心莫謂佛之無功于世也先王以神道設教意蓋有在奚必倍之而謗之哉

觀附廟

泰源觀

在城東市晉武帝為羅真人建原為真人脩煉之所今廢

鳳臺觀

在北郊山相傳羅真人乘丹所化鳳飛昇故立觀曰鳳臺今廢

紫虛觀

在獨山王月航真人脩煉處天順二年建

東觀

在東觀山慶源寺左今廢

大洋廟即福主廟

在考田山宋公飛仙脩煉之處以黃龤洞為水滙故稱大洋廟爲城北之福主廟其行宮也

武當宮

在南關外萬曆十年推官曾維倫建

東嶽廟

在東關外以祀東嶽天齊大生仁聖帝

南嶽雞公廟
在南關外以祀南嶽聖帝乃劉建所建也
關聖廟
在縣河南岸巡撫郭惟賢建以塞水口者見祀典
文昌閣
在縣河北岸與關廟相對建以開文運者今廢
城隍廟
在縣治西事見祀典
五顯廟

在丁字街係元税課司務張允中之署明初罷局
改廟
晏公廟
在段家洲
岳王廟
宋詔天下立廟以祀武穆在西關外見祀典今廢
陶王廟
在上新一名高廟以祀東晉司馬陶公大王七郎
八州都督陶侃也黄梅爲荊州所轄王曾巡視此
此有德於民故祀之
眞君廟
在孔壠以祀江西許旌陽眞君
丁仙廟
在芳栗山
石道眞仙廟
在多雲山麓

寺

老寺 附龍峻寺 上寺 中寺

千歲寶掌建寺於紫雲山去縣四十里當四五祖
闡化之際而寶掌年高故稱老寺 道悟初來居
龍峻之墟建龍峻寺 道悟又自龍峻遷雙峯之
南建上寺 靜川又建中寺 上中二寺廢
柏林寺
爲遠公而建遠公初建寺於港北屬張家湖明永
樂勅賜護國寺今遷港南名柏林寺屬黄連鎮
菩提寺 多雲庵附見
流支所建在廣福山董家城流支寂於多雲庵其

塔在焉後有天峰和尚習靜闡化於此

四祖寺（凡爲四祖而建者彙附於後）

在縣西三十里於氏以祖山爲大醫建寺一名西山一名雙峰山一名破額山其寺肇於唐貞觀至明正德祖頂出火像寺俱焚剎王鑄像而重建之萬曆年間傾圮蘄州鄉官御史王珙復建今殿其勝有碧玉流寺前壘澗橋下水遶白石懸崖噴激狀如玉屑石上鐫有碧玉流三字蓋柳公權筆也有安法峒卓錫泉洗筆池石魚磯皆爲祖遺蹟

邑隱士王献臣詩云偶隨鶴影到崖前一擲何知九仞壁忽迸海門流玉液直須赤地湧金蓮文云突出波心掠翠微桃花風洛西煙霏打翻鈎餌空餘肅惟趣松濤帶月歸

按四祖五祖俱自唐宋以來有香花田地各五排年比納正賦不供雜徭謂之海會僧戶頃來失序編戶服役與民同順治柒年四祖僧元慈控各院臺批准除丁復舊海會之制立碑縣前爲據

接待寺（地藏庵附見）

下孔壠十五里四祖所建以接棲雲侶者今廢去咫尺建有地藏庵

五祖寺（凡爲五祖而建者附後）

在縣東北二十五里馮茂長者以其山爲大滿建寺故一名東山一名馮茂山唐宣宗勅建大中東山寺亦曰五祖寺入明寺火正存塔基肉身仍不燬復移奉基下山隈中建今寺狹道峻絕可趾不能輿其勝有白蓮峰峰頂有池生白蓮瓣可千數每瓣中有蓮房不結實蓋仙種也相傳五祖所手植者有洗手池闢法峒三佛峒杉庵

東禪寺（佛母塔附見）

在縣西南城外五祖以徒衆雲集寺不能容乃闢東禪以廣其化其寺甚大有佛母塔即當日養母堂母寂即以此地瘞之封骨有塔覆塔有殿去寺僅數武

意生寺（經埠寺附見）

在縣西十五里相傳周氏孕五祖傭紡里中夕於社屋之下即所稱蔡家砦母之初意欲於此生子後不果乃生於黄達埠以其子無父棄之水中祖泝流而上網者得之抱歸家祖啼不止母復往跡

其門啼乃止經者驚而與其母乜仍育之故後入於網者之廬立網埠寺今廢母之育祖仍棲止社壓故後人為之立意生寺謂母之意欲生于此也寺有白牡丹一株相傳張七道人朝海七次觀音現婦人身以此花寄植五祖生處忽不見今其花甚茂他入移栽即萎

靈泉寺 泉水庵附見

在縣東二十里卓璧山五祖初結庵之處其山下古磉潘家河有泉水庵五祖曾卓錫於此其泉如

沸祖喝之即止須臾復沸故名今人喝之亦然

古佛寺

在縣西六十里凉亭口五祖弟子所建初掘地得銅佛鐵金剛建寺祀之故稱古佛寺

南山靈峰寺

在皷角山圓證祖師道場山半有升天石乜上有塔下有洞可居路側有千佛石壁鐫金剛經一部于上今為苔鎖半不可讀

北山寶相寺

在皷角山無跡祖師道場宋兩火之搆二小殿有清風亭有古樹一株大可數圍枝葉叢生僧於其下甃圓池月射樹影倒池中儼如月窟故呼池為明月樹為娑蘿後池塞樹遂枯有道者相之曰月明則樹見樹之枯池之塞也乃開池樹榮如故有臨濟下天章禪師主法於此初掛錫時娑蘿忽放異香

西永福寺

唐僧法海所建在劉塘鎮明永樂勅名瑜伽寺

東永福寺 附資福寺 慶源寺 蓮花庵 黄荆庵

朗公自斷夭渡江建資福寺於楊家穴過感湖建慶源寺於東觀至石人脚建蓮花庵至馬轂山建黄荆庵在此祈雨插蘆於青龍山云花開即雨故名望花衝鼂後建東永福寺於邑東二里寂於此其墖即在寺中

蔡山寺

邑西南江畔古名江心寺山石鐫李白夜宿江心寺詩云危樓高百尺手可摘星辰不敢高聲語恐

驚天上人

龍華寺

在北關外曉愚禪師所建為紅巾賊所燬今改為

庵

高塔寺

在城東南隅寺肇於唐燬於黃巢初名彌陀寺宋天禧間沙門仁禀上春坊民唐守忠兄弟建殿亭宇舍及磚塔一座十二級高一百七十尺內座鐵鑄四大部洲菩薩一尊乃名高塔寺明永樂五年

僧永恭置佛堂廊房今燬新搆小殿一重

白馬寺

在考田山張金祖師道場寺名白馬者白馬將軍所施也

妙高山寺 新寺附見

在考田山名高山普照寺靜鑑祖師肉身道場也師曾演法於石屏山道鏡庵後改庵為新寺故二寺俱為師法壇云

說

稽梅之神秖載祀典者先聖而外不過三壇南北厲四廟關岳昭皇城隍五祠官鮑公郭公名鄉賢土地非有功德之賢哲則護我生靈之冥官固足紀也至玄宮梵宇累牘難書梅俗喜禱祀寺觀之設也宜哉余不敢謂盡屬淫祠然紀之太濫未免以鬼神之說炫入耳目故僅錄其正大而關世教者以竊比胡穎范仲淹之意云

古蹟

俊逸亭 梅民摘俊逸鮑參軍之句扁亭基前後宋遷縣樓左迎賓館後今廢

射弓石 在縣廳左級長盈六尺古者以此制步畝之弓

玉蟾池 在泰源觀七右有塘一口一名煉丹池

龍骨春花 前志花產于縣樓東玉色奇香天下惟揚州瓊花同之則此春花固瓊花也

松風亭 在太平橋之左憲副曹麟所建編有石公詩句

鴛鴦亭 在思姑巷今廢世傳徐拭妻齊氏夫婦相敬而齊事姑尤孝所居有塘上嘗双鴛鴦齊每栖鷗鴛鴦隨之姑死鴛鴦飛去齊思不已竟殞拭亦隨亡里人悼之以思姑名巷

鳳凰池 相傳羅真人丹成以一粒療龍疾一粒被陵雞破囊啄之化為鳳飛鳴大市池中故名今池淤成市而曹家街畔備嵌石刻有鳳凰池古橋云

濯足亭 在治北洗腳陂邑光州刺史熊偉同羅真人於此濯足飛昇搆亭榭於上扁曰濯足遺址

飛仙臺在北圻山羅真人飛昇處

墜腰石在東禪寺六祖墜腰舂米者

發杖楓六祖典饌東禪插發杖于地復崇成楓樹後婁僧取一截刻圖圖鼓腔燬于寇

義樹宋元時生于刘健家兩樹交生今久不存惟鐫繪圖及學士惠山有記

紫荆樹嚴仲祥五世同居植紫荆于庭今萎

離母墩在濯港水中相傳五祖離母周氏于此

節婦栢北圻山有李鄭婦墓其初夫死氏葬之植雙栢墓前頃有牛齧左樹之杪五寸氏聞之曰左者夫也乃赴墓前撫栢痛哭一夜長啼右齊后氏卒乃合墓

新蔡舊治在邑西白花坂遺址變為畛畦然多磚瓦

黃梅縣志　卷八　廿六　四百五

長吉舊治廢址在濯港孙家嘴

義豊舊治西去大河鋪一里其城域遺址存焉

太子驛即今停前驛梁武帝行兵駐此産昭明太子蕭統故名

九江城　東京城　西京城以上三城俱英布所築

王官人樹王羲官栽樹施茶下白湖渡五里人德之故比井棠世稱王官人樹

藥師城去縣北二十里唐李藥師領兵過此築以避寇者

百萬城一名桐城砦在多雲山之麓唐曾元裕駐兵之所下有百萬陂亦裕所鑿

菩提城即善提唐福山刘寨主築以避兵者今為董家城

李玭讀書遺址東山之麻林窪

紅花寨　龍坪砦俱宋高宗將戚方駐兵之地

董公城在濯港之南董公築以避水與兵者

寇師洲去縣西南七十里漢寇恂平河内駐兵洲上故名

散花洲縣南六十里大江之北周瑜戰勝犒士散花於此

萬柳堤即曾公堤沿堤四十里植柳數萬株民歌之曰青青柳勝井棠夏日不盖樹生凉

懷佳亭學士陳經以其祖御史陳崇作東佳書院於江州因作亭于黃連嘴名曰怀佳

鐵爐口山南坡有山出鉄元立鉄冶局於此相傳宅鉄者入其中山將崩有美婦提籃賣魚俱出口視之涔免覆壓之難故后人立紫荆庵以祀观音

宋家洲太白湖有洲相傳福主宋公初來至湖聚土以渡徃考田山后遂成洲名宋家洲

黃梅縣志　卷八　廿七　二百九十二

出米石出木井運米石船烏沙龍王助工事詳老寺

魯班亭[illegible]

毘盧墻[illegible]

瀑布泉即四祖碧玉流

白蓮花五祖手植見五祖寺

白牡丹觀音寄植見意生寺

御書寺額五祖寺宋英宗御書天下祖庭徽宗御書天下禪林　意生寺明太祖御書第一山

石眼即馬鞍山天窓深不可測相傳此眼通源湖以木斤紀姓名投其中尋于湖中得之

娑羅樹無跡祖師手植見北山寺

南烏崖碑烏崖即南山也人傳南山爲普菴道塲石上有符洗刷視之則篆文南烏崖也傍書大宋慶元四年里人王仲瑄观落筆山人沈百藥書即此足徵普菴之謬

鬬法洞相傳五祖入東山五显爭其地祖坐山窩五显飛石擊之片石左來手一左指墜于左片石右來右一指墜于右片石後來后一指墜于后片石中來上一指覆于上遂成一峒故名鬬法峒

畏喝泉五祖喝止沸泉見灵泉寺

沐浴池在東永福寺前鉄塘口明公沐浴處

唱歌石在四祖山麓之田間夕時人卧其上一夕明日便善歌唱亦殊石也雷擊石破遂不復驗

說

閱卷中山川人物大抵聖賢之手澤仙佛之行踪

爲晁著晚世學士盛稱不朽之業雅好津津以吊古爲奇事即無當功實亦博雅之緒爲余故攟舊志採其遺脫著爲新書以見後之視今亦猶今之視昔也嗚呼人特患不能爲聖賢耳爲仙佛耳無慮我有出處而不可以薦恬也

黄梅縣志卷下之九

校輯同

藝文志

三代以前不務工文字而訓辭爾雅止於自暢其情明白坦易人人誦之不厭此即文之宗也漢之子長唐之退之宋之歐蘇莫不本其意義故精采香光足以不朽於天地楚文多雄肆梅亦夙稱材然雕繪之工終無當於實用僅採仁侯賢宰之傳記名卿墨士之篇什例而紀之亦

庶乎其有裨風教也云爾

應制碑文

唐李玭

伏稽大易曰一陰一陽之謂道陰陽不測之謂神惟道也生三渾成洞徹於變化惟神也滑一而玅蓄秘於恬寞欽若太元遐徵妙有運陶甄之極不獨尊歟后唐累聖光華大明終始陟曦陽之午廓照瑶京搮元命之符銘吕禹筭白雲孤峙畤望高丘妙炁千齡日飛函谷我開元神武皇帝圓靈灵睠方與玄秘握玄珠之妙揖可寶之珍潰至道於希夷刋雜法之疑

滯乃聖一也於稷祀典滯廟皦〻孝友光明天地化
仰乃神二也劍戟之器返於三農弧矢之威神斷六
合乃武三也察時變者觀天文人習凡庸無階列聖
乃文四也故冲精象外高視鴻名帑薦河圖靈朝海
若堯心攝照顧言篋於几籩軒目司明扈旌乘於茨
隗斾以虞環蓋地夏玉從天絀珠賣於西王展告成
於東后五龍推紀邁梁甫之高會八駿巡遊陋崐墟
之徹蹤昭回上轉山嶽下騰例聖攸居通傳福會文
皇質義武帝佩圖至道之興其來尚矣自華封獻壽

聖德祈年金格傳書珠流味液公主以天慈入道超
化芙蓉秘監以王子出家調芳芝术北方著列仙之
想南丹希至學之因聖緒無為斯其有作乃騰羣嶽
真君道府光啓祠室幽贊神宗青城廬嶽二山者佐
命羣峰之望也丈人秘籙仙諦真君使者靈司孔昭
冥察名書五法舉亞三魔蓄洩崇嶽異沸霧於物阜
寒暑穹谷將必順於人時開元十九年八月二十一
日降明旨曰青城山丈人廟廬山使者廟宜準二嶽
真君廟例擇道士五人焚修供養仍委所管揀擇灼
然道行者安置俱年名申所由置廟使內供奉將作
真圖建立祠廟并章醮行道設齋使大供道觀法師
張平公粵自泰京宣獻江服煥丹青之飾賜玄牝之
儀馹傳臨光雲巖攸色使持節江州諸軍事守江州
刺史獨孤正重鎮柴桑孚謠枳棘時觀武庫代仗安
雄經始干城全摹益厲崇視逸飛思逾紛朝散大夫
行長史楊楚玉行司馬皇甫楚玉潯陽縣令魏邑等
恭惟聖善式儀靈場道俗虔精冥休推異爰初築玉
則雨霾炯嘹俄項竚立而色霽霞標寶龜莫梟之辰

金虬驛程之際陰滃洊容黮黤溢交注想玄空肅見
皇道芬芳載潔章醮翹襟六虛寂寞一夕融郎乎出
之上忽吐神輝綴灼九激韻揚千仞寥寥率樸入見
並觀符天靈降周以雲門舞奏神光燭漢以太一登
禋然比陸氣交南州煥變物委霜霰入嗟江寒使法
師恬懇仙庭憑威國命故玄冬易煖朱景晴暉朝以
幽明優乎力役並利攸往咸欣子來便小勝郊迤邐
林欝騰賴桂嶺域翠松巖刀斷卸門偫材荊岫蹤嶮
巇繚長垣紅壁列錢丹楹繡礎三間四楹炳繪文爍

八維四隅懸鏤鏤檻虹梁旦榑風牖承楣倒井藻繡芳壇行埽銀舖月曉瑤簴霜開至若神理全幽真容罕測夫其秘狀遠降彼司蓋考三仙之圖不於九牧之内激姿紛亜偹質光妍忽想冥標靈眸端表工徒馨想妹思感通齊室盟祠既優如在霓旌霞旆晻揚羽儀列冠名山禮均行潦蕈薰紫極供養黄冠玉釜常黄金爐永爇牲牷華烹鸞鳳于飛露抱神翁星臨婺女清吹洞唱天瀨匏瓜之津乕水偃宮海曲蓬萊之島龍驤鶴翥飄飄淨戒之庭師子碎邪趯躍精思

之地朱幡衛篋璗蓋持典法供天厨六時朝念真福靈帙萬却修行弗剪茅茨明代久彰於克儉紅營粹衹神聖邀尊於寵光聖渥常闡靈棲窟宅埽耒禔福不亦宜乎冬十有二月司存式命畢鉤繩也玄門道士章冲寂等挹教五千齊驩億兆歷仙階而仰止攀霄筭以驅誠天使頗奉於調鑴心存魏闕法衆希憑於琬琰道在吳岑春水桃花逕源遂遠幽林杳塢勝地非遙伏賀天休敢述頌曰道秘重冥神幽福庭三景運極五嶽棲靈其真有物厥妙無形理則恍惚功惟泰寧於赫皇極昭融亭造層握玄珠祥丕大寶苔垠集睍紫雲宗道至享百神揆因五老乃瞻崇山嶽靈之秘三象浮精十華仙使威滴雲雨神存天地法象昭凝真圖炳畀幸明德之嘉運降幽祠之寵章扈仙儀兮肅肅暐瑞彩兮煌煌爍琳宮之夕照拂琪水之神光離輝兮翠輦玉釜兮調香掊五岳於秀嶂峯八桂於飛梁龍吟鳳舞天路長青雲衣兮白霓裳鄧空歌於瑤壇璩羽旆於瓊漿冥激兮福宇影耿兮神壺牵乕水之布流睍煙爐之綺色韶鶴語於千載翥

鸞裝兮一息絳河冥毋將易渙碧海偃姑森難測恭至道於三五奉休行於萬億紀貞石於名山壯弘規於帝力開元三十年正月

宣聖像記　　謝朝宣

於戲

宣聖此像筆於道子得於江陵傳之黄梅陳可大記之詳矣嘗見世傳吳道子畫本有三此其一也予家有宣聖著色畫像高踰三尺逓秦藩鄱陽王賜先祖肴天順迄今五十年雖屢毀屢損然規制神采大較頗同

弘治甲子予巡按晉暘聞高平縣學有道子宣聖石刻摹本以觀像僅尺餘易幅巾而為小冠随行者顏子一人太原老士以御車聖像貽之亦道子筆也刻石不知何處循記聖容在輿前綏僕夫後肇曲蓋弟子上下或侍或行凡十数人畫入精妙非道子不能意歎臨刊惜無善筆祇以高平像簡梓行晉陽惟家傳之像数年宦途奉以出入上以欽聖化之及次思吾祖之遺澤不忘曩在京師因紙浥動易皺以裝既而陸漸恩其久為或失命工重臨今謫官黄州始克

裝成珍藏二幅每歎記之以示子孫以啟務叢有來違也至此重瞻所謂遺像依々若有感爲二處圖跋相沿以為燕居引申々夭々之語為證縁不冕而巾似亦可據但茲鐫像上衣下裳腰帶足履蔽膝有飾黻身有具側爲若翅其體非立拱爲若翼其容匪舒當時歎道之行周流天下畏於匡微服過宋魯不微服耶膰肉不至不脱冕而行顧不當脱冕耶若此謂之行像亦可也必以為燕居則隘矣學求聖人者於廟像則瞻其正於圖像則觀其行於遺経則究其心不啻觀申々夭々之氣象則允嚴而温恭而安者皆如親見由是敵敬生焉憤悱興焉心領神會僾然入於聖域是像深有契者不然像於人亦何預哉此則刊圖者之遺意也齋沐借書藏之家塾因留刻學宫以俟後之君子訂之正德三年十一月吉

修儒學記

元 郭友直

有天下國家者其道惟治教而已唐虞三代之始猶不能外於庠序學校况後世乎然古之教不屬於官秦漢而下視教為政則興起之道必本乎人郡縣有

三百五十

學始於魏獻文帝歷代因之聖元以郡縣學寄於守令俾之主領軟勸治教並興法制詳密責任重矣洎一之初蘄雖姿翳莫不有學蘄之黄梅在江之北前代視若邊土民性多質前至元已卯尭都泰君為尹治今學基殿宇歳久木朽日敗於時校官賢否傳舍累修輙止廩稍薄而山木廣主領慢而事不興至正六年孟夏承務郎晉寧喬君誠齋思忠来尹是邑下車之初視殿宇重措工木畢具而廊廡欹敝器像減裂慨然以為己任於是召校官釣臺楊壁董諸生而

命之曰聖朝治化休明吾儕親沐膏澤出入禮門釋褐食祿皆由於學宜有報諸生拜手頓首隨公意乃撤敝更新前建兩廡為楹七十八後設杏壇為亭改脩儀門講堂繪賢像製禮器凡楹桷砌甃之飾士服龕帳之用殿堂廊廡黝堊丹漆無不備修棟宇翬飛光碧照人一時翕然稱盛又不敢澈於侯泮而宮墻之外柵籬為沿以為聖人亟稱於水俾士子游泳之暇切已省察若教導之有齋肄士之有業凡學宮之事靡不思輯經始於七年之春工畢於是秋之末土田

之湮於民者皆有以致之尹意若曰學乃出教之所興學乃為教之具與其治於後曷若教於前吾士領敦勸之責亦為其所當為若爾諸君寧難於始而樂成於其終乎諸君愧謝命余為文以紀歲月且以見尹之心而刻銘以勸於後云至正七年歲次丁亥十有一月巳亥朔立

重脩儒學記

明　黎淳

成化六年夏五月朔都察院右僉都御史樂昌吴公承制巡撫湖廣下車檄戒表臣百司恪遵勅旨興隆補廢自學校暨凡公署皆務葺完畨新政化維時學令有哲有昏有勵有怠或連數州縣功罔就緒罰亦隨行惟新淦戴侯中由丙戌進士令黃梅克能厥官數法中度乃捐貲財僦工役勸民助官以己丑十二月甲戌首建明倫堂東西兩齋各五楹前建大成殿東西兩廡亦各五楹殿之制增於堂廡之儀減於殿寢坐先賢木主陳列祭几皆有區畫又前建戟門櫺星門各規舊規愈高益美凡九閱月而畢講道得所釋奠禮成壯麗通明仰瞻敬憚次以餘力恢弘藩館

憲臺驛館縣治廳事暨諸壝壇閭鄰之宇巡徼之司倉庾之屋百廢畢舉未幾都憲公臨爲入其郊無惰農進其鄉無羸旅坐其公堂無囂訟怒臨其學宫師勸教弟子勤學儀文制度蔚乎足觀父老仰送千旄而稽首曰下邑之廢學久矣惟我侯急此先務吾儕今獲知聖道當共行王化當共遵三綱五常當共由而不可一日廢率在斯學敢具以聞都憲公曰然誠有此於進士甲科者雖微爾言吾固將表揚之以爲羣吏勸遂錄其政績薦於朝明年夏綸斧再臨而

侯之召命來矣都憲公又曰君子樂善無窮曷銘茲德以告太史氏而刻之碑於是教諭鍾安定訓導元仲余浩來請黎淳曰美哉黃梅山川之靈於地也往年大江雪漲吾汎舟上下遠而望之見德章龍坪馮茂破額烏手諸山卷舒雲霞送迎日月而爭奇競秀於萬里雲山之表晴爲嶂屏之飛錦也晦爲樓閣之迷煙也吾意其山神靈蕃洩必鍾於人其先亂時英豪奮起而戰爭豈無奇謀忠勇之士出而伏義立鄉及入治朝賢俊奮庸又豈無道德之儒貞良之輔出

而弼化長民然牘攷載籍罕聞焉惟一二釋氏子乃雄稱斯土若專其神靈者何歟夫豈山川之靈豈在外說而又嗇於吾道正脈歟抑亦有之而傳記小說失於傳聞歟無寧人心之靈感於他道無學校之教以開之雖有山川之險莫能顯也仰惟天德崇文都憲公隆儒以振其綱督學憲副嚴公申飭教條以肅其紀又幸有賢侯成此風化之基百年文運復一新矣吾當盡收山川之靈還於爾學必有傑才科第騰芳奕世罔俾異端澆漓氣化凡我同盟務敬勗諸

題名亭碑記

雲南金　章

我朝治天下惟養賢以圖養民故自太祖高皇帝命之明年即詔天下郡縣皆建學以養士急先務也其法凡有官者子弟與民之秀皆選而教於學學必專經經明而後試之凡三場中式而後貢試南宮賓登觀而進對大廷者特賜曰進士以次官之仍命工部立石太學紀其名氏亦重科目人材且爲天下勸也故凡天下有司推明朝廷德意亦各得立石於其學紀其士之由明經進於科目者爲黃梅爲湖藩太邑

亦豪傑所産地也予第乙未進士科試政春官越二年出宰是邑既至觀於學見舉進士及鄉薦者未有題名亟問其人有無而諸生歷舉進士韓中舉人馮性輩若干以告且述其科第年次甚悉余曰嘻朝廷設學校以養士如雨露之養萬物焉既設師儒以教之又命憲臣以作成之士初有進即有廩餼之供材既成而官之又有禄養之厚凡作興鼓舞之道成終至爲士而得作養於學宜思上之所以望我者夫豈徒學文章以媒利禄而已必禮義養心以修齊他日

養民之具求不負上之所以作養我者可爲爲守令而不知振作士氣涵養士心又豈朝廷寄學校於守令之意哉若夫立石題名以重科目人材亦有司作興之首務胡獨缺于斯乎達舟客載堅珉自南畿來其高濶與碑制宜遂搆之跗於講堂之右覆之以亭刻諸進舉姓名於科目年次之下俾士子觀焉咸相謂曰某某皆以作養有成進於科目得刻石垂名不朽吾徒容可優游歲月不求銳進耶於是豪傑之士奮然以出科目之英後先相望區區片石殆不勝書矣因志此於後用旌多賢爲諸士勸云時成化戊戌

冬仲月朔

學田記　陳文

國朝酌古制釋奠先師興賢育材學校之設徧天下若學田則古無常制間以義起者亦不多見俗吏往往視官署如傳舍即學宮圮且不修况學田乎黃梅學在縣治東百武許歲久日就殫陋隆慶戊辰姜侯由進士令黃梅首視學毅然欲新之筮吉始事就工度義不棘不擾逾年乃告成爲廟爲堂爲齋爲廡爲

舍庫庖湢莫不畢具又更名宦鄉賢二祠於戟門外增泮池於櫺星門內輪奐輝麗視昔有加惟時士蒸蒸盛侯又慮貧窶者罔自給捐俸貲若干置義田於學以益其不備業未成侯以擢蘇州貳去屬其事於予予廣侯德意日夕經畫得民尤姓者田六十三畝歲輸租若干石庄塲一所凡幾十丈旱塘五處凡幾畝分限截然梅士欣躍鼓舞趨予言曰是舉也生之者侯翼成之者先生其有造於我梅士豈淺哉諸生將碑侯於學請並識先生文以期不朽予辭不獲乃

謂二三子曰爾知侯有功於學抑知爾士所以爲學乎夫士之學學爲聖人也聖人之學心學也通天地貫古今達事變舉天下無一物足以加於其上故疏食曲肱簞瓢環堵不害爲大聖大賢孔子不云乎士而懷居不足以爲士孟子亦曰無恒產而有恒心惟士爲能矧侯師帥有方教養兼至今又其從善之輕乎方今聖天子聿新文教督學廬山胡公郡守懷堂孫公大倡本原之學三楚之士竭然嚮風予於二三子諄切砥礪已非一日尚其勉之毋玩愒日時毋扈

廩廩衆毋奪志科舉業學積而行成或以道德或以氣節或以才猷聲海宇光竹帛使天下後世之人見而知愛聞而知慕不曰聖人賢者則曰碩輔名卿庶無負國家建學之意有司造就之心哉若乃曠巳之宅耘人之田皇皇汲汲一短檠課之外無聞焉則非肯堂肯搆之子學可以無修田可以無罣也二三子寧不惕然深省乎侯在梅善政浹洽人心茲其學政之一端尤可想見作人之雅者故特為記之時隆慶四年秋月吉

復射圃記

石崑玉

梅山古新蔡為前宋鮑參軍駐守信地俗重騎射而士闢文壘由來遠巳科目興而文明盛武備衰參軍以後問加意興行者烏有也越數十百年而徐侯蒞焉侯諱澤號井霖西蜀之潼川人文武兼資起家良牧製錦多暇時每親以文義射義交督諸生慨然曰武場者閱民兵也射圃者肄文士也夫安得決拾善地乎於時漢陽林先生為政諱若楙汝南張先生諱聖化步樂郊原於南河之陽得廢址焉詢故老則鮑參軍視射故處也厥制既湮厥土沃壤而居民之附近者分治疆易攘為私有矣侯一意恢復舊地而據者自若巳乃申請督學觀公檄下查報時天啓甲子六月也侯因是觸暑巡行躬親丈擴頃畝之廣狹悉抵蕩平周垣之葺以次增修亭以觀德輪奐新峙而規模弘遠矣多士咸載筆索記於余余曰為城為隍興廢靡常一射圃也前數百年托始於鮑參軍後數百年恢擴於徐明府地以人旺人因事傳而賢豈相下哉方今海內多故聖天子方側席于文事武

備之臣論秀於鄉端必由是中取士以猷若夫射禮射義至重也經謂飾禮樂立德行故聖王務焉多士先曉明是意然後搖弓矢審固是誠各射巳之鵠矣毋徒後謾傳於辭章希捷中於功令也是為記

戴侯去思碑

劉魁

仕而去任得民心之思者固難去久而得民心之思者尤難是何也蓋仕當其時可以作威可以作福人或避其所不欲而規其所欲言遜禮恭譽政而頌德未必實然不若去後而人心思之無偽也思之無偽

見我之德在人為不泯也人心固曰思之苟或隨物變遷悅目前而忘夙昔此趨時附勢人情之常亦見我之德在人淺故易沒也至於去久而人心思之無間然後見我之德在人無以加矣嘗思古人不及見也而今乃有之曰為誰黃梅舊尹戴侯是也侯名中字師中新淦人成化丙戌進士越二年作宰黃梅門無私謁禮賢下士恤貧敬老有益於民者慨然為之恐後不受拘閡不較計乎利害秕政除之蠹政剔之財用之有靡費者革之錢糧為民逋負者措置以完

之詞訟隨到受理不立時日以限之廟學縣治布按守巡六湖而巡司舊有頽敝則易新而弘大之又增益其所無者社學陰陽醫學橫山六舖通會水次二倉自侯創之計間百四五十民不知勞儲穀萬石以備貸賑之用往令黃武善政輒踵而行之又不據為已有凡此所謂在位可畏施舍可愛作事可法德行可象泚侯之謂耶由是一邑之中庭無滯獄里無追胥弱者得以立寡者得以安饑寒者得以飽煖士有教養而登科者相繼崛強者安分而免於罪老者尊

重為善者知勸民罕見吏三載以治最補內臺御史民以暇良登崇莫不踴躍相慶然以懷其德安其政而不欲其去者比比皆然去後民有訟獄者有輸納者有爭徭役者有赴公句者稍不如前則曰我戴侯之在當時何如也逮今成化十有六年侯謫雅州節判又三年矣邑惜其以直謫恐其復用之不早也思念之心愈篤夫侯以喬遷而去猶曰沐浴膏澤之始則然去久而左遷民心思之久近一致不以盛衰易心是豈形格勢禁之能致抑豈矯情干譽之可得者

歟良以心在為民而無虛偽以行乎其間事有終始之所致也或謂黃梅亦微虢難治今思之民之懷慕戴侯如此先儒謂天下無不可化之民亦無不可為之事不於斯益信歟是年予為是邑丞邑知予與侯為同年進士同除知縣同為御史謫官亦畧同也愛之如侯兄弟見之必曰我戴侯之起居何如也我戴侯果在何時而有徵也揄揚德政如出一口豪吟雅謔多能記之殆及其子孫亦云云樂道其好不知何日忘之也邑之致政劉欽舉人上舍石信等及諸耆

老因民所欵付上含金瑛乘便市石於南畿載立縣儀門之左以誌侯德時大尹朱君璧聞之忻然董成其事正教金君寛貳教王君輔衣君儔莫不稱善予以侯之故淂民之所敬愛亦佩德之難忘也借為文以記之如是

張侯去思碑　　鄒守益

東郭子曰天下之情二好與惡而已天下之道二仁與不仁而已故居上之仁不仁即下民好惡之端也士君子由其所為學施於有政公廉敏惠務為民聚

好而去惡則士民沐浴而俎豆之固其所也若夫遠道徇欲拂民從已方其在位民畏近之又安望同然思服於去後也哉周田張侯以弱冠第進士令黄梅才敏政贍三載績最召為天官之寮而三洲胡侯代之維時邑之卿大夫暨諸文學耆蓿緬懷曩徽圖碑侯於石以範來祀乃條其善政章之一曰隆學校處士氣之不振為之禮師儒時校課而今之彬彬澤於道藝者皆侯賜也一曰撫疲民念民生之維艱為之清徭雜簡獄訟而今之熙熙息於斡止者皆侯貽也一曰慎催科派徵易滋弊矣為之權用緩清稽筭由是輸納易前而民不見厲也一曰謹拘攝雀鼠易濫及矣為之疏滞牘戒株連由是里若無事而雞犬淂寧也一曰嚴干謁以道德文章來則賔賔之以屬事請乞來則謝絕之而風節以厲人心以服一曰樂咨詢上時詢縉紳以嘉猷下不遺芻蕘之俚語而民無隱瘼吏罕宿弊一曰清囹圄宥過則鮮失入廷尉不收無罪而獄中草滿民自不冤一曰鋤豪強勢藉之徒無併侵奪蕪淂其狀動置於辟而強無凌弱衆不

暴寡一曰息盜賊申保甲之規嚴詰捕之方而萑苻無竊發之奸郊邑無夜警之患持此數嘉績告於邑博饒子庭光聶子翰徐子慶託胡侯及丞簿周績妻鳴鳳等以徵言於山容曰事以文傳文以人永益也其可以求而傳乎乃為述所聞於父師原長人以仁之義及蒸民好德之情以復於將命者蓋黄梅去江西一江八省旁午視襄城之驛勞耗冪等茲得周田以根之撫疲民如子理劇邑如家將一洗孫樊所陋而三洲惓然章前休以告後政周行片石其司牧之

盤盂乎美刺在詩褒貶在春秋而誅賞廢置在周禮其能者考旋以有終而不能者洗慮以自新凡以求自治之道而順入之情也凡百君子思齊內省尚有典刑庶無負庶士庶民宜道之望其好德姓名其列於碑陰嘉靖三十七年六月吉

姜侯去思碑　曹麟

隆慶庚午二月姜侯陟姑蘇將去耆耇扶攜脫侯履表之門梟去之日傾邑之士庶匍匐往將之余從諸縉紳後馳哭二十里祖餞濯港已侯渡纖征蓋漸遠

延佇久之再百里至清江許而士民之隨者猶泫然啞連不忍釋侯慰遣再三然後歸歸而耆耇及諸文學講於余將立石以志去思祠侯象而樽俎之因徵文為余里居暂遠貴達乃自接侯如行玉山及聆論議則亹亹聖賢詮諦蓋侯邃於理學隨寓吾道德之意余傾嚮之知侯為溪茲敢諉諸弗文箴以應所徵哉夫道德精華為文章故昔父武城未聞吏名而其展錯為勛業故汲鄭弘寬不以列循吏傳侯文章經國勛業驚代以冰雪之姿副雲雷之任吾梅治行舉之殆不勝舉姑舉其大者侯甫下車號於民曰吾先達撫治觀風於楚者相傳梅淳易治徐省其實稍殊前聞省諸民生見其連陌荊榛比屋遂户陰沴為災七年不粒征賦孔殷鬻典莫措省諸民害見其吏胥作祟惑誤平民隸卒異虎咆哮郊邑浪費多於正供鷄犬盡於追攝省諸民風見其氣鄙未培絃誦弗實貧侈愚訐禮俗寖浮士代吏逮冠裳蠹毒侯遹然曰噫豈畸迥異抑所感不侔耶故其治梅一崇本以還淳於是憐民饑溺減糶出陳申白改兌至輕千百計

里甲輸役按户編徭賦平徵便又時塞楊穴築孔堤以防潰浸而民生裕痛懲吏奸刑故無小宥致二三舞文於辟刷有積書飛詭暴羅鈐下餘從服聚市虎潛蹤鄉無宿擾俾丁男力耕女紅安織大扆罔以擒睥而民害除標示章程不時蒞學日較實藝鄙遠虛儒諸若葺學宮置學田創泮池則棫樸薪槱之氣而其特表鄙行又以維世教樹風聲也而民風移侯之仁心惠政若此其膏雨我下邑者何其渥也何其遲也然有難爲嘗觀吏爲方業鉛槧務騁訢訑未免借

聽諸訪用斬速化而玩習踵故重帰左右遼為治行
之累惟侯器識明彊才猷通贍詭辭詆計無所得售
故法令必信而胥滑易流此豈一時名流可及於時
當路開以吏畏神明民懷父母詮考而閭闔有太守
同春及薑湯蘇久病諸謠益惟入之深故感之重仁
至而德遠也傳曰萬人愛之萬人之吏撰鄉相矣侯
所至有聲厥庸孔肆不可以一邑縣之諸耆耇文學
圖志石傳徽亦宜為侯亦冀後侯者追侯躅而庇我
也周公才美越裳變風申伯藩宣吉甫興誦侯亦奚

辭於若舉哉自洪武迄今我梅以去思制碑者二新
淦戴侯新蔡張侯至侯乃三之蓋皆甘棠之遺也余
故為記其實鐫之於石侯名忻字克榮春宇別號也
世南昌嘉靖乙丑進士自上海改令梅凡二年乃太

桂侯功德碑記　石崑玉譔

黃梅負山而湖民田盡藪澤中江漢直注彭蠡旁射
水患歲有永樂中築堤障之江行屋上民處泪中以
堤為命有司守堤若捍頭目嘉靖庚申曾一決令毛
少府督脩毛精覈嚴緻堤堅享四十餘年之利邇來
上稍夷鄙其民而屑越之委諸水利丞〻巡視惟箕
歛堤役恣人取土移樹車曳之出入富人挾貲請郎
得掘堤引江水灌田堤狀如脫齒嗜官無法民不天
久矣歲在戊申桂侯始下車蠲弊剔蠹亦憂及堤以
斯促未邊尋果霪雨海立江傾堤原圮田盡作民溺
十三田溺十九是時民鮮蓋藏官乏儲粟則前在事
者藉民賑而私資焉人情洶〻不自保侯急遣舟四
出振民之緣木騎屋者露立雨中泛濟波上者悉致
高原餒者下壺飧哺之招米商無抑價市儈及與商

通故昂直而取分為侯聽自相貿易米驟至價遂平
侯親駕一葉奔告兩臺遣府涕泗交顧聞者感動各
捐饟來賑請賑請貸咸得報可侯載米歷鶴汀見渚
間物色而手援焉無敢濫竽時姦宄竊發侯擒治其
尤者按圖幾家〻幾人〻何術業疑者遂之懸賞格
使盜自相告免罪諸偷莫敢發或聚求勸分侯不許
召諸村家諭之曰所不許者為爾曹也爾知楚俗剽
悍不獨食爭施舍已責自為德於鄉事也人喜而相
假乃殺廚傳停征輸省詞訟戒衆不出境故飢而不

害潦後三月不雨侯矢心步禱可日而甘霖注人以為精誠之感山田稍獲澤人仰給焉九月水落侯巡行阡陌見江沙瀰漫如堆灰積雪侯望洋興嘆奈何忍疆埸數百里為沼吾不憚癈吾蓄以為堤資諸父老稱難侯斷而行之索公帑可四百金揹撫及巡道諸當事者亦捐六百金有奇計不足以供堤之一毛侯曰舉事在志與氣爾夫債師北卒鼓之立起一堤何有因出俸入佐之約均力合作雖縉紳不復其役地有險夷工有難易度上下戶而受事焉恐疲民呰

窳塞責乃悉復縣務露宿堤畔拊循之無所督責第日夕勉之曰不力安得三畝宅十畝桑歸於何黨乎民枵腹趨工不三月而百餘里堤成次年己酉又潦竟賴堤以免民之戴侯真有僕射父兄之謠父老因屬予記之且曰爾記堤不及他乎夫捄荒侯政萬分一築堤又荒政萬分一吾邑自蕭山來侯去刑凋空懸磬以貨免侯至而門如水法如山人誦持平梅俗睚眦之爭貧者守難富者敖質嵩、者自為鷸蚌侯至而事必覈情刑必當罪訟獄以稀梅壞無百里國有三公七峯之逋者朱稽贊府已按籍而索數鍰兩稅之征者朱共上轄已逾額而尋千緡侯至而責大指塞旁實歲省民財諸如此類更僕未數若之何遺之余曰否政先本原辭有體要捄荒築堤無米之炊不朽之績也爾不見已事乎甲辰突陳文略起巳丑突劉汝國起一方糜爛三省驛騷令有勸民若早為之慚何集至若此吾與若得全要領而安居粒食伊誰之賜吾姑舉其大者爾他政當鴻筆傳之時萬曆三十七年己酉季春朔

白湖渡橋記　郡守徐霖撰

去黃梅一舍許有白湖其源濫觴于蘄陽廣濟諸山而滙于太白、湖太白之支派也湖之上舊有渡、當南北之衝驛傳之往來遠近之貿販租稅之輸納匪此弗達春夏潦盈濟以小舟往、運載不勝秋冬潦涸涉以徒步則又泥濘莫前喧競咨嗟行者病焉成化乙巳冬樂平朱璧廷獻以進士宰茲邑下車即詢于衆曰維茲劇邑寄予以民社歲久弊滋民利罔興予雖不敏歆漸脩舉汝予同心用贊予以有成既

而又曰維兹白湖實邑大衝梁以鉅石庶克堅久工費重大弗資于有力厥觀罔成衆曰諾侯乃選于衆得冠帶義民陳漸張錦付以董理之責募四鄉耆老馮璡等隨其力之多寡為工費之資又朞年而梁告成梁之基撅以松木四圍甃以石版其下穴三竇門不朴不華既堅且久行無犄犅水無患害雨隊冬如履周道於是老稚相與歌于野商賈相與歌于途達官貴客之歷是者莫不歆豔嘆羡而侯亦膺顯擢去矣梁成十年予仲子行慶亦以進士繼侯氏而致

仕知衞事而君信大行人徐君欽等相與謀曰兹梁之建為利匪小匪勒之石無以永侯之勳而具而徵予以文予惟先王之政杠以濟徒梁以濟輿固二梁也而一年一役至冬乃成前此猶病涉也豈若兹梁之利哉費不取于公帑工不擾于齊民義者資為財者成爲行者安爲歸而葬之雖千稔可也侯之功不亦大哉侯公清畏慎勤能幹濟勸農興學理財治獄備荒整戎百廢俱興利于民者匪直一梁也乃為詩一通併刻之而俾往來之人歌之以不忘乎侯之功

詩曰白湖秋冬潦不污牽挽弗涉怨且呼我侯濟民餒得餔尭尊廾芳罝通衢嶅巖鑿開得砥砆琢磨晶光瑕纇無陽侯鞭笞神鬼俱天吴紫凰紛前驅屹然三門衆流趨翻翻車馬走萬夫呻吟以謳病以甦我侯胥次吞江湖三千鑿鑿忠信孚瘁疴疾痛切體膺如驄引駒鷄哺雛如川泳魚潒遊皃感侯盛德良勤淚瑣珉勒石辭匪諛千秋萬歲人生途毋忘建梁侯姓宋

邑侯李公重建官堤碑記　侯諱成林號茂遠遼東廣寧人

道京師而南三十里放乎楚之最東嚴邑曰梅二十
里離邑治而下爲濯港歷太白重津之派由洋子過
九江適三吳八閩百粤諸輿衍區中有路懸焉爲里
者七十旁皆滄漭陂田淤濕不堪行鳳有　鍾侯堤
蹟如一線穿度冠蓋車馬游人士女農夫販夫商賈
寄貨以遠山陬海徼雕題剗趾之人靡不由斯以互
達無何西南之警　王師頻歲經歷蓧徝江濤浩渺
連年波漲馬蹂其脊水齧其根路往往如脫齒裂膚

高岸爲谷僵馬斃駱相藉於道而行者苦傾陷敝屋
飄蓬莫知所往而居者苦盤踞刻屬之敝莫極於斯
也邑侯
李公甲寅六月甫停車慨然攬轡有振興一切志時
官道猶未及斯而梅所尤急者若招遺集驚拯窮與
文宅宅田田數大事　侯皆单行撫恤劳來多方不
二載而漸次就理非復從前城野奔哭匍伏人民如
晨星散落逸失無紀者矣丙辰洊水大且从由夏徂
冬七閱月不入地狂風數作助水爲暴人集斷坡如
蟻附蘆兵行斷塌如螘趨葉　侯出粟以賑民困操
舟以通師征亦既胼胝維瘁而　侯曰否否此救時
策非持久策也會郡太守
于公聞梅情勢憮然曰梅民饑且死溺且斃不可不
一救上請命於
撫憲張公急操舟而下載粟隨其後見梅地野無青
艸室如懸罄路鮮坦道人多菜色愁謂　侯曰汝撫
此民汝尹此地其何以濟予紓民憂暫耳汝惠民生
永也予往哉梅事惟汝諸　侯慨然曰唯唯職不敢

辭拮据以遺大人慮因計梅所亟無若堤始遂露夜
馳驅冐雨巡行偕梅民仝瘁捐俸勸輸及副佐　樓
廸功尚履埜次附循慰諭而人心競勸庶民子來畚
挿具舉杵擔交作士勵其屬農率其徒不彌月而數
十里坎坷遂成康莊履道　侯募民挐舟戴沙鋪途
植樹夾道不爲一日計安全而爲百年樹喬木意何
深遠耶葢斯堤一成而王師利往　侯之謀國周也
人居安堵　侯之鳩民悉也平田用障而狂波獲屏
侯之除害固而興利溥也雖然　侯之德日以彰

才日以練梅之劇其不足久羈　侯篤也倘不忘之以永不諼則後之沐其休者安知　侯之在當日德足以動民才足以幹功敏足以集事其有裨於一時奕世如茲其甚盛耶　侯又以太白水滸由港達江者其津潤可四十丈許常隨汪泜爲漲瀑憂秋水盈猝莫能渡師行大爲民虞暨丞佐　樓謀作輿梁以通道於堤之北而　樓亦慨焉以弼公襄續爲己任梁成而於堤益爲有功在昔蘇公建堤於浙植芙蓉其上望之如雲錦康公建堤蘄黄之交而桑麻蔚然

非復汀浦萑渚騰公建堤於嶽當洞庭涯而舟行有依矣三公之行世名後不關堤而堤亦行世名後之一端　侯之先公由楚方伯尋總兩粤歷佐三君德在南功在北斯邑斯道皆其足澤存焉者　侯之率祖攸行此亦其一斑也可籍手以報　于公亦可籍手以報

朝廷矣故亭名夜告而堂清如水　侯之建立挺拔將來可以更僕數也予忝在公卿不獲卻搢士之請亦以感　侯之大有造於梅也顧予之所及言者圖之所載而士之所述也若夫　侯之德在心　侯之才在事　侯之敏在時心日以廣事日以立而時日以濟又何獨一堤之足名耶異日者歸老故園景侯之勳伐有聲與梅之士大夫坐　侯之亭賦美人之詩飲獻酬之酒徘徊於煙雲飄渺之間宛然見侯之載笑載色附恤慰勞之深衷焉不猶標指見月之餘思乎

吳正治撰

李侯重建名宦鄉賢祠碑記 侯諱成林號茂遠遼東廣寧人

夫創千百年不朽之事者視乎千百年可傳之人顧事有廢興惟人能興而不廢如邑之有名宦鄉賢祠也環列學宮春秋配享將前人之清風高節不忍湮沒弗彰而所以獎厲來兹之意亦深且遠謂非千百年不朽之事乎獨梅邑兩祠廢於明季兵燹荆榛瓦礫襯貼故址越今數十年於兹矣且儼然聖殿也而沙壅蓋地儼然

啓聖祠也而磚棹一所儼然明倫堂也而風雨不蔽充可異者先賢先儒木主當設百一而兩牌獨立者如故東廡西廡供位當設五壇而一座當空者如故興言及此或因地介通衢衝疲使之然歟或時當繁劇倥傯使之然歟抑亦非關地與時而無所謂賢豪間者其人耶然而聖賢之靈爽先輩之英魄意者其有待也適邑侯李公諱成林字茂遠者由太學生出宰梅之五年撫字之暇慨然以學宮爲已任縻費捐貲悉出自橐篋向之所謂塵沙蓋地者今已光階華砌矣向之所謂磚棹一所者今已列座輝煌矣向之所謂兩牌獨立一座當空者今已位次班聯龕席森羅矣而東西兩祠又刻期告竣向之廢於數十年而不復興者今已咼建於一旦矣嗟嗟地猶衝疲之地也時猶繁劇之時也　公獨加意於此足令誦法之徒爲子思孝爲臣思忠居宦居鄉俱有楷模　公之力詎不偉歟余叨任鐸席例當

詳報上憲　公難之曰吾盡吾心耳豈祈人知哉夫此不祈人知之心真堪傳也是宜壽之貞珉以傳千百年不朽云

教諭吳從周撰

風教論

曾維倫

余以耳目所睹記舊聞共稱黃梅民俗力農不事商賈游俠柔弱畏訟〻獄稀少士習禮教勤學而文朴而不陋彬〻有鄒魯之風蓋亦易治之區也比以縣官墨酷百姓上變當事者以紀綱之故不能輒屈吏以伸民凡上變告言縣官墨酷狀者一切罷於法而並逐吏此非不明知縣官墨酷民不堪命也然黃梅自是後被惡名號難治幾九年矣歲辛巳會令報闕而當事者意頗難梅猥謂惟不佞可使當者凡再檄

辭之力不能得始以壬午春至於今將一年所有餘鞫躬受事且夜自矢諸一切利民者輒亟興之其害民者輒大芟之則見其民循〻趣教化馴謹無所謂難治者至其風俗大端土廣人稀一夫受瘠田不下百餘畝水鄉若潦山鄉若旱一歲之入不足夫所出以故輸賦不能前而官以是病其工匠無土著率四方來者取相通而食凡開張百貨通鹽利者又皆西吳徽歙之人若士則居恒躡呫守其師說所習誦不過本經四書文平而卑無甚奇偉間有情存工室博

極國家掌故者或與共語則士夫駭其名為相欺以為是不可以取世資得尊顯無所用之而好異之士又雜通詭奇文輒悖經理焉至其競〻畏法與齊民等又自縣官事發後愈益相率重足垂頸有司者又痛賤之以故士風大頹迨不佞至於是首興學重科舉愛惜人才為一大起之風始稍〻振既余剔歷拊循且久始採得其俗則貴賤不讓路即賤夫馬隸好與士大夫比肩爭交士夫望見輒引避去稍不副避賤夫馬隸輒大怒罵士夫輒隱忍不得發怒者此甚

惡俗天下無有又隸卒以徵糧户行鄉市間輒盛氣造士夫家踞上坐〻索錢稍不如意得詈辱妻女而士夫至不敢發口余始聞之大駭退而深維曰漢所謂良二千石不過政平訟理雞犬得寧無追呼之擾而已且拒捕雖國家有禁如令有之此法所不得赦設未嘗敢逆隸卒之顏何可使若輩居然上坐索錢詈辱也夫孔子攝中都未踰年而男女異路余之至於是邦也日月長矣無所化頑民懲暴卒者無亦民梟崛彊不奉法教難治如囊所謂乎亟為一大革之

及問其故老則又言邑凢叔侄屬自從以下恒並坐彼此並稱號在士夫亦微有之又編户齊民隸卒皆得自有號相見士大夫得稱士夫號而士夫家令蒼頭廬兒若至所親者家則壻家稱外翁家令曰舅外翁家稱壻家令以伯叔並得上坐近或侍坐而壻稱翁曰舍岳傲然上坐坐於他或並席行比坒爲其僭越顛倒若此矣然後知所由來者漸蓋士夫始而古禮不行也夫安上治民莫如禮禮以節民心而政以行之刑以防之奉法行禮必自貴始然後民從令和

睦浹洽教化貴賤有別長幼有序也是故聖人以人性有男女之情妬忌之別爲制婚姻之禮有交接長幼之序爲制鄉飲之禮有哀死思遠之情爲制喪祭之禮有尊尊敬上之心爲制朝覲之禮此皆通神明本入倫正名分萬世不易者惟婚姻之禮廢則夫婦之道苦而淫僻之罪多鄉飲之禮廢則長幼之序亂而爭鬬之獄繁喪祭之禮廢則骨肉之恩薄而背死忘生者衆朝覲之禮廢則君臣之位失而侵凌之漸起此不可不遷思熟圖察也故君義臣行父慈子孝

兄愛弟敬謂之六順國家官民有家禮鄉相見有禮歲時輙舉行鄉飲酒禮叔侄喪服以親踈爲重輕至詳至脩共服習之矣今叔侄並坐是少陵長也彼此並稱號是小加大淫破義也稱所親僮僕與稱其所親子弟者等是賤妨貴也而自士夫亦微有此至以婿客稱壻長其傲是禮之不行自貴犯之敗夫隸卒安得不乘便因鬧妄自尊越居然上坐與共比肩爭走失意輙詈辱之乎且夫冠者男子始事而三加之禮邑已久廢婚者人之大倫邑乃有取妻之日曾未

廟見輙令新婦執盥饋於其諸姑伯姊又有如俗所稱踏白蓋頭填粧回嫁神令巫者致詞事極卑鄙可羞又其與人交遊殊草野倨侮至不能具一刺士大夫居常不好爲深衣慱帶賓至輙服所服燕服出見即歲時謁賀長揖而已人病不爲致醫而盛稱禳星居喪不與哀泣徒多作齋醮以致閭閻嫗婦空家供僧相見稱女菩薩或稱仙佛某月某日生辰群輩叫呼焚香禮醮不遠百里此何爲者夫午日以龍舟浮大江十月爲鄉戲此猶楚地弔屈原故事與報昭德

俟舊俗不論若如長至則甚大節天下皆重之而俗不曉入月上巳寒食六月六日曝書在古亦稱亦竒而俗不知何也且吾徒名為誦法孔子不能攻異端乃妄稱四月八日為佛生辰其競為斛飯々像者相隨屬也斯不亦已異乎且令天下即信有釋迦則世所稱釋迦生於周昭王二十年甲寅歲四月八日周四月當是今之二月也豈不悖乎夫禮有編户末民分不得為而浸滛成俗不復知其僭者如罇罍鍾鼎率意刻畫之類是也亦有其事若僭實髙皇帝著在

令甲所必不禁者如庶人祠堂得作祭器庶人冠得加藍衫腰帶鄉大夫歿者即不聞上得用羊虎墓道之類是也今邑或間有崇禮正行一稟約束者則鄉黨比周而嗤其迂遠與辨竒怪則彼已溺於所聞寡於所見々以為驚言而難考是在士大夫碌々無大竒崛超識足以轉移風俗彈壓群小何怪乎爭路何誅乎稱號余既有慨梅俗業已一大正之以建萬世之基度禮樂非百年無足成化者後之君子幸得交梅事毋務徒在簿書斷獄聽訟而已其慨然奮擘大呼薦紳之士與共創謀舉行冠婚喪祭之禮分別貴賤長幼之序犯科有禁爭路有刑貴士卑隸驅邪崇正吏著為教令令世世可通行者與民更新則致太平之基舉明主於三代之隆者端在茲乎端在茲乎必有不可辭讓焉

前志序

瞿甲

司理公到官晉事中間朞年耳千載之廢百世之遺既無所不舉豈所謂朞月有成者非耶頃之因邑文學言大脩起縣志居三月科條成則上之公〻從容謝文學盍假一月足吾事盍未盡月而公志成其大要山川土風民俗異他郡邑則書同則否每事必有所論載其論覈其文弘肆爾雅似司馬氏耶微有所假借隱匿儻亦善〻長之意乎抑孔子作春秋定哀多微詞也一日公盎儼然造瞿子因曰予之至於是

也遲頓不及事耶如君言盡心誠有之今諸文學盡載之於志夫我為志而乃有所志乎我〻未之前聞也瞿子聽然謂公獨不見太史公所自稱引者乎其言乃言以為自周公卒五百歲而有孔子孔子卒於今五百歲有能紹而明之正易傳繼春秋意在斯乎小子何敢讓焉夫春秋文成數萬其指數千是非二百四十二年之中當一王之法莫可尚矣而太史公敢然端言放論如此〻猶或載之空言何倮乃若公見之行事深切著明者乎瞿子獨猶恐公盡心之精

微不可以書見也於是公展然起謂歆君有一言半辭君其有意哉瞿子俯首謝甲自父以無安隋機網八年於外甲誠究誠痛甲何假逢弄文墨甲竟不敢奉命已退而深維曰黄梅在楚東為五省四聚六通之處名為縣其實亦一要害也無城郭文武不備良民懼比年水旱為并百姓逃亡盜賊白日公行犯者重疊斷獄歲〻多去年穀雖頗登前去城廓者未盡還也而舞文吏士鳥鈔求飽吞肌及骨民父惡苦之敝邑去京師三千里疾痛怨嘆之聲叫之不應也乃

縣舊故無志則上官日不攝民疾痛怨嘆之狀而惟見其徵輸不前不盡觀其土風民俗之無他悖逆而心或重疑於前事則見以為微難治究哉且今縣官用人非必擇南北也越人而入秦〻人而受楚卒然見其士民至不能解曉其語言晦月之間安望其采風俗問利病以便宜百姓即有真能博物洽聞自居約時已知天下事大畧不有志乘則安所采耴故事為斟酌損益之不習為受而無已成事何所措手足是誰之過歟吾祖前廣平守若其爭故咸以文章著

名並早卒吾父嘗雜問長老招摭古事著縣志自封建以來至隆慶季年遼有頭角筋力未就而罹邑人之災家乘三絕父有女文章不右班惠而議論德行尚大家上又短命不克終孟堅之業盖瞿氏凡三世以文顯而甲最下中弗能悉論前人所次一邑之文多闕使有司拊手無所追觀參擇是余之罪也夫是余之罪也夫夫公之到官晉事中間朞月耳奉憲操平掃清境土憂國如家情在愛惠凡所施行務必便宜民者其不便宜民者若奸吏大猾咸用破碎其詳

夥具父老惠政錄中可謂舉合時宜動順人道矣乃今用邑文學言大脩起縣志使得就官財糧專心研精志已成而公猶然無忘有所論著史乘燦然比齊明哲如此瞿子夫然後知讀而免於罪也夫瞿子則何敢忘一言半辭之義瞿子曰余觀公所爲風教志其款表正風俗定尊卑之分昭上下之禮誠當世之宜：貫之萬世矣至其稱士夫循禮畏法如齊民梅家易治其言萬世有補於梅微公他人難言之盖自公至而邑無民瘼吏弊即他邑志多有此獨缺不書爲

題詠

宿蔡山峯頂　唐李白

夜宿峯頂寺舉手捫星辰不敢高聲語恐驚天上人

破額山　柳宗元

破額山前碧玉流騷人遥駐木蘭舟春風無限瀟湘意欲採蘋花不自由

遊五祖寺　裴度

遍尋眞跡躡莓苔世事全抛不忍回上界不知何處去西天移向此間來巖前芍藥師親種嶺上青松佛

手栽更有一般人不見白蓮花向半天開

懷望西山　宋蘇軾 時謫黃州

雙峰何處白雲悠赤壁千年戰未休縱使長江澄碧玉誰將梅子落黃州

五祖寺　宋歐陽脩

日煖東山去松門數里斜山林隱者趣鐘鼓梵王家地僻遲春節風晴變物華雲光漸容與鳥弄已交加冰下泉初動煙中茗未芽自憐多病客來探欲開花

白蓮峰　趙國賓

絕頂峰高千仞危白蓮花發白蓮池名從妙法經中貴種向匡山社裡移色與月爭深夜照香隨風自半天吹要知五祖莊嚴處剩玉分爲萬相垂

登白蓮峰　蘇軾

登嶺勢巍巍蓮峰太華齊凭欄紅日昼回看白雲低松栢月中老猿猱物外啼禪師吟絕後千古指人迷

北山觀瀑　蘇軾

世傳徐凝瀑布詩云一條界破青山色至爲塵陋又僞樂天稱美此句有賽不得之語樂天雖涉淺易然

豈至是哉乃戲作一絕

帝遣銀河一派垂古來惟有謫僊辭飛流濺沫知多少不與徐凝洗惡詩

遊四祖寺　明　丁繼嗣

攬轡聯登最上頭薜蘿深鎖白雲浮山迴鳥道重巒合日落禪関萬刹幽流玉幾年題尚在化身何處跡空留惆悵未解西來秘破額峰頭衹夢遊

靈潤橋　郭鳳儀

大塹深藏寺長橋普度人未窺羅漢影笑作牢官自夕靄凝山額秋泉流石唇頭逢舂米伴問訊棗來因

五祖寺　羅洪先

五祖名山寺三乘戒法叢袈裟不罩月衣鉢已飛空地勝雲遮護山蹊樹更濃風塵慚愧在不厭聽晨鐘

遊東山　何遷

秋色太無聲山樓倍含情白雲還寂寞只傍石床生

又

採藥東山下秋風不住吹中有瑶花草相將只自持

又

白日青林中行覓石髓食夜來山雨過沙上有麋跡

又

遲回古洞旁誰是觀心者一見白雲生忘言秋月下

登白蓮峰

榻畔銀河拂地垂天門森颯深秋時自憐不是鹵來意昨夜分明到上池

贈道悟山僧

朝出看山暮不歸岩雲谿色相因依香樓對安夜已靜猶聽山寒泉作飛

山人白髮舐兩眉顧我一笑蓮峰前夜深欲問乘槎
者滿眼河山不可傳

遊西山　趙貞吉

靈潤橋橫碧玉流山盤正覺白雲悠老松奔石矮遮
屋修竹接天高出樓麂抱麝香眠砌草鳥飛翠羽薄
簾鉤狂夫野性那閒散又得浮生半日遊

靈潤橋八首　劉南金

水氣何氤氳星蟾夜相薄面風似有情散作霜花落
○試叩碧流痕泠然動清響驚開石上雲飛太松花
上○道人臨水渴一飲即成酣欲問飲時味沉吟不
解譚○坐見石光飛瀑音亂花徑應有石中人慇懃
奏笙磬○誰把天漿溢仙人不復掃一洒秋塵空千
峰顏色好○每到月明時似有江潮送青山不可收
白鶴閒相弄○時呼洗藥僧共臥青湍背那知禪夢
中誤道天花碎○怪得石橋路無風雪自沉夕陽凉
易足聽羅索心迎

宿四祖寺　劉若宰

渡峰鳥道老松陰信宿僧堂話夜深禪夢未成鐘鼓

動雲濤響拂碧流音

登四祖　闕士琦

山盡條開徑雲峰偶得橋琉璃匝地淨翡翠翳天高
羣玉山圍寺八德水繞巢門人爭種樹客衲學吞刀
木蘭舟杳杳鐵柱杖蕭蕭六月晴飛雪千經百送潮
衣同傳夜半身欲化秋毫孫子燕南北攀爰破近遥
賜魯宣孝廟事紀宋唐朝五葉今誰度重來莫待招

碧玉流　石崑玉

出蒙入坎冠南洲阿耨池餘獨此流過石疑鋪經擣
練瀌囊似滴撥燈油神燈為鏡開青面僧照于灘搶
白頭繞刹泳游涯近淺同堂酌飲味丼柔雨濕喘急
潛無鯉雲擁朝參現有虬來往尋源觀定水古今蹤
跡等浮漚好憑登岸脩津筏枉喪分區灌畝丘汩汩
沙塵知洗淨六根塵洗幾時周

登四祖　清胡虞潢

驛路分僊徑尋幽到佛城塵從花裏淨人似鏡中行
閱眼驚飛瀑凡心解宿酲有碑皆字沒無石不雲生
古洞饒荊棘藤蘿掛碧英身將道共隱山與塔空名

棖龜傳玄諦靈雲說偈眞鐘磬響復寂清夢覺還成

登四祖　傅若訓

破額山前寄一禪潺潺碧玉瀉流泉木蘭舟發離亭晚惜別春風入管絃

蓮峰娛歌　蕭蘊樞

喜向層巒覓老僧荷香風引帶霧蒸山腰候明又候晴到來曉月影初界静禮瞿曇閑知祝天風吹送白雲屋幾人說法成荒唐危峰猶自傍佛宿石徑尋芳優曇鉢維摩不應眞未豁處處熒光含綠綈何如蓮

白天錫奪三雙衲子坐雀兒高掛袈裟作帳幃我把一身究似禿禪心何處渴皈依棒喝一聲絕頂說松間半榻容跏趺梅子熟時不問師如來惟向心頭決

慈雲塢　吳鄉

一谷神清萬壑溶玄風無影度林空半莖草色千身現夜月齊輝一照中

洞中石像　石煒然

結石容身纔半瓢寒光迸射赤條條寸絲不挂飡風雨說法而今舌未饒

重搆聖殿　黃景恒

幾年泮水沒塵氛今日新宮詠采芹瞻望哲人依北斗徘徊梁木擁朝雲軒前未觸元碑字石上重鐫興主文崇祀應同天地老還逢鴻葦見殷勤

孔像　張弘綱

高範迥別帝王流氣格巍然遍斗牛壁立泰山懸日月汪洋漢水老春秋傳眞併識衣冠偉刻石聊將梗縣留五德容光千古在吾徒瞻仰幾時休

白蓮峰讀書　王流恒

白蓮峰在白雲天水淨山空鳥自旋暫借僧房雲裡住不是避世愛觀蓮

謁先聖遺像　王獻臣

仰止尼山處對越親承劍履儼如眞不逢虞夏殷周日得見東西南北人遺像正當歌鳳地傳神想是獲麟身已遭曠劫重登石獨惜悲涼黍厭裡

問答篇（見六祖墜腰石設此）　黃景恒

（居士問）無相一偈稱絕倫碓頭衣鉢先傳眞禪家原無爭攘事如何三更欲避人（禪師答）我來只為求脫粟篩

蕆將完即便歸笑君鄙吝尚未淨三更按我不是衣又問云因春米腰無力繫石腰間力不息不勝抒兮爲勝石個中消息總難識又答石於我乎能相抒我於石爲亦無辨本來非石亦非我憑君疑真復疑幻又問膚創出更良亦香取更餐膚豈近情假令成佛皆若此世上那復有生身又答濟物無論大與小脩身還歸不二門試翻一毛不拔者百年七尺存未存又問一去千祀石久離發地重逢事亦奇疑是名根尚未斷故將舊物引新詩又答頑石作我半世師驟人贈石幾句辭

名譽仍從心性得無名不是好男兒又問蒼寒古質果難儔贊愚稚叟盡來遊既云闡提有佛性當面如何不點頭又答無言乃是真說法說法即蒙謗佛非須識虎丘絕世事但從正火作皈依

說

藝文奚取志乎爾志藝文也仍志人也其文可傳則人亦傳爲梅之文如所紀者固皆傳之矣然考一邑之文獻蒐求顯之藏書不能無遺恨爲理學先生瞿慕川諦九思者才學甲天下著述充棟梁乃兵火之後書缺簡脫十一莫存徵杞問宋終闕如也琬琰珪璧竟不得睹一字以爲藝文光有懷景仰能無三嘆云

詠黃梅十二景

嘉禾楊自發亦禪氏著

東山白蓮

豬盡層巒路復通冰池玉井見花宮分來有種情難斷悟到無香色亦空梵閣影斜風細細秋鍾聲落月朦朧自從毫相山頭現白社東林未許同

西山碧玉

畫橋西去訪幽泉響落魚磯尚有傳一道銀河傾樹杪千重雪浪舞山巔僧來洗鉢塵氛盡客到流觴笑

語便我欲題詩鐫石壁却愁書占柳公權

南山古洞

雲峰精舍聳林端自是人間有二難（南山祖師號雲峯北山祖師號美峯昆弟也）洞壑斜連千澗窅竹松晴壓萬山寒三車妙果留蒼壁一路曇花到石壇寂寂僧房無個事焙茶香透勝于蘭

北山喬木

古刹幽尋路不迷乍逢喬木小橋西身參銀漢千林見勢壓雲濤萬壑低月冷方池翻翠浪春深上院叫黃鸝老夫獨樹家何在擬向長林占一谿

多雲樵唱

鶴鳴猿嘯往來徐爭似山樵樂有餘身入亂雲遊太古心隨空谷譜華胥半巖瀑布爭高下絕頂松濤共卷舒妒却老僧能種木清歌盈耳帶煙鋤

太白漁歌

青山隱隱連吳楚此水茫茫占楚多霧氣朝昏雲夢色濤聲夜捲洞庭波千村舉火漁歸棹萬艇凌風人放歌我欲扁舟同唱和愁逢海市費吟哦（士人云湖中時有海市）

西池夜月

何年仙子此遺珍留得蟾光射赤城蘋葉菱花清鏡裏縞衣紈扇曲江濱芳時幾見乘槎客嗔夜猶懷捉月人透體圓明眞亦幻化身曾否悟前身

濯港晚渡

滴溪一曲瀉橫塘古渡聲喧正夕陽僧立斷橋頻送目鷺拳秋水自團霜急灘慣費長年力小艇愁添使客裝烽羽只今猶未息圓沙深處馬蹄忙

紫雲霽雪

一望空明暗色來，搖華溪處重徘徊。未容古剎全身現，肯放青山半體回。峯頂有田能種玉，雲中無樹不擎梅。老僧總耐寒凌骨，猶把柴門向雪開。

黃齡僊跡

路入黃齡杖獨支，幽尋莫訝客來遲。花開洞口渾如舊，松老巖前不記時。晉代衣冠丹闕迥，尚遺鷄犬白雲迷。寄言此地神明宰，逢着僊人莫着棋。

清江煙雨

平分山色落邊岑，遠寺鍾聲散夕陰。白板橋橫楊柳岸，紅裙女踏杏花林。（隔江有董奉杏林）無端雲雨迷高下，一任江天變古今。記得琵琶彈夜月，煙波縹緲杳難尋。

江心古寺

橫江孤嶼繞平沙，丹鷲青螺僧作家。浪捲山腰潮欲上，天低樓畔月偏餘。謫僊潑墨還留石，支道栽梅尚着花。醉後不堪懷往事，新亭倚徙日西斜。

上虞朱檼文木甫稿

西山碧玉

香閣銀橋鎖翠微，憑臨惟見碧流飛。千巖石髮燕霜白，萬壑雲芽帶雨肥。夜靜波濤環佛案，山空珠玉落漁磯。相逢老衲談經罷，無限天花墜客衣。

清江煙雨

一曲清江限楚天，幾回問渡思悠然。錦帆出沒常拖雨，粉堞迷離遠帶煙。夾岸樓臺海市裡，遶堤花木水雲邊。六朝王氣今安在，惟有蒼波似昔年。

江心古寺

漠漠江天掉一峯，上方臺殿翠微重。鐘聲夜度三湘水，樹色朝連五老松。梅塢亭空猶待鶴，石鯨浪腹欲成龍。樓頭潑墨人何處，盡道青蓮今又逢。（李茂遠明府同遊故云）

二月十五夜偕楊亦禪先生宿烏崖峯

烏崖[illegible]半月初圓，共扣禪扉僧未眠。遶屋溪聲常作雨，當軒花氣欲浮煙。輕歌滴滴春風裏，清磬寥寥客夢邊。起向松間尋舊路，青山一片白雲連。

志跋

志肇事 樞 請諸明府 徐公指南焉公曰兵燹之後家乘云亡於莅無憑藉由作一部人物攷益甚難哉 樞 曰天下難爲事也須做去自有 究竟於是簡黃子張子襄事一日黃子至謂 樞 曰邑前志曾記吳子譸屐者有手錄舊本存 樞 思志爲一邑表幽闡微吳子當弗秘遂造吳子廬而訪焉吳子曰此邑乘也亦余家乘也惜多缺出以示 樞 如獲珍璧告之明府明府曰洵如先生言獲我心矣爰集諸子分稿受事給筆札資餼廩五閱月而稿成屬 樞 編次焉

樞 首標其綱次論其目次析其卷綱以五目列六十卷分九倫序弗紊錢穀賦役覯舊典更悉立說著評較前志有加進質明府明府訂可 樞 曰可以謝公矣公曰昔伯生足跡遍天下而作輿記今先生鐸音振梅壤而著邑乘伯生之輿記十易寒暑而竣先生之邑乘五閱晦朔而成其中山川形勝建置沿革物產風俗城郭官署學校祀典武備土田戶口賦役驛傳關梁堤閘災祥名宦鄉賢孝义隱逸流寓節烈義民仙釋寺觀古蹟陵墓無不悉載邑乎備國與天下之義類矣夫過市者不目粱稷而目珍異入廟者不觀犧牲而觀禮樂厩常喜新人情然耳余受茲書耳目頓新焉是烏可弗登棗本以公國人乎 樞 曰增修緐刻諸

上臺命也庀工待資余小子未能也尚以望之公公曰唯唯是余之責也夫隨採梓人於異域問剞劂于匠氏計書三百葉計工十旬日計匠以九人日省月試餼廩稱事調發悉自公焉書成上公公意頗慰樞曰可以謝公矣公曰先生之志當不朽矣此修志初終事也順治上章困敦立冬前

蕭跋三

一日署教諭事濮邑蕭蘊樞敬識

志跋

宇內大文章惟經與史而儒者每尊經而詘史則何也葢以傳疑之史不如徵實之經也後人附會塗飾之史不如先聖刪定贊修之經也昔仲尼曰吾猶及史之闕文孟氏曰盡信書則不如無書非眞謂文可闕書可無也懼作史者之累史耳今

黄跋一

朝廷之實錄爲大史一邑之紀載爲小史史有大小期於信則一也區域之風土人物錢穀災祥所在各殊而必登於載籍者二以備輶軒之採一以資博物之稽且俾吏茲土者披而覽之如所素習則敷政悠悠焉是志者誠一邑之要典亦一邑之信史也邑自兵燹後藏書煨燼曩者

巡臺上官命郡邑大修起志書率以無從
稽攷報罷今
督學憲王復檄學博蕭公董成厥事於是
學博蕭公告之　令君徐公銳意慮始購
得舊志一冊爲其大畧至近八十年事茲
無紀據復請於薦紳詢於芻蕘涉獵古碑
遊俠之遺文凡故家編户陳述祖宗族類

黄跋二

之美蹟者槩爲收羅亦既蒐輯有具矣而
徐邑侯又以簿書鞅掌不遑搽弧專其任
於蕭公蕭公固齠齡登第具著作手眼者
復孱集諸文學於黌舍參酌去取慘澹經
營者三人可而一人否者不錄事雖奇而
無裨政教者不錄徇面而碔砆溷玉者不
錄詳者畧之畧者詳之條例當可論說標

新凡閱月而書成國人受之耳目頓開如
獲拱璧此皆邑侯徐公學博蕭公謹始要
終之力也今日志梅哉異日梅志哉距徒
作文章觀殆亦一邑之信史也夫順治庚
子孟冬月邑後學黄景恒謹跋

黄跋三

重建儒學記　吳祖堯

康熙乙巳夏余授鐸來梅首謁　先師廟披荆而入
惟見頹瓴碎礎之中蕭蕭数椽不蔽風露上有
断碑遺像累石為龕設奠無所謂畢周匝環視
一切啟聖明倫廊廡祠閣門庫庖湢之屬漠然
烏有余驚訊其故諸生告余曰梅先時宮殿巍
麗科甲蔚聯頗稱東郢名區洎經寇燹悉成廢
址嗣是荒亂相循士多漂散且謀生之不遑遂
不暇余還署嘆曰吾　夫子中天日月固不需

吳序一

此廟貌但學校為風化所基賢才所出用關經
世殆非細故者余前任安化曾以脩建自矢後
因裁缺解組卒未果今者來梅倘仍不獲所願
是重余辜也修建之役可須臾緩哉既而思余
甫至無俸可捐其士子提於散處費將安資因
是抱愴莫舉者兩載越丁未冬始進諸生語曰
方今　聖朝崇儒重道勅禮臣分
諭諸省肅其教條責其繕葺以學官完缺為職官殿
最等可因仍沿習而不一遵

功令哉衆皆唯唯即日告廟卜吉徵材庀工諸生願
輸傭免銀三季余捐俸薪亦如之凡支給弗贍
工役弗備一一任自師生非敢蚨負也盖以紳
士寥寥助者無多又會　令公上元趙浣江樓
後先謝去余綿力孤撑費時缺畧工時斷續至
己酉猶未竣而閣之　王君乃雍錐來暮有嗟
而留心實擊得與　二公樓　四公徐共勷厥
成焉落成之日諸生請於余曰拮据維艱不可無
言以誌厥勞余曰本源之地我輩殫心經營分

吳序二　竹裝堂

固應爾勞可無紀也衆復固請曰厥勞用誌豈
以自表哉殿廡聿新以妥　先聖數十年未妥
之靈以荅
朝廷惓惓之學校至意風化有賴賢才有基助流政教
端由於此是不可以無紀余不獲已從其請爰
即事之始末叙其大端俾後之來者其嗣余以
弘規哉是為記
皆
康熙九年歲次庚戌閏二月清明前一日續譔

荆楚文库

〔乾隆〕黄梅縣志

〔清〕薛乘時 修

〔清〕沈元寅 纂

前言

《〔乾隆〕黄梅縣志》十二卷，清薛乘時修，清沈元寅纂，清乾隆二十一年（一七五六）修五十四年（一七八九）胡紹中重刻本。牌記鐫：『乾隆伍拾肆年重刊 黄梅縣志』。

薛乘時，清河南原武人，舉人。沈元寅，浙江歸安人，廩生。

梅邑明萬曆志毁於兵燹，清順治十七年（一六六〇）徐昱續修後，百年未有再修。薛乘時於乾隆十六年（一七五一）到任，時梅邑百廢待興。薛乘時耗數載時間，聚衆人之力，重修學宫、官署。其事告成，乃於乾隆十九年（一七五四）八月延邑中精於筆札者開局纂修邑志。閲一年志稿初成，薛乘時親自『核閲删潤』，其稿兩易，方於乾隆二十一年（一七五六）付梓。乾隆五十四年（一七八九），知縣胡紹中又奉旨重刊。

是志分表、志、列傳三部分。表下含沿革、秩官、選舉。志下含星野、疆域（附形勝）、山川、城池公署、村鎮、郵驛、營汛、津梁、賦役、學校、禮樂、水利、物産、風土、名蹟、藝文、祠祀、陵墓、寺觀、祥異、摭聞。列傳下含名宦、宦績、儒林、忠烈、孝友、隱逸、文苑、義行、恬退、耆壽、僑寓、列女、仙釋。每目前或最後有引語或評論。其内容有取自舊志者，標註『舊志』『舊志蕭藴樞説』等字樣。在前志基礎之上，又有稽考增改。『秩官表』之内容，『俱照府志、縣志及各碑記編輯』，並改舊志『宋知縣』中訛誤。『選舉表』詳列『名目可稽、世次可尋者』。『星野志』考之諸書，核正舊志謬誤。『禮樂志』將各類典制禮數載入，補舊志之缺。『藝文志』依責任者時代先後編次。『列女傳』則一併登載已旌和未及請旌表者。

是志體例於方志中十分少見。在已有順治志作爲參考的基礎之上，不録縣圖，實爲缺漏之舉。表、列傳分列於志，又未見闡述依據，其分設不符志例。各目次序更顯混亂。如爲保證三綱分立，『沿革』之後緊跟『秩官』『選舉』，而非『星野』『疆域』等邑之基本地理、建置相關内容。又如『名宦』『宦績』列入列傳中，與『秩官』相距數卷，難免有失連貫。

據《中國地方志聯合目録》，故宫、一史館、台灣『故宫』藏有該志刻本，另大连有抄本。本次據清乾隆二十一年（一七五六）修五十四年（一七八九）胡紹中重刻本影印。該刻本《卷一・附衛官》有乾隆二十三年（一七五八）改板落款，原書中存在部分内容前後雕刻字體不一的情況，或爲重刻時修改所致。（彭筱溦）

目録

乾隆伍拾肆年重刊

黃梅縣志

序

修廢舉墜守土者之責也
然百廢具舉談何容易余
初蒞樵見事之有待修舉
者不一而足亟營並舉力固
不勝數速亦不達也六載
於茲學宮衙署得藉衆力
獲告成功矣邑誌明季燬
於兵
國初學博蔣君輯有刊本迄
今百餘年續纂不可須臾
緩甲戌八月延邑之諳於掌
故精於筆札者十數人開局
分纂閱一年所克有定稿余
於公暇核閱刪潤又兩易稿
至丙子五月始得授梓以余
謭薄藉手諸君子幸獲成
書敢云脩廢自多乎哉分纂
諸君名銜書列卷首茲紀其
始事終事歲月以見成事之
難并與邑之未遑修舉者尚
有以志我愧　晉
乾隆二十一年夏五月原陵
蘇秉時識

舊序 順治庚子

學諭 蕭蘊樞 孝感人

志肇事樞請諸明府徐公楫南焉公曰兵燹之後家乘云亡於茫無憑籍中作一部人物考益甚難哉樞曰天下難爲事也須做去自有究竟於是簡黄子張子襄事一日黄子至謂樞曰邑前志曾記吳子譜履者有手録舊本存樞思志爲一邑表幽闡微吳子嘗弗秘遂造吳子廬而訪焉吳子曰此邑乘也亦余家乘也惜多缺出以示樞如獲珍璧告之明府明府曰洵如先生言獲我心矣爰集諸子分稿受事給筆札

資餼廪五閲月而稿成屬樞編次焉樞首標其綱次論其目次析其卷綱以五目列六十卷分九倫序弗紊錢穀賦役視舊典更悉立説著評較前志有加進質明府訂可樞曰可以謝公矣公曰昔伯生足跡遍天下而作輿記今先生歸首振梅壤而著邑乘伯生之輿記十易寒暑而竣先生之邑乘五閲晦朔而威其中山川形勝建置沿革物產風俗城郭官署學校祀典武備土田戸口賦役驛傳關梁堤閘災祥名宦鄉賢孝友隱逸流寓節烈義民仙釋寺觀古蹟陵墓無不悉載邑乎備國與天下之義類矣夫適市者不目粱稷而目珍異入廟者不觀犧牲而觀禮樂厥常喜新人情然耳余受兹書耳目頓新焉是烏可弗登棗本以公國人乎樞曰增修緒刻諸上臺命也庀工猶資余小子未能也尚以望之公公曰唯唯是余之責也夫隨採梓人於異域問剞劂於匠氏計書三百章計工十旬日計匠以九人日省月試餼廪稱事謂發自公焉書成上公公意頗慰樞曰可以謝公矣公曰先生之志當不朽矣

舊修名氏

明萬曆十一年

黄州府推官署黄梅縣事曾維倫

鄉官

石崑玉

汪可受

熊偉

瞿甲

儒生

魏廷采

程夢麟

陳一經

胡思順

周鼎

魏文宣

汪美

蔣廷煒

國朝順治十七年

知黄梅縣徐昱

儒學教諭蕭蘊〔?〕

鄉官

吴卿

洪世講

蔣文

梁〔?〕

儒生

黄景恒

張宏綱

洗文珂

王獻臣

汪滌恒

蔡雲起

修志姓氏

國朝乾隆二十一年

監修

黃梅縣知縣薛乘時際可 河南原武舉人

纂修

廩　　生沈元寅近峯 浙江歸安人

舉人揀選知縣周茂建愚也 黃　岡　人

舉人揀選知縣薛善時造可 河南原武人

分校

黃梅縣儒學教諭朱紹聖予敎 拔貢鄖陽人

黃梅縣儒學訓導吳應魁鰲一 歲貢東湖人

黃梅縣儒學訓導孟　海天池 歲貢東湖人

黃梅縣縣丞張一飛起鵬 江南無錫人

分纂

舉人揀選知縣余函秀賓嘉 邑　人

舉　　人汪振玉鈞石 邑　人

拔　貢　生趙錦堂升奕 邑　人

歲　貢　生喻化鵠晉陽 邑　人

歲　貢　生程一飛梯雲 邑　人

廩　　生喻之堂閎中 邑　人

廩　　生胡如炳虞賓 邑　人

廩　　生梅　滑卜三 邑　人

廩　　生吳文發有輝 邑　人

廩　　生吳延齡彭年 邑　人

增　　生石廷珪斐如 邑　人

附　　生石宏毅似賢 邑　人

監　　生黃述本尚彭 邑　人

監刊

黃梅縣典史季九鳳岐山 江都人

國朝乾隆五十四年奉文重刊

黃梅縣知縣胡紹中定先 順德人

黃梅縣儒學教諭史明雋翹千 棗陽人

黃梅縣儒學訓導李先翔蔚岑 嘉魚人

黃梅縣典史戴聯之星五 浙江人

黄梅縣志目録

沿革表

黃梅疆域歷代沿革屢易梅在虞夏域於揚州而秦則爲
九江郡漢屬江夏晉南北朝或入江夏郡或入弋陽郡
總名蘄春未另分土迨隋開皇始析縣名曰黃梅歷
考地理諸志載其源流以通世變

黃帝制天下立爲萬國及少昊氏其制無聞顓帝之
所建帝嚳受之北至於幽陵南至於交趾西至於流
沙東至於蟠木梅於其中彈丸耳時疆域無考

堯使禹平水土爲九州

〔禹貢〕書九州冀兗青徐揚荆豫梁雍梅蓋
揚州之域也

舜分十有二州

虞舜以青冀地廣又分恒山地爲并州醫無閭地
爲幽州遼東等處爲營州餘皆無所更易梅仍隸
揚州

三代因之

夏五服梅爲荒服〔晉書〕揚州古荒服之國〔爾雅〕
商九州兩河閒曰冀州河南曰豫州河西曰雍州

南漢曰荊州江南曰揚州（黃梅地屬此）濟河間曰兗州濟
東曰徐州燕曰幽州齊曰營州【周禮職方】東南
曰揚州春秋時地入於楚【文獻通考】揚州沿革
圖春秋十二國曰吳曰越曰楚（是時黃梅地屬楚）曰舒曰黃
曰弦（即黃州地）曰蓼曰巢曰蔣曰六（即英布所都後爲新蔡郡治）曰
桐曰鍾離　戰國時亦屬楚地
秦始皇初并天下罷諸侯置守尉分天下爲三十六
郡此屬九江郡地
【綱目集覽】云地理志九江在廬江英布爲九江王

都六是也　廬江即今廬州六安舒城等處按地
理志英布都六舊城在今舒城縣東南六十里
【一統志】九江秦之郡名春秋時爲六蓼國地楚遷
都於此秦爲壽春置九江郡漢初爲淮南國武帝
時復爲九江郡東漢爲揚州刺史治所　按今江
西九江府隋始曰九江元改爲江州明初復建立
九江府非秦九江治地
西漢時爲蘄春
【漢地理志】分南郡立江夏郡蘄春屬焉是時縣十

四曰西陵曰竟陵曰西陽曰襄曰邾（即黃岡）曰軑（即蘄水）
曰鄂曰安陸曰沙羨曰蘄春（即蘄州時梅縣分土統蘄春內）曰
鄳曰雲杜曰下雉曰鍾武
東漢時爲蘄春國
【後漢郡國志】蘄春仍入江夏郡改蘄春爲國蓋世
祖徙陳俊子浮爲蘄春侯是也　按蘄有三隋書
地理志云蘄春郡統縣五又廬江郡襄安縣至梁
亦曰蘄又彭城郡有蘄縣今考廬江郡之襄安兩
漢無名蘄者惟梁以蘄名彭城郡蘄縣屬沛郡陳

涉起此而蘄春郡在漢爲蘄春國今之蘄州也（出通志）
三國時屬吳爲蘄春郡
【通志】吳改國爲郡【府志】蘄春屬吳
晉太康元年廢郡爲縣入弋陽郡
【文獻通考】弋陽郡七縣內有蘄春（弋陽即今光州地）【晉
書】孝武太元時改蘄春爲蘄陽於九江王英布舊
城立南新蔡郡以蘄陽隸焉新蔡之名自此始
南北朝爲西陽爲齊昌爲北江州爲羅州爲蘄州
宋孝寧八年以蘄春爲西陽（即今黃州地）蕭齊以西陽

隸郢州永明四年改蘄陽縣爲齊昌設齊昌郡並
析置永興縣隸焉梁析齊昌置羅田以齊昌郡立
北江州高齊廢南新蔡郡改北江州爲羅州陳因
之後周始改羅州爲蘄州 府志 朱子綱目齊昌古
地名漢爲江夏郡蘄春縣東漢爲蘄春國吳改爲
蘄春郡晉省郡爲縣屬弋陽郡東晉改爲蘄陽縣
宋齊並屬西陽郡北齊置齊昌郡兼置羅州後周
改曰蘄州

隋開皇於蘄州設總管府改齊昌縣爲蘄春又改爲

新蔡縣十八年析土曰黃梅

此縣名之始也 隋書地理志 蘄春郡五縣係蘄
春浠水蘄水黃梅羅田 文獻通考 黃梅隋縣有
黃梅水故名 潛確類書 晉新蔡隋黃梅 舊志
載漢永元間三老亭侯以山徙湖淤蔡不復產而
地多梅有上中下梅水山遂更名黃梅查漢書未
載此事府志亦云於隋得名以爲西漢縣名誤
按名黃梅取義於梅或謂新蔡之名因禹貢九江
納錫大龜之說查九江即今洞庭屬荆州非揚州

域 朱子綱目唐德宗時李希烈兵柵蔡山注云
蔡山在黃州府黃梅縣南五十二里山出大龜故
名則蔡乃山名

唐屬蘄州隸淮南西道

唐書武德四年以縣置南晉州析義豐長吉塘陽
新蔡四縣八年州廢省四縣以黃梅屬蘄州 四
縣故址長吉在縣西南二十里郭家嘴義豐在縣
西北三十里大河鋪考田山口塘陽在縣南十五
里新蔡在白化坂至今土人稱說不衰云 出明志

五代仍前

宋分天下爲十五路此屬淮西西路

一統志 黃梅 紹興間僑治中州

元建中書省十二轄天下州郡又分天下爲二十二
道

通志 黃梅復舊治屬蘄州路 府志 河南江北行
中書省 舊志 元立蘄州路隸淮西江北道 查
元史河南江北道屬汴梁江北淮東道屬揚州淮
南江北道屬廬州山南江北道屬江陵江南湖北

道屬鄂州者道內無淮西江北之名舊志恐誤

明史元黃州路蘄州路俱屬河南江北行省太祖甲辰年改屬湖廣省

明以蘄州爲府黃梅屬焉

明史太祖改蘄州爲府領蘄春蘄水黃梅廣濟羅田五縣九年降爲州以蘄州治蘄春縣洪武十二年罷蘄春縣以蘄水羅田屬荊州府仍以蘄州領黃梅廣濟

國朝初黃梅猶隸蘄州後改屬黃州府編戶四十二里

唐虞	古揚州地
三代	夏分天下爲五服此荒服之國商于江南曰揚州周初亦爲揚州春秋戰國時屬楚
秦	秦爲九江郡按秦九江郡轄地甚廣上自蘄廣興國西至德化瑞州袁州贑州南昌
西漢	西漢爲蘄春
東漢	東漢爲蘄春國
三國	魏文帝分汝南郡治西陽後爲吳有蘄春本屬吳爲蘄春郡
晉	西晉爲蘄春入弋陽郡東晉孝武立南新蔡郡此名新蔡之由

臨江鄱陽東至安慶廬州鳳陽皆屬所統州縣

南北朝	宋爲西陽[illegible]江州[illegible]改北江州[illegible]州後周改[illegible]蘄州
隋	以蘄州立總管府改齊昌[illegible]春郡梁所置州[illegible]年府廢仍爲蘄州又改新蔡縣十八年改黃梅此縣名黃梅之始
唐	武德四年置南晉州又析置義[illegible]蘄州
五代	郡縣仍舊
宋	宋爲淮西[illegible]
元	河南江北行中書省
明	隸蘄州屬湖廣行省布政使司

國朝						
初隸蘄州後改隸黃州府總隸湖廣省布政使司						

舊志蕭蘊樞說梅封東抵松滋南接江州其爲古揚州洵不誣矣故治九江郡隸淮南道歷代沿革不一焉然其在虞夏以新蔡名者傳其納錫大龜

實產於此夫禹貢所稱九江蓋古荆州域也豈洞庭五阜俱產神龜而禹未之及耶又傳唐置南晉州析分四縣梅地僅彈丸耳胡一地而置四縣耶何以尋置而尋廢耶然史冊無考則或稗官野史之說傳耶盡信書不如無書於茲二說竊有疑焉

一按梅在虞夏係揚州域尚未得縣何自而名新蔡虞夏之蔡爲蔡國左傳注云蔡在淮汝間考地理志有新蔡上蔡下蔡是其地也隸豫州域非梅封境而梅新蔡自晉得名改新蔡爲縣則在隋開皇謂自虞夏誤矣至析置四縣係唐武德四年至八年尋廢唐書通志府志一一可據

秩官表上

親民之職莫切於長吏舊志無表保障姓名具在亦考
鏡得失之林也黃邑自縣令以下設置不一名氏更
多闕遺今特[illegible]表之[illegible]者表著之於左

周有縣正[illegible]春秋[illegible]以其地為縣
故縣大而郡小[illegible]大而縣小
春秋傳上大夫受縣下大夫受郡史記甘茂曰宜
陽大縣其實郡也
秦制縣萬戶以上為令減萬戶為長侯國為相秩亦

黃梅縣志　卷之一　秩官表　一

如之漢因之秋冬集課上計於所屬郡國而殿最之
縣有丞有主簿有尉
通典縣丞主刑獄徒囚主簿主諸簿目縣尉掌捕
盜賊及檢察之事故謂之賊曹漢諸縣皆有之
西晉略如漢制東晉立南新蔡郡官太守南北朝沿
革并一至隋始改名黃梅為縣令
詳見沿革表本府志載黃梅官職齊南新蔡太守
一人梁南新蔡太守一人通考謂晉孝武立南新
蔡郡府志謂宋齊梁南新蔡郡則中間皆為南新

蔡郡無疑矣割據之時疆域原無一定意梁陳間
方屬北齊也歟諸說不無異同附識於此以俟考正
唐縣有赤畿望緊上中下六等之差黃梅為緊縣令
一人丞一人主簿一人尉二人驛丞一人凡縣皆有
經學博士並助教各一人
唐[illegible]類書唐赤有六縣畿八十一縣望七十八縣
緊一百一十一縣上四百四十六縣中二百九十
六縣下五百五十四縣京都為赤旁縣為畿其餘
以戶口多少資地美惡為差通典赤縣二丞他縣

黃梅縣志　卷之一　秩官表　二

一通判縣事赤縣主簿二他縣一掌勾稽省署抄
目糾正非違監印給紙筆赤縣尉六人餘各有差
宋職官畧與唐等
宋史職官初不置丞崇寧四年繁劇縣令戶二萬
以上增置丞一員隆興初詔邑大事繁則置二尉
元設達魯花赤一人又名監縣尹一人又名司判正
簿一人尉一人典史二人教諭一人
元史職官上縣設達魯花赤一人蒙古為之尹一
人漢人為之秩官同而印則達魯花赤掌尹封署

爲丞一人簿一人尉一人典史二人中縣不設丞
餘悉如上縣之制各學皆有教諭
明設知縣一人縣丞一人主簿一人典史一人儒學
教諭一人訓導二人巡檢二人驛丞一人河泊所官
一人醫學訓科一人陰陽學訓術一人僧會司一人
道會司一人
舊志載洪武乙巳設清江新開二鎮巡檢按明史
洪武二年以廣西地接猺獠始設巡檢司以警盜
賊後遂增置各處二年歲在己酉其乙巳則稱王

之二年也停前驛丞舊志載洪武十四年知縣張
德政奏建則前此未嘗有驛即有驛原不在此謂
太子驛即停前驛尤非是又天啟間裁主簿及訓
導一河泊所官裁革已久無可考証故不載
國朝設知縣一人縣丞一人典史一人儒學教諭一人
訓導一人巡檢二人驛丞一人醫學訓科一人陰陽
學訓術一人僧會司一人道會司一人
順治十六年訓導奉裁康熙四年復設
齊

庸　謙　南新蔡太守
梁
垣榮祖　南新蔡太守
唐
陳　起　知縣有傳
宋
程　晃　知縣有傳
元
達魯花赤　縣尹　主簿

忽都不花　蒙古人　曾　阜　也孫帖木兒　有傳
樊懋侁　有傳
喬思忠　有傳
按元制縣尹之外又設達魯花赤蒙古人爲之府
志將漢縣尹三人俱載入達魯花赤似誤
明

	知縣	縣丞	主簿	典史
洪武	自德誠 貢生	吳　珣	蔡　斂 有傳	田大有
	唐　輔 有傳	李　顯 有傳		丁志宏

	貢子政舉人		王倫	
永樂	張同寅舉人	張瑚貢生	周庠	
	楊遇春歲貢	殷有常貢生	湯清	王綱
	張德舉人	李美有傳	文爽	
	徐仲勳	王端舉人見縣志今府志又載入知縣		
正統	錢濟舒城進士		周彥高	
	黃武歸安薦舉			許贇
	王端舉人見府志			
成化	戴中有傳	端愷舊志載入主簿	孫翼	
宏治	金章有傳	今照學碑改正	鄧忠	古通
	朱璧有傳	王懋誠	賈應	
正德	袁仲吉進士	劉魁有傳	崔琳	干雲
	林福舉人	任謙		
嘉靖	諸偁有傳	趙進	常耕	身多壽
	郭基舉人	汪裕	龐元	
	梁藻泰和舉人有傳	陳霈		劉欽
	劉璋桂林舉人	徐煥有傳	黃宗乾	
	程宇富順舉人	鄭仕		楊廷薦

	馬應龍有傳		楊鍊	
	張九一有傳	周綸	樓鳴鳳	張鋭
	胡劭忠有傳	李英		
	劉伯源舉人		龐岡	熊失名
	楊本俊有傳	姚侃	蔣文欽	毛失名
	丁儀舉人	梁元		薛麗
	周俊貢生		劉鍊	
	徐行慶進士		金廷梁	
	陰縉貢生	李扶陽貢生		朱守儉
隆慶	范德超有傳	殷禮	胡照	徐失名
	姜忻有傳	黃镛貢生	何霆	
	張維翰貢生			孫失名
萬曆	蔣燫舉人	黃宗儒貢生	劉湘	宋汝高
	梁鍠舉人		周湘	
	來三聘有傳	李庭貢生	程象	王繼袍
	皮宗詩舉人	于一龍貢生	王守道	
	孫鉉有傳	楊騰龍貢生	梅子鯨	周之泰
	馮可立四川人	周希旦	嚴用禮	

	陳嘉言 江西人	喻文淩		
	桂生之 有傳	蕭春後	劉汝録	蕭崇周
	武圖功 有傳	馬之驌 有傳		梁 祚
	王繼祖 舉人	費應德	程致中	
	鍾顯俊 有傳		程紹英	沈時逢
天啟	徐 學 舉人	姚宏佐	歐陽旋	湛汝龍
	周 猷 舉人	劉定達	以後缺載	
	饒 臺 湖口舉人	董應承		
崇禎	王 質 有傳	蘇夢揚		周上智
	何文郁 貴州貢生			鄒天相
	張聯芳 有傳	施廷覽		

以上俱照府志縣志及各碑記編輯不敢遺失一人惟宣德景泰天順三朝無可稽考時代先後恐不免舛錯耳舊志宋知縣內載有戚方查戚方係武職闌入文職似誤特爲改正又縣令內學校志有姓秦列女傳有姓完顏者俱失名亦不知在何時附識於此

國朝

	知縣	縣丞	典史
順治	張秉紀 襄陽人乙酉任	趙 紹 山西貢生	時必昌
	張 典 直隸貢生乙酉任		
	李鑰寶 直隸選貢丁亥任	陸道亨 戊子任	梁正文
	陳觀天 江西選貢己丑任		
	鄧源鴻 遼東人庚寅任	董復禎 河南人癸巳任	盧顯俊 東鹿人
	祁 山 直隸貢生乙未任	章國材 浙江人	
	孫 琦 直隸貢生丙申任	沈宗文 北直貢生丙申任	
	徐 昱 瀋陽拔貢戊戌任有傳		
康熙	趙應登	戴國宰 山西歲貢	徐麟瓚 紹興人
	樓 璇 諸暨附榜	高如乾 山西歲貢	
	王廷龍 有傳	陳嗣起 浙江例貢	
	李成林 有傳	樓自新 諸暨人	
	吳景珣	沈 鉉 海寧人甲子任	陸 豐 大興人甲子任
	歐陽旭 有傳	任 會 榮縣恩貢乙丑任	
	胡 湄		王 經 陝西人
	張雲松 祁縣人辛未任	李 銓 晉江監生壬申任	張其秀 奉天人乙亥任
	李 鎬	朱丙燾 山陰監生	
	曹世璞 唐縣進士癸未任		張聖銘 大興人癸未任

邊日旭 臨生己丑任 | | 高應鳳 延平人丙戌任
申勝翔 有傳
戴紹祖
雍正 李 珣 有傳 | 馬方義 唐縣附監乙巳任 | 顧景福 山西人癸卯任
吳象寬 有傳 | 楊世澤 定番廩生庚戌任
孫叔謙 山東歲貢辛亥任 | 孟過春 鑲白旗人庚戌任
錢家璧 有傳 | | 葉鳴琇 大興人壬子任
莊 檜 陽湖舉人有傳 | 張文德 四川舉人甲寅任 | 徐 晉 江南人乙卯任
乾隆 邵豊鍭 監生山陰人有傳 | 益士傑 華亭監生庚申任 | 史 㭘 浙江人戊午任

林宸彥 莆田舉人癸亥任
楊綸時 大埔人翰林編修癸亥任 | 王世勳 金谿人甲子任
任 重 巴縣舉人戊辰任 | 張一飛 無錫人庚午選現任
薛秉時 原武舉人辛未選現任 | | 李九鳳 江都人癸酉選現任
附署知縣十二人 署事甚多茲紀其有功德於民者
元
李 黼 有傳
明
安 貞 有傳

謝朝宣 有傳
羅 瀚 有傳
瞿孔斯 有傳
劉介齡 有傳
曾維倫 有傳
國朝
李世德 有傳
金廷襄
李秉乾 有傳

金 虞 有傳
史鳳輝 荊溪中書武昌同知
乾隆己酉年增 知縣 | 縣丞 | 典史
葉世度 仁和翰林編修戊寅任 | 田邦楷 滿洲人 | 陳世瑛 江寧人
曾衍塘 曲阜貢生壬午任 | 蔡 挺 江陰人 | 楊天符 大埔人
熊文瑞 貴州舉人甲申任 | 王廷樑 萬全人 | 劉對墀 任邱人
和剛中 蒲城舉人甲申任 | 鍾 昂 武平人現任 | 王 惠 蕭山人
王繩祖 濟寧副榜丙戌任 | | 戴聯之 德清吏目借補現任
呂世慶 餘姚舉人丁亥任

史[illegible] 承德進士 戊子任
周世英 長洲人 己丑任
蔡葵 湘潭舉人 庚寅任
潘元會 四川舉人 辛卯任
王[illegible]典 雄城舉人 壬辰任
[illegible][illegible]開 貴池舉人 癸巳任
王廷憲 耶州進士 丁酉任
[illegible][illegible]敏 鄭州貢生 戊戌任
謝紹濟 信豐拔貢 己亥任

[illegible]慶 濮[illegible]舉人 壬寅任
張[illegible] 如皋舉人 癸卯任
何濤 清苑舉人 丁未任
胡紹中 順德舉人 戊申任
乾隆己酉年增 附署知縣十八人
姚恩廉 浙江人 戊寅任
徐堅 崑山人 戊寅任
陳文樞 江陵人 戊寅任
陳文豫 貴州人 丙申任

歸朝煦 常熟人 丁酉任
屈振甲 浙江人 壬寅任
高爲濟 任邱舉人 甲辰任
陳士鳳 河陽進士 丙午任
劉超 通州貢生 丁未任
徐昱 金谿舉人 戊申任

秋官表下

學校之設治化之原也其官雖冷而道獨尊陳恩王頌云行爲時矩言爲世範尙矣安定先生設教蘇湖一時芳規千秋猶炳

元

陳大可 任教諭江西人有傳

明

教諭	訓導
成化 魯壽 興國人	
李震 巢縣人有傳	元仲 雲南人

教諭	訓導
鍾安定 歲貢	余浩
王原賓 舉人	
金寬 舉人	王輔
弘治 張永壽 舉人	劉應恢
	袁儒
正德 梁友儲 有傳	支學禮
	王宣 有傳
	鄧琳
	阮鐵

教諭	訓導
嘉靖 廖世卿 有傳	龔章 國縣人
沈愷 舉人	嚴玉振
沈鐘 有傳	顧樸 有傳
熊梁 舉人	許鈐
王廷美 歲貢	汪廷璐 繁昌歲貢
徐爵 歲貢	陳裕
蕭廷儲 有傳	馮驥 有傳
黄早 有傳	滕聰 有傳
饒光庭	孫膺明 歲貢

教諭	訓導
	聶輪
段盡忠 有傳	徐慶 歲貢
	昝用中 有傳
	胡弼行 歲貢
	劉佩 歲貢
隆慶 陳文 有傳	孫大本 歲貢
魏申 許州歲貢	范堪 歲貢
張相 南昌舉人	
萬曆 滕國賢	謝若相 歲貢

年號	教諭	訓導
	何子遠 有傳	劉篤仁
	謝自修 蘄州舉人	包良臣
		雷孟暘
	周敬止 舉人	楊 梓
		李 銓
	汪堯夫 舉人	劉師洛
	黃建中 舉人	吳世卿
		張克勳
天啟	林若偉 漢陽人	張聖化 汝甯人
	周玉振	李明元
崇禎	闕士琦 有傳	
	吳思文 江夏舉人	

以上比傳志多教諭三人訓導六人查各碑誌補入其他時代名次與府志不同者亦間爲改正

國朝

年號	教諭	訓導
	張士淑 蘄州貢生	傅若訓 孝感恩貢
	胡虞濱 武陵舉人	蕭仲蔚 鄖陽歲貢

年號	教諭	訓導
康熙	蕭蘊樞 有傳	吳祖堯 鄖陽歲貢 丙午任
	吳從周 應城歲貢 丁巳任	劉逢吉 潛江歲貢 乙卯任
		周汝楫 彝陵歲貢 丁巳任
		彭大年 巴陵歲貢 甲子任
	周 崐 漢陽歲貢 己巳任	方 坦 漢川歲貢 丙寅任
	蔣宗毅 江夏歲貢 乙巳任	譚必章 巴東歲貢 壬申任
		楊道儀 石門歲貢 甲戌任
		黃正琨 荊門歲貢 丙子任
	彭述憲 潛江例貢 丁丑任	黃之朱 慈利歲貢 丙戌任
	張 洙 通山歲貢 辛巳任有傳	劉友宜 監利歲貢 戊子任
	汪自重 江夏附榜 丙申任	
雍正	王 綍 歸州舉人 乙巳任	丁宗綸 監利歲貢 乙巳任
		李發榮 房縣歲貢 己酉任
		張 堪 襄陽歲貢 壬子任
	張士倡 江陵附榜 癸丑任	李光先 安陸歲貢 壬戌任
乾隆	胡其鑾 咸寧選貢 甲子任	許元淳 房縣歲貢 乙丑任

龔佐龍 孝感舉人 壬申署
宋紹聖 鄖陽拔貢壬申選現任
乾隆己酉年增
潘英 京山人副榜
熊增 歸州人 恩貢
葉修鵬 興國州舉人 辛巳任
杜學審 歸州人 恩貢 乙未任
黃中道 漢陽人廩貢 戊戌任
駱文昶 孝感人廩貢 庚子任
史明儁 棗陽人拔貢 丙午選現任

吳應魁 東湖人歲貢 辛未任
屈海 東湖人歲貢 丙子現任
吳黿 襄陽人歲貢
高尚 棗陽人歲貢 庚寅任
曹開濟 東湖人歲貢 癸巳任
楊作愷 竹谿人歲貢 丙申任
詹啓模 黃陂人舉人 庚子任
李先翔 嘉魚舉人 乙巳現任

黃梅縣志　卷之一　秩官表　十七

附武職一十二八清江新開二鎮巡檢共二十四人停前驛
驛丞二十五人 三衙皆舊志所未載

宋武職
戚方 有傳
岳霆 忠武王第四子

明武職　巡檢　驛丞
無考
蘇成 建二司官署

黃梅縣志　卷之一　秩官表　十八

國朝城守設把總一員 今改千總
順治
朱之標 山陰人庚子任
包文申 邢臺人辛丑任
魏文蔚 富平人丁未任
趙郎 山陰人乙巳任
康熙
蔡文成 辛亥任
王之瑾 渭南人壬子任
李士進 大興人丁巳任
呂世忠 己未任
李大訓 新城人乙丑任
徐必達 錢塘人乙丑任
鍾元徵 會稽人丙寅任
常振國 燕山左衛人丙寅任
常進國 山西大同人癸酉任
秦宏典 上元人乙亥任
馬喆 大城人己卯任
張文福 德州人丁亥任

游令德 鍾祥人丁亥任
沈德韶 石埭人癸未任
陸士秀 大興人乙未任
程之業 同州人乙酉任
祝世榮 大興人庚子任
雍正
閻 澄 大興人癸卯任
黄開基 宛平人癸卯任
李廷琦 黄陂人丙午任
魏 銓 宛平人丙午任
鄒士麟 山陽人供事戊申任
陸 鈐 桐城人己酉任
鄒友楷 均州人辛亥任
彭天綱 宜賓人壬子任
王廷傑 安邑人辛亥任
孫季連 大興人甲寅任

乾隆
周 禮 黄岡人甲寅任
李世榮 黄岡人戊午任 五年黄州協鎮馬快以梅邑當汛要[illegible]千總後[illegible]千[illegible]
趙 錦 黄縣人戊午任
焦秉乾 靈寶人庚申任
周正斯 大興人辛未任
鄭德[illegible] 宛平人供事壬申任
鍾 [illegible] [illegible]人己[illegible]
周 [illegible] [illegible]湖人甲子任
翁賢盛 黄岡人丁卯任
鄧應鍾 [illegible]人乙丑任
高 霞 洪同人典史丁卯任
吳 燦 鄖縣人癸酉任
石國相 龍溪人己巳任
施元愷 青陽人辛未任 [illegible]
劉兆奇 德安人丁丑任
沈 謂 大興人辛未任

千總
巡檢

岳雲凌 德安人
前任 蕭潤清 平遠人
王 仲 河南人新元
許承烈 侯官人現任
蕭 金 黄岡人[illegible]
孔壠 韓德厚 孝義人
徐 敖 興國州人
孫雲鋒 泗州人現任
唐萬年 江夏人雍正[illegible]現任
新開 虞好善 山陰人
祝麟徵 常熟人
祝逢盛 固始人
張家桂 浮山人現任

梅邑荆揚交會吳楚咽喉武職如宋之戚方爲高宗中興名將駐札權坪山岳震屯於梅境其設官必多然已不可考矣即屬蘄州營官把總稽志亦蔑如何哉至於巡檢以警盜賊驛丞以典郵傳各有分司漢唐之制流外令史多擢大僚實具才能安在古今人之不相及也爰爲附載均屬補遺云爾

選舉表

國家登賢敍能厥典懋矣梅邑冠蓋之族後先相望即權僚散吏亦多有之顧舉施奕葉而時代闕如奚以備參考茲於名目可稽世次可尋者詳列無遺俾覽者有所徵信焉

唐世取士之典舊志多畧惟開元中李玭以薦辟著其他皆無所考

宋罷詩賦以經義策論試士梅之中進士者自王仲瑄始省元則有王大用終宋之世列科名者間見而

元代更兼杖銓衡多岐邑之進士始於泰定四年外此可考者舉人國人薦辟二人

薦辟止載一人

明代選舉其途屢易洪武初年舉行薦辟邑應選者一人至十七年復行科舉法邑中鄉試者自建文四年始中會試者自永樂二年始隆慶間始中武進士後亦間中武舉歲貢起於洪武嗣是有選貢有恩貢若納粟納馬官生恩生之屬列仕版者咸著於編

國朝恩榮栽培澄清仕路邑內沐寵錫者例得志其姓名特為補修以彰盛事

選舉表上

宋	進士	舉人	
崇寧二年癸未	王仲瑄 官翰林學士 有傳	王大用 省元	
舊志誤 [illegible]		魏允撝 江南運使	
[illegible] 今改正		黃　宗 御史	
		劉漢傳 應瑞子 常州府教授	
紹興三十年庚辰	陳　義 四川宣撫		
嘉定七年甲戌	劉　昕 有傳		
[illegible] 紹定乙	劉思齊 昕之姪		
丑舊志 [illegible] 定無乙			
年分疑 丑二年			
己丑			
淳祐元年辛丑	劉應瑞 昕之孫		
十年庚戌	劉朝俊 思齊子		

年	進士	舉人	貢
咸淳十年甲戌	魏謙 工部尚書		
元	進士	舉人	
泰定四年丁卯	陳經 學士	陳天祥	許念二 查許念二係元解元墓在太白湖濱碑摹確鑿前志未載龍起鳳係康熙乙酉舉人府志昭然前志亦未載今並採入毋令湮没云
		魏明 翰林承旨	
舊志載至順庚	汪堯舉 有傳	郭友直 有傳	
辰登至順始興	汪振卿 有傳	舊志郭友直本傳載至正庚午鄉舉	
[illegible]二十年[illegible]申庚		查庚午係至順元年	
後至元六年			
		陳子英 有傳	

黃梅縣志 卷之一 選舉表 三

右宋元進士科分舊志多不合茲爲改正其舉人未列科分且名數難有遺漏今無從稽姑仍之

年	進士	舉人	鄉貢
明	進士	舉人	鄉貢
洪武			張訓 有傳
			劉彥高 知縣
			於敬 有傳
			劉仕恭 縣丞
			趙靖 吏目

年	進士	舉人	貢
建文四年壬午		馮性 萬年教諭	
舊志載永樂癸		韓中	鄂鎬 吏目
永樂癸未志改			汪翰 主簿
永樂二年甲申	韓中 [illegible]授行人[illegible] 全州知州		黃真
三年乙酉		周才 知縣	陳淵 主簿
六年戊子		汪善 高州經歷官至吉安府	張士綠 知縣
九年辛卯		謝玖	馮敏 主簿

黃梅縣志 卷之一 選舉表 四

年	進士	舉人	貢
十二年甲午		周[illegible] 才之子合江知縣歷重慶知府	張獅 照磨
			高昇 經歷
		姜時敏	翟敏 縣丞
			黃芳惠 縣丞
十八年庚子		鄭[illegible]	
二十一年癸卯		劉[illegible]	
洪熙元年乙巳			

宣德元年丙午		朱銘學正	潘文浩有傳
			洪亮縣丞
			劉敏學通判
			施綸州判
			孫珏
			劉睿
十年乙卯		商諭解元蕭山教諭	黄茂
正統三年戊午		吳覲德平教諭	徐淳
			劉欽知縣
			濮端吏目
			張儀吏目
			邱洪
			劉潛吏目
			徐鑑
			袁俊照磨
景泰元年庚午			韓英

			江澄
			李韻教諭
			汪岳同知
天順元年丁丑			張怡
			翟綎
			王顒教諭
			石信經歷
			黄譜州判
			胡機
成化元年乙酉			許文訓導
			吳文州判
			潘銓文浩子訓導
七年辛卯		王麟有傳	
十年甲午		邢纓	
十三年丁酉		魏澄有傳	
十六年庚子		王忠有傳	鄧俊有傳
			徐用
			龔麟教授

二十二年丙午		韓璁有傳	
		洪晟有傳	
		吳節有傳	官祿
二十三年丁未	邢纓有傳		沙瑞有傳
			劉紳學士
弘治二年己酉		梁奎	
		項淵	
		徐欽	
		廖紀北闈中式	梅琥知縣

黃梅縣志　卷之一　選舉表　七

三年庚戌	徐欽用之子行人司正		石璽
			羅伯暹
			石鸞有傳
八年乙卯		石麟	
		邢寶	
			胡瀚
			胡鑑州判
十四年辛酉		程仲禮	李藻
		向榮知州	項潔縣丞

十七年甲子		周球南樂知縣	趙忠
		張桂溧州知州	劉瀚
		石金	
十八年乙丑	廖紀有傳		
	按明史紀東光人查東光乃其官籍[illegible]見通志		
正德二年丁卯		陳言華之弟有傳	向必成有傳
三年戊辰	邢寶有傳		程仲義經歷
五年庚午		洪模晟之子有傳	翟華縣丞

黃梅縣志　卷之一　選舉表　八

		胡鳳	程仲甫通判陞南工部主事
		陳華有傳	
六年辛未	石金有傳		
八年癸酉		余慶有傳	王宗憲援貢有傳
		胡橋彰明知縣	張清訓導
			徐鎧
			張璽主簿
十一年丙子		陳昉有傳	周龍
			沈淪有傳

嘉靖元年壬午		陳一晟有傳	
			吳珂有傳
			余世魁訓導
五年丙戌	胡鳳有傳		洪範都事
			桂棟
			石鎮金之弟主簿
十年辛卯		周繼學靖江知縣	
		汪玉有傳	李人傑恩貢
			夏文質
			袁鑾
十六年丁酉		洪恩	洗汀主簿
		曹麟	
十七年戊戌	洪恩楨之子有傳		徐鎡
十九年庚子		熊偉有傳	程麟
二十二年癸卯		瞿星晟之弟有傳	周渭有傳
二十五年丙午		周宷渭之子武陟知縣	張洪
		倪民望有傳	張潤洪之弟有傳
		邢奎寰之子	李同雲知州

二十八年己酉		[illegible]晟	
二十九年庚戌	[illegible]		田寶知縣
			盧筱學正有傳
三十二年癸丑	瞿晟		洪佑教諭
三十四年乙卯		邢[illegible]寰之子有傳	
			黃卷
			周京
四十年辛酉		[illegible]新[illegible]知縣	徐廷獻
四十三年甲子		[illegible]有傳	鄧天麒訓導
			李敬宇訓導有傳
隆慶元年丁卯		[illegible]如麟	田珊訓導
四年庚午		王應奎	王情訓導
		鄭[illegible]	吳治
			沙[illegible]蘭有傳
萬曆元年癸酉		[illegible]孔思[illegible]之子有傳	
		[illegible]自[illegible]	胡[illegible]教諭
		王[illegible]有傳	何召棠教諭
四年丙子		孫懋敬	

七年己巳		石崑玉	梅枝 訓導
		汪可受	劉楚僑 訓導
八年庚辰	石崑玉 有傳		程夢麟 有傳
	汪可受 勲之子有傳		郴榮
十年壬午		瞿甲 九思子	石朝章 州判
		龔懋	
		熊華宇 汝璞子	楊璞 訓導
十三年乙酉		邢懋順	魏廷槐
		邢懋學 奎之子	熊華學

		熊華國 偉之孫瑞州府推官	熊汝璞
十四年丙戌	邢懋敬 奎之子		汪美 有傳
	龔懋 巴縣知縣		汪斅 美之弟有傳
十六年戊子		鄒如栢 有傳	陳廷榮 副榜
			黃若雲 拔貢有傳
			右廷榮若雲舊志未載查廷榮副榜於節烈傳文內敘出若雲拔貢見本
二十三年乙未	邢懋順 奎之子有傳		王國士

			徐廷鑑 知縣
二十五年丁酉		石柱國 應昌子有傳	徐洙 知縣
		項楚	李榮 教諭
二十八年庚子		胡寄垣 有傳	李芳春 教諭
三十一年癸卯		劉賓 有傳	石應昌 知縣有傳
		王夢象 夢麟弟有傳	石鍾靈 縣丞
		邢懋敕	
		梅啓元 有傳	石有定 拔貢崑玉子
三十四年丙午		石有恆	馮體道

			王夢周 忠曾孫荊門州學正
			祝多壽 永州學正
			吳鳳翎
			商起巖 訓導
			邢懋才 拔貢有傳
四十三年乙卯		石有信 崑玉子有傳	余夢龍 訓導
四十六年戊午		余鍾琇	張宏道 訓導
		陳欽命 玉田教諭	張宏燮 訓導
四十七年己未	石有恆 崑玉子有傳		熊汝瑶

年	進士	舉人	貢
泰昌元年庚申			劉宥 訓導
天啟元年辛酉		石確	石瀚明
		陳琦	石粹玉 崑玉弟
			陳錫
			石煒然 沭陽知縣
			陳龍顏
			張養浩
七年丁卯		宛三奇	沈一鳴
崇禎元年戊辰			周士龍
			商祚永
			王賢臣 夢麟子
四年辛未	石權(?) 有甄子有傳		翁如愚
			曾邦常 拔貢
六年癸酉		石鎮國 有傳	程坤代(?)
		吳卿 有傳	張瑛 拔貢
		[illegible]世讓 晟之裔有傳	
		張國光	

年	進士	舉人	貢
七年甲戌	宛三奇 有傳		熊啟翼
			郭應昌 教諭
			周天度
			陳千
十三年庚辰	張國光 桂曾孫上饒知縣歷鎮江府同知		
			毛文錦
十五年壬午		蔣文 有傳	周應夏
		蔣暴(?) 文之弟有傳	洪度
			曹錕(?)

右明時進士舉人已照科分彙清其鄉貢歟內舊志未載年分亦未考其所仕何地茲於舊志以後可考者悉爲補入

年	國朝進士	舉人	鄉貢
順治元年甲申			黎平
二年乙酉			歐陽佺
三年丙戌		邢秉鈞 懋順孫有傳	徐健 恩貢
		熊兆師 陽山知縣	鄭孟師
四年丁亥			陳莘 千之弟

五年戊子	[illegible]	[illegible] [illegible]教諭
六年己丑		鄧起鳳
七年庚寅		歐陽任
八年辛卯		項[illegible]
九年壬辰		[illegible]
十年癸巳		董[illegible]
十一年甲午		[illegible] [illegible]陽訓導
十二年乙未		[illegible] [illegible]讓子有傳
十三年丙申		石璜 有信子
十四年丁酉	程允廸 [illegible]傳	
十五年戊戌		梅開曦 巴陵教諭有傳
十六年己亥		黃中[illegible] 景恒子
十七年庚子		吳士千 興寧訓導有傳
十八年辛丑		
康熙元年壬寅		黃景恒 恩貢有傳
二年癸卯		[illegible]之牧 有傳
三年甲辰		徐之綸 瀏陽訓導
四年乙巳		

五年丙午		
六年丁未		陳文蔚
七年戊申		石觀國 宜都訓導
八年己酉		
九年庚戌		
十年辛亥		石定熙 拔貢有傳
十一年壬子	[illegible]士貞 江西中式	[illegible] [illegible]都訓導
十二年癸丑		吳[illegible]
十三年甲寅		石永年 有傳
十四年乙卯		胡[illegible]
十五年丙辰		
十六年丁巳		魯觀
十七年戊午	徐[illegible]	程長治 副榜
十八年己未		程之亨
十九年庚申		熊經 兆師子
二十年辛酉	黃利通	王[illegible]
	邢維正 江西中式	
二十一年壬戌		

二十二年癸亥			吳卜祺
二十三年甲子		張光庭有傳	石高年武昌府訓導
二十四年乙丑			熊正拔貢保康教諭有傳
二十五年丙寅			
二十六年丁卯			[illegible]方長有傳
二十七年戊辰			[illegible]之曾有傳
二十八年己巳			[illegible]道宏有傳
二十九年庚午			陳[illegible]謨有傳
三十年辛未			董日躋學之姪有傳
三十一年壬申			石岑年
三十二年癸酉			李天培
三十三年甲戌	黃翀遹有傳		
三十四年乙亥			
三十五年丙子		[illegible]有傳	邢維樞德化學萬年訓導
三十六年丁丑			董[illegible]基拔貢
三十七年戊寅			石俊有傳
三十八年己卯		石再[illegible]	石再璧有傳
三十九年庚辰			石鍾岱有傳

四十年辛巳			石崧
四十一年壬午		潘同炓	
		黃之卓天門教諭	
		李天培有傳	
		王昇興國學正	
		邢承烈江西中式廣寧知縣	
四十二年癸未			
四十三年甲申			王宏業副榜
四十四年乙酉		蔣天柱	汪夢甲副榜有傳
		龍起鳳	
四十六年丁亥			梅秀
四十七年戊子		董洪基鄖縣教諭有傳	呂士俊
四十八年己丑			石嶁年有傳
四十九年庚寅			石悠遠恩貢有傳
五十年辛卯		周履坦榜姓李	李宗岳
五十一年壬辰			石坦
五十二年癸巳		蔣天柱有傳	邢臺德化學
		胡梅	

五十三年甲午		石爍有傳	邢炜江西副榜
五十四年乙未			胡廉勳
五十五年丙申			洪奎
五十六年丁酉			蔣從媛
五十七年戊戌			
五十八年己亥			
五十九年庚子		熊峻有傳	
六十年辛丑			黃之麒有傳
六十一年壬寅			吳世理恩貢
雍正元年癸卯		黃有福之驥子衡山教諭	趙日助拔貢
恩科		趙錦倘士謙子	石斂恩貢
二年甲辰補行癸卯正科		蔣中璧榜姓石有傳	
三年乙巳			吳中鰲
四年丙午			劉廷相
五年丁未			趙士謙之曾子有傳
六年戊申			熊我蘇正之子泮[illegible]
七年己酉		吳槃有傳	

		袁省東湖教諭	
		黃之麒利通判有傳	袁申副榜直隸范州州判
八年庚戌			洪材
九年辛亥			毛必友副榜
十年壬子		江振聲可受五世孫	洪晉副榜
十一年癸丑			吳士見
十二年甲寅			
十三年乙卯		洪禹拜應山教諭	趙錦堂士謙子拔貢
乾隆元年丙辰		張必元	石天聞恩貢
恩科			胡鎮楚當陽訓導有傳
二年丁巳			沈之仁德化學貴溪訓導
三年戊午		程同男	石際會
四年己未			石磐基定礎子
五年庚申			喻化鵠
六年辛酉			石斂公郡庠有傳
七年壬戌			熊坤峻恢之子拔貢咸寧縣教諭
八年癸亥			石倘志
九年甲子		余國秀巴東縣教諭	

		馮諒	
十年乙丑			趙欽
十一年丙寅			汪夢林 德化學
十二年丁卯			陳士元
十三年戊辰			錢國棟
十四年己巳			曾光岳 恩貢
十五年庚午		石爲藝	
		石步雲	
十六年辛未			石鑑

十七年壬申		夏曾勝 嘉魚縣教諭	田必昇 恩貢
恩科二月鄉試			喻之埰 郡庠
八月會試	石爲藝 [illegible]乙子桑輿 知縣		吳國彥
十八年癸酉		汪振玉 任[illegible][illegible]府知縣擢 廣西西隆州知州	黃際飛 副榜
十九年甲戌			於慕仕 選恩施縣訓導
二十年乙亥			吳冀札 郡庠
二十一[illegible]		胡芬 興同州學正	程一飛
[illegible]		胡可和 安陸府教授	
二十[illegible]丁丑			張嘉穆

二十三年戊寅			
二十四年己卯		蔣方營 現任嘉魚縣教諭	
		黎景運 歷任鄖西縣 恩施教諭	
二十五年庚辰		郭建侯 現任辰谿縣知縣	洪如淮 恩貢
恩科		蔣志坦 襄陽縣教諭推陞安陸府教授	
二十六年辛巳			
二十七年壬午		蔣方熙 解元	喻之堂
		石龍光	石之璋
二十八年癸未			

二十九年甲申			梅滑
三十年乙酉		梅滑 魁	李本質 拔貢
三十一年丙戌			胡如炳
			李祚 郡庠
三十二年丁亥			
三十三年戊子			李經 保康訓導
三十四年己丑			
三十五年庚寅		廖颺	吳文燦 恩貢
恩科			

[illegible]六年[illegible]			石元吉 副榜
[illegible]七年[illegible]			黃大本
			陳煥旂
三十八年癸巳			
三十九年甲午		胡攀龍 亞元	蔣志靖 副榜
		喻文鑒	吳延齡
四十年乙未			
四十一年丙申			黎孟鈴
四十二年丁酉			喻文錫 拔貢現任陝西懷遠縣知縣
			劉夢元 副榜
			石元吉 副榜
			胡　琛 副榜
四十三年戊戌			余士秀
四十四年己亥			寇映雷 恩貢
恩科			
四十五年庚子		蔣志靖	石有成
[illegible]			

黃梅縣志　卷之一　選舉表

四十七年壬寅			余傳輿
四十八年癸卯		帥承瀛	劉夢元 北闈副榜現充正紅旗教習
四十九年甲辰			
五十年乙巳			喻文鍪 恩貢
			石本淳
五十一年丙午		石　然 揀選知縣	
五十二年丁未			洪天錕
五十三年戊申		石本盛 魁	石純儒 副榜
			張書紳 學載孫
五十四年己酉		帥承濂	喻　鐘 拔貢
五十五年庚戌			喻　桐 恩貢
五十六年辛亥			石　渠
五十七年壬子		石文漣	
		石基善 然之兄	
		石文彩	
五十八年癸丑			蔣志壆
五十九年甲寅		張世傑	

選舉表中

唐

薦辟

李　玭有傳

武職

唐國徵授安南將軍

魏　英有傳

魏元述英之子舊志未載其職銜附見英傳內特增入

宋

薦辟

戚　容以博學薦授祭酒

武職

桂丙四理宗朝封總幹昭武侯賜葬閬宮山有碑

胡　璘威德侯

施　綸左衛使

元

薦辟

陳復一以德行薦授大理寺評事

陶　復以學克才聰薦授蘄州別駕

武職

陳國玉經之子大將軍司馬元帥

陶德甫

燕士貴指揮

右自唐宋至元舊志未列時代查李玭本傳載開元時人據魏英本傳事實係信宗時人餘無所考

明

薦辟

洪武　洪友璋有傳

武科附武職

商定國指揮

永樂　於　顯有傳

宣德　劉嗣儀以孝廉薦授蜀府典儀正

於　琥顯之子授大都督

天順　楊以道以孝廉薦授兵科給事中

石　泰昭勇將軍

成化　徐士森以明經行修薦授教諭

弘治　沙　興以孝行薦授知事

洪彌高以儒士薦授訓導

正德　洪升遠以孝行薦任同知

嘉靖　周乃武進士有傳

黎　政字思文舉人授守備

魏　璞以孝弟力田薦未授官

董　鎧任守備

陶　瓔以人材薦授廣大使

隆慶　周　俊以人材薦未授官

萬曆　吳宗吉以志行薦授英山知縣舊志未載今查閩本傳補入

張其謨舉人授守備

李先質舉人有傳

瞿　罕九思子有傳

曹　飛麟之子有傳

崇禎　戚　佐舉人

右前明所列薦辟武科舊志未詳時代今照本傳畧爲查編
其無確據者俟考

國朝薦辟

順治

武科 附武職

紀正國 鎮國將軍世襲阿思哈尼番

曾起龍 松江千總

蕭 曉 舉人有傳

方 昺 舉人

王 道 舉人

王 信 本姓程舉人

余 欽 舉人

童先賢 授千總

陳師貞 舉人

康熙

戴時旭 舉人

張大經 舉人

曾孫達 天津都司

張 銘 戊午科舉人已未科進士授浙江馬林守備

石 鼎 舉人

劉之炎 舉人

錢武勳 進士有傳

張學載 銘胞弟甲子科舉人

石 奇 舉人有傳

黃之綱 舉人

余學益 舉人有傳

錢 傑 舉人

舒學廬 舉人

雍正

石會□ 有傳

乾隆

按薦辟之典先德行而後文藝其事最爲近古苟非其人不敢濫膺所以勵風俗廣搜羅也武科起於唐他選用之法惟挽強引重而已嗣後定爲三場而騎射與文藝兼賞士苟韜畧夙優詎不足備干城之選哉

選舉表下

年號	應例	雜進	封蔭
明	應例	雜進	封蔭
洪武	陶文美		
	金瑛		
永樂	劉宗海縣丞		
	金珏		
宣德		張旭經歷	
		李道庫大使	
	張廷鳳		

年號	應例	雜進	封蔭
	程元慶		洪彌達以子文庠官贈修職郎
景泰	劉翰	柯世隆經歷	
		曹容吏目	
天順	程仲春		
		王翀巡檢	
		趙位州判	
成化	汪蓋知州		
	王希旦州同		

年號	應例	雜進	封蔭
		邢相河泊所	
		李鑒縣丞	
弘治	吳完節之子經歷		洪宇璇以子晟貴贈知縣
	程東縣丞		
	宛榔經歷		
	張鍊主簿		
	石錬有傳		
	商圭經歷		
	程鏜主簿有傳		

年號	應例	雜進	封蔭
	桂燿主簿	徐柏主簿	
		陳世清典儀	
		吳瀹典史	
			邢暹以子櫻貴封御史
			徐用以子欽貴封行人司
			石堅以子泰貴贈千戶昭勇將軍
	向日葵主簿		
	程正		
	汪梓		

正德

石　廸以子金貴封御史

陳廷模典吏

李　棟倉官

高　烺倉官

汪　廸州判

石　溥金之子州判

錢世青

陳　珼

程　慶

錢世柄

嘉靖

胡世槐以子鳳竹贈刑部郎中

曹　容以子懋貴封戶部員外郎

汪　智以子蓋貴贈知州

胡惟直鳳之子

趙顯宗

石　澍

石　澤鎮之子

胡惟學

石應敕

石應耤

陳一猷

洪紹貞有傳

徐　淯[illegible]

熊[illegible]璧傳之子

毛　詩倉官

孫　[illegible]縣丞

陳世治典史

瞿廷桂以子晟貴贈戶部主事

洪　模以子恩貴贈戶部員外郎

楊　炯

楊　炤

熊應援[illegible]府通判

余　澤有傳

隆慶

陳如錫主簿

倪鳳岐以子民望貴贈知縣有傳

段　淯以子尚絅貴贈知縣

王三省

吳廷弼節之孫主簿

年號			
	楊策		洪勳 以子紹貞貴贈知縣
	楊臬 經歷	王林	
	錢樉	吳廷奇 名山典史	
		洪紹元 有傳	
萬曆	王極		
	石汲		
	石沂		
	程達識		
	邢懋祖 奎之子		

年號			
			石丞芳 以子崑玉貴封戶部主事
			汪勳 以子可受貴封叅政
	曹文華		胡聞詩 以子寄垣貴贈文林郎
	洪紹哲 恩之子		劉維屏 以子賓貴贈中憲大夫
	楊勳 有傳		
	向日紅		
	曹鳳 荊府奉祀正	黃鋭 庫大使	
		岳鳴 典史	
		趙鄰倖	

年號			
		陳廷和 倉官	周渭 以子寀貴[illegible]承德郎
	潘浪 荊府典寶	張奎 典史	黃衆 以子若雲貴封文林郎
	熊儒 荊府典儀	徐大遂	
	王廷春		
	王夢暘 州判		汪道春 以父可受廕授恩恩知府
			石燦 以父有恒廕授[illegible]海道
天啓	胡爾慶 寄垣子		

	汪道暘 可受子		
	石有定 崑玉子		
	瞿阜		
	錢尚仁		
	蔣永 中書		
	柯甲		
	柯登		
	程𧇊		
崇禎		項應舉 巡檢	

黃梅縣志 卷之一 選舉表 三十五

張鵬翔 倉大使
黃仲朗 若雲孫　李向華 典史
陳　琪 瑜之弟
洪世讓 世謙弟
石　幹 鎮國子[illegible] 同知
熊師周 華國子
熊齊聖 [illegible]
宛一成 以子三奇貴 贈知縣
張惟正 以子國光貴 贈知縣

陳應才　梅尚賢 以子聞璦貴 贈修職郎
陳世淳
陳　鑑

右前明應例吏任舊志未詳時代今按本人所註世系畧爲詮次餘無據者俟考其封廕前後亦照仕任者前後編列

國朝應例　雜進　封廕
順治 梅　春 瑞昌知縣有傳　石應昱 以子鎮國貴 贈中憲大夫
余　有 蕭山縣丞未就　紀大昇 以叔正國廕 授員外郎
廖應揆 以父士貞廕 授汶川知縣

黃梅縣志 卷之一 選舉表 三十六

康熙　洪夢甲 以子世讓貴 贈文林郎
汪時敏 有傳　黃中理 以子利通貴 封文林郎
鍾振楚 以子紘勲貴 贈明威將軍
雍正 汪鵬躍 時敏子補上 知縣　石日乾 以子燦貴封 文林郎
吳　璋 介休縣丞以 保舉陞[illegible]縣 知縣
梅可達 羅平吏目　李大晁 [illegible]
李大晟 武定經歷
乾隆 梅士傑 山西夏縣知縣

李光佑 盧陵縣丞　李方[illegible] 以子光佑官 贈修職郎
吳　瑛 新喻縣丞未就
乾隆己酉增 梅可楚 桐鄉縣縣丞　石[illegible] [illegible]以孫爲藝 貤贈文林郎
梅自朝 江西南豐縣縣丞　石　[illegible] [illegible]貢以子爲藝 貤贈文林郎
石　欽 廣東儋州吏目　蔣天柱 舉人以子方晉 貤贈修職郎
石文齡 [illegible]借補江蘇 [illegible]山巡檢　蔣方[illegible] 文學以子志坦 貤封修職郎
陳之坊 吏目補直隸 平山縣典史　胡利勤 增生以子芬貤 贈修職郎
陳宗焜 廣東羅定州 吏目　胡任學 生員以子可郁 貤贈修職郎
吳紹稷 分發江西吏 目　夏有常 以子曾濂貤 貤修職郎

李俊傑 東目稱桐路縣籍[illegible]	喻子曾 以孫文錦貤封文林郎
貲學溫 分發浙江東台	喻之蓮 以子文錦貤封修職郎晉贈文林郎
梅立鯤 [illegible]	梅天秀 庠生以子可遴貤封修職郎
	宛近光 以孫[illegible]貤贈文林郎[illegible]知縣
	宛利璧 以子[illegible]貤授文林郎[illegible]知縣

按輸貲為郎始於西漢其後遂相沿不廢非盛也所以振淹滯而通科目之窮也故名公鉅卿間亦借徑於其中乃或欲舉而岐視之豈確論哉至於誥勅崇其祖父爵賞及於子孫典禮所遵廣孝思而示惠恩蓋莫非優邮臣工之至意焉耳

附衛官

李　六　鐵嶺衛	商勝祖　肅州衛
周　貴　遼東衛	周　宗　甘州衛
李　榮　金吾衛	張仁七　羽林衛
陳浦隆　[illegible]勇衛	陳受六　武驤衛
汪受一五　義勇衛	蔡　春　開源衛
瞿可榮　金吾衛	王　勝　南京衛
潘興隆　遵化衛	趙福二　遵化衛
李祖三　武城衛	李勝三　定原衛
宛　清　錦衣衛	殷　受　武城衛
鄒　興　遵化衛	董　貞　遵化衛
陶勝三　金吾衛	鄒　圭　燕山衛
胡受八　錦衣衛	郭　郁　遵化衛
張　福　紹興衛	周見一　燕山衛
黎　[illegible]　金吾衛	盛太四　松門衛
楊必英　成都衛	李蒲勝　會州衛
李文倫　濟州衛	吳宗奇　金吾衛
樊顯一　金吾衛	王安仁　淮慶衛

盧浦勝 濟州衛　石宫保 太原衛
湯勝祖 錦衣衛　劉　興 金吾衛
錢貴卿 定遠衛　趙浦勝 蘄州衛
陳應辛 濟州衛　劉　漢 開平衛
高勝四 鐵嶺衛　張福二 武城衛
徐文庸 盧州衛　王　重 遵化衛
戴　昱 清溪衛　鄭朝衍 寧山衛
聶福真 平溪衛　王省十 平溪衛
廖進三 九江衛　袁　受 金吾衛

鄧世昌 淮安衛　方逢貴 金吾衛
劉　勝 留守衛　張勝二 遵化衛
鄭保二 定遠衛　方慶二 平溪衛
熊　福 定遠衛　孫　祖 廣寧衛

舊志原載選舉新志悞入賦役且註籍軍字様致後裔等呈請更正 薛姚 公批飭仍歸原傳 志成於乾隆二十二年十月改於乾隆二十三年七月

星野志

五星之曜精成於天象臨於地列居錯峙各有垣纏梅於九州一黒子耳詎屬其垣其宿遐哉邈矣但舊志占鶉尾之次翼軫之間實爲未的今考諸書爲之核正

帝王世紀云自天地設闢未有經界之制諸子稱神農之王天下也地東西九十萬里南北八十五萬里及黄帝受命始作舟車濟不通乃推分星次自斗十一度至婺女一名須女七度曰星紀之次于辰在丑係吳

越分野 梅爲揚州之域應屬吳越

春秋元命苞牽牛流爲揚州分爲越國立爲揚山

漢書天文志牽牛婺女爲揚州

紫微主九州梅之分野當近女史扶箱

宋兩朝天文志女史一星去極十七度半入斗宿二度扶箱七星距南一星去極三十二度半入斗宿六度

天市垣者下元一宫名天市張衡云市樓六星在市中臨箕星之上箕上即斗分也 梅主吳越分當屬南垣第六星

宋兩朝天文志云天市垣二十二星東西列各十一星其東垣南第一星曰宋第二星曰南海第三星曰燕第四星曰東海第五星曰徐第六星曰吳越

春秋緯文耀鉤云赤帝熛怒之神是爲熒惑位在南方史記天官書熒惑曰南方火星吳楚之疆候在熒惑占於鳥衛（梅于五星爲火）

正義曰熒惑爲衛皆南方之星故爲吳楚之占候

河圖云熒惑散爲昭旦蚩尤之旗吳楚主之　星經熒惑主霍山揚荆交州

史記天官書丙丁江淮海也戊巳中州河濟也庚辛華山以西壬癸恒山以北（梅地淮南道十千分野當屬丙丁）

淮南子曰南方火也其神爲祝融　前漢天文志江淮丙丁之位　石氏星經南宮赤帝司夏司火司南岳

唐書牛女吳越分牛女者丑也正義並云丑爲吳越分（十二支分野梅當屬丑）

通典斗二十五度牛十一度女十一度辰爲丑

左傳昭公三十二年吳伐越史墨曰越得歲而吳伐之杜預註云此年歲在星紀星紀丑也吳越之分

周禮春官保章氏以星土辨九州之地鄭氏註云星土星所主之土星紀吳也（十二次分野梅屬星紀）

鄭樵通志十二次班固取三統歷十二次配十二野自斗十一度至須女曰星紀之次屬揚州費直起斗十度蔡邕起斗六度費直差一度蔡邕差五度蔡與費又差四度然皆屬星紀

土交曰次之有度猶地之有里也二十八宿所分之

度猶九州列縣各有其里則人之行於地也漢書晉書文獻通考一統志並云斗吳越之分爲揚州（二十八宿分野梅當屬斗）

隋丹元子步天歌斗星天弁星建星狗星天淵星天雞星狗國星皆係斗分　宋兩朝志南斗六星距西第三星去極一百一十九度鼈十四星距東大星去極一百三十度入斗五度天弁九星距西大星去極九十九度半入斗初度建六星距西星去極一百一十三度入斗四度狗二星距東大星

去極一百一十八度入斗宿十二度天淵十星距
中北星去極一百二十九度入斗宿十七度天鷄
二星距西星去極一百一十度入斗宿十六度斗
狗國四星距西北星去極一百二十度入斗宿十
八度 通考 南十六星即斗牛之斗其分野反在
北北斗天柱在張宿十度其分野反在南
按揚州則主斗牛荆州則主翼軫梅爲蘄春郡隸
古揚州之域爲斗宿詳楚地照爛由漢水之陰趨
光化穀城棗陽析而隨州撫應山於漢爲南陽郡

接張十七度終入翼凡六度自襄陽宜城南漳歷
荆州安陸二府西盡三峽東盡天門析以岳之華
陽東境皆古南郡地凡入翼十度沿漢川漢陽適
武昌樊口入黄州撫二郡境以至德安之安陸雲
夢應城孝感其地爲江夏郡入翼十二度由興國
以南蘄州以北窺彭蠡廬江於域爲揚州蓋翼之
十二度終而斗之度始入爲齊安一府紉廬剖蘄
州廣濟黄梅三處入古揚州梅之接壤西南德化
東南宿松皆與蘄黄地勢犬牙同爲吳越會稽

確類書皆主斗宿並屬星紀之次通考梅於秦爲
九江郡入斗一度德化於漢號柴桑爲豫章郡入
斗十度宿松於漢號松滋爲廬江郡入斗六度舊
志所云鶉尾翼軫蓋本晉書自張十七度至軫十
一度鶉尾之次爲楚分野之文不知梅乃近代轄
黄而古隸揚州兩漢時改入江夏郡則混入翼度
晉時改入弋陽郡則混入房度歷考天文各志及
散見他書斗牛須女爲吳越分野並無異詞今定
爲斗宿其或信而可據乎

疆域志

九州方域各限以名山巨浸梅於春秋戰國入楚秦漢南北朝地勢參差命名不一隋之開皇始别爲縣唐宋元明昏轄雖殊疆土未變劃然一區也傳曰四鄰封境之守四境國邑之守度地居民可勿念諸

梅在黄州之東廣五十五里袤一百七十里東至江南宿松縣二十五里雙墩爲界至宿松縣治三十五里西至廣濟縣三十里雙城驛河爲界至廣濟縣治九十里南至江西九江府一百里大江爲界至九江

府治一百一十里北至蘄州唐家山七十里爲界至蘄州治二百四十里東北至廻旂嶺宿松界四十里東南至宿松鴉鸛嘴界六十里西北至中峯山廣濟界五十里西南至廣濟龍坪鎮界九十里西至蘄州陸路一百六十里水路二百一十里西至黄州府陸路三百五十里水路三百九十里西至武昌會城陸路五百一十里水路五百七十里東至江寧陸路一千里水路一千里東至京師陸路二千八百里西至京師陸路三千二百里水路三千五百里

按梅於天下爲撮土以一縣廣袤計之東西稍狹南北較長則古侯國之地域民而居飲食教誨自成風氣曾氏曰各在其地者有自然之限隔語言聲音爲之不同邊境小民各隨水土以是知古人之畫疆分界非用其私智也

附形勝

立國者爭勝於無形亦爭勝於有形以無形立其體而以有形爲之用方面之環拱遠近之捍蔽内外之控馭相時而理各擇所要其形勝之謂乎梅居楚末

爲全省門戶地當孔道往來絡繹北走京華南馳百粤跨吳會於下游聯豫皖以接軫舟車輻輳豈非四通之境八達之衢哉此大勢也以接壤言之地各犬牙互相繡錯譬之於身此爲腹中潛皖頭顱蘄廣肘腋伸足南向則潯陽匡廬嵐光水色回環交映亦足雄視方隅矣然猶外蔽耳試舉内地火燄諸峯從英霍盤礴而來爲邑鎮山由妙高下排子融結縣治左右各抽數大支羅列起伏萬叠層巒凡水皆東流而隨龍之水獨西流四十里折而南下大江汪汪自鄂

涪峙亘數百里襟帶於外所謂長江天塹不可飛而渡也中函太白陶水之險波濤浩淼源感涉三湖爲之尾閭洵哉吳楚之奥區荆揚之咽喉舊志謂東通佛坐嶺是爲東隘西通雙城驛是爲西隘清江鎮是爲南隘楊子九門山是爲北隘停前驛是爲東北隘龍坪保賽廟是爲西南隘涉湖口斷腰是爲東南隘此恐不足盡其要害也形勢所在必周覽重地所係考古昔成敗得失之由審其緩急布算指畫以成保障如梅在唐時李希烈兵蔡山謂險不可攻蓋江爲之阻也仙芝之反曾元裕破之古角山廻旋嶺是其擒縛處以此觀之西南之險在江宵小出没守江則梅可守矣東北負山爲固陸梁者旋見撲滅在昔已有成效而唐家山第一要地背斷面黄路徑斗削一夫當關萬人莫上有志者未雨而綢繆之斯誠得王公設險之道也與

山川志

霍山中鎮綿亘八百餘里其山之陽高大而巍峩分支劈嶺而邑之諸峯競秀焉山多而水泉爭出東西數十流屈曲環繞郭宗縣治滙張家湖而東趨而大江外旋如帶則又天塹之區也尋其脉絡指其方隅足徵輿壤標勝槩焉

諸山

北部山　縣北里許山頂平正如玉枕爲邑來脉其上爲鳳臺山相傳羅致福真人昇仙於此明志云爲縣龍腦氣不可輕有鑿造累壘山頂及掘取赤土致傷來脉永宜禁止

國朝梅文詩後山削如屏前山伏如几佳哉氣欝葱層巒抱百雉着屐踏芳郊行行聊復止景物自鮮妍吾亦適吾履引領向北望平疇沃且美豈不事耕耘深觀達者理茫茫大塊中兀然一峰起徘徊陟其巔上有遊仙址佇立憶鳳臺涓涓西流水

七嶺岡　縣北七里分七支而行其上爲菩提廣福山後爲黎踊山稍轉爲穀嘴山爲台望山右曰汪山口曰卓壁嶺曰佛子嶺

豹兒山縣北二十里東抵赤塘統曰小溪山內有梅
師嶺拳石洞洞頗幽邃堪供遊賞
國朝吳永遜詩捫蘿石徑入幽洞渺如拳不記桃源路
渾疑菊澗泉冷雲棲斷壑纖月見遥天高士羲皇
卧曠懷淨俗緣
城陞嶺縣北二十五里
上寺山縣北四十里
梅水山縣北五十里山分上中下層疊如波
紫雲山縣北七十里爲老祖道場羣峰筆立其巔寬

平墾田數十畝旁有白雲洞火焔洞噴雪巗石壁嶙
峋下臨絕澗
明汪勳詩載酒尋山寺穿雲杖履輕路從奇岫轉
人在半空行怪石虬龍峙飛泉風雨驚徘徊足幽
賞直欲學無生　石峴王詩巍巍洞口形試問皆
驚愕既道似天開胡爲於地着想因氣結凝偶出
烟熛煦望抵護入操飛還繞鳥落尋思隔世氛豈
不於茲托念瘦已身輕嫌衰尤脚弱聞旁生紫芝之
或內藏丹藥到者咽吾山茫茫一大壑有客昔圖
遊僮牽腰帶索岩方卓以錐峽又張其角而必挈
攀躋能無戒履薄登登果力強許赴盧敖約　遥
瞻慧月在雲端幾怯登臨阻屈盤野火夜分燈映
壁瀑泉春動鼓鳴灘降魔怪石攢龍窟供釋香瓶
泛鳳團如此幽閒人罕到華幢留與洞仙看
國朝張仁熙詩鄙性好山水決往頻遭峰訪導登層霄
亦惟中所嗜頃聞賈公居古洞延空覃險矗絕人
禽下臨光景碎我行邛山靈神影章終晦劃然天
地開俯仰澄高霽指顧杖僧間眼耳一時寄　黃

利通詩老不自珍重買勇攀絕壁層雲入袖來危
石依人立虬松接古趾高者千百尺晴天何處雷
飛泉鳴不息思欲跨風雨崩無仙佛力山僧吾左
肩鳩笻吾右脅三嘆負薪人無乃生羽翼　舒逢
吉詩紫雲峰勢欝嵯峨憶昔披榛帶雪過三徑菊
松遲杖履十年鐘磬隔煙蘿夕陽綠樹清秋晚明
月芳樽倒影多獨有愛山真興在仍須絕頂放高
歌
闗宫山縣東北二十里一曰東嶽山

石門山縣東北十里

國朝陳文炳詩石門幸無事登高聊永日雲霞千里開
渚壑萬形出澹澹溜泉輕飛飛度鳥疾山禽半猿
猱野樹多楓橘感別時已非憑眺情難一遠懷不
我同孤輿與誰悉

多雲山縣東北十五里爲流支禪師道場山頂常有
雲氣旱時土人伺爲雨徵

國朝余學益詩不向樵夫語誰識懶雲窩溪山留古跡
樵子放高歌白雲無定狀青山不自磨支祖曾卓

錫曠劫有禪和香風長馥馥空谷晚蘭多孤芳誰
共賞獨許散人過我來尋舊武躡磴引藤蘿盧空
借一坐將無惱維摩　黃利通詩一杖真堪當軟
輪浮雲捲盡萬山青草深細認桃花徑柯爛剛聞
澗水聲古塚荒煙傷寂寞隔江青嶂自分明此來
正在沉酣後沽酒無勞惠遠情　艾霖詩曲逕盤
旋路未通遙聞樹杪出鳴鐘到門香浸梅花瘦入
座經翻貝葉濃小擴園蔬供客饌高燒銀燭助談
鋒關山北道多豺虎送我隨雲過別峰

烏牙山縣東北二十里

明余振遠詩啟戸看山色清芬拂面來林燒薇出
起地拆笋芽開把酒紅潮頰烹茶綠染杯塵囂脫
已盡何事到天台

東山一曰馮茂山縣東北二十五里爲大滿禪師道
場山頂有白蓮峰洗手池山腰有講經臺闘法洞皆
五祖遺蹟遊人多登眺焉

王士禎記康熙乙丑元旦大雪過黃梅縣謁東山
五祖道場山下有庭額曰天下祖庭宋英宗御書

也躡雪歷磴可八九盤夾道松萬株下臨絕壑曰
引路松稍上有橋跨兩澗之間曰石梁渡西上得
天王殿拾級上爲毗盧閣爲真身殿有縣人瞿甲
所題栽松後身聖容書甚奇古禮五祖真身東循
石級三折而上背長松巨竹有三石鼎峙如囷上
爲授法洞洞屛外拓中有五祖童子像祖再來得
法四祖當在破額山不應在此山巔有法雨塔唐
上元間賜名有白蓮池産白蓮相傳五祖手植也
天澤禪人方丈下觀剛禪師塔院前竹巨者兩圍

下山十里間木多松楸楓柞樟柿冬青草多蘭蕙鳥
多畫眉錦雞竹雞翡翠山下村落中多梅花
宋歐陽修詩日煖東山去松門數里斜山林隱者
趣鐘鼓梵王家地僻遲春節風晴變物華雲光漸
容與鳥弄已变加氷下泉初動煙中茗未芽自憐
多病客來探欲開花　蘇軾詩登嶺勢巍巍蓮峰
太華齊凭欄紅日早回首白雲低松栢月中老猿
猱物外啼禪師吟絶後千古指人迷　明何遷詩
秋色太無聲山樓倍含情白雲還寂寞只使石床

生　又　採藥東山下秋風不住吹中有瑶花草根將
只自持　又　白日青林中行覓石髓食夜來山雨過
石上有虎跡　又　遲回古洞旁誰是觀心者一見白雲
生忘言秋月下　又　欄畔銀河拂地垂天門森颯深
秋時自憐不是西來意昨夜分明到上池　又　朝出
看山暮不歸岩雲谿色相因依香樓坐對夜巳靜
猶聽山寒泉作飛　汪美詩年來不到東山寺紫
翠車重晚照開報客峰頭聽鶴淚持茶松下見僧
來燈傳古碣三生夢月渡平林午夜杯擬向白蓮

謗舊社相期努力上層臺　又　一別東山已十年重
來風景更翛然野煙疊翠依岩竹晴瀑飛寒落澗
田借榻偶分元鶴夢談經應識野狐禪會心人去
憑誰話幸有山僧一飯緣　石崐玉詩磴磴捫蘿
列上方古延斷碣自隋唐旛拖松子敲鈴響漏滴
蓮花落鉢香僧定出林雲覆座猿呼入戸月窺床
獨慚塵世波渣者生與宏師共一鄉　余金詩此
地重來侶白雲池臺景物總幽芬竹間山色微茫
見松頂鍾聲遠近聞

國朝蕭蘊樞詩喜向層巒覓老僧荷香風引帶露蒸山
腰倏明又倏暗到來晚月影初升靜禮瞿曇閉叩
祇天風吹送白雲屋幾人說法成荒唐危峰猶自
傍佛宿石徑尋芳優曇鉢維摩不應真未豁處處
煙光含緑緋何如蓮白天錦奪　王士禎詩南國
不搖落春風況早廻行勝穿白雪大事問黃梅絶
蹬盤空上飛梁拂澗開萬松猶引路消息記重來
又　寶界琉璃淨名香篤耨熏堂開數峰雪目盡九
江雲優鉢花時現頻伽鳥競聞躋躋山下路楓葉

北紛紛　胡任學詩石磴盤空帶冷香青藂布襪玉池旁過僑分携半林月渡漢斜通一徑霜鳥篆蘚苔花影靜天低星斗客情長老僧喜共三生話歸聽鐘聲送夕陽

〔朧坪山〕縣東北五十里深入爲唐家山與蘄州接界乙亥秋抄乘時有事于蘄之大同鄉出宿于邑東山僧寺質明行岩澗亂石間經龍坪唐家諸山屆曲陡絶聰肩夫與卒語有感而作山行二首云東山曉鐘鳴乘馬出古寺初日射晶瑩林巒浮青翠行

行入山深兩壁怒張翅約畧一線通盤曲如縈鬢澗水亂雷聲石磴排鱗次崚嶒怯馬蹄爭言藍輿利怪哉山中人兩足猿猱類上凌千仞岡下盡十里陂跬步輒易形旋折無危地喘氣如吳牛顔色鮮恐悸千古笑王陽回車等兒戲何平靡不陂傾仄危如繼安得盡康莊驅車去如意立定在脚跟世路無險易又九月苦恒暘秋威炎猶熾野老并隣人一縷假覆被關情如家人慰勞詞肫摯感其意殷勤酬語不辭費勞者吾之常險非吾所避願爾山中民安爾山中趣今歲頗豐盈婦子相嬉戲籌車足稻粱委積如櫛比勿恃鼠有牙重煩天子吏公庭張雀網林間絶車騎耕鑿無他求此風爾知未聞言意欣然持笠云歸去

〔獅子山〕縣東北五十里

〔南山〕縣東北六十里爲圓證祖師道場山半有千仞石壁鐫金剛經一部於上今爲苔封不可識

明梅開琮詩崚嶒橫碧落古木列千章結髓巘邐動炊麻澗底香遺鐫成鳥跡曲徑是羊腸緩步著

苔痕餘霞散夕陽又吾愛南山好傳燈此最先曾闢空裏錫不費杖頭錢絶壁雲飄練飛濤石濺菸幽懷如可托覓必在參禪

〔北山〕縣東北六十里爲無迹祖師道場與南山項背相依晨鐘暮鼓互爲響應故有南山煮火北山烟之一語

國朝余學益詩東山纔踏遍復向北山遊不淺登臨與能窮巒壑幽鳥啼煙火接古木嶺雲妝難覓菱蘿影池邊月已秋　於敏詩半空幽谷抱千峰高下

山花遠近紅爲憶當年池上樹而今荒落任東風

鼓角山縣東北七十里山勢迢遞起伏無端遥望修篁倚石老幹卧雲百丈飛泉從山腰瀉入澗中清流見底寒光偪人

國朝陳其雯詩杳然巖嶂深朦朧烟霧曉遥望多修竹入徑尋窈窕栖隱抱寒木野客驚山鳥行行心轉悸雷吼噴未了回首飛泉入石窟覺天小方辭寵辱情來此脫塵表

天衢山縣東北七十里山徑倚仄至頂平曠如衢傍

有大坪小坪石壁嶙峋高踞衆山之巔延袤至廻旆嶺則委蛇環抱勢如展旗過此爲宿松界

國朝邑人梅天鈞記邑之東僻而遠者曰大坪貌瓏然削怪石纍纍非攀藤不可上旁有徑如綫繞山行里許復得小坪巉巖之狀與大坪畧等兩峰對峙窅然別有天地境亦可矣哉乃以其僻也鮮有過而問之者搜探奇若斯之難也余先塋與大坪相近歲一往省必取道白遲峰之左肩層巖纍級勝與胸俱甚矣其險也稍進而險者有加愈進則愈險焉爵喪色沮汗滴如珠心怦怦不能定少焉休於石氣稍降蒼茫四顧廼不見天覺此身上下皆雲氣往來卽與余同登者祗相接以聲而莫知其處久乃開霽羣峰畢現一望皆千尋峭壁遥聽潺潺水聲自澗中來趨視前所歷諸險一一伏于足下余瞿然以思天下事阻於難則自畫而返雖宇内至奇之境且覿面失之而余以省墓故屢覩乎兹山之勝也故記之

粉壁山縣西北十里山形壁立石色如粉又五里爲

安德山

考田山縣西北三十里自楊梅嶺入其西爲大竹山小竹山

國朝胡利勳詩聞徑尋幽到竹西兩山迷霧接高低相逢馬首知何處忽聽一聲雲外雞

高山縣西北三十里爲静鑑禪師道場

國朝胡淑詩高出層霄步履艱天風送我伴雲實杖分花草叢中緑屐印莓苔石上斑嶺月經年長皎皎巖泉入夜自潺潺滿身盡染嵐光濕何事更葬山

附外山

石牌山縣西北三十五里深入爲三十六水一水廻
環三十六度斜遶諸山而出其下爲宋公飛仙臺内
有黄龄洞即宋公修鍊處稍右曰中峰山
國朝洪壐詩縹緲高卧白雲邊鶴去臺荒意悯然只有
洞門一片月依稀猶帶舊時煙
卓壁山縣東十里
國朝石泰基詩孤峰突立杳難攀嶺上白雲自往還老
樹蟠空藤作蓋飛泉瀉壁石生斑目無纖芥浮圖

小身似菩提古刹聞遥想當年卓錫地至今猶有
水潺湲
茅栗山縣東十五里
古碌山縣東二十里山分上中下重岡複嶺與停前
驛諸山相連絡
赤土坡縣西三里
毛光山縣西七里稍前爲金鐘山
尨市山縣西十五里漢縣布所築東西二城在内
國朝梅開瓊詩獨上高峯望山廻路轉縣横空勝色含

遶徑夕陽斜舊寨悲離黍荒城奏遠笳秦關猶遜
鹿楚幕忽棲鴉極目蓬萊水驚心桃李花苔紋侵
翠壁樹影卧平沙夜月莊周夢春風陸羽茶鷓聲
聽去晚泉石傲煙霞
西山一曰破額山縣西三十里爲大醫禪師道場山
形廻抱如螺絶頂雙峰屹立飄渺霄漢間前有瑶鳳
山獅子山大蓴山勢甚磅礴嶔極巉岫之奇他如受
法洞卓錫泉洗筆池石魚磯宗門古蹟名流題咏甚
多

宋蘇軾自黄州望西山詩雙峰何處白雲悠赤壁
千年戰未休縱使長江澄碧玉誰將梅子落黄州
明趙貞吉詩靈湄橋横碧玉流山盤正覺白雲
悠老松奔石嬡遶屋脩竹接天高出樓鹿抱麝香
眠砌草鳥飛翠羽薄簾鉤狂夫野性那閒散又得
浮生半日遊　汪峴瀾詩破額峰頭宿雨收尋僧
古寺傍雲遊千山對色圖新畫萬户春風破舊愁
李得陽詩停驂還勝到禪扉寂寂空山碧四圍
老衲莫疑身未隱閒心已逐野雲飛

國朝傅景星詩路轉青山合橋穿碧玉流石魚疑澱刻溪鳥學鸜鵒老志雲中鶴閒情澤畔牛歸來梅子熟消息問枝頭　石喬年詩指點諸山似落梅半天誰劈兩峰開巨靈締造揮神斧浩刼莊嚴禮佛臺眼曠已收人境盡身高寧有俗緣來最奇倒雨飛巖窟殷殷聲聞下界雷　舒盎生詩石室千年迥不開風雷長自鎖莓苔羅摩寂寂深如許坐見江流萬道來　毛焜詩花雨紛紛繞塔前而今指點洞爲先當年說法傳何事松老西山別一天

黄梅山縣西四十里山多梅樹相傳邑之取名以此

馬頭山縣東南三里山勢昂如馬首稍上曰熊家山稍北曰龍泉山曰踏石山石上有虎足跡視之宛然

筆架山縣東南十里連起數峯參差如筆架其旁爲香爐山德章山有廣嚴二大師及清身道者真身在焉

馬鞍山縣東南十里相傳山頂有天窓洞其委逼源湖見擴聞旁有蕭山地遠塵囂頗稱幽邃

磯山縣東南十五里原產鐵今無

明程夢麟詩曾說爐山事已稀閒尋舊跡尚依微谷中劍鍔埋黄土洞口仙靈現白衣金氣已隨朝霧散煙光猶作暮雲飛相傳下有桃花徑疑入秦源是也非

獨山縣東南二十里旁有小木嶺大木嶺山

東觀山縣東南三十里聳立湖邊邑中諸水遶之以達於江

國朝梅天鈞詩孤峰起湖邊登臨意渺然曉雲迷海日暮雨隔江天石激中流柱藤樓斷岸船匡廬橫碧落峰影若相連

路頭山縣西南十里稍右曰福盆山

邑人胡宦詩形勢蜿蜒氣磅礴一粟天地吹橐籥坱然昂首示峥嵘四維列屏若城郭城郭相去十里賒太白西望夕陽斜雲外草木深鎖翠倏起倏伏走龍蛇起伏無端可奈何長途絡繹車馬多羈旅勞人催落日陌頭楊柳動悲歌君不見景運方新萬國通春從皇華雨露中山色蒼蒼遊碧月影猶照戍樓東

柮茶山縣西南十五里自破額山口進奔騰曲折至
黃蓮觜其勢屹然
焦墩山縣西南二十里
舒城山縣西南三十里在太白湖中四面皆水明邑
人黃景恒胡君孚吳之棟等避兵于其上
國朝胡任學詩孤嶼突起日半啣峰下裁碧自舒晵旭
氣爛熳奇彩谷倒映湖水爲煙嵐橫鋪錦帳十餘
里獨望漁竿排千轡簇乃一聲山谷震薄暮遠燈
林外參風過團團搖翠蓋芙蕖滿目環東南何人

更覓瀛島路山色重圍水數潭
遊螺墩縣西南三十里狀如覆釜每於雨晴霧蒙時
望之若浮於湖中上有邑贈君黃見溪墓
沙羅觜縣西南四十里
國朝於昇平詩排列諸峯接水涯平生蹤跡伴蒹葭漁
人結網還成市野客乘舟便作家林隱寒煙微帶
雨山啣晚照遠飛霞十年莫負尋幽興歷盡逍遥
石徑斜
桐油山縣南三里

金牛山縣南八里附近者爲天馬山圍山炊瓶山龜
山雞尖山鵝子山諸峯林立勢極縱橫
茅屏山縣南十里
上新山縣南二十里
下新山縣南二十里
蔡山縣南七十里相傳古大江經其下石崖纜迹猶
存上有龍王廟峰頂寺今俱廢下有義門齊國夫人
墓
胡鎮恒詩荒亭落日照遺碑躑躅峰頭意自悲西

望長天江影碧年年雲水下峨嵋又白雲冉冉向
南飛長送賓鴻入翠微江水曾經山下路閒尋古
蹟叩禪扉
諸水
縣河發源於小溪山三丫嶺經多雲山下過陶家舖
河至沙河合諸水於鐵塘口流今築鐵塘口獨小溪
山一水從縣河出其東北一帶環城之水俱由東關
蘆花橋與縣河合廻抱縣城斜轉向西曲折而下迅
流奔注至黃連觜入大港滙張家湖

按前明舊志縣河之水當縣衙儒學之前過身反跳與堪輿不協嘉靖間縣令梁廉買民居徐華等地開濬新河纏繞縣學二基與射壇水合循演武亭去後河道淤塞水從段家洲南邊直出乾隆七年知縣邵豐鍭案邑中紳士議上築鐵塘口俾外流不侵内河下築段家洲南邊河口謗云生起段家洲科甲滿街遊掘演武亭側古河繞縣衙儒學之右又建文昌閣於水口雖用形家言亦河流故道如此也

東河一發源於唐家山龍坪山麓下隆斗河經渡下

橋河至兩河口合流　一發源於古角山經停前驛河至兩河口泛梧林舖下鐵塘口　一發源於茅栗山下安亭港出悠然河至龍泉山與大河口合三河共爲一河從鐵塘口北注縣河今築鐵塘口與縣河遂分自鐵塘口下復分爲二一爲殷家河謂之中河至阜岸與縣河合一爲馬頭橋河謂之南河至黃蓮脊之上與縣河合滙張家湖

西池發源於茅港沖轉和尚橋壩流王家橋壩下西池塘穿射壇橋西流出卜家橋會縣大河

西河一發源於王正梁小冲轉余壘嶺下黃金壩至徐伯全河虔下山橋更合上山橋水出郭塘橋入國魚氾滙張家湖　一發源於安德山經什村廟燕支坂楊水橋滌木港入大河下濯港　一發源於青草太平六渡河經考田冲下大河舖至白花坂流分爲二其西流者入長安湖其東流者下桂家賽入濯港　一發源於大葉山經雙城小河斜下龍頭山河至舒城山入太白湖

按邑中諸水西河或入太白湖由太白湖渡出或

由濯港出至黃連脊俱與東河諸水會張家湖逵下新鎮過源湖口走東觀出懸水溝入大江

長安湖縣西南三十里

太白湖縣西南三十里

國朝石爍詩波光如鏡接遥天百里驚濤蕩大千斷續漁歌浮水畔參差鷺跡印沙邊淡煙斜抹舒城郲疊浪頻催濯港船極目江心雲影碧幾迴搔首憶青蓮

楊林湖縣西南四十里

隔水湖縣西南四十里

柴池湖縣西南九十里

張家湖縣南二十里

源湖縣東南三十里有大小二湖

明汪美詩作客扁舟湖上遊好春佳氣爲誰妝峯巒隔岸孤青遠楊柳沿堤萬綠稠短芷修蒲香細細落霞翔鴈影悠悠醉來笑指匡君室何日騎雲到上頭

感湖縣東南五十里

洣湖縣東南六十里

黃花港縣東南二十

灌港縣西南三十里

清油港縣西南二十五里

白湖港縣西南三十里

國朝梅天鈞詩帆影已從湖口出綠楊兩岸泊艫艤橋頭昨夜東流水爲赵秋風到大江　澄霞一片明如錦瀲灔湖光在水西日落孤蓬歸興晚停橈檥醉前溪

安亭港縣東十五里

犬港縣東二十里

古港縣東二十五里

大江自廣濟龍坪下入黃梅界舊繞蔡山故蔡山有古江心寺後長鴻腦洲大江由洲外蔡山之江漸淤後又長新洲而江遂三分至封郭洲復合爲一其勢皆由北而南歷清江抵楊穴江勢皆由西而東

明汪美詩晚眺秋江外烟霞翠作堆長空一鳥下斷岸片帆飛山色參差見水光屈曲迴匡君遥謂我何日破忙來

城池公署志

城池所以防奸固守公署所以治事臨民梅邑兵燹之後廢興不一臚載於左其街巷坊井亦附列焉

城池

城周五里二百四十二步高二丈五尺零計垛口三千七百五十有奇上濶九尺底濶一丈四五尺不等爲門有六東曰仁育北曰拱辰西曰正義南曰文明西南曰化龍即天衢門東南曰小南門即便民門舊西南隅有利道門久塞門各建有譙樓環城爲池北

乃縣脉過處不可深鑿東當河之半面南甚特河爲險西亦阻塘瀦水惟西北北東各掘濠一道深濶各丈餘

明以前無考成化二年知縣朱璧築土城高一丈建四門亦掘有濠後土民劉汝國犯之不能拒守

萬歷二十二年巡撫郭惟賢題建石城時長沙通判孫鉝署縣事董其功至二十六年戊戌始成

崇禎十五年獻逆禍梅因增城濬濠守之卒爲所踞知縣張聯芳還署後復繕之城樓俱燬未復

[illegible]初順治十一年知縣徐昱始修城樓因南門久閉至是復開以昌文運兼順北濠培來脉

雍正四年知縣李珣修西南城缺壞數處並禁北濠來脉之取土者

乾隆六年化龍門右傾裂知縣邵豐鍭修補

乾隆九年小南門一帶水衝城脚倒壞數十丈知縣楊[illegible]增一再修完於城外作石壩數處以遏河勢

乾隆十八十九二十年西東北各處城身坍卸及墻垛傾壞知縣薛秉時節年修理兼葺治各座譙樓六

門俱係卡房又捐買居民鄒姓羅姓胡姓等基屋蓋造卡房給兵役棲止以司啟閉其南門基屋俱係貢生吳承恩捐送

公署

縣署在城西[illegible]隅爲宋[illegible]軍故址頭門外甬道建木坊扁曰[illegible]東[illegible]又[illegible]坊一座元皇慶元年縣令[illegible]始建縣治

明洪武九年知縣[illegible]修葺十四年黃子政建鼓樓成化六年[illegible]中[illegible]新縣治自儀門至頭門左側爲注

從政基地將縣前舖基抵換以擴治基
萬歷末年鍾顧俊建石欄杆於堂下改鼓樓而新之
崇禎十五年十二月獻逆屠城治署盡燬知縣張聯
芳搆草舍蒞治廳三間殊非舊制
國朝順治十一年鄧源濂建圓堂三間坐樓三間顏曰
梅閣
康熙四十三年曹世璞改建大堂
乾隆二年莊標於儀門內建誡牌坊一座　七年邵
豐鍭建具瞻亭二座　十七年薛秉時於圓堂西建

書房三間顏曰集益軒　二十年重建大堂鼓樓又
建後逸樓　二十一年重建儀門
前署教諭事濮川龔佐龍記吾楚東南盡於新蔡
路通八省宰是邑者簿書期會外疲於供應輿廢
舉墜皆不暇爲原武薛　公學有本原體用俱備甫
下車見衙署漸就傾圮明日入學行釋菜禮宮墻
亦如衙署爰捐俸倡紳士修廟學經營締造五年
工竣復建修衙署鼓樓高廣若而丈儀門左右廡
若而楹大堂後廳高廣若而丈木工石工瓦工繪

樓堅固可垂永久東舊有堂庋頹敗加丹䕶顏曰
惺惺　公弟公子讀書其中西築新楹曰集益軒公
暇集生童文昌閣謂梅書院課文藝歸署丹黃甲
乙又開館修邑志紳士分纂上其書公筆削總其
成皆於此室又西爲射圃舊射圃在城外有後逸
樓爲飽參軍故居後廢今建樓於此與幕中諸公
賦詩其上內署三間兩廂東西列不事塗塈一仍
其舊　佐龍前署邑學建廟學得附名末誦詩紀勝
今衙署修　佐龍因事過邑公命記之夫衙署爲一

邑觀瞻況新蔡爲八省通衢冠蓋往來尤宜整肅
輝煌以昭
國家百餘年太平渢渢之象若視爲傳舍任其傾圮
因其簡陋何以肅觀瞻公首修廟學復修衙署財
工皆不病民又內署則仍舊示儉約可謂知要矣
公任此六年緝編戶備倉儲平獄訟興書院百廢
俱舉亦可見　公之學有本原也
戎衙署在縣治東　乾隆二年縣丞張文德修建正
廳　十八年張一飛增建後正屋三間圓堂後曾建

書房二間頭門及左右文卷房俱行修理

捕衙署在縣治儀門東　乾隆十八年典史李九[illegible]

於廳側增建正屋兩重前三間後五間左右廂房各

二間垣墻一圍

學署在縣治鼓樓東　詳學校志

營署在西關內即兵備道舊址大堂一重三間二堂

一重五間厨房一間左右兵房各五間頭門一重門

外左手馬房三間馬房頭隙地一塊右前文卷房一

間屏墻一座基址左抵吳人墻脚右抵城脚馬道胡

人屋亦屬營基後抵汪人墻脚前抵劉家塘路通曹

家巷

驛丞署在停前鎮縣東四十里

新開巡檢署在新開鎮縣西南七十里

明洪武二年開設濱江歲久屋壞成化六年知縣戴

中巡檢孫成重建正廳落厥門樓俱備今頹廢賃民

基

清江巡檢署在孔壠鎮縣南五十里

明洪武二年開設成化六年重建與新開司同今移

居孔壠鎮賃民基

萬壽宮在東門內係察院舊址乾隆四十二年闔邑紳士

商民人等恭建以爲

朝賀之所

主簿署在縣治西缺裁署亦廢

稅課局在縣治東丁字街今廢

元末罷局明初復開正統元年以課額不敷遂罷後

改立五顯廟

鐵冶局在廣山縣南十五里今廢

明初設大使一員副使二員洪武三十年以開完罷

局後遂不復產鐵

源感湖河泊所在新城鄉縣南二十里今廢

明初開設成化七年知縣戴中所官冷康重建廳廠

門樓後頹敗賃民基隆慶元年官裁署廢

桂家賽河泊所在新城鄉縣南二十里今廢

楊家穴河泊所在新城鄉縣南八十里今廢

柴池湖河泊所在長樂鄉縣西九十里今廢

以上三所明初開設正統二年裁

太白湖河泊所在永福鄉縣西三十里今廢
明初開設署建於沙羅嘴之廖樂溪隆慶元年裁革
轄屬源感河泊所帶管明末全裁

分憲二司在鳳凰池二司相連明知縣戴中買民則
鑒地建立今廢

兵備道在西關內座樓一重今廢

孔壠公館今廢
明萬歷間楚藩臬二司謂九江至黃梅近百里中途
無駐驂之處給銀二十兩與知縣張維翰建正廳三

間久頹廢基址亦無考

演武亭在城外西南隅廳一間左有旗纛堂右有旗
鼓臺遺址尚存

陰陽學在西郊後改急遞舖左今廢

醫學在東郊後改急遞舖右今廢

僧會司在東禪寺今廢

道會司在泰源觀今廢

附

養濟院在西關外

育嬰堂在東關外前後瓦屋三間隙地一塊雍正十
三年國學生趙世法獻

附

街十五
東長街東門外關廂至先農壇　東市街東門內至左
家巷　稅務前橫街左家巷至塔下巷　南市街塔巷口抵驛
鸞坊　河街南市街希蘭坊西轉過鳳凰池　縣前街出化關斜轉一帶抵河橋
新街在縣右　鳳凰池街在縣左　四牌坊東街由坊下抵五顯
廟　西市街四牌坊抵西門　西長街西門外關廂抵相門口

北市街四牌坊抵北門　北長街北門外抵北邛山大
小二南門街各出抵河

坊十四
畢家坊東城外　承詔坊泰源觀後晋惠帝詔爲羅真人立觀故以名坊
忠孝坊左家巷左　希蘭坊稅務前　上春坊　下春坊
有巷俱穿南市　翔鸞坊鳳凰池　宣宣坊　宣化坊俱西
關內　市曹坊分司左橫穿鄭家巷　崇信坊小南門　宣範
坊大北門　金城坊西城外　貞元坊左家巷右

巷二十五

泰源觀巷　梅家巷俱東市　塔下巷　倪家巷稅務
前　南門橋巷　穿司前巷　劉小巷　段家巷
正南門巷　石家巷俱南市　天衢門巷　演武門
巷　穿橋巷俱靑衢　許家巷　羅家巷　俱鳳凰池
司前橫巷　鄭家巷稅務前　孝節巷小北門徐拭妻齊氏孝李文明
妻胡氏節故名卹思姑巷　陳家巷　大北門巷　錢家巷　葉
家巷北門西　穿北小巷　羅家巷由西口至東口
左家巷
井十
萬家井縣前今廢　義井在西牌坊後邑人石溥捐地修之有記嶽井邊石墻
清泉井五顯廟後　忠井張訓聞建文遇難正衣冠拜址井死故名在五顯廟
東　段家井在段家巷井石欄鐫政和三年立宋徽宗時穿也　司邊井在鄭
家巷　明溪井在儒學內　護坊雙井御史石金子溥鑿以護繡衣坊
通會倉井在西關外　孫公井署縣孫鉉建城鑿此在西門內
補載
登雲坊爲戊子科舉人汪善立在西街今廢
登科坊爲辛卯科舉人商玖立址無考
雲梯坊爲庚子科舉人孫[illegible]立址無考

黃梅縣志　卷之二　城池公署　九

經魁坊爲丙午易經魁朱銘立址無考
解元坊爲乙卯解元商瑜立在西門今廢
擢秀坊爲舉人吳覲立今廢
鳴鳳坊爲丁酉舉人魏澄立今廢
青雲坊爲庚子舉人王忠立今廢
驥騰坊爲辛卯舉人王麟立在南街今廢
觀光坊在西大街今廢
進士坊爲永樂甲申進士韓中立今廢
四牌坊爲御史邢纓給事中邢寰舉人邢埜邢璧立在四大街中今廢

黃梅縣志　卷之二　城池公署　十

亞方伯坊爲丙戌進士四川參政胡鳳立在西街今廢
繡衣坊爲御史石金立在西街　樓
三代登選科第傳芳坊爲舉人洪晟經魁洪樸太僕卿洪恩立在學官左今廢
進士坊爲進士瞿晟立在東街今廢
御史坊爲御史段尙綸立在西街中
天池龥化坊爲舉人章宗理立在西關外以上見舊志

村鎮志

古者司空執度度地居民地邑民居必參相得而比閭族黨又分之分之正以聯之也今縣分爲鄉鄉分爲鎮鎮之中又各分爲村田賦保甲按圖可稽蓋亦周官之遺意焉

縣有四鄉曰新城曰長樂曰永寧曰鳳源中分三十六鎮除縣市鎮附郭外有三十五鎮聚居成市者惟清江新開孔壠濯港下新獨山六鎮其餘皆爲村落

東曰新城鄉分八鎮東抵宿松界

項橋鎮離城五里

上深村 中深村 下深村

山南鎮離城五里

山南上中下三村 清流西村 清流前後二村 太湖村 排子村 □山前□二村 屯頭村 鷄公村 河南村 河西村 龍安前後二村 河南下保村 河南上保村

張林鎮離城十里

優游村 七里村 高□前村 竹塘村 前湖塘村 上湖塘村 桐城後村 桐城村 安定前村 安定後村 陳子西村 窰坊村 方宅村 上陳家村 栗樹村 陳子東村 寺前村 上七里村 袁家西村

上沿鎮離城十五里

上沿港總村 源湖東西二村 山角林村 禾豐村 株林中村 株林前後二村 長溪中村 長溪東西二村 蕭家村 西北石上中二村 木滴林村 熊家上下二村 新安後村 新安東西二村 金牛村 金牛前後二村 楊木角東西二付 鄭家村 鄭家北村 周家村 東西保二村 金保前村 北城東西二村 上新保 泰和村 保寧村 新城村 瑕塘村 陳家墩廟二村

下新鎮離城二十里

上灣 中灣 下灣 東保村 芭茅村

獨山鎮離城二十里

石曹村 蕭家村 新興村 周家村 楊家村 硯塘村 李家村 三家村 義林村 白龍村 鄧家村 唐家村 石牌村 三口村 東保村 西保村 南保村 北保村 中保村 後保村

黄花鎮離城二十五里

周家村 東北村 顏家村 西保村 後保村 石潭村 前保村 二保村 埋賽村 汪家村 李家村 王家村 湖東村 小源寶村 東觀村

卓壁鎮離城三十里

樸林村 東西保二村 上中保二村 陶家村 陳子東中二村 小陂上下二村 新田村 河洛中村 白羊村 何家村 韭山中村 梅家上下二村 高梁前東二村 袁家東西二村 優游村 韭山前後二村 綠蔭村

南曰長樂鄉分十鎮南抵德化界

張湖鎮離城五里

萬窓全村　金鍾村　邊家村　下保南北二村
前保村　後保村　五廟東西南三村　北門村
趙家城村　白湖前後
二村　㭎塘上下二村

濯港鎮離城二十里

長吉村　泳坪村　散水
口村　後保村　羅家村

黄連鎮離城二十五里

三塝保村　柘林寺前保村　後保村　東石湖
前保村　後保村　西石湖前保村　後保村
五廟南村　五廟西村　下里坂村　黄家墩村
項家圩村　陳家河村　陳家林村　汪家圩中

保村　劉家圩東保村　江
蔣李西保村　朱家圩村

白湖鎮離城四十里

新湖西村　新湖東村　白口前村　白口中村
白東東村　楊林湖上下保村　東保村　半面
城村　半面城後村　半面城前村　陂東村
董家新村　中園村　中園後村　董公城村
於湖村　新安村　上竹墩
村　下竹墩村　地保村

新開鎮離城九十里

官地村　樓花村　趙家村　郭家村　星崙村
新安村　鄧家村　張家村　王家[illegible]　龍行[illegible]
太平
村

孔壠鎮離城五十里

東廂前保村　後保
村　西廂　新安村

塘穴鎮離城七十里

新興村　橫港村　中保村　上保村　保寧村
五方村　三家村　大樹井下保村　中寧保村
上保
村

謝灘鎮離城八十里

新開保村　陳家保村
崔家保村　甯家保村

清江鎮離城九十里

一社村　土地
堂　黄梅村

楊穴鎮離城一百二十里

丁家上村　丁家下村　馮家上村　馮家中村
馮家下村　張家上村　張家中村　張家下村
崇貞下保村　重興上保村　中保
村　下保村　向家洲新立村

西曰永福鄉分九鎮西抵廣濟界

金林鎮離城二里

太平村　青長村　谷塝村　尾石東村　尾石
西村　泥坡村　饅婆村　桃木村　羊婆村

什村鎮離城十里

六陂東村　六陂西村　北後長村　豐樂村
中後長村　南陽村　向福前村　向福後村
蓋塘前村
蘆塘後村

楊樹鎮離城十五里

東𤅢村　龍村　金城
村　翠　竹城村
路頭鎮離一十里
黄蘇村　月竹村　赤安村　長繼前後二村
松坪村　柳坪村　西獨山村　舒城村
劉塘鎮離十里
義步　安村　大格村　小格村　竹塘
村　一　五村　永安村　白花村
元角鎮離十　里
會成村　長平村　宗睢村
大醫村　白露村　楨橋村
太白鎮離城四十五里
新興村　湖塘村　西安
村　錢萬村　東安村

塅塘鎮離城四十五里
新建湖西村　北南東村　北南中村　北
南西村　湖西村　中保村　中保吉村
蔡山鎮離城七十里
西村　東村　鴨兒村　園村　茅庵村　周家
村　鄧家村　田家村　胡家園村　張家西村
大安村　費家村　黄家村　劉家村　徐家山
胡家東村　山南前村　山北後村　陳坪村
軍屯村　陳家井村　梅家園村　小陽村
古城村　大灣村　孟旺村　太平村　新安
十家
安村
北曰鳳源鄉分八鎮北抵宿松蘄州界
本　離城五里

岳家村　下深恩村　祝子村
實坂村　栗木村　家保村　上
木村　中栗木村
下栗木村
多雲鎮離城二十里
上百萬村　下百萬村　中百萬村　上汶伴
下汶伴村　東白馬村　西白馬村　後白馬
上蟠龍村　下蟠龍村　渡下
前村　渡下後村　長壽村
考田鎮離城二十里
新塘村　白馬村　考田村　白花村
白路村　南村　椿木村
小溪鎮離城二十五里
石陂村　石骨村　河東村　河中都
繞村　河西村　苦竹村　連續村

東山鎮離城二十五里
西七畝村　南七畝村　東七畝村　山前村　亭子
白楊村　赤塘村　龍門村　蔡家田村
村　周村　黄木村　龍池村　河東村
上　李村　下湖鐘村　車門村　西赤塘村
壠坪鎮離城四十里
西冲村　白土村　小件河村　望江村　長溪
村　高草嶺村　千竹村　中保村　上保村
下保村　山了村　千壁村　石稻場村
白沙村　楊家山村　徐家村
停前鎮離城四十里
什廟村　停前村　百倍村　百吉村　界首
上里村　龍頭東村　龍頭西村　塘罩前村
塘罩後村　觀興村　傘泥後村　柴下中
張家東村　張家中村　張家西村　暑司

顧坍拄　大家村　坪子下村　田冲村　白龍
村　白狗村　洶洛上村　河洛中村　小陂上
村　小陂下村
河洛下村

古角鎮離城六十里

東嶽村　南山冲村　北草坡村　石槽村　古
角東村　古角西村　萬家山村　十八杵村
山吳村　谷聚村　落溪口村　安樂村
大平村　小平村　牛角壠村

郵驛志

地當衝要酬應繁多星軺冠蓋羽檄驅馳秣馬以需
常恐不及查額設夫馬時有增減備載於編用資考
核

縣驛原設馬七十匹馬夫三十五名獸醫一名雍正
六年奉裁馬十五匹馬夫七名半現設馬五十五匹
馬夫二十七名半獸醫一名

停前驛原設馬八十匹馬夫四十名獸醫一名雍正
六年奉裁馬十匹馬夫五名現設馬七十匹馬夫三

十五名獸醫一名

孔壠驛係康熙一十四年添置原設馬七十匹馬夫
三十五名獸醫一名雍正六年奉裁馬十匹馬夫五
名現設馬六十匹馬夫三十名獸醫一名

清江驛現設渡夫併修船物料等銀渡夫按季支領
銀兩詳賦役志

急遞舖在縣前總舖司一名永充舖司十名徭編舖
兵五名

柘林舖在縣東十里永充舖司一名徭編舖兵四名

土橋鋪在縣東二十里永充鋪司一名徭編鋪兵四名

三渠鋪在縣東三十里永充鋪司一名徭編鋪兵六名

畢家鋪在縣東四十里（即停前驛東通太湖楓香驛）永充鋪司一名徭編鋪兵四名

金鐘鋪在縣西十里永充鋪司一名徭編鋪兵五名

大河鋪在縣西二十里（通廣濟雙城驛）永充鋪司二名徭編鋪兵四名

穀塘鋪在縣南十里徭編鋪兵三名

濯港鋪在縣南二十里永充鋪司一名徭編鋪兵四名

白湖渡鋪在縣南三十五里徭編鋪兵四名

孔家壠鋪在縣南五十里永充鋪司一名徭編鋪兵四名

深溝鋪在縣南六十里徭編鋪兵三名

塘思穴鋪在縣南七十里徭編鋪兵三名

老夾鋪在縣南八十里徭編鋪兵三名

清江鋪在縣南九十里（通江西德化縣）永充鋪司一名徭編鋪兵四名

以上額設一十五鋪永充鋪司二十一名徭編鋪兵六十名原額工食銀三百八十五兩五錢又將裁減弓兵工食銀一百六兩六錢六分六厘撥補鋪兵衣鞋共實銀四百九十二兩一錢六分六厘

車門鋪（接三渠鋪）

陶家鋪

後昌鋪

板橋鋪（通大河鋪）

以上由停前抵雙城又設横山之鋪未額設司兵按梅驛站額設排夫一百三十七名雍正六年裁夫二十七名今現設排夫一百一十名工食銀八百零五兩二錢

營汛志

自古兵民合一後則析而二之資民養兵而兵無患
郎設兵衛民而民亦無憂蓋兩者交相須矣梅當孔
道戍樓相望畫角相聞是亦地水爲師容民畜衆之
義也

營設千總一員領馬兵十名步兵七十三名馬十匹
舊係把總乾隆四年改設千總舊設步兵六十三名
黃州協鎮詳請添設步兵十名

旱汛八塘

停前鎮

塘兵五名塘房官廳三間草房二間煙墩三座望樓
一座

兩河口

塘兵五名塘房官廳三間草房三間煙墩三座望樓
一座

五沙墩

塘兵五名塘房官廳三間草房三間煙墩三座望樓
一座

中路菴

塘兵五名塘房官廳三間草房三間煙墩三座望樓
一座

孔壠鎮

塘兵五名塘房官廳一間住房三間西頭隙地一塊
煙墩三座望樓一座

唐司月

塘兵五名塘房官廳三間草房三間煙墩三座望樓
一座

清江鎮

塘兵五名塘房官廳三間草房三間煙墩三座望樓
一座

下新鎮

塘兵三名塘房官廳五間煙墩三座望樓一座

以上係蘄州分防屬城守營千總帶轄查下新塘係
康熙四十一年把總常進國請建原安兵十名後抽
七名分補各塘停前孔壠二塘係雍正元年督部院楊
題建五沙中路唐司清江兩河五塘係乾隆九年督部院阿

題建
水汛六塘
大灣
防兵三名
黃泥口
防兵三名
余家滙
防兵五名
陸家嘴
防兵三名

清江鎮
防兵四名
臧伍屯
防兵三名
以上屬道士洑營分防安設
城中六門各設堆房民壯看守乾隆十七年知縣薛
乘時捐買民基建造卡房詳城池志內
新開清江二鎮乾隆五年奉文設救生船二隻每隻
舵公二名水手五名每名一月工食銀五錢廵司領
給閏不加增
按明制縣設皂隸六十名民壯一百二十六名吹
手三十名以備廵守新開司設弓兵二十九名清
江司設弓兵三十名以哨江洋停前驛設堡兵三
十名以防關隘霜降俱來會操
國初設皂隸一十六名馬快八名民壯五十名霜降
閱操順治十五年知縣徐昱募鎗手召練勇士以
助城守

水陸各塘乾隆十二年武黃州縣聯銜詳請每塘房
一座捐銀二兩搪船一隻捐銀六錢按季移營自修

津梁志

周禮司險知川澤之阻而達其道路自野廬失官川有不梁矣梅地爲八省通衢一邑津梁天下實利賴之舉偫修廢不可不詳誌於編以覘王道之蕩平焉

縣前河渡已建橋

濯港渡縣西南二十里通太白湖已建橋

柘林渡縣西南十五里

白湖渡縣南四十里建橋築堤以通行人橋之修廢

詳後堤長三十餘里上通濯港下達孔壠一遇雨雪泥濘没踝行者苦之乾隆十八年有里民何士青劇貲結伴往南海進香歸後計餘錢千文青曰此錢無所用我日支飯食挑土填路盡一生氣力得尺則尺得寸則寸以結目前善果何如衆皆悦從堤左近無可取土往挑數里外亦不敢告瘁餘錢既罄羣相感動升粟斗米爭輸助工何啻踴躍數月填有里許而里中好善有力者謂填土不如甃以條石之可久於是有捐砌數丈及數十丈者四鄉聞風興起亦復捐助接踵乘時道經於此面加獎掖并捐給俸金現砌石路約畧十有一二然由此精進不輟數十里窪陂不平之道固不難積日觀成落成之後當將首事及捐施督理者姓名勒石紀功以垂不朽夫精衛填海梁燕壘巢有志者事竟成豈虚語哉何士青以一鄉民矢願精專而好善者乃能鼓舞以襄盛舉以此見善根於性而我梅之樂於從善爲可嘉也

傅公渡孔壠下五里

楊家渡由孔壠往封郭洲渡此

東觀渡

黃連嘴渡去縣二十里冬月水涸梅民糧運清江取徑於此

清江嘴渡即明史所云南有清江嘴

舊志云黃梅縣南行九十里至清江鎮市達德化之小池口往九江者必由小池口渡江盖德化有渡船而黃梅無渡船也往例梅之馬往九江則駐江頭嘈房馬夫送使客至小池口過渡潯陽驛馬於南岸接遞如潯陽馬送黃梅必渡至小池口到

縣換馬所以黃梅無馬船而德化有馬船也順治十二年小池民以泊宿過兵起釁誣告黃梅舊有馬船申道轉申江西撫院移文湖廣撫院批下江防道道批黃梅縣知縣祁山將舊無馬船情由申道轉申撫院批詳在案十三年江西復移文湖廣批道行縣知縣孫琦畫一處地形併舊無馬船情由再掌批准在案

鳳凰池橋明志在縣正街今淤

明月橋明志在城隍廟東舊城隍廟原在西關外

國朝復遷建在縣治右

大平橋在西關外通會倉左雍正十年衆姓重修

辭母橋在西池傳爲五祖初出家辭母於此

卜家橋在佛母塔左明萬歷間邑建橋後圮邑舉人蔣文修乾隆二十一年元孫志坤重修

文昌橋跨縣河通　關帝廟因水口有文昌閣故名今閣已遷建段家洲古橋廢

平政橋在小南門外明知縣鍾額俊建後圮

本朝順治年間邑舉人蔣文忞重建至雍正年間河水泛溢橋大傾邑貢生石天如諸生石天授等捐貲修造今鞏固邑貢生汪夢甲記其事

蘆花橋在東門外舊志云冦過橋廢順治十年義民龔德甫重建乾隆三十六年裔孫職員龔金炳重修

馬頭橋在馬頭山下故名小南門外一里許坐落山南鎮沖圮桂人移建

上谷塘橋在張湖鎮沖圮桂人重建

下谷塘橋在張湖鎮乾隆二十年哥方曙重修

上山橋在金林鎮縣西五里邑國學喻于智重修

下山橋在金林鎮雍正十年衆姓重修

沙河橋在縣東五里知縣楊本餘建石梁熊勳重修

項家河橋在項橋鎮項仁戶建乾隆十九年橋圮復修

霍家橋縣東三里桂姓建

獨山橋在獨山鎮橋久廢康熙年間僧千齡募重建雍正十三年李顯周募衆再修

殷家河橋在山南鎮雍正十一年義民宛美石建貢生程一飛記其事

清流橋縣東南三里

上沿港橋縣東南七里
仁壽橋在項橋鎮義民項世金建乾隆二十四年冲潰邑張桐
階捐貲重建四十七年又潰子秀實硯耕遷移重修
朱家河橋縣東七里知縣楊本俊建石梁
江家橋縣東十里
兩河口橋在多雲鎮知縣鍾顧俊建橋久圮邑諸生
喩于道重建
道觀橋在獨山鎮雍正十三年桂用及爲首募建
存仁橋雍正年間邑貢生郭承樸建上沿鎮

石頭橋俗呼石橋頭在卓壁山下
飛虹橋即五祖花橋
邑人於璜詩蕺閣長橋臥碧空飛臨無地聚仙宮
羣仙共現無邊法普渡禪關淵濟公
渡下橋在龍坪山口河濶本懸邑人盧立吾募化建
造後圮費大難修
毛家壠橋在謝灘鎮生員楊再恩建
顏家橋萬歷元年邑庠顏慎仕建雍正十二年國學
顏日陞等修乾隆四十年國學顏大華庠生顏國柱萬春重修

聶母橋在項橋鎮乾隆三年聶炳南重修
清江橋在停前鎮順治元年建
勒馬橋在古角山口唐招討使曾元裕大破王仙芝
於黃梅至此勒馬遂名康熙四年衆姓重修
桃花舖橋在多雲鎮邑國學李時旺建
楊明橋在多雲鎮陶瑞祖建乾隆十四年陶又文修
龍錫橋在東山鎮陳龍錫建乾隆十七年白象彩重修
錫公橋在多雲鎮小溪河康熙丁亥年程錫公建
土橋舖橋在東山鎮康熙庚戌年僧印心募建

匡家龍宕橋在東山鎮雍正元年王正先募修
橫山橋在車門舖西久廢
山耳橋在車門舖東
師塘橋在板橋舖西
唐家橋
夏家橋在陶家舖東久廢
方家橋縣東北十五里久廢
閻王溝橋邑國學吳洪桂建
余家橋在路途鎮

東橋橋在濯港

大河橋在大河鋪於益吾建後於煥才重修

靈潤橋即四祖花橋見通志

郭鳳儀詩大塹深藏寺長橋普度人未窺羅漢影笑吾宰官身夕靄凝山額秋泉激石唇願逢春米伴問訊東來因　劉南金詩水氣何氤氲星蟾夜相薄鹵風似有情散作霜花落　試叩碧流痕冷然動清響驚聞石上雲飛去松花上　道人臨水渴一飲即成酬欲問飲時味沉吟不解語　生見

石光飛瀑音亂花徑應有石中人慇懃奏笙磬誰把天漿溢仙人不復持一酒秋塵空千峰顔色好　每到月明時似有江潮送青山不可收白鶴咸相弄　時呼洗藥僧共卧清溪背那知禪夢中誤道天花碎　怪得石橋路無風雪自沉夕陽家易足聽罷素心迎　汪黙詩雨餘孤興發拄杖偷清流雲散千崖曉風生六月秋鳥鳴山轉寂泉懸澗偏幽老衲携杯茗招余到上頭

於家橋於益吾建　多雲鎮

聶家橋聶伯敏建　楊樹鎮

雙城橋義民袁少泉建　元角鎮

望雲橋即南山花橋每歲大旱士人入山禱雨至橋上望雲氣以占雨候故名

松陽橋康熙四年知縣黄玉鉉重建

參石版橋建自明朝相傳程法司二子為此橋土神

長安橋通廣濟在劉塘鎮黄姓建

馬踏橋在金林鎮雍正十年魏奠三等募修

蝦蟆石橋乾隆十五年邑貢生余挹秀重建　什村鎮

宋公橋在張湖鎮雍正年間諸生洪際盛等重修今為水冲潰

女兒橋在馬鞍山

楊樹橋在縣西十五里

胡祿橋在意生寺西上通大河下通濯港舊有石橋邑進士張銘曾飼牛沽酒於此後題曰飼牛巳去朝金闕沽酒依然過石橋康熙四十七年洪水冲圮義民夏九峤易以木時廢時修人仍病涉至乾隆十七年吴洪桂趙懷貞等募衆重修以堅石為之今鞏固

土橋去濯港半里許當京省孔道舊無橋鄉賓喻頻
建乾隆三十八年孫婦孀節葉氏改建
濯港橋鄉賓喻頻建其子于道等屢圮屢修逮孫婦
孀節李氏築堤改造乃固
葉公橋在清油港知縣葉鎧建
黃覺橋縣西南十五里
白湖渡橋知縣朱璧建明末居人斷橋以拒寇大石
毀碎
國朝順治十年重募修建歲久又圮康熙年間邑令張

雲松捐俸倡募屬老僧真一主其役四載告竣厥後
踵其事葺治者不一雍正十三年邑令莊標捐貲六
百重修以垂久遠邑人李日上朔式南督理
郡守徐霖記去黃梅一舍許有白湖其源溢觴於
蘄陽廣濟諸山而滙於太白白湖太白之支派也
湖之上舊有渡渡當南北之衝驛傳之往來遠近
之負販租稅之輸納匪此弗達春夏潦溢濟以小
舟往往運載不勝秋冬潦涸涉以徒步則又泥濘
莫前喧競咨嗟行者病焉成化乙巳冬樂平朱璧

廷獻以進士宰茲邑下車即號於衆曰維茲劇邑
寄余以民社歲久弊滋民利罔興予雖不敏欲漸
修舉汝予同心用贊予以有成既而又曰維茲白
湖實邑大弊梁以鉅石庶克堅久工費重大弗資
於有力厥觀罔成衆曰諾侯乃選於衆得冠帶義
民陳沂張錦付以董理之責募四鄉耆老馮瑾等
隨其力之多寡爲工費之資又朞年而梁告成梁
之基樴以松木四圍甃以石版其下穴三爲門不
樸不華既堅且久行無犄角水無患害暑雨隆冬

如履周道於是老稚相與歌於野商賈相與歌於
途達官貴客之歷是途者莫不歆艷嘆羨而侯亦
膺顯擢去矣梁成十年予仲子行慶亦以進士繼
侯武而致仕知衛事石君信大行人徐君欽等相
與謀曰茲梁之建爲利匪小匪勒之石無以承侯
之功石具而徵予以文予惟先王之政在以濟徒
梁以濟輿固二梁也而一年一役至冬乃成前此
猶病涉也豈若茲梁之利哉費不取於公帑工不
擾於齊民義者資焉財者成焉行者安焉嗣而葺

之雖千稔可也侯之功不亦大哉侯公清畏慎勤
能幹濟勸農興學理財治獄備荒整戎百廢俱興
利於民者匪直一梁也乃爲詩一通併刻之石俾
往來之人歌之以不忘乎侯之功詩曰白湖秋冬
潦不汚牽挽病涉怨且呼我侯濟民餒得餔堯尊
并芳置通衢嶢嶬鑿開得碱砆琢磨晶光瑕纇無
陽侯鞭笞鬼神俱天吳紫鳳紛前驅屹然三門衆
流趍翩翩車馬走萬夫呻吟以謳病以甦我侯胸
次吞江湖三千鑿鑿忠信孚痒疴疾痛切體肩如

驄引駒雞哺雛如川泳魚藻遊鳧感侯盛德良勤
渠璅珉勒石辭匪諛千秋萬歲人生途毋忘建梁
侯姓朱

邑工部黃利通重葺湖橋引自梅城南行四十里
緣堤植柳千株平湖曲港左帶右抱長橋亘其中
踞四方之要會南接豫章粵閩東北連吳越齊魯
西走蘄黃泝漢荊入巴蜀秦中直抵滇黔西北道
洛陽邯鄲以達於京師古所稱劇縣崇期之地也
大纛高牙千乘萬騎田賦關榷之轉輸商旅車徒
之出入趾相錯而肩相摩橋之所關亦大矣歲久
滋遠舊制漸隳邑大夫焦勞撫字之餘留心舉廢
告於郡大夫王公王公曰善廼屬耆僧具一主其
役募通國而襄厥成吾於此竊嘆賢大夫宏濟斯
民不遺片壤達物情而審治體於此得覽其梗槩
因慨然想見古先盛王經世服物之具抑何規模
宏遠而節目之詳且密也夏正十月成梁周禮司
空司險之屬察知山林川澤之阻而修利之御天
涯遊子無褰裳濡足之悲且以示率土普天侯尉

一家不致隔絶當時覘人國者道路所經輒能卜
其興替而西京能臣亦往往以此殿最羣吏誠重
之也及至後代不復以此事爲王政吏治盛衰得
失之所係而一聽其成毀之相尋嘗竊略覩海內
大勢溝渠皆泄北不如南杠梁鉅麗南不如北其
風土使然也葢野廬氏之失官亦已久矣於是赤
髭白足之侶得間出而乘其權一瓢一鉢以通濟
迷津崇歸佛法豈非吾儒之恥耶第思儒者援天
下之溺釋氏渡法界之迷義皆有取乎津梁今我

巨鼎名牧振南土積陋之習抹擻起衰既已居高而倡而鳩衆庀材仍以責諸佛子殆有見於王制吏治相爲經緯而佛法治法亦即相爲表裏也乎試觀梵宇琳宮居萬山幽邃之中車轍馬跡之所罕到而其間老樹橫溝亂石沿溪亦頗稱往來利涉矣猶且肇建輿梁成洞天福地之最勝矧茲橋廢興之故關一邑之利病關一郡一國之利病而又重以賢大夫登高之呼加以上人襄事之斂賢者奉公而好義次亦篤信佛果以待福報於無窮

孰不竭歷從事而樂施恐後耶嗟乎男子有事四方跋涉萬里舉目見關山之異當夫日麗風和芳草綠而馬蹄輕非不與會豪舉自詡生平之壯游卒遇溪流汎溢欲渡無梁倉皇旅次一息而百感橫生此自古英雄失意所由寄咏於行路之難也今試從里巷晏居之日念及長塗厲揭之艱知必惻然意動傾囊倒庋而勿辭今茲之役吾保其必有濟也三代王政之隆兩漢吏治之盛法門普濟之仁風俗好施之美一舉事而衆善備豈不偉哉

他日龍見水中鶴歸華表數行帆影出沒石巖之游鱗夾蚌烟光黯拂長堤之冠劍暮山碧而殘照來漁子之歌曉月明而白露濯征人之馬名臣以濟川興懷才士以題柱稱快此邦之人極口賢大夫之功不衰吾亦願從諸君子後把酒凭欄援毫而賦之

梅川太史金德嘉重修湖橋記黄梅縣西三十里有白湖渡蓋孔道也先是渡口有橋明成化丁卯縣令樂平進士朱君瑩率縣人創建之郡守徐君

霖爲之記崇禎壬午流寇亂縣人斷道以禦之橋遂廢迨順治十年癸巳重建歲久又圮邑令張侯惻念行旅病涉捐俸以爲士大夫倡士大夫翕然協應鄉耆里老捐助惟恐後於是鳩工伐石屠北平行僧真一董其事鄉人趨事者佐之工垂竣請記於余黄梅余鄉壤也誼不可辭按水經江水東過下雉縣北利水從東陵西南注之又東左得青林口酈道元注青林水分爲二水一水東流通大雷一水西南流注於江蓋東通大雷之水逕橋[illegible]

之太白湖滙爲巨浸白湖屬太白支派瀰漫濟渡固其所也渡當南北之衝凡驛傳租稅商旅非此塗莫達春夏漲濶渡以小舟舟弗任載往往覆溺秋冬水落泥淖彌望徒步者次且不前不有橋也其何以濟唐六典天下造舟之梁四石柱之梁四木柱之梁三巨梁十有一皆國工修之其餘皆所管州縣隨時營葺是則有司之政務此其大者然非有明濟開絡之才則逡巡不肯爲非政通人和百廢具舉又烏遑不暇爲夫車輪阻絶行李患苦

道路嗷嗷而長吏若罔聞知者可勝數哉是役也於公帑無毫髮損而周道如砥星軺之使者方軌以行漕糧輓輸絡繹而達於水次東西南北之車牛任載負戴貿遷者至此無須臾之留滯其利溥哉張侯容諏民隱殷懇以興除爲務而又倡此大工爲百世利數年來省覲勤勞如一日工成而後即安其賢於人也遠矣橋長可二十丈濶丈八尺高丈八尺下爲三孔以通舟楫石之費大約白金七百兩灰百五十兩椿費如灰傭五十兩興築之費如傭糲百八十兩而石百四十兩工始於康熙某年某月某日訖於某年某月某日凡四載而橋成官紳士庶捐助錢穀之數首事名氏别珉具載張侯雲松字壽南山西祁縣人康熙壬戌科進士監修者縣丞加一級李君銓字衡侯廣東潮州人也勞而有成例得備書以告來者

通理橋在白湖渡之下地汙下春水漲湖則人苦之萬歷十年本府節推曾維倫署縣事捐贖築四十里長堤堤左接邢家港右連氐羊湖堤塞湖水不通則

終泛溢復建一橋以通二水便往來

白鱔橋在縣南六十里邑人王殿五建

寵殼橋在縣西三十里昔時有人獲大寵以其殼爲橋因名後易以木

陶公橋在縣西四十里

蔡家橋在蔡山

羅家橋在蔡山

按說文云津水渡也爾雅郭璞注云梁即橋也橋無論大小其濟渡則一夏令天根見而水涸則戒

梁歲十一月徒杠成十二月輿梁成先王所爲因天之紀過地之窮而利人之行者也邑當孔道首衝達騎並驅負販戴旅者不絶如織拔山過道谿水爲梁有成自邑令者有成自紳士者有成自庶民者有舊志郡志通志所未及載者爲之廣搜而詳録焉固以不没人善亦以告來許者將爲修舉

福壽橋在福盆山下　陳竟成仝袁文潔募建

百子橋在恩子山下　乾隆廿二年生員陳竟成建

邑人袁燕記云先生諱竟成字履仁敦倫睦族濟

困扶顛稱宿學蹟棘闈屢踏省門余得共事久將相過從路經伍鼻口斷岍千尺不里許有百會口夙號巨浸納禹門長泖洒阜峯夾泒四達過衢往來如織毎遇霪雨積雪輒蹉物敝人壞二口盖孔道實險途也先生目擊傷之慨然以石梁自任丁丑秋捐金百餘獨建一復仝袁君文潔募建一閱朞年二梁始成自是車馬如履平地負販得免病涉余冈欣斯梁之堅且久尤賢其家不素封而能克己好義云爾

文運橋化龍門外關帝廟側乾隆四十二年造桂躋僊捐銀壹千叁百餘兩桂景暘助銀貳百兩新建

馬頭橋小南門外離城二里昔有橋被水冲乾隆三十二年桂朋蘭桂躋僊捐銀移下十餘丈新建

西河橋東門外離城四里通宿松大路水源小溪流通縣河乾隆二十九年桂朋蘭新建

老鸛橋東門外離城三里東岳廟前通宿松大路昔有木橋屢被水冲乾隆三十五年桂在轅桂觀高新建

高梁橋東門外悠游河離城十里乾隆三十八年桂同姜新建

青山橋東門外張林鎮離城八里悠游河通宿松大路桂世紋新建

谷塘橋西門外離城五里通京大路昔有橋被水冲乾隆四十年桂履青重建

黃花港橋南門外黃花鎮離城二十里監生桂開緒新建

梅邑東北皆崇山河水滂沱西南流岐爲十數股

漾潰不常衍旒患之桂氏梅之望族其先人丙四公宋理宗朝以功臣籍於梅後嗣諱棟諱烺者俱明經有聲藝苑子孫桑麻詩禮節儉淳厚尤力行善事不倦建橋梁大小難更僕数捐囊金萬計兹擇其關一邑之水城扼通衢之要津功費浩大者登於册佛氏以黃金布地説法度人比之恆河沙数今桂氏不屑浮屠家言祈福田利益其所建置可以維風俗而便民生日度人而人忽其度也所謂一命之士留心濟物於物必有所濟者乎故表之以勸邑之慕義者邑人石元吉跋

賦役志上

昔禹制九等而康歌與周八十一而頌聲作因田定賦編戶執功古今不易之制

國家徭輕賦薄蠲卹甚加[illegible]法美意曠軼前代梅雖蕞爾沐膏澤而詠勤苦與普天率土同樂太平猗歟休哉

戶口宋元以前無考

明洪武元年勘合五千四百三十二戶二十四年編軍民戶爲戶者一萬一千三百八十有二爲口者男婦七萬八千七百三十有三弘治年軍民戶爲戶者七千三百二十九爲口者男婦六萬六千一百一十七隆慶六年軍民戶爲戶者七千六百七十六爲口者六萬六千三百六十八萬歷十年署篆本府節推曾維倫以戶額立久消長歲殊甚者零丁孑立且與丁糧累千者比戶不能自保心憐之因取大小戶計其丁糧平之大者析戶小者朋戶愍數之盛衰既齊然戶口額無增損洪武舊額丁二萬六千五百一十九丁嘉靖三十六年止存册丁四千九十二丁尚冒原數三十七年知縣胡效忠申減虛數倍增實丁作

一萬二百七十丁後開除二丁實在丁一萬二百六十八丁 明志

按洪武十四年創編賦役黃册以一百一十戶爲一圖其丁多者十戶爲里長餘百戶爲甲首明史食貨志云丁曰成丁曰未成丁凡二等民始生籍其名曰不成丁年十六曰成丁成丁而役六十而免其後法立弊生里中有丁糧六七百者僅充里數石數斗者亦充一里州民置糧累千寄戶逃役而輸役者照里不均甚矣萬歷十一年掌縣事本府節推曾維倫盡收大小戶暨州民均派里甲以八十石爲率五日成籍積弊悉平民有扶危挈弱沿病良方之頌

國朝原額人丁一萬二百六十八丁每丁并加增額科等項派銀三錢五分六厘四毫二絲一忽六微六塵九纖六渺共銀三千六百五十九兩七錢三分七厘七毫三忽九微九塵 賦役全書

順治初年以死亡過多凡兩審而兩減之除故絕五千五百七十三丁順治七年奉布政司將所除丁附入秋糧內帶徵順治十一年知縣鄧源濂奉文編審又減除故絕八十五丁五分增出四千二百三十丁五分以所增之數補新減舊除之數尚少一千四百二十八丁請詳不允每戶分帶三丁四分 舊志

康熙四年奉文詳免運夫丁三百六十二丁實在人丁九千九百六丁實額銀三千五百三十兩七錢一分三厘五絲九忽八微一塵三纖康熙十一年至二十一年編審額外增益人丁三百六十六丁派增丁銀一百三十兩四錢五分三毫三絲八微五塵六纖

四渺

按成丁而役國有常規梅通十省差役煩多百姓苦之康熙二十一年知縣吳景栒奉令均役以實心行實政邑人感其德勒碑以誌不志

邑工部黃利通記周禮地官之職掌天下民數用佐王安擾邦國自大小司徒卿大夫下及州閭以歲時登受夫家衆寡辨其施舍貢諸天子天子再拜登受重之也晚近文籍空具上下相蒙老胥黠長因以爲利生民之病此其大者今 皇帝二十

皇帝二十一年郡縣奉令均役邑大夫吳公奮于前以懷
以公不費民間一粟奸猾束手民不忍欺公處所
登耗而任之舍之各有差其人戸更籍者從所便
不少強兩閱月而事竣民大悅服蓋其剛直仁廉
之素通於神明恊於士庶舉一事而有利無弊通
國懽呼斯至誠之效也異時登朝柄國周稽海內
外戸口大數知西北東南人滿人稀之異察主戸
客戸苦樂之分酌上地中地下地之等折中於差
役雇役之兩法剷其盈虛權其緩急安其土著而

保聚其流移帝子不煩料民豪傑無憂徙實因昇
而川澤山林邱陵原隰墳衍之賦定月吉歲終飲
射讀法之教行道德行藝之賢進此閭黨族揖患
禦災之利得伍兩卒旅軍師匡王定國之制起俗
變風同刑清而事簡一官之掌兼通五官一邑之
平施及四海聲施卓卓必將大書特書再四書而
未有止尚何有于梅城百里區區委巷之口哉惟
梅人德公甚相率請言於石爲將來法俾世世子
孫利之且覩公功名流千萬載以爲之兆謹拜手

稽首而繫以詩 惟
帝克念乃俾民父繄惟我公循良有譜春官高第小試茲花發
在衢塵生於釜報國憂勤問民疾苦魯政有三韓教惟恩
士農澤及工賈萬物共蘇百廢具舉既廉而明復
仁以武柔亦不茹剛亦不吐咨嗟橫流野無禾黍
飲之食之授厥安堵思公未至莫或噢咻神君之
來瘡痍立愈譬彼恒暘潤以甘雨譬彼嬰孩一朝
新乳郭外游麟河比渡虎爭誇馴雉無憂碩鼠昔
河南尹治高賓字以公覩之先民所于三年佳績

難更僕數即此平徭遠蓋今古止水無波杲日停
午甲乙參差按圖如覩歸宗別籍各俾寧處道路
稱平里甲無語我瞻我依我恃我怙以宰天下惟
茲公溥世世載休豈曰小補鐫石一方用告來許
康熙二十五年至五十年歷次審增二十七丁新舊
額內額外共一萬二百九十九丁實徵銀三千六百
七十兩七錢八分六厘七毫七絲五忽七微四塵七
纖六渺遵奉
恩詔以康熙五十年丁册定爲常額以後爲

盛世滋生人丁永不加賦五十五年編審增益滋生人丁一百四十九丁六十年編審滋生人丁一百五十七丁　本賦役全書

雍正四年編審增益滋生人丁一百八丁六年彙同不在額徵丁銀以内之優免丁銀一百二兩三錢二分九厘二毫四絲六忽五微連額徵銀蒙督部院邁撫部院馬　題准丁隨糧派自雍正七年爲始歸入闔省糧銀均攤加原徵重丁銀四十四兩七錢七分二厘八毫四絲三忽八微八塵八纖二渺九漠七茫

七沙九灰欽奉

上諭豁免實徵銀三千七百七十三兩一錢一分六厘二絲二忽二微四塵七纖六渺

雍正九年編審增益滋生人丁一百八十五丁乾隆元年編審增益滋生人丁一百六十八丁乾隆六年編審增益滋生人丁一百九十九丁乾隆十一年編審增益滋生人丁一百一十八丁乾隆十六年編審增益滋生人丁一百三十一丁　叅實徵文册

梅自兵燹後生齒雕耗而戶口之籍未減稅糧之額猶供民困幾無由甦幸逢

聖世休養生息已百十餘年闔邑民數共二萬五千九百一十九戶內隨糧原額人丁一萬二百九十九丁

自康熙五十五年欽奉

恩詔滋生永不加賦人丁六萬四千八百一十口不成丁小口四萬四千九百八十四口生齒幾十倍

國初而且時和年豐家給人足觀於版圖所載可以曉然於本朝之德與本朝之所以王也

鄉圖　梅有四鄉四十二圖每圖十戶凡四百二十戶

每歲每圖輪一戶爲里長新城鄉在縣東南原八圖後增爲十圖風源鄉在縣東北原十圖後仍之永福鄉在縣西原十三圖後改十一圖長樂鄉在縣南原十一圖後仍之梅例十年之間有三大差一條銀一南糧一漕糧各有解戶及幹辦公務四鄉各僉一人順治十年知縣鄧源濬增減定圖按數均役民猶苦於門戶至康熙二十三年邑令吳景恂申詳上臺題准革除里牌戶置花册生民獲福

邑工部黄利通碑記一舉事而可以蓄國用可以恤物力可以禁奸黨可以蘇窮民可以厚風俗而正人心可以端士習而興文教可以破千百載拘牵之積弊而開億萬年無窮之利此天下第一事功必有天下第一品人乃躬任之而不辭閩中吳公之治梅也廉直仁明爲百姓捍患去蠹治狀未易一二舉舉其最大莫加革里甲以平賦稅在昔按糧定戶戶有長糧不及額者附戶十爲里里有正歲一更以爲常自月餉外米分糧自十年之内

一戶受役者三焉里十爲鄉鄉設督胥一人邑之鄉凡四吏一人掌之其始鉤連羅貫無過擀兩稅催歛及時而止而其後乃有爲包攬爲勒索爲侵蝕爲那移正供如故而無名之費遂至百孔千竇而無可紀極邑有故老猾恣意加派諸里唯唯諾諾議既定吏與胥皆得一奸里陽出而陰入次乃僅能自保最下則稱貸倍輸而不敢詰其所由若乃單丁客戶村農學究聞市上語而氣短其俛首帖耳肉盡髓乾又可知已民力竭矣正賦或至逋

期上官催辦之隸接踵紛來盛衣馬張大蓋邑中徂獪望風趨拜附耳而獻計相與危言震喝饕所欲而去其甚者上下交關盜弄璽符虛傳軍需一札逼脅長官鞭韃黔首號泣之聲未絶而其黨攘爲奇貨視奸之大小而次第分焉攫膏腴之産起甲乙之第買妓縱博飲酒高會大言以詫其坐客於是貴介子弟無賴監儒轉相慕傚以聽事爲黨庠以簿書爲經史下色怡聲内交於承符散力市井狎邪握手出肺肝極於盟兄弟稱義交而恬然

不以爲怪嗟乎悲夫王室積有常之賦良吏宵剝膚之名閭閻竭有限之膏血細人享無因之福田萬民失業風教大壞一念及此能無愴然我公治梅久知其事最悉慨然以起衰救弊定制宜民爲已責奸人詭説萬端思有以間公皆弗聽遍命諸生某某條陳利害以告郡大夫蘇公蘇公曰善乃上之制臺徐公開府慕公兩大中丞是其議即日具題公奉文著令戶置一册具載姓名某某糧幾何某某丁幾何如指掌如列眉戶自爲督人自爲

輸自常賦外不名一錢令既下民皆大喜過望牛車擔負輸將如恐不及黃髮垂髫短衣跣足日纍纍官舍中公顧之輒大笑期年來市絶冠蓋之影野息敲門之聲向之鮮衣美食洋洋意得者蹴踖不敢發一語而里閈小民方且舉首伸眉斗酒烹雞以自勞盛衰憂樂之變亦天道也天既生我公以救此一方而郡大夫兩中丞公又復爲之左提右挈成不朽之盛事近且徧三楚垂定制矣一邑之福自一人始一國之福自一邑始世世子孫之

福自一日始豈不快哉今夫敝邑殘黎譬則將朽之室也奸猾之黨若倉鼠椽蠹與室爲仇必棟折椽崩而後快者也諸生某某奮不避難則邪許撑柱懼其將壓氣盡惟恐不繼者也不有工倕庀材公輸削墨相與經營改作何以有今日耶至於今則亦築室落成畢觴相屬之一會也已里甲革而後費省費省而後正賦充正賦充而後追呼息追呼息而後奸人喪其所恃奸人失所恃而後良安於野士安於塾士農安而後耕鑿之利起廉耻之道振詩書之氣重和平之化成彼夫漢唐循吏光照史策由今觀之皆一時之功耳豈能與我公萬世之功絜長而較短哉不出數年公當及見夫烟火萬家雞犬桑麻之盛與夫曠野窮山篝燈絃誦之雅此固公之所意計而今則以治行高等新承簡命至尊將待公不次之位公且搖曳清風馬首遂北矣

田賦　明洪武元年勘過田地塘一千八百五十五頃九十二畝一分九釐五毫米一萬七千一百二十一

石二斗一升一合八勺絲綿三十七觔一兩四錢七分九釐二十四年官民田地塘五千四百三十頃三畝三分米三萬七千一百三十二石七升九合五勺麥五百一十石二斗一升六合七勺折絲絹二百一十九疋八寸農桑折絹四疋九寸六分隆慶六年官民田地塘五千五百零一頃一十畝二分米三萬六千五百一十九石一斗四升五合四勺麥四百九十八石六斗一升二合五勺絲二百七十九觔一十三兩五錢四分　明志

曾維倫曰稽古田有定分賦有定法故太宰以九
賦斂財太府以九式節財自成周記之矣大都什
一而稅國家則壤之初率相准此自起運加耗諸
色帶徵與兩京諸冑派辦一方百費供需歲增月
益而徭兵夫馬又無不自丁田出者民不堪矣廖
東相稱田賦爲果實民爲根苗有司爲灌漑旨哉
旨哉
萬曆十三年知縣來三聘奉旨丈量田四千五百七
十三頃四十二畝五釐三毫內上田三千五百九十

七頃二十四畝八分二釐每畝秋糧六升五合中田
八百五十四頃九十一畝五分九釐三毫每畝秋糧
三升二則田每畝帶夏稅大麥七抄九撮八圭八粒
三粟小麥六勺九抄六撮二圭一粒七粟稅絲六釐
八毫四絲三忽桑絲一毫二絲五忽五微二塵九渺
下則田一百二十一頃二十五畝六分六釐每畝秋
糧三升無夏稅地二千二百八十三頃四十四畝二
分五釐六毫內上地九頃一十八畝四釐四毫每畝
秋糧六升五合中地九百一十頃三十六畝八分二

釐每畝秋糧五升下地八百二十頃三十一畝三分
五釐一毫每畝秋糧三升七合七勺九抄三撮二圭
一粒一粟三則地每畝帶派夏稅大麥七抄九撮八
圭八粒三粟小麥七勺七抄六撮一圭稅絲六釐八
毫四絲三忽桑絲一毫二絲五忽五微二塵九渺下
下地五百四十三頃五十八畝五釐九毫每畝秋糧
一升無夏稅山二百二十頃七十七畝二分八釐九
毫每畝秋糧二升無夏稅塘二百三十二頃五十五
畝九分五釐二毫每畝秋糧六升五合帶派夏稅麥

絲與上田同以上共秋糧三萬六千五百一十九石
一斗二升五合四勺七抄夏稅大麥五十一石三斗
二升一合五勺小麥四百四十七石二斗九升一合
一勺麥共四百九十八石六斗一升二合六勺稅絲
二百七十四觔一十二兩三錢四分六釐六毫二絲
桑絲五觔六錢四分舊志
國朝因明畝數永爲定額
府志田地山塘原額七千三百一十頃一十九畝
五分五釐載秋米三萬六千五百一十九石一斗

三升五合四勺七抄其夏稅麥四百九十八石六斗一升二合六勺夏稅絲桑絲俱入秋糧帶派共折徵銀二萬二千九百七十兩一錢一分九釐六毫一絲五忽六微八塵二纖六渺加增遼餉銀五千一百六十三兩六錢九分三釐四毫三絲三忽五微五塵三纖通計徵銀二萬八千一百三十三兩八錢一分三釐四絲九忽二微三塵五纖六渺

南糧改折徵銀六千六百一十九兩五錢五分南糧驛腳折銀一千一百三十四兩七錢八分民糧帶派

南北柴池湖課銀一百七十三兩八錢三分二釐三毫丁糧外派湖洲雜課銀四百六十六兩五釐六毫九絲六忽八微一塵五纖如遇閏月加增銀七十八兩六錢一分四厘三毫七絲八忽丁糧優免充餉銀二百七十兩六錢五分七厘一毫三絲一忽一微地丁帶辦匠班銀一十兩八錢

按人丁項下實徵銀數見戶口志內合計地丁正雜舊額新加除無徵豁免實徵銀四萬五百八十二兩五錢五分四釐一毫九絲九忽三微九塵八纖二渺內除優免丁銀一百二兩三錢二分九釐二毫四絲六忽五微共實徵銀四萬四百八十兩二錢二分四釐九毫五絲二忽八微九塵八纖二渺

漕糧本色米二千七百二十三石八斗二升四合府志

賦役全書兌軍本色正耗米二千三百八十三石三斗四升六合又糧道條陳於四斗外加耗米二斗順治九年四月內奉楚撫遲

題請免加戶部覆奉

旨革除免加二斗耗米康熙十一年奉文另正米一石徵給增貼米二斗額徵增貼米三百四十石四斗七升八合

隨徵耗羨額銀四千四百五十二兩八錢二分四釐八毫

按地丁等項帶派柴池湖課外派湖洲雜課原額徵銀四萬四百八十兩二錢二分四釐九毫五絲二忽八微九塵八纖二渺雍正二年督部院楊

題准加一耗九年撫部院王 題准共加一一耗以爲養廉充公之資梅邑隨征耗羨四千四百五

十二兩八錢二分四釐八毫正耗共徵銀四萬四千九百三十三兩四分九釐七毫五絲二忽八微九塵八纖二渺本縣知縣養廉坐支耗羨銀九百兩其餘耗羨銀一千九百三十三兩六錢一分五釐八毫統歸起運項下解司

舊志秋糧初有官米民米之分以後奉例不分官民一起編差漸爲秋糧夏稅之制後夏稅併入秋糧凡有加派俱以秋糧爲主遂不分下則田地一起坐派

國初除報老荒七千有奇緣彼時人稀未盡墾闢自

順治十一年知縣鄧源漹以開墾報上民初苦之然百餘年來太平休養人多力勤荒壤盡成膏腴梅之人食德飲和勤輸將而先率作有以也夫

徭役各舖司兵永充二十一名又徭編六十名各巡司永充弓兵六名又徭編五十三名工食俱詳載賦役志下存留項內

賦役志下

起運明起運夏稅絹二百二十三疋二丈八寸五尺四寸八分秋糧米一萬六千八十石六斗六升二合額辦派辦銀一千七百二十四兩七錢零八釐七毫有奇鹽鈔銀二百八十二兩二分二釐四毫零

國朝起運項下盛京絹正損二百四十一兩七錢九分九釐七毫江南農桑絹正損二兩九錢六分三釐五毫新加北絹七十六兩九錢三分六釐七絲京庫正損三百四十八兩二錢七釐八毫太倉米折正損費

銀七百一十三兩一分九釐兌軍折色正損二千八百九十一兩三分一釐隨漕楞木松版銀六兩八錢九釐五毫運糧官軍行月糧銀六百二十九兩二錢七分六釐江西運糧官軍月糧併司農改抵共三十兩三錢三分三釐三六耗薪輕賫銀三百一十八兩九分五釐淺船銀併辰州軍餉改抵共一百二十一兩六錢六分南糧薪竹江濟共銀三百八十二兩四錢原派辰餉改抵猫竹二十二兩五錢二分部解南兌二運官盤費二十四兩五錢北京富戶一十二兩

二錢四分解南戶口鈔併辰餉改抵共正閏扛費一百三十二兩五錢三分五釐宗祿折色茶價官員柴薪民校等銀共正扛五千四百一兩一錢二分二釐盛京藥味併辰餉改抵共銀一十九兩八錢九分解南藥味六錢六分九釐南柴薪二十四兩帶閏八錢緞疋翎毛天鵞活鴈鵝鴿麂皮共銀一百二十八兩四錢一分五釐壇營繕司料正扛費共五百九十八兩一錢二分偏橋倉併辰餉改抵屯田司料共二百七兩五錢九分軍器併辰餉改抵共一百二十六兩五

錢二分拼衣褲鞋銀五十八兩五錢偏橋倉併辰餉改抵白硝麂皮共三百九十九兩八錢四分七釐綾紗絹價八十兩二錢一分光祿寺甲丁庫供應併辰餉偏橋改抵共正損費銀五百八十六兩六錢三分二釐新加顏料蠟茶黃白蠟銀四百七十九兩二釐四毫舊志

蕭蘊樞云京邊錢糧如宗祿歷日舊在撥運歷日解京宗祿充餉故皆入起運

乾隆年起運解司地丁湖課等銀二萬一千四百三十五兩二錢八分五釐二絲七忽四微三塵九纖五渺五茫遇閏加徵銀七十八兩六錢一分四釐三毫七絲八忽內除　關夫子三祭銀三十五兩七錢四分六釐又除撥補膳夫銀一錢一分八釐一毫四絲六忽六微六塵七纖二渺五漠八茫外實解銀二萬一千三百九十九兩四錢二分八毫八絲七微七塵二纖二渺四漠七茫

按湖洲雜課丁糧帶派充餉北京乾魚解南乾魚本縣實徵銀一百三十八兩二錢五分五釐六毫

二絲三忽四微九塵黃蔴正銀一百一十七兩九錢四分五釐六毫一絲六忽二微五塵每兩京損銀九釐該銀一兩六分一釐五毫一絲五忽熟鐵正銀二百六十七兩三錢六分三釐三毫七絲五微每兩京損銀九釐該銀二兩四錢六釐二毫七絲一忽五微七塵五纖線膠正銀二十五兩七錢六分三釐四毫每兩京損銀九釐該銀二錢三分一釐八毫七絲本府湖課鈔銀本縣實徵銀八十六兩八錢一分三毫三絲遇閏加銀共七十八兩

六錢一分四釐三毫七絲八忽俱入起運項下解
司梅先有麻鐵乾魚線膠本色磨累之苦邑明進
士邢寰任禮科給事中奏疏改折業甲班匠一十
一名每年徵銀一十兩八錢解司充餉原因匠戶
無徵蒙前督部院郭撫部院年　題准地丁銀內
公攤自康熙三十九年爲始　關帝廟三祭銀三
十五兩七錢四分六釐雍正七年奉文添設係起
運下撥給
南糧本色正耗米九千四百五十六石五斗永折徵
銀六千六百一十九兩五錢五分解兌糧庫

通志紀黃州府原額南糧開除黃梅麻城黃安三
縣南米二萬六百一十八石二斗五升零餘縣皆
徵本色挨梅邑挽舟逆水運糧甚艱於康熙三十
八年十二月內奉　總督部院郭爲特請
皇仁等事案內題允奉
旨改折每石折銀七錢共折銀六千六百一十九兩五錢五分起
運解道
南糧驢脚銀一千一百三十四兩七錢八分隨漕

一千一百一十一兩三錢八分二釐七毫一絲七微
一塵二纖五渺內除買辦藍靛銀一兩四錢四分七
釐三絲一忽五微外實徵銀一千一百九兩九錢三
分五釐六毫七絲九忽二微一塵二纖五渺以上共
銀二千二百四十四兩七錢一分五釐六毫七絲九
忽二微一塵一纖五渺俱解糧庫派支各營
一分耗羨銀四百四兩八錢二釐二毫五絲三分耗
羨銀一千二百一十四兩四錢六釐七毫五絲解司
七分耗羨銀二千八百三十三兩六錢一分五釐八
毫內扣本縣坐支養廉銀九百兩外一千九百三十

三兩六錢一分五釐八毫解司
十二兩一分一釐六毫八絲
撥運明朝夏稅麥三百石秋糧折色銀四千八百八
國朝撥運項下按察司轎傘扇夫銀五十兩四錢順治
十四年奉裁八兩四錢聽事吏銀二十八兩八錢奉
裁四兩八錢鋪兵銀一十四兩四錢奉裁二兩四錢
禁子銀一百一十五兩二錢奉裁九兩二錢皂隸銀
八十六兩四錢奉裁一十四兩四錢修倉刑具銀四

十兩康熙十七年全裁驛鹽道吏書銀一百九十二兩順治十四年裁半康熙元年全裁皂隸銀八十六兩四錢順治十四年裁銀一十四兩四錢同知書辦銀六十四兩八錢順治九年裁銀二十八兩八錢康熙元年全裁經歷馬夫銀七兩二錢順治九年裁銀一兩二錢知事書辦銀七兩二錢順治九年裁銀一兩二錢康熙元年全裁馬夫銀七兩二錢順治九年裁銀一兩二錢後知事缺員此項工食另款解司充餉照磨書辦銀七兩二錢順治九年裁銀一兩二錢

康熙元年全裁門子銀七兩二錢順治九年裁銀一兩二錢皂隸銀二十八兩八錢順治九年裁銀四兩八錢馬夫銀七兩二錢順治九年裁銀一兩二錢齊安驛驛丞俸銀三十一兩五錢二分雍正六年裁書辦銀七兩二錢順治九年裁銀一兩二錢康熙元年全裁皂隸銀一十四兩四錢順治九年裁銀二兩四錢雍正六年全裁司獄司俸銀三十一兩五錢二分書辦銀七兩二錢順治九年裁銀一兩二錢康熙元年全裁皂隸銀七兩二錢順治九年裁銀一兩二錢

軍儲倉大使俸銀三十一兩五錢二分康熙三十九年裁書辦銀七兩二錢順治九年　銀一兩二錢康熙元年全裁皂隸銀一十四兩四錢順治九年裁銀二兩四錢康熙三十九年全裁軍儲倉副使俸銀三十一兩五錢二分久缺另款解司充餉書辦銀七兩二錢順治九年裁銀一兩二錢康熙元年全裁皂隸銀七兩二錢順治九年裁銀一兩二錢後全裁後湖河泊所俸銀三十一兩五錢二分久缺另款解司充餉書辦銀七兩二錢順治九年裁銀一兩二錢康熙

元年全裁時憲書銀一十七兩一錢五分七釐八毫七絲解費銀一錢五分四釐四毫科舉銀九十兩一錢一分康熙十七年裁銀四十五兩五分五釐解費銀八錢一分九釐九毫九絲康熙十七年裁銀四錢五釐四毫五絲五忽表裱銀九兩三錢康熙十四年裁銀四兩六錢五分

乾隆十九年撥運確數共額銀六百二十四兩九錢八分九釐一毫四絲九徵九塵九纖三渺三漠五茫

備載于左

按察司轎傘扇夫七名工食額銀並補荒共實銀
四十二兩　聽事吏四名工食額銀並補荒共實
銀二十四兩　舖兵二名工食額銀並補荒共實
銀一十二兩　皂隸一十二名工食額銀並補荒
共實銀七十二兩內抽貼補禁卒工食銀二十兩
禁卒一十六名工食額銀並補荒共實銀九十
六兩　驛鹽道皂隸一十二名工食額銀並補荒
共實銀七十二兩　本府首領經歷馬夫一名工
食額銀並補荒共實銀六兩　照磨門子一名工

食額銀並補荒共實銀六兩　皂隸四名工食額
銀並補荒共實銀二十四兩　馬夫一名工食額
銀並補荒共實銀六兩　司獄司俸銀三十一兩
五錢二分　皂隸一名工食額銀並補荒共實銀
六兩　撥裁本府知事馬夫銀五兩九錢四分六
釐八毫三絲四忽　軍儲倉大使俸銀三十一兩
二錢四分七毫一忽二微八塵　皂隸工食銀一
十一兩八錢九分三釐六毫六絲八忽　軍儲倉
副使俸銀三十一兩二錢四分七毫一忽二微八

塵　皂隸工食銀五兩九錢四分六釐八毫三絲
四忽　河泊所俸銀三十一兩二錢四分七毫一
忽二微八塵　齊安驛驛丞俸銀三十一兩二錢
四分七毫一忽二微八塵　皂隸工食銀一十一
兩八錢九分三釐六毫六絲八忽解司充餉　布
政司時憲書銀一十七兩五釐八毫三絲四忽一
微一塵三纖九渺三漠　解費銀一錢五分三釐
三絲一忽八微六塵一纖六渺　科舉銀四十四
兩六錢五分五釐七毫六絲七忽六微四塵五纖

解費銀四錢一釐九毫一忽九微八纖八渺五
茫　表袱銀四兩六錢八釐七毫九絲六忽三微
五塵亦俱解司庫
存留　明朝夏税麥一百七十八石一斗四升四勺秋
糧米四百九十一石二斗五升六合二勺折色銀一
千八百四十三兩九錢
國朝存留項下本縣知縣俸薪銀六十三兩四錢九分
順治十四年裁銀一十八兩四錢九分心紅紙張油
燭共銀三十兩順治十四年裁銀一十兩康熙十七

年全裁修宅家伙銀二十兩順治九年全裁迎送上司傘扇銀一十兩順治十四年全裁吏書銀一百二十九兩六錢順治九年裁銀五十七兩六錢康熙元年全裁門子銀一十四兩四錢順治九年裁銀二兩四錢馬快銀一百四十四兩順治九年裁銀九兩六錢十八年裁草料銀八十六兩四錢民壯存銀一百八十兩係三十名民壯支領雍正十一年裁民壯二各工食銀一十二兩觧司皂隸存銀九十六兩雍正六年奉文撥給作作餘銀仍給皂隸燈籠夫銀二十

八兩八錢順治九年裁銀四兩八錢雍正五年全裁禁卒銀五十七兩六錢順治九年裁銀九兩六錢修理倉監銀二十兩康熙十七年裁轎傘扇夫銀五十兩四錢順治九年裁銀八兩四錢倉書銀一十二兩順治九年裁銀六兩康熙元年全裁庫書銀一十二兩順治九年裁銀六兩康熙元年全裁庫子銀二十八兩八錢順治九年裁銀四兩八錢斗級銀二十八兩八錢順治九年裁銀四兩八錢縣丞俸薪銀四十八兩二錢二釐順治十四年裁銀八兩二錢二釐書

辦銀七兩二錢順治九年裁銀一兩二錢康熙元年全裁門子銀七兩二錢順治九年裁銀一兩二錢皂隸銀二十八兩八錢順治九年裁銀四兩八錢馬夫銀七兩二錢順治九年裁銀一兩二錢典史俸銀三十一兩五錢二分書辦銀七兩二錢順治九年裁銀一兩二錢康熙元年全裁門子銀七兩二錢順治九年裁銀一兩二錢皂隸銀二十八兩八錢順治九年裁銀四兩八錢馬夫銀七兩二錢順治九年裁銀一兩二錢新開口清江嘴巡檢二員俸銀共六十三兩

四分書辦銀一十四兩四錢順治九年裁銀二兩四錢康熙元年全裁皂隸銀二十八兩八錢順治九年裁銀四兩八錢停前驛驛丞一員俸銀三十一兩五錢二分書辦銀七兩二錢順治九年裁銀一兩二錢康熙元年全裁皂隸銀一十四兩四錢順治九年裁銀二兩四錢教諭訓導二員俸銀各三十一兩五錢二分順治十六年訓導奉裁康熙年訓導奉復設二官共俸三十一兩五錢二分乾隆元年奉文教職加以品級給與全俸其加增銀兩赴司請領新書二兩

共係銀八十兩書辦銀七兩二錢康熙元年全裁門斗銀三十六兩順治十六年裁銀一十四兩四錢又補裁銀七兩二錢齋夫銀七十二兩順治十六年裁銀三十六兩膳夫銀四十兩廩生支給順治十四年裁銀二十六兩六錢六分六釐六毫六絲六忽六微喂馬草料銀二十四兩順治十六年裁銀一十二兩康熙十七年全裁廩生二十名共銀一百四十四兩原於學倉米內支給順治十四年裁銀九十六兩康熙二年裁銀四十八兩康熙二十四年奉復廩糧銀

四十八兩支給廩生係裁運項下撥給

龍亭儀仗修理銀二兩康熙十七年裁　文廟二祭共銀四十兩名宦鄉賢二祭共銀七兩　崇聖祠二祭共銀七兩岳王廟祭祀銀四兩香燭銀一兩二錢六分原在學倉內支給乾隆七年均祭案內減銀二錢一分

山川壇二祭共銀一十二兩乾隆七年均祭案內減銀二兩　社稷壇二祭共銀一十兩邑厲壇三祭共銀一十二兩乾隆七年均祭案內減銀一兩霜降祭祀操賞銀三兩乾隆七年均祭案內裁減厲祭米折銀一兩二錢二分乾隆七年均祭案內設立　關帝廟三祭銀三十五兩七錢四分六釐雍正七年添設

先農壇祭祀銀五兩乾隆五年奉文將藉田存穀變價動用如有不敷仍於司庫存公銀內湊給常雩禮祭祀銀五兩乾隆七年設立係司庫存公銀內動支賓飲二次共銀一十兩順治十四年裁銀五兩兩巡司弓兵原額銀三百二十六兩五錢九分四釐順治十四年裁半後又裁銀一百八兩三錢一分三釐額設舖遞一十五舖承充舖兵銀三百八十五兩五

錢又將裁減弓兵工食銀一百八兩三錢一分三釐撥補舖兵衣鞋各河渡夫銀一十九兩九錢二分六釐七毫順治十四年裁半吹手銀係民壯內扣出迎送皂隸銀一百一兩六錢六分六釐門神桃符春牛芒神花鞭封印開印牲醴共銀四兩順治十四年全裁孤貧一十三名歲支口糧共銀二十三兩四錢歲支花布銀三錢共銀三兩九錢二項原於本縣倉米內支乾隆三年奉文小建扣除遇運加增並每名每年增給銀四錢二分於司庫地丁銀內撥給孔廟公

鋪廚子銀一兩八錢三分雍正五年全裁供應銀四百二十九兩順治十四年全裁備用銀一百六十五兩四錢康熙十七年全裁歲貢盤纏銀一十五兩康熙二十七年全裁歲貢花紅酒席銀一十兩正陪二名赴考脚力每名一兩共銀一十二兩二年一貢每年該銀六兩乾隆二年奉文將此項銀兩按年解交司庫合計出貢名數均派給領六年報銷一次歲科考生童合用試卷供應給賞等項每年銀六十兩順治十四年半裁康熙十七年全裁科舉銀九十九兩

康熙年裁半二十六年奉入起運項下造報科場對讀謄録銀一十八兩三年一次每年該銀六兩康熙十七年裁銀三兩新舊會試舉人長夫以七名為率每名長夫銀二十四兩共銀一百六十八兩三年一次每年該銀五十六兩雍正九年奉文將此項銀兩按年解交司庫遇會試之年按照會試舉人名數均派給領本府應　朝盤纏銀六兩順治十四年裁銀四兩康熙十七年全裁本縣應　朝盤纏正佐四十兩首領官二十五兩該吏十兩造冊紙張工食銀六

兩共銀八十一兩三年一次每年該銀二十七兩順治十四年裁銀一十八兩康熙十七年全裁二十六年奉文彙入起運項下造報

乾隆十九年存留驛站共額銀一千九百七十一兩五錢九分五釐九毫五絲六忽四塵二纖五渺六茫備載于左

本縣知縣俸原額銀四十五兩除核減補荒實徵銀二十兩五錢八分八釐三毫一絲四忽八微七塵八纖一渺四漠二茫　門子二名工食額銀並

補荒共實徵銀一十二兩　馬快八名工食額銀並補荒共實徵銀四十八兩　民壯二十八名工食額銀並補荒共實徵銀一百六十六兩五錢一分一釐三毫五絲二忽乾隆元年奉文加增器械銀二十八兩赴司請領不在該縣額徵之內　件作三名工食額銀並補荒共實徵銀一十八兩站班皂隸一十六名工食額銀並補荒共實徵銀七十八兩　迎送皂隸一十七名工食額銀並補荒共實徵銀一百一兩六錢六分六釐五毫　禁

卒八名工食額銀並補荒共實徵銀四十八兩
轎傘扇夫共七名工食額銀並補荒共實徵銀四
十二兩　庫子四名工食額銀並補荒共實徵銀
二十四兩　斗級四名工食額銀並補荒共實徵
銀二十四兩　吹手四名工食額銀並補荒共實
徵銀一十九兩一錢三分二釐九毫七絲六忽九
微一塵二纖三渺四漠　縣丞俸原額實徵銀四
十兩　門子一名工食額銀並補荒共實徵銀六
兩　皂隸四名工食額銀並補荒共實徵銀二十

四兩　馬夫一名工食額銀並補荒共實徵銀六
兩　典史俸原額實徵銀三十一兩五錢二分
門子一名工食額銀並補荒共實徵銀六兩　皂
隸四名工食額銀並補荒共實徵銀二十四兩
馬夫一名工食額銀並補荒共實徵銀六兩　清
江巡檢俸原額實徵銀三十一兩五錢二分　皂
隸二名工食額銀並補荒共實徵銀一十二兩
新開巡檢俸原額實徵銀三十一兩五錢二分
皂隸二名工食額銀並補荒共實徵銀一十二兩

停前驛驛丞俸原額實徵銀三十一兩五錢二
分　皂隸二名工食額銀並補荒共實徵銀一十
二兩　教諭訓導俸原額實徵銀三十一兩五錢
二分奉文加品銀四十八兩四錢八分赴司請領
不在該縣額徵之内　齋夫六名額銀三十六兩
門斗五名工食額銀並補荒共實徵銀一十四
兩四錢　廩生二十名復額廩糧實徵銀四十八
兩　膳夫二名額銀並撥補共一十三兩四錢六
分九毫五絲三忽三微三塵四纖五渺一漠六茫

承充舖司二十一名徭編鋪兵六十名工食衣
鞋額銀並補荒共實徵銀四百九十三兩八錢一
分三釐　各巡司承徭編弓兵工食衣鞋額銀五
十四兩九錢八分四釐　文廟祭祀原額銀四十
兩　啓聖祠祭祀原額銀七兩　各官鄉賢祭祀
原額銀七兩　武廟新增祭祀額銀三十五兩七
錢四分六釐　岳王廟祭祀原額銀四兩　石忠
烈廟新增祭祀額銀四兩係社稷壇邑厲壇祭祀
銀内撥給　山川壇祭祀額銀一十兩　社稷

祭祀額銀八兩　邑厲壇祭祀額銀九兩　厲祭
米折銀一兩二錢二分　香燭米折銀一兩五分
各河渡夫工食額銀九兩九錢六分三釐三毫
五絲　孤貧一十三名口糧布花原額銀二十七
兩五分八釐九絲四忽七微又加增補荒銀五兩
七錢一釐九毫五忽三微共實銀三十二兩七錢
六分　鄉飲額銀四兩九錢五分五釐六毫九絲
五忽　隨漕項下買辦蘆蓆銀一兩四錢四分七
釐三絲一忽五微　解膳録對讀生半存銀二兩

九錢七分三釐四毫一絲七忽　解舉人會試長
夫銀五十五兩五錢三釐七毫八絲四忽　解部
寺解費銀一百三兩三錢九分五釐二毫五絲一
忽二微四塵五纖二渺　解裁缺燈籠夫工食銀
二十三兩七錢八分七釐三毫三絲六忽　解裁
缺孔壠公館厨子工食銀一兩八錢一分三釐七
毫八絲四忽三微七塵　解本縣俸内核减補荒
銀二十一兩九錢八分二釐七毫七忽八微一纖
八渺五漠八茫每年攤减數多不一　解裁缺照

丞民壯工食銀一十一兩八錢九分三釐六毫六
絲八忽　解歲貢花紅酒席脚力銀五兩九錢四
分六釐八毫三絲四忽　以上俱支司庫存留支
給　坡地丁起運條餉民糧帶派優免充餉湖課
匠班南糧驛脚充餉隨漕扣存驛站等項通共應
解支銀四萬五百九錢五分一釐六毫五絲七忽
二塵六纖一渺三漠八茫除額徵銀四萬四百八
十兩二錢三分四釐九毫五絲二忽八微九塵八
纖二渺又除蘆課三分耗羨銀内撥補祭祀荒缺

銀八錢八釐七毫四絲三忽四微七塵外其不敷
銀一十九兩九錢一分七釐九毫六絲六微五塵
七纖九渺三漠八茫係於每年奏銷時赴　司請
領補湊
兌軍本色漕糧米二千七百二十三石八斗二升四
合隨徵加一耗米二百七十二石三斗八升二合四
勺内除兌旗七米一百一十九石一斗六升七合外
餘米一百五十三石二斗一升五合四勺變價解糧
庫充公隨征水脚銀四百八兩五錢七分三釐六毫

餘給發旗丁截貼以及漕院養廉並修倉鋪墊等項共開銷銀二百三十五兩五分三釐六毫餘銀一百七十三兩五錢二分亦解糧庫充公

【驛站】明萬曆間縣額轎槓長夫二百三十名脚馬六十匹夏口驛夫三十八名金口驛夫一十四名李坪驛夫二名齊安驛夫二名蘭溪驛夫一名陽邏驛馬七匹停前驛馬十四匹

國朝驛站項下額徵銀共七千六百四十兩六錢八分

一額設排夫一百三十七名工食銀一千二兩八

錢四分雍正六年奉文裁夫二十七名減工食銀一百九十七兩六錢四分今現設排夫一百一十名工食銀八百五兩二錢　一縣驛原設馬七十匹馬夫三十五名獸醫一名額設工料藥餌等銀一千五百八十九兩二錢雍正六年奉文裁馬十五匹馬夫七名半藥餌銀十五兩共裁銀三百三十九兩今現設馬五十五匹馬夫二十七名半獸醫一名共支工料藥餌等銀一千二百五十兩二錢縣驛原設支應銀一百三十六兩雍正六年奉

文裁銀一十五兩今現設支應銀一百二十一兩

一停前驛原設馬八十匹馬夫四十名獸醫一名原額工料藥餌等銀一千八百一十五兩二錢雍正六年奉文裁馬十匹馬夫五名藥餌銀十兩共裁工料藥餌等銀二百二十六兩今現設馬七十匹馬夫三十五名獸醫一名共支工料藥餌等銀一千五百八十九兩二錢本驛原設支應銀一百三十六兩雍正六年奉文裁銀十兩今現設支應銀一百二十六兩原屬縣管於雍正八年奉文

歸併驛丞管理　一孔壠驛原設馬七十匹馬夫三十五名獸醫一名額設工料藥餌等銀一千五百八十九兩二錢雍正六年奉文裁馬十匹馬夫五名藥餌銀十兩共裁銀二百二十六兩今現設馬六十匹馬夫三十名獸醫一名共支工料藥餌等銀一千三百六十三兩二錢本驛原設支應銀一百三十六兩雍正六年奉文裁銀十兩今現設支應銀一百二十六兩本縣驛夫馬工料歷係縣管支應藥餌銀兩清江司帶管清江鎮設渡夫工

食併修船物料等銀五十一兩二錢四分渡夫按
季支領渡送火牌勘合　部支等項以上徑支三
驛夫馬工料藥餌支應等項共銀五千四百三十
二兩四分　一酌用買馬銀一千一百八十五兩
一夫馬住支工料銀一千二十三兩六錢四分
以上俱解驛庫
國初孔壤無驛因康熙十三年停鄔兩大人查各
省驛站以梅城馬送清江日行百里馬力不支
題請孔壤添設一驛增馬七十匹庶脚馬不

至疲斃兩驛馬亦悠然有餘力焉康熙十四年奉
文建立
蘆課左家溝長生洲二處蘆洲地嚴家新淤子洲江
北岍新淤民糧附脚向家洲中副水滏上堠下堠附
脚新淤上下水四蔡山對江新生洲上下堠附脚中
副溝滏大溝新淤民糧附脚額征蘆課銀七十五兩
四錢九分四毫八絲六忽一微三塵七纖八渺四漠
隨正征收蘆課加一一耗羨銀八兩三錢三釐九毫
六絲解一分耗羨銀七錢五分四釐九毫五忽解七

分耗羨銀五兩二錢八分四釐三毫四絲惟三分耗
羨銀以八錢八釐七毫四絲三忽四微七塵撥補祭
祀荒缺餘銀一兩四錢五分五釐九毫七絲一忽五
微三塵附入地丁三分耗羨銀內解司
府志原額新增至乾隆四年以前稱蘆洲地草塌
草增實征銀九十一兩一錢二分三釐三毫二絲
三忽六微七塵一纖八渺四漠乾隆九年大丈案
内新增課銀四兩九分七釐四毫六絲二忽四微
九塵八纖共原額征銀九十五兩二錢二分七毫

八絲六忽一微六塵九纖八渺四漠因向家洲崩
塌經洲戶楊胡費等控准乾隆十四年奉　文開
除課銀一十九兩七錢三分三毫三塵三纖實徵
銀七十五兩四錢九分四毫八絲六忽一微三塵
七纖八渺四漠
雜税額解牙税銀一十二兩一錢五分額解當税銀
五十兩田房税銀原無定額盡徵儘解
蠲卹順治元年蠲免十四年發賑康熙元年蠲免三
年蠲免二十五年蠲免二十九年蠲免四十四年蠲

免五十年蠲免雍正五年黄梅水災動用倉穀减價
平糶以惠窮民並本年錢糧全行蠲免其已完納者
准作六年應完之項八年蠲免九年分錢糧乾隆十
年蠲免十三年分應徵錢糧除漕糧項外其地丁銀
米一槩免徵
積貯 常平倉現貯穀一萬四千二十石社倉自雍正
二年起至乾隆二十年底本息共穀二萬二千四百
六十五石三斗五升二合一勺七抄二撮三圭二粒
四粟分貯三十六鎮

按賦役歷代不同大約循楊炎兩稅之法隨時變
通明嘉靖末創一條編法天下稱便
本朝康熙四年更將各欵彙徵分觧若雍正七年丁隨
糧派尤爲萬世可行之法焉子惠元元於斯爲至

學校志上

國家崇儒重道設宮牆而隆俎豆置官師以司董戒
益培養多方矣梅際
右文之世升爲大學增廣入學額數子衿風盛科名漸
開惟茲教澤重地丕著輝煌念我多士霞蔚雲蒸敢
忘所自歟
廟制唐宋以前無考
元至元巳卯初尭都秦君爲梅令創今學基在縣治
左

至正六年縣令喬思忠建兩廡戟門講堂繪
聖像製禮器清學由元末燬於兵
元人郭友直記有天下國家者其道惟治教而已
唐虞三代之始猶不能外於庠序况後世乎然古
之教不屬於官秦漢而下視教爲政則興起之道
必本乎人郡縣有學始於魏獻文帝歷代因之聖
元以郡縣學寄於守令俾之主領教勸治教並舉
法制詳密責任重矣混一之初剪薙芟夷莫不有
學蘄之黄梅在江之北前代視若邊土民性多貪

前至元巳卯尭都秦君爲尹治今學基殿宇歲久木死日敗於時校官賢否傳舍累修輙止廩稍薄而山木廢主領慢而事不興至正六年孟夏承務郎晉寧裔君誠齋思忠來尹是邑下車之初覩廟廡歆敧器像殘裂慨然以爲已任於是召校官劉臺楊璧董諸生而命之曰聖朝治化休明吾儕親沐膏澤出入禮門釋褐食祿皆由於學宜有報諸生拜首願隨公意乃撤敝更新前建兩廡爲楹七十八後設杏壇爲亭改修儀門講堂繪賢像製禮器凡植木砌甃之飾士服龕帳之用殿堂廊廡黝堊丹漆無不備修棟宇翬飛光碧照人一時翕然稱盛又不敢擬於侯泮而宮墻之外柵築爲沼以爲聖人亟稱於水俾士子游泳之暇切已省察若教導之有齋肄士之有業凡學官之事靡不思輯經始於七年之春工畢於是秋之來土田之湮於民者皆有以致之尹意若曰學乃出教之所興學乃爲教之具與其治於後曷若教於前吾主領敦勸之責亦　所當爲者爾諸君寧難於始而榮

成於其終乎諸君愧謝命余爲序以紀歲月且以見尹之心而刻銘以勸於後云至正七年歲次丁亥十有一月巳亥朔撰記

明洪武三年知縣唐輔奉旨建學宮改尊道堂爲明倫堂下置兩齋東曰進德西曰修業

洪武十五年令郡縣學各監卧碑於明倫堂石壁南向

景泰六年知縣王端建文昌祠後廢

成化元年知縣黃武修學宮兩廡建饌堂一所後廢

鼎元黎淳記銘有嘉新學黃侯所葺兟振厥綱紀台有撤厥初庳隘上陋旁穿滲濕不飭神罔降賢乃新斯堂人安其業冠帶縉紳古訓是式乃完斯廟神安其靈樽俎旂章燦穆在庭金節緯皇都台來蒞惟德之造師儒咸會都台有心昭格神人旌能懋德庸激衆勸咨爾名山越暨佳水安奠此邦嶽崇祀禮爾靈在地峻極於天弗鍾於人精爽曷宣都台有心山川鑒燭宜配嵩高甫申是氣奎璧騰輝江淮發祥郡侯福國丰采韋章凡爾邦侯是

替成跡太史作詞永歌帝力
成化六年知縣戴中重建學宫啓聖祠並教諭兩齋
衙舍
鼎元黎淳記成化六年夏五月朔都察院右僉都
御史繁昌吴公承制巡撫湖廣下車檄戒表臣百
司恪遵勅旨興墜補廢自學校暨公署皆務葺完
維新政化維時守令有哲有昏有勗有怠或連數
州縣功罔就緒罰亦隨行惟新淦戴侯中由丙戌
進士令黄梅克能厥官敷法中度乃制貨財儆工

後勸民助官以己丑十二月甲戌首建明倫堂東
西兩齋各五楹前建大成殿東西兩廡亦各五楹
殿之制增於堂廡之儀減於殿席坐先賢木主陳
列祭几皆有區畫又前建戟門櫺星門各視舊規
愈高益美凡九閱月而畢講道得所釋奠禮成壯
麗通明仰瞻敬憚次以餘力恢宏藩舘憲臺整飭
縣治廳事暨諸壇壝暨郵之宇巡檄之司倉庾之
屋百度畢舉未幾都憲公臨焉入其郊無惰農進
其郭無羈旅坐其公堂無嚚訟怨咨臨其學官師
勤教弟子勤學儀文制度蔚乎足觀父老伽迓于
旌而稽首曰下邑之廢學久矣惟我侯悉此先務
吾儕今獲知聖道當共行王化當共遵三綱五常
當共由而不可一日廢率在斯學敢具以聞都憲
公曰然誠有光於進士甲科者雖微爾言吾固將
表揚之以爲羣吏勸遂録其政蹟表於朝明年夏
績旉再臨而侯之召命來矣都憲公曰君子樂善
無窮曷銘兹德以告太史氏而刻之碑於是教諭
鍾安定訓導元仲余浩來請黎淳曰美哉黄梅山

川之靈於地也往年大江雪漲吾汎舟遊於上下
遠而望之見德章龍坪馮茂破額烏牙諸山卷舒
雲霞迎送日月而爭奇競秀於萬里雲山之表睛
爲嶂屏之麗錦也晦爲樓閣之迷煙也吾意其山
神靈蓄洩必鍾於人其先時英豪奮起而戰爭豈
無奇謀忠勇之士出而仗義立節及入治朝賢俊
奮庸又豈無道德之儒貞良之輔出而弼化長民
然博考載籍罕聞焉惟一二釋氏子乃雄稱斯土
若專其神靈者何與夫豈山川之秀豐在外說而

反嗇於吾道正脉與抑亦有之而傳記小說失於傳聞與無寧人心之靈感於他道無學校之教以開之雖有山川之險莫能顯也仰惟天德崇文都憲隆儒以振其綱督學憲副嚴公申飭教條以肅其紀又幸有此賢侯成此風化之基百年文運復一新矣吾當盡收山川之靈還於爾學必有傑才科第騰芳奕世罔俾異端澆漓氣化凡我同盟務敬勗諸

成化戊戌年知縣金章立題名碑於講堂之右覆以

亭後廢

知縣金章記我朝治天下惟養賢以圖養民故自
太祖高皇帝受命之明年即召天下郡縣皆建學以養士爲先務也其法凡有官者子弟與民之秀皆選而教於學學必專經經明而後試之凡三場中式而後貢試南宮其登額而進對大庭者特賜曰進士以次官之仍命工部立石太學紀其名氏亦重科目名材且爲天下勸也故凡天下有司推明朝廷德意亦各得立石於其學紀其士之由明經進於科目者焉黃梅爲湖藩大邑亦英傑所産地也余第乙未進士科試政春官越二年出宰是邑既至觀於學見舉進士及鄉薦者未有題名石問其人有無而諸生歷舉進士韓中舉人馮性輩以告且述其科第年次甚悉余曰嘻朝廷設學校以養士如雨露之養萬物焉既設師儒以教之又命憲臣以作成之士初有進即有廩餼之供材既成而官之又有祿養之厚凡作興鼓舞之道咸備至焉士而得作養於學宜思上之所以望我者大

豈徒學文章以媒利祿而已必禮義養心以修吾他日養民之具求不負上之所以作養我者可焉爲守令而不知振作士氣涵養士心又豈朝廷所學校於守令之意哉若夫立石題名以重科目人材亦有司作興之首務胡獨缺於斯乎適舟客載堅珉自南畿來其高濶與碑制宜遂購之樹於講堂之右上覆以亭刻諸進舉姓名於科目年次之下俾士子觀焉咸相謂曰某某皆以作養有成進於科目得刻石垂名不朽吾徒容可優游歲月不

求鋭進耶於是豪傑之士奮然以出科目之英後先相望匾匾片石殆不勝書矣因志此於後用旌多賢爲諸生勸云時成化戊戌冬仲月朔

正德三年鐫

聖像於神王之上勒諸石壁以垂永久巡臺謝朝宣記於戲宣聖此像筆於道子得於江陵傳之黄梅陳可大記之詳矣嘗見世傳吳道子畫本有三此其一也余家有宣聖著色畫像高踰三尺乃秦藩郡陽王賜先祖於天順迄今五十年雖屢裝屢損然規制神采大較頗

同宏治甲子余巡按晉陽聞高平縣學有道子宣聖石刻摹取以觀像僅尺餘易幅巾而爲小冠隨行者顔子一人太原老士以御車聖像貽之亦道子筆也刻石不知何處猶記聖容在輿前綏僕夫後攀曲恭弟子上下或侍或行凡數十人畫入精妙非道子不能意欲臨刻惜無善筆祇以高平像簡梓行晉陽惟家傳之像數年宦遊奉以出入上以欽聖化之及次思吾祖之遺澤不忘曩在京因紙浥動易綾以裝旣而陞浙懼其久焉或失命工重臨今請宦黄州始克裝成珍藏二幅每欲記之以示子孫以政務叢有未遑也至此重聽所謂遣像欣欣若有感焉二處圖跋相沿以爲燕居引申申夭夭之語爲證緣不冕而巾似亦可據但兹鐫上衣下裳腰帶足履蔽膝有飾衛身有具側焉若趨其體非立拱焉若翼其容匪舒當時欲道之行周流天下畏於匡微服過宋曾不微服耶膳肉不脱冕而行顧不當脱冕耶若此謂之行像亦可也必以爲燕居則隘矣學求聖人者於廟像則瞻其

正於圖像則慨其行於遺經則究其心不啻申申夭夭之氣象則凡嚴而温恭而安者皆如親見由是畏敬生焉憤悱興焉則是像深有契者不然像於人亦何預哉此則刊圖者之遺意也齋沐敬書藏之家塾因留刊學宫俟後之君子訂之

嘉靖十六年知縣梁棄奉旨建敬一亭於明倫堂後正殿東明汲井傍剏一門題額數仭宫墻明倫堂左出建禮門右出建義路

隆慶三年知縣姜忻鑿泮池跨月橋改置名宦鄉賢

二祠於戟門左右創站棚於明倫堂前
萬曆十年署縣事推官曾維倫重修櫺星門外砌石
街數丈豎天衢坊一傍列木柵外護之
萬曆三十六年知縣桂生芝修
聖廟及兩廡明倫堂敬一亭
明教諭周敬修記桂公以名孝廉來宰是邑始視事
即建議修黌宮因歲災倥偬未遑明年夏五月風
雨晝晦連旬水羨溢尤甚江隄數百餘里盡潰乃
至傾城雉敗廬舍國門之外道殣相望公惻然心

傷即乘舟訴府及監司兩臺爲之請折請蠲請賑
並先請諸當路橐中裝以濟眉急公則辦藥餌治
櫬車賻生送死諸務畢舉公惟興役可以代賑修
學築城治隄此大役亦急務也於是三工並舉尅
日告成諸生索余記勒石以垂不朽余嘗觀聖人
取材與蘭台循吏並傳聖門若子路治蒲子賤巫
馬期治單父子游治武城史載文翁修學官召信
臣興水泉皆足垂法後禩彪炳千秋然平居無事
可以優游坐理且興學者不必治水捍災者無暇

鳴琴時紬舉盈難一時而兼數事更難茲當數十
百年未有之災民之呼號待救於慈父者億千萬
指公爲撫瘡肉骨民既慶更生矣隄潰二百餘里
城堞圮者大半公乃冒風雨觸暑熱勞徠拊循爲
之計工授食復給以鹽菜錢交民益鼓舞力疾迅
奏成工公又以司徒數教即繼於司空治水之後
黌宮茂草不足副國家興賢育材之盛意兩工告
成即請縣帑自發廩以及明倫堂敬一亭董加修
壁其計工授食之法視隄城而加潤焉夫隄以衛

田廬城以固封守有識者皆知其難緩而學宮則
未有不視爲後圖者也向者集議捐修逡巡於屢
豐無事之日今乃救死不暇而亟亟爲此者公誠
有見於禮義廉恥我躬之坊篤牿亾陷溺人心之
水火與起而感發之胥於學乎是賴况借工尤足
以代賑乎以此服公之才之大識之遠也他如濬
城河以護風水寬期會以勸輸將請改折以弛輓
運務米穀以平市價善政不可枚舉余特言其大
者以應諸生之請公諱生芝江西貴溪人

萬歷柒年殿宇復圮生員王敬臣竭力募修縣令鍾
鑛俊嘉之率邑紳士重建崇禎十五年燬於兵
國朝順治六年知縣陳觀天教諭張士澂諭諸生捐俸
免銀買地重建聖殿
順治十年知縣李成林重建名宦鄉賢二祠
教諭吳從周記夫創千百年不朽之事視乎千百
年可傳之人顧事有廢興惟人能興而不廢如邑
之有名宦鄉賢祠也環列學宮春秋祀享將前人
之淸風高節不忍湮沒弗彰而所以奬勸來茲之

意亦深且遠謂非千百年不朽之事乎獨梅邑兩
祠廢於明季兵燹鞠爲茂草洊經開令數十年且儼然
聖殿也而沙塵盈地儼然
啟聖祠也而磚棹一所儼然明倫堂也而風雨不蔽尤
可異者先賢先儒木主當設百一而兩牌獨立者
如故東廡西廡供位當設五豐而一座當空者如
故興言及此或因地界通衢衝疲使之然與或時
當繁劇倥傯使之然與抑亦非關地與時而無所
謂賢豪間者其人耶然而聖賢之靈爽先輩之英

賤意者其重有待耶適邑侯李公諱成林字茂遠
者由太學出宰梅之五年撫字之暇慨然以學宮
爲巳任糜費捐貲悉出自囊槖向之所謂塵沙蓋
地者今巳光階華砌矣向之所謂磚棹一所者今
巳列座輝煌矣向之所謂兩牌獨立一座當空者
今巳位次班聯龕席森羅矣而東西祠又刻期告
竣向之廢於數十年而不復興者今巳鼎建於一
旦矣嗟嗟地猶衝疲之地也而未嘗息肩於一日
時猶煩劇之時也而未嘗偷閒於片晷公於甲寅

六月甫停車慨然攬轡有振興一切之志其時修
官堤墾民田催科有法撫字有方種種善政莫可
殫述而尤念二祠爲闔庸鄉士之地不忍其零落
傾頹無所考據竭力鼎建罔緩須臾雖曰聖賢之
靈爽先輩之英魄實式憑之亦足令誦法之徒仰
觀榱桷俯視几筵爲子思孝爲臣思忠居官居鄉
俱有楷模在朝在野羣知觀法以公之心竭公之
力其有關於國典士風者豈淺鮮哉余叨任鐸席
職司學校凡公所舉行應宜努力贊勷共成美舉

奈署冷俸薄不克稍分其勞因與闔邑諸士叙公建祠始末詳報上憲附諸薦剡以爲接尹斯土者勸公惟銳意創建無意名譽嘗自嘆曰吾盡吾心耳豈祈人知哉夫此不祈人知之心寔堪傳也是宜壽之貞珉以傳不朽云

順治十七年教諭蕭蘊樞捐俸重新殿前格扇兩廡啟聖祠明倫堂

歲貢士黃景恒記儒者建不朽之業一在志堅一在才敏其大者尤在爲人不欺言出而人皆信之

學博蕭公蘊樞以濮邑名儒絳帳梅邑恒之子若孫立雪門下無於幾微間悉其爲人公以文章誨士不較束修但孚聲氣五車富胸外貌若愚事無大小懷來皆可告人適邑衿紳有血氣者咸尊禮之順治十七年因聖殿圮壞啟聖明倫兩廡舊基鞠爲茂草慨然有鼎建之意恒抵掌賀曰是其人是其人慨而維之覺事有三難時務掣肘緩急爽期一難也寒衿踴躍從議捐粟不堪再傾二難也富紳金穴雖饒根本不甚着腳三難也公亦不萌此慮銳往圖之倡集醇謹諸生等拜邑侯徐公勸助疏請門募之衆心爲至善所動莫不唯唯此以見公立志之堅醵金尚未入橐即鳩工運木轉石欲如何而正殿鼎新如何而啟聖有祠如何而明倫有堂如何而羣賢有廡指畫經營規模若觀淪浹兩朞果如所指煥然改觀此又以徵公之才之敏也恒復抵掌賀曰其人不易得也恒之信伊人良不誣也落成之餘竊願鐫石以垂不朽

康熙四年教諭吳祖堯捐資暨諸生優免銀

聖殿兩廡及名 鄉賢諸祠煥然大新閱四載乃成

文德翼記有明賊張獻忠之亂三楚儒學圮於兵燹久矣而黃梅尤甚越康熙四年歲在乙巳學博吳公始來慨然傷之矢捐俸薪及諸士優免錢斬然大新肇自丁未至於己酉歷長令趙公樓公徵材庀工或斷或續至王公乃遍觀厥成樓丞徐尉莫不邪許而吳君之力爲多云辛亥孟冬德翼客黃梅過於其外望殿堂門屏莫不丹黃遊於其中見池堰庖湢莫不整飭悚然生敬爲諸士郭君繹

祖等請爲之記余謝不敏既而吳君自爲請又謝不敏而卒不獲也乃諗與諸士而告之曰學宫也者蓋爲學設也仲尼之後學者惟程朱爲嫡嗣後世佛法入中國而學益分自程朱變而爲姚江往往又取佛氏之近似者以爲言是邑固大鑒衣鉢之鄉近時卓吾李氏且以浮慧怪談助其狂瀾於三楚宜乎學益睽而程朱之高曾日遠也雖然濂溪夫子生於道州老於九江其地皆與黄梅近且宋之將亡也有江漢先生忍死北遷遂使前元麗

厚之風卒以程朱之學家絃戶誦至今不泯者其功蓋不在濂溪下也姚氏所稱他人以死報知已而江漢先生獨以生報知已留其身以傳絶學豈不信哉今功令一以五經四書大全爲諸士準繩其說莫敢稍戾於程朱故近時人士亦不敢不兢兢於禮法與向者浮慧怪談時迥異矣爾鄉先輩如瞿慕川徵君聖門禮樂考一書亦可謂有裨於聖側王公與吳君且朔望釋菜朝夕講肄其中宜多士之日進於古也昔獻忠破楚時三楚諸士寧斷脘劓鼻無一人肯從賊者豈非教化之厚而學校漸積使然哉若區區科第之盛衰不足信也學博吳君名祖堯鄖縣人縣令趙公名應登上元人樓公名璇諸暨人王公名庭龍晉江人樓丞名自新徐尉名麟瓚俱紹興人

教諭吳祖堯記康熙乙巳夏余授鐸來梅首謁先師廟披荆而入惟見頽甓碎礎之中蕭蕭數椽不蔽風露上有斷碑遺像累石爲龕設莫無所謁畢周匝環視一切啟聖明倫廊廡祠閣門庫庖湢之

屬漠然烏有余驚訊其故諸生告余曰梅先時宫殿巋麗科甲蔚聯頗稱東鄂名區洎經劫燹悉成蘼墟嗣是荒亂相循士多漂散謀生不遑遂不復恢余還署嘆曰吾夫子中天日月固不需此廟貌但學校爲風化所基賢才所出用關經世殆非細故者余前任安化曾以修建自矢後因裁缺解組卒未果今者來梅倘仍不獲所願是重余辜也修建之役可須臾緩哉既而思余甫至無俸可捐其士子捉衿散處費將安資因是抱愴莫舉者兩載

越丁未秋始進諸生語曰方今
盛朝崇儒重道勅禮臣分諭各直省肅其教條責其繕
葺以學宮完缺爲職官殿最安可因仍沿習而不
一遵功令哉衆皆唯唯即日告廟卜吉徵材庀工
諸生隱輸優免銀三年余捐俸薪亦如之凡支給
弗贍工役弗備一一任自師生非敢較負也蓋以
紳士寥寥助者無多又會令公上元趙浣江樓後
先謝去余綿力孤撑費時缺畧工時斷續至己酉
猶未竣而閩之王君乃蒞雖來暮有嗟而留心實

擧與二公樓四公徐共勷厥成焉落成之日諸生
請於余曰拮据維艱不可無言以誌厥勞余曰本
源之地我輩殫心經營分固應爾勞可無紀也衆
復固請曰厥勞用誌豈以自表哉殿廡聿新以妥
先聖數十年未妥之靈以荅
朝廷惓惓學校之至意風化有賴賢才有基助流正教端
由於此是不可以無紀余不獲已從其請爰即事
之始末叙其大端後之來者其嗣余以永宏規哉
康熙四十五年知縣

啟聖祠於明倫堂後
康熙六十年知縣戴紹祖殿廡祠櫺重加修葺
邑貢生石悠遠記生才者天成才者人國家設學
校以培養文運重本也而郡縣陶鑄之權寄諸尹
大夫昔者文翁治蜀教化日興韓昌黎蒞潮不一
歲制庠序延名師潮之士人比於上國況當中原
文獻之地扶植漸摩有不霞蒸雲湧者乎夫大河
發於崑崙浩淼澎湃東入滄溟有本故也泰山松
栝上拂雲霄下蔭千畝托根嵩阿勢使然也孔子

云其人存則其政舉吾邑遠不暇稽即有明數百
年蟬屬龍信之輩登翰苑履雲衢纍纍若若我
朝自定鼎以來甲第較減於前揆厥由來毋亦根源之
地稍薄其殖而
先聖靈爽未盡妥耶前任諸公雖屢加修葺日久未免傾頹歲辛丑戴侯
紹祖來尹茲土於入廟之始徘徊廊廡喟然曰吾
夫子之堂所謂宗廟之美百官之富何零落至斯
也其亟新諸即捐清俸卜良辰鳩工庀材徹舊蔀
而更覆之榱桷腐朽者易以堅壯丹碧漫漶者加

以黝堊周垣外繞碧水內澄他如名宦鄉賢諸祠亦以次完繕戶牖櫺檻輝煌燦爛想春秋肹蠁之會雲旂風馬有不鑒厥盛典哉雖興利除弊善政尚未具舉而即此興學至意不已首開文教而無忝司牧之任與他日者步赤墀謁金門奇士輩出皆食我公之德於無窮也斯舉可以不朽矣故記之

雍正乙卯年知縣莊檏捐修廊廡

乾隆二十年知縣薛秉時倡捐徹舊重建并擴後基

二丈有奇戟門向係木架今易以石鏤刻有文櫺星門舊石鐵柱今改用青石雕刻密緻較前高五尺許

新築泮池跨月橋用石修砌

德配天地道貫古今二門向用木架今改用青石

名宦鄉賢兩祠仍在櫺星門內重建

忠義祠向在啟聖祠西今改在明倫堂東重建

知縣原陵薛秉時記凡事非一手一足之烈時非一朝一夕之功非合通國人謀之則不濟謀之通國而無數人為鼓舞倡與督理於其間亦事難速成此春秋於城築大役雖時必書誠慎之也若夫倡與有人而通國響應費則不謀而集功則計日而成其事又關人心風俗之大然則大書特書不一書者春秋之例也夫梅邑學宮明末燬於兵順治初稍稍建復後雖屢加修葺歷年既久剝蝕摧頹而殿庭門廡亦湫隘不稱制歲辛未余奉

簡命來莅茲土展謁之際惻然謀所以新之而未敢遽也閱兩年歲比大登案牘簡少向之譸張以逞者亦斂束自愛覘彼閭閻似相安余之樸且拙矣於是

集邑之紳士謀新學宮咸踴躍首肯歸而議有成局以告於余問其費則謂撤舊而鼎新焉約需萬金問其若何經始則謂某等十數人公措二十金為庀材資問其若何終事則謂邑有三十六鎮擇士之公而幹者勸輸以襄厥成然後知都人士之心是心也久而余之倡是言也固若取諸其懷而予之云爾余惟先王之設學也因五方風氣剛柔強弱不同所以操而制之以歸於一也雖時當庠術序謹其教僩師整正申其義核厥後髦而與

於賓興者由司徒司馬以貢於天子其羣聚而州
處者各職其職不見異物而遷焉於此可見培養
人材莫先鄉學今郡縣之學即古之鄉學也欣逢
我
聖朝歷世相承深仁厚德浹髓淪肌教民養士之方準於
三代而邁於漢唐荒陬遐邑莫不仰聲教以自振
厲矧吾梅居海皖之間夙稱文藪而號沃壤者哉
兹與大役一人倡而應者景從蓋涵濡於百年之
久而勇於為善之一大驗也太史公謂高山仰止

景行行止觀其車服禮器低徊留之不能去瞻百
世而相感若斯不過此心此理之同今則殿庭翼
如堂廡秩如宮寢儼如學齋祠舍莫不更新煥如
瞻仰之下寧不足以興起感發又奚待躋東山而
拜闕里甚善願父詔其子兄勉其弟敦本尚樸坦
然相見以誠而相拔以慊出能華國處足型鄉則
不囿於風習而觀摩胥化安在古今人不相及也
余且拭目竢之矣工始於乾隆癸酉之秋越乙亥
孟冬告成擴其基數十丈有奇又以餘貲搆奎閣

於明倫堂大門之外余喜功之得以速成而諸紳
士之任勞任費以及各鎮捐輸者之姓名俱不可
泯故得援春秋大書之義勒諸碑陰以諗來者是
為記乾隆二十年乙亥嘉平月
前署教諭事潛川龔佐龍詩聖澤周寰宇儒林世
代頻兩儀呈大治一字啟傳薪雨露東南潤圖書
西北珍韋編付伊洛圩月照河洋班馬文章古天
人學術醇奎垣聯合璧鳳序振祥麟金玉高魁俱恪慎
天顏喜精詳

御座親權衡歸哲匠
綸綍屬儒臣百里侯封寄千村化雨勻風清梳鶴羽日麗
繞龍鱗頻璧迎僊侶橋門耀紫宸老更叨爵餉弟
子待陶甄木鐸分遺響金聲凛至人循墻窺美富
入坐惹埃塵公意亦何觸羣情久未伸城荒疑在
魯室陋敢寧神會議來縫掖輸金萃縉紳冠裳稱
濟濟步武胥彬彬衆志油油合斯文脉脉真鳩工
期不日涓吉豈無因封木程梯棟鑿山得珷玞礱
檐仰泰岳畫柱逹脊昊性以薙除淨學惟鬆堊新

大成高數仞兩廡翼輪泮沼清如鏡櫺星白似
銀寢堂推聖孝講室護明倫忠義喧桑梓烝嘗肅
藻蘋飲和思舊德侑食看明禋爛熳章天漢煇煌
照四鄰成於秋乙亥肇自歲壬申曾代薄陋冷差
有築室辛愧非馬季長賢頌范純仁慧日懸清楊
慈雲普寸茵魚魚而雅雅侃侃亦誾誾蒙委主理書院
敢違毫末詞咸奏雅馴文翁名正沸丞叔道方純
夾岍魚龍舞危樓虎豹蹲文昌閣課士飲醪香沁齒分
韻墨沾脣興發偶揎袖公餘且綢巾乍窺消鄙吝

環侍揖深淳探躡天根窺洄泗江上岷神州躍七
曜大極定三辰治匪論文盛官緣講道貪貫穿經
子史鎔鑄漢唐秦燹陸廻瀾倒鑑空破兕燐拈花
禾正熟調瑟吏爲循光被十城煖恩流闔邑春來
華榮日月坊表鎮磐鈞鐵面芟莠稗丹心挹隱淪
勳徽同物色珥筆賁諮詢邑志初成選俊天家重奏敷
召伯巡引閭閻午讌列坐啟重闈地接暑雲勝天
連紫氣屯到今談釋滿四五祖佛號從此愼闕閫愧市
松風泣鱷堂草色蓁誰能宏覆載而勿怨邅遰馬
湧黃河出龜浮洛水臻尋源泝洙泗觸目見芥榛
奕奕瞻新廟巍巍峙楚濱鼓鐘聲震疊樽俎粲璘
珣壽考有先務皇風溥庶民鳶魚機自化蝌蚪字
無垠水面芙蓉發日邊雉尾陳彈冠多士慶預現
宰官身

教諭鄖陽宋紹聖記

今上御極之十有七年予銓受黃梅學諭蒞任謁廟殿庭
門廡剝落頹傾兩齋亦無官署僦民舍以居異日
謁使君薛公乃知尚新學官已建成議其首事紳

士爲陳君調衡喻君惺愚吳君兩儀汪君蔚起石
君待價西傳似曾斐如董君律修郭君碩輔熊君
暖千張君桐皆等諸君爲予言且按圖以示謂薛
公意至殷某等因悉心謀學舊址卑促無可因者
學官後隙地今綠入爲後基俾宏厰便新謀壯麗
將殿廡高廣若何門垣位置若何需物料幾何工
役幾何增置兩齋堂室幾何余默計工非萬金不
下事非千日不集當斯役者且勞矣已則見鄉邑
士民隨意分資踴躍爭先已則見瓦木灰石車後

人夫將繹撤運已則見鼛鼓夙作虆虆登登蹋蹶
維皺已則見殿宇巍峩門墻壁立堂舍閣樓房廊
堦蕪橋池咸與維新而諸首事紳士宿食工所早
夜督討蓋二年如一日而功以竣噫嘻堂矣皇矣既
出乎意中之所憶更溢向諸君之所示乃今得而
識其宏厰巨麗也以此隆學校廣教化用副
聖天子崇儒重道之至意庶幾其無忝也哉夫功大者費
倍事久者人勞無力而不爲與有力而不振均無
當事今胡乃民不言勞費不言窘材若或給力若

或翼而舉重之易易如是也而予于以知梅民之
向化也予今任梅學五年既得新齋而落之獲寧
宇焉而聽覩盍切日見薛公案無積牘庭無留獄
月朔望則詣公所宣講
聖諭廣訓設立書院延名師給膏火束修按期課儒童予
暑課諸生於文昌閣摘其文之雅馴者刊有調梅
課藝又見設局重修縣誌親加校讎剞劂成全書
又見白湖堤路地窪泥淖行路艱難捐俸倡修三
十餘里鄉飲賓與廟社壇壝典禮一切缺而未備

者悉爲尊制舉行奮勉興作唯日不足出精神以
相與信而後勞則凡舉事之易易也固宜薛公諱
乘時字際可號梛邨河南原武人雍正甲辰鄉薦
乾隆辛未授知縣事
訓導東湖吳應魁記爲政有體要不屑屑於刀筆
筐篋間而育人才美教化則學校特重顧興復之
功居人上而權是握者皆能舉之乃遲之百餘年
來大業始新從前纍未有及非其勢之不足也苟
非卓然拔出乎尋常之外鮮不域於尺寸而靡有

遠志即或志之偶動而氣不足輔乎其志亦惑且
懼焉故非常之功斷賴非常之人其紆徐遲回以
有待者良非偶也梅居楚末爲東南與區前明科
甲蔚奕理學名臣有光舊史近代稍稍稀濶識者
謂學宮卑隘兼久傾頹無以發聖德之光壯多士
之氣凡官是土者或謀及此而皆不果辛未冬中
州一薛公下車試鉅才於小割壹意與民更始適
余秉鐸斯邑釋菜時嘗面訂曰邑有三大事宜次
第舉行志乘闕一邑之風會學校爲人文之造端

聖廟則教澤重地莫急於此尤莫難於此是不可以緩也
夫輿大役創大工必先培養元氣元氣充溢而後
人心和洽人心和洽而後用力鼓舞梅之民不可
無以導之公周咨疾苦洞見隱微總大綱不涉苛
細如醫者之用藥減其有餘以補其不足始至訟
牒盈几閲數月省什之三期年去其半矣吏散人
静蚤然如坐春風中所謂本立而道生風行則草
偃陽鱎影息吠犬無聲以衡繁疲劇之地沐 賢
侯更新之澤爾民晏然眠食不知其爲誰之力也

公躍然曰是可以興吾三事矣而主者之中
廟學最大爰捐清俸爲倡首遠近傾貲響應簡邑之諸
能者與勤厥事經營擘畫仍决之於 公兩閲寒
暑乃竣輝煌廠麗今昔殊觀具詳 公碑序中然
則 公之此舉也上以酧
聖天子作人之雅化下以開數千載文運之光昌志之所
至氣亦至爲無所懼更無所惑信乎 公之卓然
獨拔以成此非常之績而異於俗吏之爲之也則
天之遲回以待 公者豈無意哉匙於此兼能爲

後衰病漸增行有日矣然始事之慎終事之勤闔
邑之不言而同然者固悉其所以致此之故而一
本於 公也其何能已於言乎 公諱秉時字際
可號榔郵河南原武人乾隆二十年冬月

大成殿設
至聖先師孔子位又像勒石碑爲唐吳道子筆道子有像三一坐一行一立此立像也元教諭陳可大自江陵傳梅邑刻石祀之明末燬燬無存邑孝廉蔣文璺刻順治七年廟成交捐貲鐫石勒像建龕崇祀舊志執政者過橋馬驚伏乃下馬得孔像碑疑誤
康熙二十三年奉
頒發萬世師表匾額

雍正二年奉
頒發生民未有匾額
乾隆三年奉
旨頒發與天地參匾額
東配
復聖顏子
述聖子思子
東哲

閔子損　冉子雍　端木子賜　仲子由
卜子商　有子若乾隆三年陞入

西配

宗聖曾子

亞聖孟子

西哲

冉子耕　宰子予　冉子求　游子偃
顓孫子師　朱子熹康熙五十三年陞入

兩廡先賢

東廡

蘧子瑗　澹臺子滅明　原子憲　南宮子适
商子瞿　漆雕子開　司馬子耕　梁子鱣
冉子孺　伯子虔　冉子季　漆雕子徒父
漆雕子哆　公西子赤　任子不齊　公良子儒
公肩子定　鄡子單　罕父子黑　榮子旂
左人子郢　鄭子國　原子亢　廉子潔
仲叔子會　公西子輿如　邽子巽　陳子亢
琴子張　步叔子乘　秦子非　顏子噲

顏子何　縣子亶　樂正子克　萬子章
周子敦頤　程子灝　邵子雍俱先賢

西廡

林子放　宓子不齊　公冶子長　公晳子哀
高子柴　樊子須　商子澤　巫馬子施
顏子辛　曹子卹　公孫子龍　秦子商
顏子高　壤駟子赤　石子作蜀　公夏子首
后子處　奚容子蔵　顏子祖　句子井疆
秦子祖　縣子成　公祖子句茲　燕子伋

樂子欬　狄子黑　孔子忠　公西子蔵
顏子之僕　施子之常　申子棖　左子邱明
秦子冉　牧子皮　公都子　公孫子丑
張子載　程子頤俱先賢

兩廡先儒

東廡

公羊氏高　伏氏勝　董氏仲舒　后氏蒼
杜氏子春　諸葛氏亮　王氏通　范氏仲淹
歐陽氏修　楊氏時　羅氏從彥　李氏侗

呂氏祖謙　蔡氏沈　陳氏淳　魏氏了翁

王氏伯　趙氏復　許氏謙　吳氏澄

胡氏居仁　王氏守仁　羅氏欽順

西廡

穀梁氏赤　高堂生　孔氏安國　毛氏萇

鄭氏康成　范氏甯　韓氏愈　胡氏瑗

司馬氏光　尹氏焞　胡氏安國　張氏栻

陸氏九淵　黃氏榦　真氏德秀　陳氏澔

何氏基　金氏履祥　許氏衡　薛氏瑄

陳氏獻章　蔡氏清　陸氏隴其（俱先儒）

啟聖祠雍正元年追封

先師以上五代爲王爵改爲

崇聖祠

昌聖王伯夏公

裕聖王祈父公

肇聖王木金父公

詒聖王防叔公

啟聖王叔梁公

東配

先賢

孔氏鯉　顏氏無繇

先儒

蔡氏元定　張氏迪　周氏輔臣

西配

先賢

曾氏點　孟孫氏激

先儒

程氏珦　朱氏松

名宦祠

元

喬想忠

明

戴中　金章　朱璧　東三聘　桂生芝

武國功（以上俱知縣）　李美（縣丞）　蔡敏（主簿）　李震

沈鑨　蕭廷儲　唐世卿（以上俱教諭）　顏樸　席鰲（俱訓導）

國朝李珣（知縣）

鄉賢祠

宋

岳　雲

元

郭友直

明

石　金　吳宗吉　韓　中　邢　繆　邢　寰

胡　鳳　瞿　晟　石崑玉　石有恒　瞿九思

洪　晟　王　麟　向　榮　張　桂　王　忠

陳　昉　瞿　甲　叚倘繡　潘文浩　沙　瑞

鄧　俊　龔　懋

學署

明倫堂舊在

聖廟後東祭器書籍庫西興文土地祠後敬一亭亭之樓

爲尊經閣堂之東曰進德齋西曰修業齋 今俱廢

東下出廟左曰禮門西下出廟右曰義路 今廢

教諭署止小屋三間順治丙申冬盡圮教諭蕭藴樞

修葺復結茅以居

乾隆二十年新建明倫堂在

聖廟東前儀門三間又頭門爲儒學門門外奎文閣一座石不

木架樓三層廣圍三丈四尺高三丈許堅緻宏厰

教諭署在明倫堂之東前有書廳二間中廳一後有

一堂兩房側屋一直四間

訓導署在明倫堂後中廳一廳側有書房二間廳後

一堂兩房西有廚屋二大間俱乾隆二十年新建

木主考　謹按明嘉靖九年定

先師主高二尺三寸七分濶四寸厚七分座高四寸長七

寸厚三寸四分朱地金書四配主高一尺五寸濶三

寸二分厚六分赤地墨書

啟聖公主同之十哲兩廡高一尺四寸濶二寸六分厚

五分座高二寸六分長四寸厚二寸赤地墨書崇

祀先賢先儒各姓名暨各位次逐一詳書於主以防

混亂以免顛越

學校志

祝板一　籩七十五　豆二百六十七　酒樽杓一
銅爐瓶三　瘞毛血盤一　黄緞帳一　錢香爐八
牲匣八　胙盆二十五　齋戒牌一　登五　燭臺
二十四　鉶二十　簠簋各四十　酒樽三　爵一
百二十六　酒壺二　毛血盤八　盥洗盆三　篚
六　錫燭臺二　銅香爐一　磁香爐二十四　黄
綾帳二　錢爐瓶三
以上前志舊有者俱廢

錫燭臺六　燭架一　毛香爐十　帛匣九　籩豆
三十　大胙盆二　[illegible]祝板架四
以上曾維倫置俱廢
乾隆九年
特頒　白磁爵四十二　鉶二十二　籩一百九十二
豆一百六十　酒樽十四　簠簋各四十　銅爵一
百五十
乾隆十八年
新頒　爵三　登十　鉶二　簠簋各二　籩豆各十

樂器

大小鼓七　銅編鐘十六口　琴六張　笙八攢
笛八板　籥翟三十六合　柷一座　敔一座　硃
管一對　石編磬十六面　瑟四張　洞簫八枝
排簫一對　塤一對　篪四枝　[illegible]鐘一口　木
笏六面　以上俱無存
乾隆九年
特頒　編鐘八口　編磬一架計十六口　塤一對　篪四枝
木笏六[illegible]　瑟一張　[illegible]　琴二張　[illegible]　簫六枝

笙三枝　排簫二架　舞器羽籥三十六副　旌節
二首　[illegible]架
乾隆十八年
新頒　編鐘一架計十六口　編磬一架計十六口　琴六
張　瑟四張　簫六枝　笙六枝　排簫二架　塤
二個　篪四枝　笛六枝　應鼓一面　搏拊鼓二
座　柷一座　敔一座　籥三十六[illegible]　木笏六面
麾旐二座
先朝所頒祭器款式皆本古圖歲久殘缺無存

部頒書籍
御纂周易折中壹部拾本
御纂詩經壹部貳拾肆本
御纂書經壹部貳拾肆本
御纂春秋壹部貳拾肆本
御纂朱子全書壹部叁拾陸本
御纂性理壹部肆本
御纂朋黨論壹本
雍正年內頒

上諭拾壹部
乾隆年內頒
上諭陸部
乾隆十年內頒
上諭壹部
乾隆十二年內頒
上諭貳部
聖諭廣訓壹本　學政全書壹部　明史壹部
大清會典壹部

學田
元知縣喬思忠置有學田係馮政祥戶伐隱
明隆慶四年知縣姜忻置田六十三畝坐落尤家坂
又置城隍嶺田三十畝
靖安陳文記國朝酌古制釋奠先師興賢育材學校之設徧天下若學田則無常制間以義起者亦不多見俗吏往往視官署如傳舍郎學官圯且不

修況學田乎黄梅學在縣治東南百武許歲久日就庳陋隆慶戊辰姜侯由進士令黄梅首視學毅然欲新之筮吉始事僦工庀義不棘不擾至考其怠勤稽其出納即一椽一甓無濫遺者余則有微勞焉逾年乃告成爲廟爲堂爲齋爲廡爲倉庫庖湢莫不畢具又更名宦鄉賢二祠于戟門外增泮池于櫺星門內輪奐輝麗視昔有加惟時士蒸蒸盛侯又慮貧窶者罔自給捐俸若干置義田於學以益其不脩業未成侯以擢蘇郡貳守去屬其事

於乎乎廣侯德意旦夕經營得民尤姓田六十三畝歲輸租若干石庄場一所凡幾十丈旱塘五處凡幾畝分限截然梅士踴躍鼓舞趨乎言曰是舉也主之者侯翼之者先生其有造於我梅士豈淺哉諸生將碑侯於學請並識先生文以期不朽乎辭不獲邇謂二三子曰爾知侯有功於學抑知爾士所以爲學乎夫士之學學爲聖人也聖人之學心學也通天地貫古今達事變舉無一物足加其上故疏食曲肱簞瓢陋巷不害爲聖賢孔子云士

而懷居不足以爲士孟子亦曰無恒產而有恒心惟士爲能矧侯師帥有方教養兼至又從善之輕乎今聖天子聿新文教督學盧山胡公郡守懷堂孫公大倡本原之學三楚之士喁然嚮風乎於二三子諄切砥礪已非一日尚勉之毋玩愒時日毋虛糜廩粟毋夸志科舉業學積而行成或以道德或以氣節或以才猷聲海宇光竹帛使天下後世之人見而知愛聞而知慕不曰聖人賢者則曰碩輔名卿庶無負國家建學之意有司造就之心哉者乃曠巳之宅耘人之田皇皇汲汲一短檠課之外無聞焉則非肯堂肯構之子學可以無修田可以無置也二三子能不惕然深省乎侯在梅善政浹洽人心即學政一端尤可想見作人雅化焉故特爲之記

順治十三年教諭蕭蘊樞因兵荒後招佃開墾

康熙六十一年邑貢生李時炎捐界牌石地稞十兩谷塘橋田三十畝租佃隨時

社學

社學舊在東關外明制考選儒童以爲社師順治十六年奉湖北督學道王通行興復責令報成今學廢而社學之基猶存

射圃

射圃舊址在南河之畔相傳鮑叅軍覩射地也廣圍一百五十步有亭曰觀德明成化五年知縣戴中因水沖卸改校場西尋廢天啓五年知縣徐詳清河南故圃仍建觀德亭如初

邑石崐玉記梅山古新蔡爲前宋鮑叅軍駐守汎

地俗工騎射而士閑文墨出來遠矣科目興而文明盛武備衰參軍以後問加意與行者無有也越數十百年而徐侯莅焉侯諱澤號井霖西蜀之潼川人文武兼資起家艮牧製錦多暇時每親以文射射義交督諸生慨然曰武場者閱民兵也射圃者肄文士也夫安得決欲善地乎於是漢陽林先生爲政諱若偉河南張先生諱聖化步縣郊原於河南之畔得廢址焉詢故老則鮑參軍視射故處也厥制既湮厥土沃壤而君民之附近者治疆場

擭爲私有矣侯一一恢復舊地而攘據者自若已乃申請督學顧公檄下查報時天啓甲子六月也侯因是觸暑巡行躬親丈擴頃畝之廣狹悉抵蕩平周垣之蕩葺以次增修亭以觀德輪奐新峙而規模宏遠矣多士咸載筆索記於余余曰爲城爲隍興廢靡常一射圃也前數百年托始於鮑參軍後數百年恢擴於徐明府地以人旺人因事傳兩賢豈相下哉方今海内多故聖天子方側席於文事武備之臣論秀於鄉端必由是中取士以獻若夫射禮射義至重也經謂飾禮樂立德行故聖王務爲多士先曉明是意然後搽弓矢審固是誠各射巳之鵠矣毋徒侈談博於詞章希捷中於功令也是爲記

義學

書院舊在東禪寺之左明嘉靖乙卯知縣張九一建大曆號舍及奎樓若干間頗稱壯麗後廢

國朝康熙年間知縣張雲松建於東關外街口爲大林書院

生員石日乾記方今治隆化洽尊經顯道聖作物覩表覬景從於是使君壽[illegible]張公以名進士出宰黄梅清靜廉平媲美龔黄此邦之人莫不欲尸而祝之社而稷之俎豆於尸祝畏壘子之列矣公洗手不名一錢閱四載如一日風清霜肅吏畏民懷掃除黔首之瘡痍丕振士氣之羽翮進諸生而訓誨之觧匡頤折鹿角無不人人滿意去公書法既精而文筆肆好得其零香剩艷片言隻字莫不寶之如吉光之羽巨象之牙今年八月公擧

御賛於石勒之學宫以埀永久復於是年冬捐俸鳩材
建立書院於邑之東郊關中先學慨然以身任之
昔橫渠夫子講道多在衡廬與周元公程伯子叔
子倡和一時禪益萬世俱見元晦序記中吾楚講
院多倣此前明隆萬初新蔡張大中丞助甫起家
甲第實宰梅邑先生暨銅梁張秀甫南昌余德甫
咸與歷下瑯琊爭雄藝苑於時以比建安七子大
司寇所謂吾黨有三甫者也當先生宰邑時邑先
達待詔瞿公倡明絶學一時臺使俱延致嶽麓石

鼓白鹿鵝湖講席而江漢書院爲當時士大夫所
特建以迎請待詔者至今猶赫赫稱之助甫諳待
詔門下叩擊心性問答酬和俱載集中待詔有才
子曰太初先生以名孝廉復起從助甫遊景仰何
季修復西京大歷以上之詩文號召一時吾鄉吳
與國李京山枝入社中引爲同調東南名宿若樊
中棗水諸公翕然推服無異辭新蔡有助焉蓋助
甫交待詔父子聞性命文章之淵源若此今公關
西崮崎崛起河東與橫渠異代爭衡太行王屋之
間隱若敵國助甫亦宗英也詞林赤幟後先輝映
助甫由黃梅縣考最入爲吏垣廻翔中外二十餘
年開府節鉞以功名終公積資崇膴當不在助甫
下雖謂儒林文苑宋明盛事以一身兼之無不可
凡我梅士遭逢右文之世親炙名公之門服習其
政教領取其緒論經經緯史講道型仁用以粉飾
治平敷宣皇極斯文之天不夜吾道之日再中他
時當有繼待詔父子而興起者公功詎弗偉哉邑
紳士中有若某若某輩皆墨守東西銘之舊學維

誦助甫六七公之遺文者舉斯文示之以爲何如
也乾不敏謹略舉梗概以誌不忘爾公諱雲松字
壽菴號大林山西太原府祁縣人康熙壬戌科進
士

乾隆四年知縣莊棲修理課士

副榜汪夢甲記

國朝大化翔洽顯道右文一時膺方面及郡守令悉
簡器識沉靜經術湛深者鄉
命以往於是江左莊公以名孝廉出宰楚之黃梅公

顯才天授貫史淹經發爲文章風起泉湧又生長名邦家世簪纓一門之内聯鑣競爽濡染薰陶其於國是民生邪正利弊之關講求有素當官立事探囊而出之裕如也莅任以來纖塵不染百度具舉如設義倉以恤瘠羸施義塚以掩胔骼造津梁以達行人創育嬰以保赤子皆竭力補苴次第就理而最重者以移風易俗培育人才爲兢兢下車之始目擊學宫傾圮慨然久之維時士人以歲之不易少需時日爲辭公特捐養俸不煩士庶早

夜鳩工庀材運甓刻期告竣今黜堊丹黄煥然更新矣城之東關舊有義學日久廢弛公復大加修葺無殊創始聚一邑子弟貧乏不能自振者肄業其間給脯資助膏火以甲之不敏命爲督課公於政事之暇時進諸弟子講明大義闡釋奥旨宣揚
聖天子德化教以立品敦倫崇實黜浮蓋公於此邦人士隨其賢否均入陶冶矣明隆萬邑先達瞿徵君倡明正學講道東南所居江漢書院學者翕然宗之維時邑中名賢若石氏之中丞公楚陽忠烈公

季常及吾家大司馬靜峰公俱執經門下文章政事炳耀史册今公以召父杜母兼教養之任此邦文翁之化蜀昌黎命趙德爲潮人師者殆後先一轍也倘父老子弟上體賢侯之意爭自濯磨感其德以師其人讀其文以學其品涵養漸漬不出數年行且人才輩出當必有如昔之鉅人長德起而爲名臣碩輔以仰答
聖天子久道化成之休我公作人之心不於是大慰也哉公諱標字書雲號退齋江南陽湖人康熙庚子

孝廉

乾隆七年知縣邵豐鍭易其名曰調梅書院

十六年知縣薛秉時重修先是知縣張雲松捐置學田三十畝山地一帶載糧四石坐落北郊鄧都廟乾隆十七年監生余國讓身故乏嗣伊妻梅氏仰承夫志捐田二十畝載糧一石三斗一升四合入義學坐落路途鎮流秀河收稞三十五石又乾隆二十年監生錢開泰捐田二十畝載糧一石四斗歲收稞四十石

書院條規

國家興賢育才令各省郡州邑設立義學取一方之秀者陶潄之遊其中者自宜砥礪勉勵熏陶漸摩庶上可以通國用下可以範身心而無負師長殷勤教誨之意梅邑舊有調梅書院余甫下車即延明師聚諸生暨童子之有志者講習其中然學田無幾脩脯猶苦未備膏貲從何取給即勉捐廉俸終難經久有邑義紳余梅氏捐田二十畝國學錢世榮復捐田二十畝統計新舊田租一百一十石於是籌畫經營酌給膏貲不足則捐俸繼之庶諸生

爭相切劘焉謹撰學規四條於右

一明倫學所以明人倫也昔賢云小學是做人的樣子家文清公曰爲學最要務實知一理即行一理知一事即行一事小學四書道之階也循之而聖循之而賢是在人耳又曰人聞學道之名不駭以爲高則笑以爲迂且爲學而不學道則無天理人倫矣果何學乎

一主敬記曰心不苟動必依於道手足不苟動必依於禮情慢邪僻之氣不設於身體蓋涵養須用敬外爲整齊嚴肅斯內爲心常惺惺文清公曰心如鏡敬如磨鏡纔磨則塵垢去而光彩發心纔敬則人欲消而天理明是敬者持身之善物也又曰吾性偶疎覺寫字有差移處即此是敬不屬處余每見氣粗力浮者言動輕浮朋友戲嬉無論其不思讀書作文即有時讀書作文吾知其口誦而心不屬筆詠而意不經欲其有一毫裨益不得也

一讀書我

朝文運昌明四書五經性理古文俱有

欽定成集考核析衷美善備矣文清公曰凡讀書須虛心靜氣緩聲以誦之則可以密察其意而徐領其妙若心雜氣粗急聲以誦之所謂視而不見聽而不聞食而不知其味者足以得其妙乎可知專心致志四字真讀書之要訣也

一作文

國家制義取士

世宗憲皇帝釐正文體一以雅正清真爲率我

皇上加意作人

欽定四書文選頒行天下恪遵傳註體會語氣謹守繩墨尺寸不踰誠哉文家之指南淑世之津梁也蓋文以明經爲主果能理明詞順自成文理理有未明縱極文彩炫爛終與題旨何涉故固陋淺浮者理不明也在有以探其本而逞才使氣者文其陋也在有以剔其蕪循規步矩者自新奇而偭規棄矩以爲新奇者非新奇也鎔經鑄史者自古奥而剽竊經子以爲古奥者非古奥也根深實茂者自工

雅而雕飾字句以爲工雅者非工雅也文清公曰布帛菽粟之文民生日用之常一日不可缺金膏水碧空青丹砂之文雖曰奇寶饑不可食寒不可衣亦何益於人哉

右四條言爲學之要悉本先儒而必稱文清公者以余家傳之訓童而習之不敢忘所自也余更有進者心要虛心不虛者自以爲是不揣本領稱優者則詡詡得意而俯視一切畫而不前其劣者則忌勝己者之長而百方以摘其短夫攻其所短正優者之師友而優者心既不虛又用自畫轉相攻擊遂成牴牾友朋之不能輔是故也夫今日朋友聚處麗澤盍簪正在此時何狹隘至是乎既撰學規四條又立課格二簿一院長收執一齋長收執其有事歸家出入必稟明院長及齋長課簿記五日不在院者即扣除膏資一錢又各給諸生課格一本分一日爲四候早起辰後午後燈下爲四格一日每格下每時自註明所用何功併註明作文自意愜不愜理實在辨不辨書實在熟不熟愼勿

自欺自誤其有歸省或吉凶大事即註明於每月之下以備不時考察或優以紙筆或扣除膏火獎勸儆怠秀頑自別夫誨諄諄聽藐藐古人深耻諸生期無負余一片實心則余之厚望焉乾隆十八年二月知縣薛乘時撰

文昌閣

舊在化龍門外街口與河南岍　關帝廟對峙所以塞縣河下流也邑人士會課恒於斯傾廢已久前令邵豐鍭據形家言謂縣前河流向西直注於一邑財

畱有損而文星亦未光顯欲建閣先宜改河俾東來
之水南折而北環繞轉西合西池之水而出與大河
合其間爲陳姓沙洲貢生陳士楫生員陳士霖生員
陳又新貢生陳士元願以入公建閣其上工未畢邵
侯調任岡邑屬紳士完繕費若不給邑國學喻于智
捐資督理總其成功舊河既塞漸次開田歲可得穀
三四十石以供文昌香燈
李彬暨子貢生時炎文學生修於康熙六十一年獻
田三十畝基屋三間塘二口埠二塅租二百四十斛

秋糧一石以作
文廟香燈之費坐落張湖鎮葛艮橋東
洪煋於乾隆二十六年捐田十畝以作書院院長俸金
坐落灌港鎮
國學生董橋於乾隆四十九年獻田一石一斗三升
坐落白湖渡中路巷以作
文廟香燈之費

禮樂志
安上治民莫善於禮移風易俗莫善於樂梅雖蕞爾
際
國家昌明之期典制具備凡朝賀祭享里社賓蜡各有
禮數樂章奉而行之囿極郁郁彬彬矣悉著於篇以
補舊志之缺
慶賀
萬壽聖節
前一日設置

龍亭至日五更文武各官衣朝衣齊赴丹墀下文東武西
立通贊唱序班宣表行三跪九叩禮畢各退前三日後三日
俱蟒衣坐班
恭遇
皇太后萬壽節
皇后千秋令節元日長至節儀注俱同惟不先後坐班
宣講
聖諭
每月朔望於玉皇閣設香案届期文武官俱至衣補

[illegible]服禮生唱序班行三跪九叩禮與退班齊赴講所軍民人等環列肅聽禮生唱恭請開讀司講生詣香案前跪恭捧
上諭登壇木鐸老人跪宣讀畢禮生唱請宣講
上諭第幾條司講生按次宣講畢各退外集鎮約正值月宣講

文廟

每歲春秋仲月上丁日致祭先期承祭官率陪祭官齊赴堦下行一跪三叩禮學官滌器視牲並瘞毛血至日黎明設庭燎各官衣朝衣齊集行禮

正殿

至聖先師神位

祭品

白磁爵三　登一　鉶二　簠二　簋二　籩十
豆十　酒罇一　太羹　和羹　黍稷　稻粱
鉶鹽　槁魚　棗　栗　榛　菱
芡　鹿脯　白餅　黑餅　韭菹　醓醢
芹菹　兎醢　筍菹　魚醢　脾析　豚胉
帛一　牛一　羊一

四配

帛一　豕一　羊一　鉶一　簠二　簋二　籩八
豆八　酒罇一　白磁爵三

乾隆九年頒
欽定祭文

維

爲

先師德隆千古道冠百王揭日月以常行自生民所未有文教昌明之會正禮和樂節之時辟雍鐘鼓咸恪薦

於馨香泮水膠庠益致嚴於籩豆茲當仲春秋祗率彝章肅展微忱聿將祀典以
復聖顏子
宗聖曾子
述聖子思
亞聖孟子配侑

饗

十哲東五位
帛一　豕一　鉶各一　簠各一　簋各一　籩各

四　豆各四　豕首一　白磁爵三
十哲西五位與東五位同
東廡
帛一　豕三　每案簠一　簋一　籩四　豆四
銅爵各四
西廡與東廡同
儀注
分獻陪祭各官入兩旁門序立贊引生導承祭官至
盥洗處盥手畢引至臺階下立典儀唱樂舞生就位

執事者各司其事分獻官陪祭官各就位贊引生贊
就位承祭官就拜位立分獻官隨後立典儀唱迎神
唱舉迎神樂奏咸平之章樂作贊引生贊跪叩興承
祭官分獻官陪祭官俱行三跪九叩禮興樂止典儀
唱奠帛行初獻禮唱舉初獻樂奏寧平之章樂作贊
引生贊陞壇導承祭官由東階上進殿左門贊引生
贊詣
至聖先師孔子位前承祭官至案前立贊引生贊跪叩興
承祭官行一跪三叩禮贊引生贊奠帛捧帛者以帛

跪進承祭官接帛拱舉立獻畢贊引生贊獻爵執爵
者以爵跪進承祭官接爵拱舉立獻畢行一跪三叩
禮興贊引生贊詣讀祝位承祭官詣讀祝位立讀祝
生至祝案前一跪三叩首捧祝版立於案左樂止贊
引生贊跪承祭官讀祝分獻陪祭各官俱跪贊引生
贊讀祝讀畢捧祝正位前案上跪安帛匣內三叩首
退樂作贊引生贊叩興承祭官及各官行三叩禮興
贊引生贊詣
復聖顏子位前承祭官就案前立贊引生贊跪叩興承

祭官一跪一叩興贊引生贊奠帛捧帛者跪進於案
左承祭官接帛捧舉立獻案上贊引生贊獻爵執爵
者跪進於案左承祭官接爵捧舉立獻案上行一跪
一叩禮興贊詣
宗聖曾子位前如前儀贊詣
述聖子思位前如前儀贊詣
亞聖孟子位前如前儀其十哲兩廡分獻官俱照前儀
行禮畢贊引生贊復位承祭官分獻官仍詣
至聖先師位前立樂止典儀唱行亞獻禮唱舉亞獻樂奏

安平之章樂作贊引生贊陞壇獻爵於左如初獻儀贊引生贊復位承祭官分獻官各復位立樂止典儀唱行三獻禮唱舉三獻樂奏景平之章樂作贊引生贊陞壇獻爵於右如亞獻儀贊引生贊復位承祭官分獻官各復位立樂止典儀唱飲福受胙贊引生贊詣受福胙位承祭官至殿內立捧福胙生至正位案前右旁跪接福胙生左旁跪贊引生贊跪承祭官跪贊飲福酒承祭官受爵拱舉授接爵生贊受福胙承祭官受胙拱舉授接胙生贊叩興承祭官三叩興贊

復位承祭官復位立次行謝福胙禮贊引生贊跪叩興承祭官分獻陪祭官俱行三跪九叩禮興典儀唱徹饌唱舉徹饌樂奏咸平之章樂作徹訖樂止典儀唱送神唱舉送神樂奏咸平之章樂作贊引生贊跪叩興承祭官分獻陪祭各官皆行三跪九叩禮興樂止典儀唱捧祝帛饌各詣燎位捧祝生捧帛生至各位前一跪三叩捧起祝文在前帛次之捧饌生跪不叩捧起在後俱送至燎位承祭官退至西旁立候祝帛饌過仍復位立典儀唱望燎唱舉望燎樂與送神同樂作贊引生贊詣望燎位導承祭官至燎位立祝帛焚訖樂止贊引生贊禮畢退

樂章

迎神奏咸平之章 無舞

大太四 哉南工 至林尺 聖仲上 道太四 德仲上 尊林尺 崇仲上 維南工 持林尺

王仲上 化太四 斯林尺 民仲上 是黃合 宗太四 典黃合 祀太四 有仲上 常林尺

精南工 純林尺 並太四 隆仲上 神黃六 其南工 來林尺 格仲上 於林尺 昭仲上

聖黃合 容太四

初獻奏寧平之章 有舞

自太四 生仲上 民林尺 來仲上 誰太四 底黃合 其仲上 盛太四 惟南工 師林尺

神仲上 明太四 度黃合 越仲上 前仲上 聖太四 粢仲上 帛太四 具仲上 成林尺

禮黃合 容太四 斯林尺 稱仲上 黍太四 稷南工 非黃合 馨林尺 維南工 神林尺

之仲上 聽太四

亞獻奏安平之章 有舞

大太四 哉仲上 聖黃合 師太四 實黃工 天林尺 生仲上 德太四 作仲上 樂太四

以仲上 崇林尺 時仲上 祀太四 無林尺 斁仲上 清黃六 酤南工 惟仲上 馨仲上

嘉林尺 牲仲上 孔黃合 碩太四 薦太四 羞南工 神合六 明林尺 庶南工 幾林尺

昭仲上 格太四

三獻奏景平之章有舞
百仲上王南工宗林尺師仲上生林尺民仲上物太四軌黃合瞻黃六之南工
洋林尺洋仲上神林尺其仲上寧太四止黃合酌太四彼黃合金林尺罍仲上
惟南工清林尺且太四旨仲上登仲上獻太四惟林尺三仲上於黃六嘻南工
成林尺禮仲上
徹饌奏咸平之章無舞
犧仲上牲太四在仲上俎林尺豆太四籩仲上在黃合列太四以太四享南工
以林尺薦仲上既仲上芳林尺既太四潔仲上禮黃合成太四樂仲上備太四
人南工和林尺神仲上悅太四祭黃合則太四受仲上福林尺率黃六遵南工

無林尺越仲上
送神奏咸平之章望燎同無舞
有太四嚴南工學林尺宮仲上四黃合方太四來仲上崇太四恪黃六恭南工
祀林尺事仲上威南工儀林尺離仲上離太四歆仲上茲林尺惟南工馨林尺
神仲上馭太四還林尺復仲上明黃六禋南工斯林尺畢仲上咸南工膺林尺
百仲上福太四
舞譜
初獻
自稍前向外開籥舞　生蹈向裏開籥舞

民合手蹲朝上　來起辭身向外高舉籥首
誰兩兩相對蹲東西相向　底合手蹲朝上
其正揖　盛起平身出左手立
惟兩兩相對自下而上東西相向　師稍前舞舉籥垂翟
神中班轉身東西相向立惟兩中班十二人轉身俱東西相向　明舉翟三合籥
度稍前向外垂手舞　越蹈向裏垂手舞
前向前合手謙進步變手合籥　聖迴手再謙退步側身向外高手回面向上
粢正蹲朝上　帛稍舞躬身挽手側身向外呈籥耳邊面朝上
具正揖　成起辭身挽手復舉籥正立

禮兩兩相對交籥兩班俱東西手執籥　容正揖
斯向外退挽手舉向外西朝上　稱回身正立
黍稍籥舞　稷正蹲朝上
非左右垂手兩班上下俱裏垂手東西相向　馨起合手相向立
惟左右側身垂手向外開籥垂手舞　神右側身垂手向裏垂手舞
之正揖朝上　聽躬而受之躬身朝上拱籥而受之三鼓畢起
亞獻
大左右進步向外垂手舞　哉右向裏垂手舞
聖向外落籥朝上　師退回正身立

實 正蹲　天 起身向前轉向外舞
生 向裏舞　德 合手謙進步向前拱手合籥蹲謙
作 兩兩相對自下而上兩班相對舉籥東西立　樂 上下垂手惟兩中班上下十二人俱垂手轉身東西相向
以 轉身東西相向立　崇 相向立兩班上下以翟相籥
時 稍前舞蹈兩班上下俱垂手向外舞　祀 向裏垂手舞
無 合手謙進步向前垂手合籥舞　斁 回身再謙兩班上下東西相向合籥舞
清 稍前舞向外開籥翟　酤 向裏舞
惟 筴手平舉籥翟開籥　馨 合籥翟朝上正立
嘉 側身垂左手兩班俱垂手向外舞　牲 躬身朝上揖

孔 復手舞籥翟躬身　碩 躬而受之躬身朝上拱籥受之一鼓而起
薦 一叩頭舉右手叩頭　羞 舉左手叩頭
神 復舉右手叩頭　明 拜一鼓舉即起躬身三鼓平身
庶 三舞蹈舉籥向左躬身舞　幾 舉籥向右躬身舞
昭 舉籥復向左躬身舞　格 拱籥躬身而受之

三獻

百 向外開籥舞　王 向裏開籥舞
宗 側身向外面朝上　師 朝上正立
生 兩班上下兩兩相對變籥　民 合手朝上正蹲

物 側身向裏落籥　軌 合籥朝上正立
瞻 向外開籥舞　之 向裏開籥舞
洋 開籥朝上正立　洋 合籥
神 向外開籥舞　其 向裏開籥舞
寧 進步向前筴手合籥　止 回身東西相向手謙
酌 向外開籥舞　彼 向裏開籥舞
金 開籥朝上正立　罍 合籥朝上正立
惟 向外垂手舞　清 向裏垂手舞
且 朝上正揖　旨 躬身而受之

登 躬身向左合籥舞　獻 躬身向右合籥舞
惟 躬身復向左右籥　三 合籥朝上拜一鼓便起身
於 側身向外垂手舞　嘗 側身向裏垂手舞
成 朝上正揖　禮 躬身朝南受之三鼓畢起身

崇聖殿

帛一　羊一　豕一　鉶一　簠一　簋一　籩八
豆八　酒罇一　白磁爵三

配位

帛一　豕首一　簠一　簋一　籩四　豆四

豕肉一　每位銅爵三

乾隆九年頒

欽定祭文

維

王奕葉鍾祥光開聖緒盛德之後積久彌昌凡聲教所覃

敷率尋源而溯本宜肅明禋之典用伸守土之忱茲

屆仲春秋聿修祀事以

先賢顏氏

先賢曾氏

先賢孔氏

先賢孟氏配侑

饗

東西廡

帛一　簠一　簋一　籩四　豆四　豕肉一

每位銅爵三

儀注同正殿惟不用樂

名宦鄉賢二祠

分官致祭行一跪三叩禮

忠義祠

祭品

帛三　各豆九

欽定祭文

維

靈稟賦貞純躬行篤實忠誠奮發貫金石而不渝義問

宣昭表鄉閭而共式祇事懋彝倫之大惟摯莪蒿克

恭念天顯之親情殷棣萼模楷咸推夫懿德

綸恩特闡其幽光祠宇維隆歲時式祀用薦簠簋來格几

進侑

饗

儀注

贊引生引詣拜位前唱就位跪叩首叩首三叩首興

平身行獻禮引詣香案前焚香跪獻爵獻爵二獻爵

讀祝文畢叩首興平身復位跪叩首叩首三叩首興

平身焚祝文禮畢

節孝祠

祭品儀注同忠義祠

欽定祭文

[illegible]

爾氏秉心皎潔令德柔嘉矢志完貞全閨中之亮節竭誠
致敬彰閫內之芳型茹冰蘗而彌堅清操自勵奉盤
匜而匪懈篤孝傳徽
綸綍特頒于殊恩祠宇昭垂于令典爰當歲祀式薦牲醪
尚饗
黎

武廟

每歲春秋仲月及五月十三日致祭
春秋仲月祭品
爵三　帛一　豕一　羊一　牛一　鉶一　簠二
簋二　籩十　豆十
五月十三日祭品
帛一　牛一　豕一　羊一　果五盤
儀注
祭日贊引生引承祭官進左旁門至盥洗所贊盥洗
盥畢引至殿內行禮處立典儀唱執事者各司其事

贊就位引承祭官就位立典儀唱迎神司香者捧香
盒就香爐左邊立贊引生引承祭官就香爐前立司
香跪贊引生贊上香承祭官立將炷香接舉插爐內
又上塊香三次畢贊引生贊復位承祭官復位立贊
引生贊跪叩興承祭官三跪九叩禮興典儀唱奠帛
爵行初獻禮捧帛爵者進
神位前跪獻畢行三叩禮退讀祝者詣安祝桌前行
一跪三叩禮捧祝版立贊引生贊跪承祭官讀祝
生俱跪贊讀祝讀畢捧至

神位前跪安盛帛盒內行三叩禮立典儀唱行亞獻
禮執爵照初獻禮獻畢退典儀唱行三獻禮執爵自
案右照亞獻禮獻畢退典儀唱徹饌唱送神贊引生
贊跪叩興承祭官行三跪九叩禮立典儀唱捧祝帛
饌各詣燎位捧祝帛香饌各至
神位前俱跪捧祝帛者行三叩禮捧香饌者不叩將
祝帛饌依序捧送承祭官退至西旁立候捧祝帛饌
過畢復位立贊引生贊詣望燎位承祭官至燎爐前
焚訖揖贊引生贊禮畢退

欽定祭文

維

帝浩氣凌霄丹心貫日扶正統而彰信義威震九州完

大節以篤忠貞名高三國神明如在徧祠宇於寰區

靈應丕昭薦馨香於歷代屢徵異跡顯佑羣生恭值

嘉辰遵行祀典莚陳籩豆几奠牲醪尚

饗

後殿雍正三年追封三代公爵

帛各一　豕各一　羊各一　籩豆各八

儀注行二跪六叩禮餘同前殿

欽定祭文

維

公世澤貽庥靈源積慶德能昌後篤生神武之英善則

歸親宜享尊崇之報列上公之封爵

錫命優隆合三世以肇禋典章明備恭逢諏吉祗事薦馨

尚

饗

迎春

每歲有司預期塑造春牛並芒神立春前一日各官

吉服迎於東郊祭勾芒神至本日衣朝衣祭勾芒神

訖各執綵杖正官擊鼓三聲環鞭土牛者三

耕耤

每歲仲春亥日巳時祭

先農壇午時行耕耤禮

欽定祭文

維

神肇興稼穡粒我蒸民頌思文之德克配彼天念率育

之功陳常時夏茲當東作爰服先疇恭惟

九五之尊歲舉

三推之典恭膺守土敢忽民勞謹率彝章聿修祀事惟願

五風十雨嘉祥恒沐於

神庥庶幾九穗雙岐上瑞頻書於大有尚

饗

祭品

爵三　青帛二　羊一　豕一　鉶一盛和羹　籩

四盛棗　栗　桃　餅　豆四盛　鹿脯　魚醢　芹

菹　菁菹　簠二　簋二盛黍　稷　稻　粱

儀注

祭日各官衣朝衣禮生引承祭官至拜位通贊唱執事者各司其事唱瘞毛血禮生引承祭官詣盥洗所贊盥洗淨巾引詣香案前贊迎神行二跪六叩禮興通贊唱行初獻禮引詣

神位前跪奠帛獻爵興詣讀祝位跪衆官皆跪宣祝文畢叩興復位唱行亞獻禮引詣

神位前跪奠帛獻爵興詣讀祝位跪衆官皆跪宣祝文畢叩興復位唱行亞獻禮引詣

神位前跪獻爵叩興復位唱行三獻禮如亞獻典儀唱飲福受胙詣飲福受胙位飲福酒受福胙跪叩興謝胙行一跪三叩禮興復位通贊徹饌送神行二跪六叩禮興通贊唱司祝者捧祝司帛者捧帛各詣燎所引唱詣望燎位焚畢揖復位通贊唱禮畢各官更蟒衣詣耤田行耕耤禮一捧青箱一播種各官俱用右手扶犁左手執鞭行推禮農夫終畝耕畢各回官廳更朝衣望

闕行三跪九叩禮

耕耤器物

農具一赤色　牛一黑色　籽種箱一青色

社稷壇

每歲春秋仲月上戊日出主守令而祀之

祭品

帛一黑色　豕一　羊一　鉶一　籩四　豆四　簠二　簋二

儀注與先農同

欽定祭文

維

神奠安九土粒食萬邦分五色以表封圻育三農而蕃稼穡恭承守土肅展明禋時屆仲春秋敬修祀典庶芘松柏鞏磐石於無疆翼翼黍苗佐倉箱於不匱尚

饗

風雲雷雨山川城隍共一壇

風雲雷雨居中帛四　山川居左帛二　城隍居右帛一

每歲春秋仲月合祭祭品儀注與社稷同

欽定祭文

維

神贊襄天澤福佑蒼黎佐元化以流行生成永賴乘氣

機而鼓盪溫肅攸宜磅礴高深長保安貞之吉憑依

鞏固實資捍禦之功祈民俗之殷盈仰

神明之庇護茲值夏辰恭修歲祀敬潔豆籩祗陳牲幣

尚

饗

常雩壇

乾隆九年奉文孟夏致祭

祭日設三神位黃紙爲之社稷居中山川居右先農

居左祭品儀注與先農同

欽定祭文

維年月日恭膺

詔命撫育羣黎仰體

彤廷保赤之誠勤農勸稼俯帷茆屋資生之本力穡服田

今甲爰頒肅舉祈年之典惟寅將事用伸守土之忱

黍稷惟馨尚冀明昭之受賜來牟率育庶俾豐裕於

鑒歆尚

饗

厲壇

每歲清明日七月望十月朔致祭先期主祭官備香

燭清菓牒城隍請監祭祭日設城隍主者神位居中

四鄉孤魂等衆居右天下無祀鬼魂等衆居左用羊

三豕三飯米三擔香燭酒紙行五拜禮

牙纛壇

每歲霜降武官致祭

祭品

帛一　羊一　豕一

城隍廟

每春秋二祭已合祀於山川壇誕日守官用豕一羊

一獻帛於廟逢朔望亦入廟致虔皆行一跪三叩禮

岳王廟

祀宋忠武王每歲春秋戊日致祭用帛一豕一羊一

行二跪六叩禮

馬神廟

每歲六月二十三日神誕致祭用羊一鵞一鴨一雞
一菓品全席行一跪三叩禮

鮑公祠

每歲春秋戊祭及朔望必臨焉行一跪三叩禮

昭王廟

祀宋公飛仙每歲春秋戊日致祭行一跪三叩禮

郭公祠

祀延撫郭惟賢每歲春秋戊日承祭官奉香帛於西
郊德政碑處致祭行一跪三叩禮

忠烈祠

每歲春秋丁日致祭行一跪三叩禮祭品同岳王廟

救護

每逢日食預行出示曉諭僚屬前期設香案於露臺
金鼓列儀門樂入臺下設拜位於露臺上俱向日至
期陰陽生報日初虧各官衣素衣行二跪六叩禮班
首官上香畢正官擊鼓三聲衆鼓齊鳴及報圓鼓聲
止各官衣朝衣行二跪六叩禮畢月食儀同

祈雨

先一日縣主素服步行至城隍廟焚疏文遂於昭王
廟注水盈缸插柳枝陳設香案香蠟拜用蕭僧道各
一班至次日清晨開壇誦經用禮生四名各官衣素
衣步行鼓樂前導至昭王廟禮生引至拜位前通贊
唱行一跪三叩禮道會司讀疏文復一跪三叩焚疏
後至兩壇亦行一跪三叩禮上香後禮亦如之如三
日內得雨即穿補服詣城隍廟往酬焉

祈晴

在城隍廟設香案香蠟拜用紅氈僧道各一班開壇
誦經禮生四名各官衣素衣步行鼓樂前導至廟禮
生引至拜位通贊唱行一跪三叩禮宣疏文畢再行
一跪三叩禮焚疏文再揖禮畢

賓興

每鄉試屆期縣主擇賓興吉日先期具啟請各優等
生員工房於儀門內造具月橋至日大堂東西兩旁
設棹面酒果學師先至諸生各肅衣冠齊集儀門外
主人三揖升大堂西向立諸生由儀門升堂向上三
揖次學師三揖次僚屬一揖揖畢主人執爵獻諸生

揖辭諸生年長者一人酢主人辭三揖三讓諸生就客位主及學師就主位酒三巡禮房呈送花紅諸生各簪花紅訖復向上三揖辭鼓樂前導蹺月橋出龍門諸生前行主及學師皆送至文昌閣由閣門進諸生仍分立兩旁立飲三杯飲畢諸生三揖主人內轉諸生送至道旁揖學師內轉復一揖

鄉飲酒禮

戒賓

主人具啟升大堂將啟安綵樓內主人詣綵樓前北

向綵樓再拜禮畢升座使者舁綵樓鼓樂前導由儀門出至賓門賓候於門俟綵樓至再拜迎綵樓入安中堂再拜乃升發啟畢再拜勞使者使答拜使者出再拜而送之使答拜介衆賓亦如是

陳設

賓席明倫堂西北南向主席阼階上司正僚屬位於主席北稍却皆西向介席西階上東向對主席衆賓席次賓席少後亦南向皆特座堂屏風南稍東置棹南向安酒尊二一元酒在西清酒在東堂東北俟位有俟則設無俟則否月臺上阼階下東序設主衆賓坐位西階下西序設賓衆賓坐位月臺北堂下兩階間設石磬一磬前設司正揖觶案一月臺南正中設律詔案一月臺東序下設盥盆一帨巾一盛爵觶盤一滌器盆一皆北向

習禮樂

前期數日學師率禮生執事者及樂正歌童早熟習於明倫堂前一日主人率僚屬至庠看習令其皆合節奏（主賓介司正僚屬各用相禮一人在後唱贊或庠生或各賓子弟門生隨位侍立）

速賓

主人具速啟升大堂如戒賓儀賓介迎送皆如前儀既速賓隨率僚屬至明倫堂候賓介及衆賓送使者出介及衆賓即皆至於賓門外俟賓同往

迎賓

主人命相候賓於門外賓介至相入由阼階升對主人揖曰賓至主人出迎再拜賓賓答拜一拜介介答一拜揖衆賓（註差卑也拜揖主人西面賓東面）主人先入由門右賓厭介介厭衆賓皆入門左（註引手曰厭）主賓三揖至堦三

讓主人升賓及介衆賓始升主人阼階上當楣北面
再拜賓西階上當楣北面荅拜三揖者將進揖當途揖當階揖也
讀律令
主東序賓西序分列皆坐獻茶畢凡執事及相者皆唱隨位侍立於後側
讀律令引讀令者齋長爲之至月台南北面唱賓主以
下皆立唱揖齋長於案前揖賓主以下皆揖展律令於案讀
云凡鄉黨叙齒及鄉飲酒禮已有定式違者笞五十
鄉黨叙齒自平時行坐而言鄉飲酒禮自會飲禮儀而言
條例

一鄉黨叙齒士農工商人等平身相見及歲時宴會揖
拜之禮幼者先施坐次之列長者居上如佃戶見田
主不論齒叙並行以少事長之禮若親屬不拘主佃
止行親屬禮
一鄉飲坐叙高年有德者居於上高年淳篤者並之以
次叙齒而列其有曾違條犯法之人列於外坐不許
紊越正席違者照違
制論主席者若不分別致使良莠溷淆或察知或坐中人
發覺依律科罪

讀畢唱揖主賓以下皆揖齋長復位
主人獻賓
唱設賓饌案執事者於賓案上視賓年齒設品六十者三七十者四八十者五九十者六皆
用大盤盛狗肉有脯脊臑肺胳膳饌侍安於諸賓位主人揖賓遂詣爵盤所賓
由西序降主人辭言復西序位賓對賓言承主禮不敢當主人南面
盥手乃洗爵於滌器盆賓進滌器南東北面辭主人
對辭賓復位復西序位東面立主人卒洗賓拜洗在西序東面一叩首
主人授爵於執事者西面荅拜主人受爵一揖一讓
升賓升西階上疑立疑立者恭敬以俟主禮側身而待之也主人持爵

詣酒尊所實爵向賓席西北面獻賓賓西階躬身主
人少退避辭之賓平身主人持爵安賓案偏西蓋空脯醢
處爵在其西賓進受爵主人退至阼階上再拜賓降西階
上荅拜薦脯醢執事者進脯一醢一各小盤盛之再設二空小盆於醢脯盤內一層共四
小盤皆在大盆北內一層賓進由席西方入立祭脯醢以箸分脯醢於二小
盤執爵奠於脯醢東嚌脯畧嘗少許祭酒三傾酒於地少許啐酒
畧嘗少許賓出席前向主人阼階東面拜一叩首告旨啐而告旨
者猶今人初嘗酒而贊酒美也主人北面荅拜賓興取爵卒爵降西
階上再拜主人荅拜

賓酢主人
設主人饌案用四大盤如賓席式賓降洗盥手賓東北面盥洗主人西
南面辭不拜洗揖升賓爵拜送祭啐俱如主人獻賓儀
唯啐酒不告旨少一拜不告者以所飲乃已酒也主人卒爵拜崇酒言賓崇重已酒
不嫌其薄拜謝之也阼階上北面再拜賓答拜
主人酬賓
主人揖賓答揖遂降自阼階賓降自西階主人辭降
賓停立於西序東面主人取觶於盤大杯也洗於滌器
賓不辭洗以主人將自飲也亦不拜洗主人卒洗一揖一讓升賓西階

上疑立主人詣酒尊所實觶捧觶復阼階上立揖賓
亦揖祭酒遂自飲卒觶再拜賓西階上答拜按酬勸也恐賓
不飲故自飲以勸之所謂導飲也主人復降洗賓又降辭不拜洗如前儀揖
讓升賓復西階上疑立主人上實觶西北面奠觶於
賓席薦西賓躬身主避辭如獻賓儀賓進受觶移觶
於薦東降西階再拜主人答拜
主人獻介
主人揖賓降賓亦降於西序東面立階設介饌案主
人揖介詣洗所介降主辭如賓禮惟不拜洗殺于賓也主人升

實爵介升西階上疑立主人西南面獻介介西階上
北面躬身主人少退避辭之介平身進受爵主人奠
爵於席偏南遂退於西階上主立於介東介亦退於
西階上立於主西主人北面再拜介答拜薦脯醢介
升席立祭脯醢分脯醢於小盆但不嚌不啐不告旨下於賓也遂退至西階
上再拜主人答拜
主人自酢
介降洗主人降辭如前儀介卒洗主人自盥手主人自飲
面盥者達介意也介主一揖一讓升授主人爵於兩楹之間

介西階上立主人詣酒尊所實爵捧爵退西階上揖
介亦揖執爵祭遂飲卒爵授爵於執事者主再拜介
答拜
獻衆賓
主人復阼階揖介降介答揖亦降立於賓南東面主
人西南面三拜衆賓衆賓有三人則三拜一人則再拜衆賓答拜不升
拜以更次於賓介也主人降取爵於盤洗衆賓長者一人降東
北辭洗如賓禮卒洗主人揖讓升衆賓不拜洗亦升如
賓禮主人實爵於西階上獻衆賓衆賓長者一人跪

受祭興立飲不拜卒爵賓長降洗由西階升實爵退至
西階上獻主人主人亦不拜受爵立飲揖皆降主人反
爵於盥乃設衆賓饌案亦有脯醢更設司正僚屬饌
案皆如主賓式皆揖皆升入席坐

一人舉觶

僚屬一人由阼階降洗觶升賓不降在席詣酒尊所實觶
捧觶詣西階上北面揖賓出席至僚西亦揖僚持觶
祭遂飲卒觶再拜賓荅拜皆興僚由阼階降洗升實
觶復至西階上北面賓西階上再拜僚退西階東荅
拜興僚進奠觶於薦西賓受觶奠於東僚復位

迎遵獻遵遵[illegible][illegible]候同于一人舉觶後乃至或公或大夫公升如賓大夫升如介公則席南向大夫席西向

主人命相侯導遵至門外相出阼階升對主人揖曰
遵至主降阼階詣門內迎遵北面一揖一讓升賓衆
及僚屬皆離席末立遵由西階升主人由阼階升北
面再拜遵遵西階北面荅拜設遵饌案主降洗遵辭
主卒洗一揖一讓升主持爵升阼階詣酒尊所實爵
向遵席獻遵遵在西階上躬身主退避辭之遵平身

主持爵奠於脯醢南遵進受爵主退阼階上再拜遵
降西階荅拜薦脯醢遵進由席北入席立祭脯醢執
爵奠於脯醢北嚌肺祭酒卒爵遵出席降西階上北
面拜主北面荅拜遵揖賓衆賓衆詣西階西荅揖遵
向東北揖各僚屬僚屬荅揖主揖遵請升階入席

樂賓

樂正率工由西階升樂正北面立西階上東衆工以
次排樂正西立歌鹿鳴四牡皇華三終每歌起首樂
正一唱衆工和之一人捧笙率歌童數人入堂下磬
南至阼階西北面立衆童以次排立捧笙者西吹笙

衆歌

御製補亡詩南陔白華華黍三終每終止以磬乃間歌堂
上歌魚麗堂下歌由庚堂上歌嘉魚堂下歌崇丘堂
上歌南山有臺堂下歌由儀合樂堂上歌關雎葛覃
卷耳堂下鵲巢采蘩采蘋凡四終執事者各獻賓主
一杯工告於樂正曰正歌備樂正至賓席前揖告曰
正樂備乃降

敬録

束晳補亡詩六章
我遊南陔言陟其岵昔我行役瞻望我父欲養無由
鳳木何補　我遊南陔言陟其屺今我行役瞻望我
母母也倚閭歸則寧止　南陔有筍籜實勹之孱孱
䆁提孰嘆咏之慎爾瀟清漾爾言肴今爾不養日月
其恤
右南陔三章二章章六句一章八句
有白者華不汚纖塵容爾士兮宜修其身不修其身
乃貽羞于二人　有白者華婉蒸靜好容爾女兮宜

修婦道不修婦道乃貽羞于二老　白華匪玉湼而
不緇白華匪蘭芬乃勝之我攄白華載詠載思　白
華匪玉實玉之令白華匪蘭臭蘭之淨我擷白華載
思載詠
右白華四章章六句
瞻彼倣田毓秀如華胝足胼手嗟嗟我農夫　瞻彼
倣田秀華以秀胼手胝足唯勤斯殖茂　華有不秀
矣秀有不實矣其雨其雨矣杲杲出日矣愁乎愁之
歸矣

右華黍三章二章章四句一章五句
王庚便便東西朔南六符調燮八風節宜　王庚容
容朔南西東維敬與勤百王道同　王庚廓廓東西
南朔先憂而憂後樂而樂　王庚恢恢南朔東西皇
極孰建惟德之依
右由庚四章章四句
澗松童童蛙黽躋兮邱草萋萋蕩青雲兮凡百君子
慎乃託身兮　澗松童童澗則卑兮邱草萋萋邱則
崎兮凡百君子審乃所依兮　有崇者邱物無不遂

有卓者道愚無不智資生育德永植毋替
右崇邱三章章六句
在上曰天在下曰地君君臣臣父父子子　在下曰
地在上曰天父父子子君君臣臣　由其儀矣物則
歷矣由其儀矣物則休矣
右由儀四章二章章四句二章二句
立司正　司正卽以相爲之恐有情容故立司正以監焉
主人自席南方降　賓主以下皆立　北面揖司正司正出席答
揖司正降阼階洗觶升北面受命於主人主人曰請

安於賓司正捧觶至賓席前揖賓賓揖許司正詣酒
尊所實觶降西階兩階間北面奠觶於几退拱立乃
宣曰恭惟
朝廷率由舊章敦崇禮教舉行鄉飲非爲飲食凡我長幼
各相勸勉爲臣盡忠爲子盡孝長幼有序兄友弟恭
內睦宗親外和鄉里無或廢墜以忝所生語畢取觶
立飲卒觶拜一叩首　捧空觶反於盤立於其南
旅酬
賓由座西出席取一人所舉之觶奠於俎東者　至阼階上

主席南北面主人由座南出席立於賓東賓奠觶於
主席南拜一叩首　主答拜賓持觶不祭立飲卒觶不洗實觶
東南面至主人席南奠觶於主席俎南主人拜賓答
拜賓揖復位主人即捧賓所奠觶詣介席南北面介
由席南出立於主人之西　主奠觶一拜如賓酬主人
之禮主卒觶復實觶酬介介辭司正升曰某子受觶
介酬衆賓衆賓酬遵遵酬司正司正酬副學副學酬
僚屬司正皆隨之儀皆如前遍古人逮於沃盥者今至相禮執事而止
卒受者立飲以觶降反觶於篚司正復位

二人舉觶必二人者一舉觶於賓一舉觶於介故也
僚屬二人由阼階降洗觶升詣酒尊所皆實觶皆詣
西階東北面揖賓介俱出席至西階西亦揖二人持
觶祭遂飲卒觶拜一叩首　賓介答拜皆興二人出阼階
降洗升實觶復至西階東北面賓介拜一叩首　二人答
拜一人進奠觶於薦西賓辭取觶以興一人進奠觶
於薦南介辭取觶以興
徹俎
賓主以下皆降東西序座獻茶堂上徹俎

遂燕
一揖一讓升坐如初凡侍立供執事者各設席於賓
主席後皆坐換席面如今禮無算爵無算樂無算爵者無以醉爲節也爵行則奏樂爵止則樂闋故又曰無算樂　席完起賓主皆揖鼓吹送賓
出庠門外三揖各退
息司正
無介不殺薦脯醢羞惟所有不拘何物徵惟所欲徵召也謂可別召知友也鄉樂惟欲欲問何樂則使工歌之
按鄉飲之設所以尊賢尚齒教仁讓興禮樂使民

觀感奮發以化澆凌之習者也

國家額設正項銀兩歲底報銷著爲令飭諸州縣主以牧令爲之僎以諸公大夫爲之無則否賓以致仕鄉官爲之介及衆賓以高年淳篤爲之教諭爲司正相用僚屬每歲於正月十五日十月初一日兩舉至鉅典也梅以劇邑廢斯禮六十年餘矣非盡長民者厭於事要以無其人詳報賓介非其人固不濫及然十室之邑必有忠信況今是邑物衆地大豈無淳謹慤良身無過舉足當是選者乎詢

諸學校訪諸國人當自得之奈人心不古間一舉行動倡浮議禮梗不過一二遂累風教此礼之所以曠而俗之所以日漓也歲甲戌十月朔鄉飲屆期即學而謀於是邑紳士人等具呈公舉賓監生喻于智介生員李菁衆賓耆民吳宗岳等三人余以爲礼行於古則實行於今則虛非古礼之不可復也品節或未明尊讓斯不至率循故事皆屬靡文非所以教孝至養也乃博考經傳斟酌時宜訂斯儀節令又載諸邑乘併繪以圖俾來者有所持

循余事勤懇非故多事蓋貴賤明隆殺辨和樂而不流弟長而無遺燕安而不亂孔子曰觀於鄉而知王道之易易視如此邑之人苟諒余表善者觀而化不肖者愚而返是興化之一大機也則不使

實分榮焉

水利志

導河濬川水順其道而利斯溥焉梅地西北高東南下高者患水少利用蓄下者患水多利用防是古人之遺法也築堤開渠因勢而利導之民事攸關不容不志焉

外堤自廣濟盤塘起至武家穴沿江而下至界牌石入邑蔡山鎮西地方爲保賽口堤高九尺脚二丈面五尺下長六百六十丈爲涼亭口堤下長六百六十丈爲丁家口堤外設大灣塘下長九百二十一丈爲

商家口堤長二百三十一丈爲沙灣口堤外爲黄泥口塘以上數口俱高脚面悉與保賽口同俱蔡山地方下長一百四十三丈五尺至新開鎮地方爲潘興口堤高一丈脚三丈面五尺外爲余家滙塘此口地勢稍低上數口去江皆三里許此口去江止三百九十步最險要堤内因有何家口月堤一道下又有解家口月堤一道留護堤後以防冲溢潘興口堤下長二千二百六十四丈至界牌石德化何家堡經圻衛王家口堤約計三十里入邑清江鎮地方爲馬路口

堤長三百六十丈至圻衛沈家口堤過沈家口又爲邑梅家口堤外爲清江鎮水旱二塘下長九百二十五丈至圻衛鍾伍堤歷圻衛汪家公堤又入邑謝濉鎮地方爲胡家口堤長七百三十丈至圻衛蒲塘口堤圻衛堤盡又至邑楊穴鎮地方爲楊穴口堤下長四百六十丈五尺至圻衛金家口堤共經五口又至楊穴鎮地方爲劉左口堤下長四百三十丈至圻衛正港口堤圻衛堤盡又至邑楊穴鎮地方爲邑王港口堤下長四丈又至圻衛大王廟堤既盡又至邑楊

穴鎮地方爲董家口堤下長一百六十丈四尺高八尺脚二丈五尺面四尺入江南宿松所腰鎮界是堤舊名康公塘濱長江百餘里乃明康武襄茂才築以障江流者累修于邑令楊本俊范圓起年代已遠不能悉詳至萬曆三十六年洪水泛溢決堤口數十處陷田地三千餘畝民舍漂流無算邑令桂生芝駕舟載銀米沿堤周濟遂懇上臺發帑建堤稟崩陷之故堤改築於内地其餘自保賽口至董家口抵東界薄者補之卑者培之高廣倍昔百姓利賴名曰桂公堤

康熙四十四年奉巡撫都察院劉條奏奉
旨諭允免壓田畝公議均補一款立有碑記見後至雍正
五年奉
旨發帑修堤邑令李珣遍修諸口復於潘興口堤內挽築
何家口月堤一道解家口月堤一道不數年又爲江
汛洗刷堤漸塌缺乾隆八年邑令楊爀時請以按畝
均費於何解兩堤之内重建月堤二道乾隆二十年
江水北泛梅家口七八九三號堤脚崩卸勢甚危險
余嘗率同縣丞張一飛典史李九鳳親往堤所督令

該地業戶按畝均夫兩晝夜搶築月堤一道直長四
百五十弓脚四弓高五尺面五尺積步一千八百步
始無恙其免壓田地價貫係照康熙四十四年巡撫
劉　題定之例於衆姓均攤補償錢糧仍照前輸納
自楊家口堤起下至宿松界又名石公堤即桂公堤
尾也界聯二省屏蔽大江歷年既久日漸卑薄彭蠡
北注江則撼北岍堤內楊穴一帶地本汚下上通太
白源感諸湖險汛可慮順治年間邑孝廉石鎮國官
憲副駐皖城檄會松化梅三邑會修作墪房於堤上
令民駐守又飭經紀積穀以爲修堤之需一時賴以
無患後因地介三邑人各異心日漸傾頹康熙五十
三年邑令戴紹祖捐貲招募重修鄰邑有不願輸土
者自往諭之堤成立碑紀其事雍正五年發帑修堤
邑令李珣見其舊址单薄復大修之始稱穩固
內堤自外堤沙灣口堤北起名椏丫壩高八尺脚二
丈面五尺東下長九百七十七丈五尺下屬圻衛堤
圻衛堤盡爲邑王家口堤高脚如前面四尺下長二
百二十五丈至孔壠鎮堤外爲孔壠塘轉東南行下

長二千四百二十五丈通嚴家閘至謝灢鎮堤爲塘
司月塘高七尺脚二丈五尺面五尺下長一千五百
九十丈二尺五寸抵外堤馬路口堤而止堤內爲唐
家等處土地平衍內有南北柴池湖及化邑封郭二
洲堤外爲太白湖尾溢入謝灢鎮爲賽感湖恐其南
泛萬歷四十八年邑令鍾顒俊因築是堤以障湖水
名鍾公堤併修會公堤路數十里詳後
會公堤起內堤孔壠鎮堤北東北行經白湖渡中路
庵至瀼港北止計三十餘里絲太白湖水南阻王文

通閩東趨白湖渡達黃連入源感湖漫散泥濘行路艱難於渡口南北橫建長堤以遏水勢俾其直下而此堤高燥遂成官道葢萬歷十年署縣事曾維倫捐俸所建者也萬歷四十八年邑令鍾鼐後亦捐俸重修勸有財者解囊或罰有罪以贖鍰於是廣爲增葢裝沙覆其上沿途樹柳行人暑不張葢並孔壠至馬路口内堤數十里皆塡補修築高廣蕩平時人又名曰鍾公堤

國初歷年已久西南反側師旅頻經兼以馮夷連年爲

祟馬蹂其脊水齧其根在在如脫齒裂膚矣康熙十五年邑令李成林及縣佐樓自新捐俸外勸諭士民晝夜交作堤復如初立有碑記迨後又漸卑平行人苦之至乾隆十八年里民何士清又爲募修事詳津梁白湖渡志内今遂竣

民堤邑現在圩垸蔡山鎭四處顔家圩周家圩嚴家圩張家圩新開鎭二處新建圩子墹圩謝灘鎭十四處板橋圩張家圩廖家圩趙家圩劉家圩瞿家圩嚴家圩袁家圩陳家圩王家圩新圩莊家圩魏家圩曹家圩楊穴鎭二十處楊家大圩張湖圩舒公圩楊家小圩張家圩張家小圩周家圩梅家圩梅家新圩王家圩劉家圩方家圩占家圩梅家大圩湯家圩馮家圩張家新圩周家大圩段家圩李家圩黃花鎭一處何家圩上沿鎭一處李家圩塘穴鎭十五處嚴家圩池家圩李兒圩王家圩王家新圩殷家圩殷家細圩王家頭圩王家二圩蔡家圩石家圩劉家圩洸家北圩沈家南圩十家圩孔壠鎭十處高家圩楊堤圩熊家圩九房圩梅家圩項家圩洸家圩湯家圩陳家巷

圩碗兒圩山南鎭八處陳家圩和尙圩段家圩祝家圩忙搥圩大圩細圩鍋巴圩張湖鎭五處鄭家圩陳家圩熊家圩張家圩先稻圩黃連鎭十處劉家大圩劉家細圩汪家圩蔣家圩李家圩破圩五祖圩項家圩段家圩新圩濯港鎭三處袁家圩陶家圩傅家圩路途鎭六處桂家大圩桂家細圩余家圩張家圩范家圩占家圩白湖鎭七處蘇家圩王家新圩易家圩瞿家圩王家圩馮家圩新立圩塅塘鎭一處羊家大圩以上一十五鎭共圩一百八座惟塅塘鎭王家大

圩名王爻通圍長大而有裨官堤自白湖渡南岍起西南至廣濟龍坪界抵外堤涼亭口止綿亘二十餘里圍田地數萬畝外有羅家橋杉木橋陶家橋以爲蓄洩雖屬民建而太白湖水南下足以遏之邑西南官堤賴以障蔽乾隆十三年冬奉本府王檄爲敬陳管見事奉布政司抄奉撫部院彭牌開乾隆十三年十月

查明水道情形仰祈

睿鑒事

二十日本部院摺奏臣於二月内抵任後接讀

諭旨將湖河灘地禁止侵佔一案作何辦理之處查明具

奏隨經檢查舊案以楚省積水之區俱係納有糧課並非官湖可容侵佔至湖邊江岍隙地私築小垸歷係嚴行禁止等因聲明覆奏在案半載以來臣時時留心體察兼採輿論乃知其間仍有尚需籌畫者蓋少一阻水之處即多一容水之區則私垸之設不可不既平其實也查荊襄一帶江湖袤延千有餘里一遇異漲必藉餘地以資容納考之宋孟珙知江陵時曾修三海八櫃以設險而豬水後豪右據以爲田江葉力復之又荊州舊有九穴十三口以疏江流會漢

水是昔之策水利者大都不越以地予水之說也自滄桑變易故迹久湮現在大江南岍止有虎渡調弦黄金等口分疏江流南入洞庭汛漲時稍殺其勢至漢水出大澤口分派入荊夏秋汛漲又上承荊門當陽諸山之水滙入長湖下達潛監瀰漫無際所恃以爲蓄洩者譬諸一人之身江邑之長湖桑湖紅馬白鷺等湖胸膈也監潛沔陽諸湖下達沌口尾閭也其間深洄盤折之支河港汊則四肢血脉也胸膈欲其寬尾閭欲其通四肢欲其周欲無滯無如三襄之水

性濁多沙最易淤積有力者因之趨利如鶩始則于岍脚湖心多方截流以成淤繼則藉水粮魚課四圍築堤以成垸在小民計圖謀生惟恐不廣而不知人與水爭地爲利水必與人爭地爲殃川壅而潰盎有自矣臣伏查舊案稜據荊宜施道屠嘉正安襄鄖道王槩議將未有之垸永禁私築已潰之垸不許修復等因詳請飭遵補偏救弊誠爲允當惟是利之所在民間每不憚百計以求勝而地方有司未能規及遠大少不留意則私築之弊仍有不能免者縱令道府

清查而胥否加添究屬無憑臣再四熟籌竊以爲積習既成挽回非易今欲復三海八櫃之舊勢誠不能亦祇杜其將來而不使垸之增多則當先查其現在而確知垸定數現在惟有檄飭各該州縣於冬春之際親行履勘將合邑所有現垸若干各依土名查造清册由府核定賫送各衙門存案嗣後卽以此次所查着爲定數聽民安業此外永遠不許私自加增卽一垸之内亦不得再爲擴充仍令該道員於本年出巡之便逐細詳查加結具報則有無增添按册可稽

而各州縣之實心奉行與否亦可藉以查核勸懲至此後遇有淤灘原係民間納糧之地或種麥豆或取柴草均聽自便但不得另築垸埂以防水路如此則愚民不致因小失大地方有司亦不敢姑息怠玩自遺叅處而與水爭地之錮習或可稍息矣所有臣查明水道情形各現在籌辦緣由恭摺奏明伏乞

睿鑒謹奏乾隆十三年十一月二十八日奉到

硃批只可如此辦理知道了等因抄奉由司行府卽便欽

遵查照飭縣履勘將現在之垸各依土名查造清册由府核定賫送存案嗣後卽以此爲定數永遠不許私自加增亦不得再爲擴充仍聽該管道員於出巡之便逐細詳察加結具報院憲并移本司查考章程定後按册可稽地方官果能實心奉行自不致再有加增擴充之事倘敢姑息怠玩查出飛揭嚴叅等因抄案到縣知縣任重履勘將現在之垸各依土名查造清册五本由府查核賫送存案至今永遠遵行

至傍山河一帶則有堰類漢書所謂開渠旁引者也舊志載堰名十三其實渡下停前小溪横山四河溝

堰鮮次爲數一百有奇其平原曠野則有塘爾雅築土遏水曰塘其形與堤相類卽畜水陂也大者若西池塘白水塘劉家塘洪家龍塘周環數里灌田千畝小者以畝計以分計所在皆是方今海内昇平年歲豐稔野無不墾之田而梅邑之民素不事商賈各以其力築堤濬濠卽屬官堤亦祇官爲督率民自按畝派夫修理些微水旱不能爲害也

嚴家閘在唐穴鎮内堤上其西南爲德化封郭二洲梅築外堤以障江流築内堤以防湖患於是化邑二

湖之水内從無泄歲苦淹沒萬歷三十五年化邑令
孫同倫相地形勢惟開梅塘穴内堤爲閘俾水北出
感湖爲便因具文詳請兩省督撫會題允行梅岸生
嚴復所慨將田地一塅與化邑開河建閘其水道寛
五丈長十五里化民運土載版以時修築啟閉旱澇
皆不致爲災化民每歲認納蘄河錢糧一十兩零四
錢其銀額編封郭兩鄉正供之内里民交納復所子
孫每年具帖領收永爲定例云

撫都院劉條奏壓田均補碑文云湖北蘄州衛爲謹

陳地方累獘四條仰祈
睿鑒允行以益額賦以便民生事奉都使司轉奉巡撫湖
廣等處地方兼提督軍務都察院右副都御使加三
級劉憲牌開康熙四十四年三月二十四日准戶部
咨開湖廣清吏司案呈戶科抄出楚撫劉題前事康
熙四十三年十二月初二日題四條四十四年三月
二十日奉
旨該部議奏欽此欽遵抄出到部該臣等議覆前事康熙
四十四年二月二十二日題本月二十八日奉
旨依議欽此抄出到部將應移咨前去欽遵查照施行等
因到院准此除抄錄咨疏通行欽遵外查部咨内開

一穵壓田地應令丈明估價公議均補也楚北安荆
一帶地方外而川江内而襄漢水勢湍急風浪洗刷
凡年深月久之堤率多冲潰内築月堤以防不虞其
築月堤也堤脚寛約三五丈不等必須復築於民田
之上謂之壓壓則田在此堤之下又必取土於民田
之中謂之穵穵則此田深窪無用矣夫壓田以爲堤
脚穵田之土以爲堤塍此實爲通境保護田土非一

家一人之私事也此土穵壓之後其田主垸内尚有
多餘之田土保護或亦甘心若穵壓之本主止此區
區數畝全家賴以活生止因坐附堤邊一旦盡被穵
壓勢必餬口無資謀生乏策臣採訪輿情酌定一法
嗣後遇有修築堤塍於興工之時令地方官將堤塍
所壓之田及兩邊取土之地丈明畝數畫立界限而
愿懦窮民得免偏累向隅之泣等語應如所題嗣後
遇有修築堤塍所壓之田及兩邊取土之地丈明畝
數估定價貫衆姓均攤補償交給被壓被穵之本主

另置田産無致偏累至於被空被壓田地錢糧照前
輸納可也等因一案爲照濱江地方每遇水汎堤多
冲潰凡有險工之處必須挽築月堤以防不虞其築
堤取土即在現種民田之上空壓倘空壓之本主止
此數畝田産一旦盡去以致資生乏策是衆姓共享
其利而窮民獨受其苦甚爲偏累本部院細採輿情
酌定良法當經出示曉諭遇有築堤空壓田土丈明
估價公議均補並令刷榜在案第恐各屬僅能奉行
於一時或仍廢弛於他日是以本部院特疏　題明

並請勒石垂諸永久奉
旨遵行除出示曉諭外現在摘欵飭行爲此牌仰該屬官
吏查照來牌事理即便轉飭所屬各衛所嗣後遇有
堤塍冲潰應於垸内挽築月堤空壓之土估定價貫
衆姓均攤補償交給被空被壓之人不得偏累勒石
竪立各堤所以垂永久取具墨搨賫驗倘有豪強衿
棍藐玩不遵強行空壓不准攤派苦累窮民或經訪
聞或被告發即嚴拿從重究處不貸該地方官宜恪
遵奉行慎毋偏狥干究康熙四十四年五月初六日

立

石嵬玉桂公堤碑記黄梅背山面湖民田盡藪澤
中江漢直注彭蠡旁射水患歲有永樂中築堤障
之江行壓𫒬民處泊中以堤爲命有司守堤若捍
頭目嘉靖庚申曾一决令毛少府督修毛精嚴
斂堤堅享四十餘年之利邇來上稍夷鄙其民而
肴越之委諸水利丞丞廵視惟箕斂堤役恣人取
土移樹車曳之出入富人挾貲請即得掘堤引江
水灌田堤狀如脱齒嘻官無法民不夭久矣歲在

戊申桂侯始下車釐奬剔蠹亦憂及堤以期促未
遑尋果霪雨海立江傾堤原圮因盡仆民溺十三
田溺十九是時民鮮蓄藏官乏儲粟則前在事者
藉民賑而私貸焉人情洶洶不自保侯亟遣舟四
出採民之緣木騎屋者露立兩中殘淯波上者悉
致高原餓者下壺飱哺之招米商無抑價市儈反
與商通故昂直而取分焉侯聽自相貿易米驟至
價遂平侯親駕一葉奔告兩臺道府滐泗交頤聞
者感動各捐俸來賑請賑請貸咸得報可侯載米

歷鶴汀鳬渚閒物色而手援焉無敢濫竽時姦宄竊發侯擒治其尤者按圖幾家家幾人人何術業疑者逐之懸賞格使盜自相告免罪諸偷莫敢發或聚求勸分侯不許召諸村家諭之曰所不許者爲爾曹也爾知楚俗剽悍不獨食乎施舍已責自爲德於鄉事也人喜而相假乃發厨傳停徵輸省訟詞戒粟不出境故饑而不害潦後三月不雨侯矢心步禱再日而甘霖注人以爲精誠之感山田稍穫澤人仰給焉九月水落侯廵行阡陌見江沙

瀰漫如堆灰積雪侯望洋興嘆奈何忍疆埸數百里爲沼吾不俾靡吾箸以爲堤賫諸父老稱難侯斷而行之索公帑可四百金督撫及廵道諸當事者亦捐六百金有奇計不足以供堤之一毛侯曰舉事在志與氣耳疾憤師北卒皷之立起一堤何有因出俸入佐之約均力合作雖縉紳不復其役地有險夷工有難易度上下戸而受事焉恐疲民呰窳塞責乃忝寢縣務露宿堤畔拊循之無所督責第日夕㦸之曰不力安得三畝宅十畝桑歸於爾嘗乎民枵腹赴工不三月而百餘里堤成次年己酉又潦竟賴堤以免民之戴侯真有僕射父老之謡父老因屬予記之且曰爾記堤不及他乎夫救荒侯政萬分一築堤又荒政萬分一吾邑自蕭山來侯去刑鼎空懸辟以貨免侯至而門如水法如山人誦持平梅俗雖毗之爭食者守難當者效質蚩蚩者自爲蝸蚌侯至而事必覈情刑必當罪訟獄以稀梅壤無百里國有三公七萃之逋者未稽贊府已按籍而索數鍰兩稅之徵者未共且轄

已逾額而享千緡侯至而責大指塞旁竇歲省民財諸如此類更僕未數若之何遺之余曰否政先本原辭有體要救荒築堤無米之炊不朽之績也爾不見巳事乎甲辰灾陳文略起巳丑灾劉汝國起一方糜爛三省騷驛今有勤民者早爲之所何渠至若此吾與若得全要領而安居粒食伊誰之賜吾姑舉其大者爾他政當鴻筆傳之時萬歷三十七年己酉季春朔

吳正治重修鍾公堤記道京師而南三千里故乎

楚之最東岩邑曰梅二十里離邑治而下爲灌港
歷太白重津之滌由洋子過九江適三吳八閩百
粤諸輿衍區中有路懸焉爲里者七十旁皆滃漭
陂田淤濕不堪行夙有鍾侯堤蹟如一線穿度冠
蓋車馬遊人士女農夫販夫商賈奇貨以遠山陬
海徼雕題刻趾之人靡不由斯以互達無何西南
之警
王師頻歲經歷兼值江濤浩渺連年波漲馬蹄其脊水
齧其根路往往而脫齒裂膚高岈爲谷僵馬襆路

相藉於道而行者苦傾陷傚屋飄蓬莫知所往而
居者苦盤踞列屬之傚莫極於斯也邑侯李公甲
寅六月甫停車慨然攬轡有振興一切志時梅所
尤急者若招遺集逋拯窮與交宅宅田田數大事
侯皆殫力撫恤勞來多方不二載而漸次就理非
復從前城野奔哭匍伏人民如晨星散落逸失無
紀者矣丙辰洚水由夏徂冬七閱月不入地狂風
數作助水爲暴人集斷坡如蟻附蘆兵行斷塌如
端趙葉侯出粟以賑民困採舟以通師徵亦既胼
胝雜痒而侯曰否否此救時策非持久策也會郡
太守于公聞梅情勢憮然曰梅民饑且死溺且斃
不可不一救請命於撫臺張公急操舟而下載粟
隨其後見梅地野無青草室如懸磬路鮮坦道人
多菜色愁謂侯曰汝撫此民汝尹此地其何以濟
予矜民憂暫耳汝惠民生永抱汝往哉梅事惟汝
諧侯慨然曰唯唯職不敢辭措畫因遺大人慮因
計梅所亟無若堤始遂屬夜籌畫冒雨巡行偕梅
民同痒捐俸勸諭及歸佐樽廼功步履塹吹樹循

慰諭而人心競勸庶民子來畚插具舉杵擔交作
士疇其屬農率其徒不彌月而數十里坎坷遂成
康莊履道侯募民挐舟載沙鋪塗植樹夾道不爲
一日計安全而爲百年樹喬木意何深遠耶蓋斯
堤一成而
王師利往侯之謀國周也人居安堵侯之鳩民悉也平
田用障而狂波獲屏侯之除害固而興利溥也雖
然侯之德日以彰才日以練梅之劇其不足久羈
侯駕也倘不志之以永不諼則後之沐其休者安

知侯之在當日德足以動民才足以幹功敷足以集事其有裨於一時奕世如茲其甚盛也侯又以太白水滸由港達江者其津濶可四十丈許常隨汪流為淚瀑夏秋水盈猝莫能渡師行大為民虞督丞佐樓謀作輿梁以通道於堤之北而樓亦慨焉以弱 公裒積為已任梁成而于堤益為有功在昔蘇公建堤於浙植芙蓉其上望之如雲錦康公建堤蘄黃之交而桑麻蔚然非復汀浦萑渚滕公建堤於嶽當洞庭涯而舟行有依夫三公之行世名後不關堤而堤亦行世名後之一端侯之先公由楚方伯壽總兩粵歷佐三君德在南功在北斯邑斯道皆其足澤存焉者侯之率祖攸行此亦其一斑也可藉手以報于公亦可藉手以報

朝廷矣故亭名夜告而澂清如水侯之建立挺拔將未可以更僕數也予忝在公卿不獲却梅士之請亦以感侯之大有造於梅也顧予之所及言者圖之所載而士之所述也若夫侯之德在心侯之才在事侯之皦在時心日以廣事日以立而時日以濟

又何獨一堤之足名耶異日者歸老故園景侯之勳伐有聲與梅之士大夫坐侯之亭賦美人之詩飲獻酧之酒徘徊於烟雲飄渺之間宛然見侯之載笑載色拊恤慰勞之深衷焉不猶標指見月之餘思乎

余學益重修楊穴堤記梅地襟長江而帶彭蠡為天吳奔趨之地其浸曰太白長安曰源感諸湖其流曰停前渡下曰小溪大河衆水合注于港左抱右環蜿蜒而出東觀以直達于歸魚嘴而斷腰尾其後斷腰上接長堤百餘里繡錯三省屏蔽長江值江濤橫溢則泝流而上灌太白諸湖平疇孔道盡沒烟波外為雖有長堤為項背而臟腑既潰軀殼空懸則楊穴關閭邑之利害不甚重哉堤成於邑先達石寬副憲轄皖城檄會宿松黃梅德化三邑同修堤堅而守固後緣別屬人懷異心畢箕殊好故齧其頹毀而莫之有救江水遂以內地為壑矣歲議修築因三方鼎據不能通力合作梅民獨木焉支一難也黃梅與工掘土而堤邊田畝多屬

他衛不聽恣取膏腴二難也當事者視宦途爲傳舍既不能作徒手之援又慳於出清風之袖力役加征恐驚愚民三難也甲午歲比平戴侯來受梅事首以斯堤利害詢邑父老僉曰功成難度費出無經可若何爲之趦趄不前者至再侯曰否否事無論難易須做去自有究竟吾何惜一人之力愛錙銖之錢不能爲之拮据旁通除灾去惡恐聽居民爲沼也耶罄官橐以濟民生雖壁立盤空日食杞菊吾何憾因卜日巡視量廣狹長短計爲里者

五六高以尺計廣以丈計約費盈千金預捐貲招募土人屬其經紀於行僧役勸里民通助時有鄉豪不願輸土者往諭之曰借片壤爲爾作功德地待福報於無窮何吝爲民皆感喻畚插兼工不數月而高廣崢嶸厥成攸觀一日侯巡行堤上望桑麻饟野阡陌成群父老子弟咸迓旌旄而拜首曰吾儕僻處卑土固黿鼉魚鱉之與處而菰蒲之與同味也今得安土作乂依邱隴而親稼事無陽侯割地之慄皆仁人賜也願志石以垂不朽侯謙讓

未遑曰吾不過竭吾心力以補天地之憾答君父之命繫爾蒼生之福吾何功之與有邑民愈深感激合謀建碑于郭外復徵予言予曰言而不文詎而失實均陋也允若公言可以壽諸千萬禩矣烏容贅予惟公琴鶴蕭然常賦外不名一錢陽鱎息影苞苴不行公之清也不事擊斷聽決之時溫言細鞫民得輸情延見士庶入諮詢時政周詳懇到和氣藹然公之慎也朝稽夕考案牘澄清門無停訟訟無滯獄進善若飢渴之好去惡若鷹鸇之逐

公之勤也善政纍纍寧止一堤然出儉橐而戒衣袽重明作而勤有功則堤亦清慎勤之所見端也將見金堤韋而三路平波臣退舍從沙汀葦岸間介稷黍而襲士女報最彤廷功歸保障是西京能臣之偉績也故記之

物產志

梅地彈丸而山峙水集生植之物饒焉然尚敦樸布帛菽粟而外恐無他物昔人謂齒革羽毛楩楠竹箭此三湘七澤所蕃蓄非梅產也

穀之類

洗耙早　救公饑　洗水早　一刀齊　飛上倉　黃金糯　烏穀　見秋紅　竹椏粘　益草粘　清水糯　柳條糯　烏節糯　赤米糯　大麥　小麥　蕎麥　米麥　粟（有粘糯二種）　黍　芝麻　膨豆（即黃豆）

黑豆　紅豆　青豆　蠶豆　刀豆　扁豆　茶豆　莢豆（即豆角）　菉豆　豇豆

蔬之類

芥菜　白菜　菠菜　油菜　芹菜　赤根菜　莧菜　辣菜　葱　韭　蕹　蒜　薤　蘿蔔（有紅白二種）　薺（俗名地菜）　筍　蕨菜　山藥　芋頭　百合　茼蒿　鷄頭　雨花菜

瓜之類

絲瓜（味甘性冷小兒痘瘡方出未出以其近蒂者三寸連皮燒灰存性爲末用沙糖調服多者可少）東瓜　西瓜　南瓜　王瓜　菜瓜　苦瓜　葫蘆　瓠子　茄子（紫白二種）

菓之類

梅　杏　桃　李　櫻桃　烏梅　海桃　棗　栗　柿　枇杷　柑　橘　蓮子　藕　菱　銀杏（俗名白菓）　石榴　芡實　荸薺　木瓜　水晶葡萄

花之類

葵　芍藥　鷄冠　木樨　桂　夜落金　梅（紅白二種）　蠟梅　七里香　十樣錦　月季　石竹　觀音蓮

四面蓮　藍頭蓮　錦邊蓮　菊（種不一）　紫蝴蝶　百日紅　千葉榴　芙蓉　薔薇　海棠（名類甚多）　蘭　萱　山丹　梔子　紫荊　紫薇　金鳳　玉簪　牡丹（紅紫二種）　唐棣　三台　漢宮秋　剪細蘿　杜鵑　繡毬　荷包牡丹　酴醾　玫瑰　罌粟　滴滴金　玉蘭　瑞香

竹之類

猫竹（可緑以製器）　筆竹　斑竹　紫竹　苦竹　水竹　荊竹　叢竹

木之類
檜　樟　松　柏　楓　檜　槐　橦　栗　柳
楊　桑　柘　楝　柞　櫨　杉　蠟樹　三春柳
梨樹　桐　棠　白楊　皂角
藥之類
雲朮　土牛膝　桔梗　地榆　香附　天南星
柴胡　益母草　半夏　石菖蒲　烏藥　枳殼
茵陳　天花粉　區蓄　地骨皮　枸杞　黃精
茯苓　良薑　山查　瓜蔞　皂莢　荊芥　紫蘇

車前子　管仲　五加皮　蔞參　白芨
草之類
艾　蓼　藍　葛　菖蒲　芭蕉　蒿　蘆　芝
葦　芒　茅　藻　萍　虎刺　接骨草　酸醬草
馬鞭草　狗毛草　佛指甲　虎耳草　鳳尾草
龍鬚草　翠雲草　鹿脚草　脾樓松　稗　斷腸
草毒人至死
鱗之屬
鯉　鯇　鯽　鮎　白魚　鱓　鱣　鯿　鰱　鱖

魛　烏魚　鱅俗名胖頭　銀魚　鱖一名鯿魚巨口細鱗唐詩桃花流水鱖魚肥　鰟魮　黃鱨　鰻鱺出太白湖肥嫩其美饌中佳品
介之屬
龜　鱉　螺　蝦　蚌　蟹　鼉
羽之屬
鴈　雉　鷹　鷂　翠　鸛似鶴赤脚無朱頂　鶺鴒　秧
鷄　竹鷄　燕有二種　鷺鷥　鳧　鴉　鳩　布穀
百舌　鶯　啄木　白頭公　錦鷄　杜鵑　麻雀
鴿　畫眉　鸜鵒

毛之屬
虎　豺　狸　狐　豹　鹿　獐　麂　兎　獺
猴　野猪　家猪　獾　鼠　野猫
蟲之屬
蠶　蜂　蝶　蜻蜓　蜩夏虫　蟬秋虫　螢　蜘蛛
蟋蟀　果蠃　蚯蚓　蛾　蠅　蠅虎　蟻　飛蟻
蚊　壁虎　斯螽　土狗　蝦蟆　蝙蝠　螳螂
蝎　蚱蜢　蜈蚣　蛇毒人至死　蠐螬　蝸牛　蜣螂
蟢　蜥蜴　促織

畜之類

馬 驢 騾 牛 羊 猪 犬 猫 鵞 鴨

雞

貨之屬

綿 葛 菜子可作油 青靛 紫麻 葛麻 苧麻

布 石灰 麵 蠟 酒 蜜 鐵

梅邑泉甘土肥物產固饒而負山瀕水膏腴有限乃地無餘利民鮮餘力而猶憂不給者生齒日煩而耗竭特甚也食時用禮樽節以防之豈容緩與

風土志

古者採風之使陳詩納賈盡以觀其好尚之殊而整齊之故知風土即治化所見端而厚薄淳澆與世遞殊轉移之責夫固有主之者矣

按通考梅在虞夏爲揚州民二男五女人性輕揚尚鬼好祀秦漢六朝無可稽隋書地理志自平陳之後尚淳質好儉約喪紀婚姻漸率於禮由唐洎宋燥濕剛柔迭有所主風亦屢變如云山水清遠土風厚善則見於蘇軾賦韓魏公詩後民有魚稻

之利農惰而田事不修則見於張耒祿志風氣和平訟獄稀少則又見於秦觀謝表有明三百年士守舊德農安先疇通志及府志皆云黄梅民惟力農不事商賈游俠順治舊志亦云梅俗地沃風淳士習禮教好學而謹樸而不陋彬彬有鄒魯風

國朝百餘年來漸摩教育飲和食德尤爲大同每科應試者近四千人雍正年間循例題請奉

旨升爲大學邇來科甲聯翩所在皆學舍聞書聲風近古矣又泉甘土沃民勤於農塘堰皆修飭蓄洩有方

連年豐稔計畝可獲五六石不等無雜泒差役生齒日繁膏腴盡闢曲島平湖皆成利藪家室豐盈禮法漸起如婚禮擇門第輩行相當者媒氏通言然後納采禮用色繒釵釧羊酒之類請期亦如之親迎壻往婦家奠鴈迎婦歸壻婦交拜合巹是夕戚族咸集主人具茗酌明日新婦見於堂中拜先祖拜舅姑拜尊長三日回門拜婦族喪禮初終寢於地旣絶乃哭治棺衾稱家有無喪次立銘旌用他氏銜不設魂帛作木主安靈座請道家招拇如

是者三逢七俗謂地支相冲恐魂魄離散亦爲慰招以七七爲度弔喪主人開堂設具分白用鼓樂修佛事靡然不惜非此則人謂儉其親矣葬無定期有信形家言遷延以俟者亦有草率渴葬者葬有期啟櫬之日姻婭及所知咸共祖奠酬以布帛題主祀土之禮蓋缺如焉葬用灰炭和土堅築納銘旌於壙中不置芻靈明器之物三日加土封如馬鬣伐石立表祭禮富家大族皆立祠然皆合族公立歲暮合食祀祖者非五服宗子祀先之古法

也清明重陽祭於墓祖先生忌與禮宜時享者雖有祠亦於本家中堂致虔而已歲時立春前一日迎春於東郊士女往觀覘土牛身以定水旱覘芒神衣帽以定晴雨次日祀芒鞭牛如儀元旦賀節讌飲上元夕張燈清明簪柳踏青兒童戲風箏端午插艾飲菖蒲酒裹角黍相餽遺爲競渡之戲七夕乞巧中秋賞月重陽登高十一月慶賀長至節十二月二十三日夜祀灶神二十四日小除潔掃舍宇除夕張春帖子於門通宵炮竹他如儺禮朱

衣執旗鳴金口誦消災祈福諸村落報賽歛錢市牲飲福與他邑都無殊惟三月初三日爲大醫禪師誕辰十月十三日大滿禪師誕辰萬衆進香紛繁襍遝又五月二十八日城隍大會先期掃除街道排列儀仗擁神出遊八月二十二日朱昭侯神會亦然至西鄉村俗建壇設醮誦經演劇更爲鬧衆俗云報功靡然繁費矣

明署縣曾維倫風教論余以耳目所睹記舊聞共稱黃梅民俗力農不事商賈游俠衆弱畏訟訟獄

稀少士習禮教勤學而文樸而不陋彬彬有鄒魯之風葢亦易治之區也比以縣官墨酷百姓上變當事者以紀綱之故不能輒屈吏以伸民凡上變告言縣官墨酷狀者一切寢於法而並逐吏此非不明知縣官墨酷民不堪命也然黃梅自是後被惡名號難治幾九年矣歲辛巳會令報闕而當事意頗難梅猥謂惟不佞可使當者凡再檄辭之力不能得始於壬午春至於今將一年所鞠躬受事旦夜自矢諸一切利民者輒亟興之其害民者輒

大艾之則見其民循循趣教化馴謹無所謂難治者至其風俗大端工賈人稀一夫受瘠田不下百餘畝水鄉苦潦山鄉苦旱一歲之入不足支所出以故輸賦不能前而官以是病其工匠無土著率四方來者取相通而食凡開張百貨漁鹽利者又皆西吳徽歙之人若士則居恒囁呫守其師說所習誦不過本經四書文平而卑無甚奇偉間有情存石室博極國家掌故者或與共語則士夫駭其名為相欺以為不可以取世資得尊顯無所用之

而好異之士又襍通詭奇文輒悖經理焉至其兢兢畏法與齊民等又自縣官事發後愈益相率重足垂頭有司者又痛睢之以故士風大頹迫不佞至於是首興學重科舉愛惜人才為一大起之風始稍稍振既余剔歷拊循且久始採得其俗則貴賤不讓路即販夫馬醫好與士大夫比肩爭走士夫望見輒引避去稍不引避販夫馬醫輒大怒罵士夫輒隱忍不敢發怒者此甚惡俗又隸卒以微糧戶行鄉市間輒盛氣造士夫家踞上坐坐索錢

稍不如意即加詈辱而士夫至不敢發口余始聞之大駭退而深維曰漢所謂良二千石不過政平訟理雞犬得寧無追呼之擾而已且拒捕雖國家有禁如令有之此法所不得赦設未嘗敢逆隸卒之顏何可使若屬居然上坐索錢罵辱也亟為一大革之及問其故老則又言邑凡叔姪屬自從以下恒並坐彼此並稱號在士夫亦微有之又編戶齊民隸卒皆得自有號相見士大夫得稱士夫號而士夫家令蒼頭盧兒若至所親者家則揩家稱

外翁家令曰舅外翁家稱壻家令以伯叔並得上坐近或侍坐而壻稱翁曰舍岳傲然上坐坐於他或並席行此陞焉其僭越顛倒若此然後知所由來者漸蓋因士夫始而古禮不行也夫安上治民莫如禮禮以節民心而政以行之刑以防之奉法行禮必自貴始然後民從令和睦浹洽教化貴賤有別長幼有序也是故聖人以人性有男女之情妬忌之別爲制婚姻之禮有交接長幼之序爲制鄉飲之禮有哀死思遠之情爲制喪祭之禮有尊

尊敬上之心爲制朝覲之禮此皆通神明本人情正名分萬世不易者惟婚姻之道廢則夫婦之道苦而淫僻之罪多鄉飲之禮廢則長幼之序亂而爭鬬之獄繁喪祭之禮廢則骨肉之恩薄而背死忘生者衆朝覲之禮廢則君臣之位失而侵凌之漸起此不可不熟察也故君義臣行父慈子孝兄愛弟敬謂之六順國家官民有家禮鄉相見有禮歲時輒舉行鄉飲酒禮叔姪喪服以親疎爲重輕至詳至備其服習之矣今叔姪並坐是少凌長也

彼此並稱號是小加大淫破義也稱所親僮僕與稱其所親子弟者等是賤妨貴也而自士夫亦微有此至以婿客稱壻長其傲是禮之不行自貴犯之販夫隷卒安得不乘便因間妄自尊越居然上坐與其比肩爭走乎且夫冠者男子始事而三加之禮邑已久廢婚者人之大倫邑乃有取妻之日曾未廟見輒令新婦執盥饋於其諸姑伯姊又有如俗所稱踏白蓋頭填粧回嫁神令巫者致詞事極卑鄙可羞又其與人交遊殊草野倨侮至不能

具一刺士大夫居常不好爲深衣博帶賓至輒服所服燕服出見即爲府謁賀長揖而已人病不爲致醫而盛稱禳星君喪不與哀泣徒多作齋醮以我閭閻艷婦空家供佛稱見稱女菩薩或稱仙佛某月某日生辰群輩叫呼焚香建醮不遠百里此何爲者夫體有編戶末民分不得爲而浸淫成俗不復知其僭者如鑄器鐘鼎率意刻畫之類是也亦有其事若僭冒高皇帝著在令甲所必不禁者如庶人祠堂得作祭器庶人冠得加藍衫腰帶鄉

大夫歿者卽不聞上得用羊虎墓道之類是也今
邑或間有崇禮正行一稟約束者則鄉黨比周而
喧其迂遠余既有慨梅俗業已一大正之後之君
子幸得受梅事毋徒務簿書斷獄聽訟而已其慨
然奮臂大呼薦紳之士與共創謀舉行冠婚喪祭
之禮分別貴賤長幼之序犯科有禁爭路有刑貴
士卑隷驅邪歸正更著爲教令令世世可遵行者
與民更新則致太平之基舉明主於三代之隆者
端在茲乎端在茲乎

論曰余讀魯公禮教之論而不禁瞿然念也夫習
氣風俗因地而異隨時而變固不無江河之虞而
忠厚在人是非不泯一轉移間未有不翕然應者
古者六禮不具貞女不行其在家禮亦祇備納采
請期親迎數節而已然家無木主無高曾祖考之
祠則醮子醮女奠鴈廟見之禮必不能行所謂敬
人道之始而重親身之支者皆失矣喪次銘旌題
如他氏通稱是矣贅之以他氏銜是有炫耀之心
也非禮也設魂帛安靈座事生之道也木主神明
之也未葬不作主孝子不忍也且木主與銘旌接
埋銘旌而後題主不待成墓而卽歸安主行虞禮
神不可一日無棲故祝曰合舊卽新也禮初終亦
招攝記云皐某復是也然三日始招七七盡招豈
尙遠於人情耶請道家作佛事竟見於儒士之家
斯亦奇矣昔有人問於吾鄉曹月川先生曰我欲
行家禮我家無秀才月川答曰爾家無和尙如何
作佛事念及此不亦深可慨耶或曰佛氏云人當
五七見五閻王爲祈禳之誕妄尤甚夫三日成服

朝夕哭奠朔望加隆時物必薦斯亦足矣且未葬
以前有奠而無祭安用葬七祭也三月而葬期不
容踰卽欲稍緩斷不可踰小祥小祥變除之節也
久而不葬主喪不除父母而賓客之可久淹乎形
家言不可盡廢程子有五不葬而地氣地風之說
朱子亦言之用形家點穴是矣然其日月拘忌不
必聽觀春秋雨不克葬庚寅日中而克葬可知也
破土必祀土然凶服不可交神故請賓賓自祭之
孝子不與焉事畢酬之所以盡心安厝也題主之

禮必不可廢無主則宗法廢而一切禮俱無從起然禮但擇子弟善書者甚爲簡便若必請賓則多繁縟矣用灰隔辟蟲蛇獾此邑俗之美也塗車芻靈自古有之其曰明器神明之也有仁智之道自不可廢表誌所以表親分固得爲矣又何憚而不自盡也乎虞祔練祥禫始有祭其間變除有節升祧有義深爲考究自有不可缺者古有四仲祀主之祭而不祭墓然吾鄉孫夏峰先生云吾先人之衣冠在焉况體魄乎然要以祀主爲正禮必三獻

宗子主之子弟贊之自可成禮不得簡畧也至如四時節序如寒食端午重陽七月望十月朔之類必祭墓祀后土可簡行之蓋祭不欲數不欲煩也歲暮公祠祀祖合食敦睦之大節也以成禮爲貴無失先祖初祖之禮意斯得焉他如歲時諸俗以及迎神報賽禮云百日之蜡一日之澤與民休息無妨若狂然靡費過甚亦自可惜夫家居食用猶且量出以爲三年之蓄而况斯之無益過當者乎古之八蜡視年之順成通與不通以記四方惟約

之以禮自無事焉夫昔公禮教之論在古人皆有成書無容縷述而人情因循不能不爲之呶呶也然官之所恃者法即
國家律例詳明典章該備亦不聞取民生日用紅白細微曲折一有不合而即繩之以法也法之所窮則轉移風化之機不得不望於紳士士君子讀書稽古自命宏通其於孝友睦婣任恤之道儀禮通解家禮諸書知之必悉而由身以及其家由家以及其鄉漸推漸遠將必有以動人之天良而發其

忠厚之願者又何患風之不可易化之不可成也哉

名蹟志

山川邱壑草木園亭凡昔賢經歷之所皆足以資憑吊子瞻云江山風月本無常主地以人傳名因地著蒐遺訂譌具載斯篇

南晉州廢城在縣南唐書地理志武德四年以縣置南晉州又析置義豐長吉新蔡塘陽四縣尋廢一統志

新蔡舊治在縣西白花坂遺址今皆犁爲畦畛

長吉舊治在濯港郭家嘴

義豐舊治西去大河舖一里遺址至今存

塘陽舊治在縣南十五里明縣志

按梅邑原名新蔡其治不可考矣舊志以白花坂當之非也謂夏商周時即有新蔡地說本無稽治革表已明辨之又據文獻通考謂晉武於九江王英布舊城立南新蔡郡而一統志謂九江城在縣南七十里則舊治當在今之蔡山鎮或以縣名山或以山名縣均未可知且南晉州析置四縣而新蔡居一云舊治在白花坂去今治西纔二十里耳又謂義豐舊治在大河铺亦今治西二十里長吉舊治在郭家嘴亦今治西南二十里塘陽舊治在今治南十五里不越三十里之遥而分置四邑此說之不足憑者也至元人汪堯舉作今治記云漢置新蔡而黃梅之名改於唐李懃竟謂新蔡即今縣治夫新蔡之名不聞於漢而黃梅之名不始於唐李懃憲宗時人開元間李玭應制作廬山碑文自稱梅臣白居易渡潯陽作雨阻黃梅詩皆先懃而有其名此以知其參稽失實又安能據其言以爲確據乎夫梅邑雖山川險要素無藩封鎮撫史

册無可考証而學士吊古又不能核其由來此訛之所以至今傳也歟　明文德翼新蔡懷古詩薄寒天候尚絪緼嘹喨哀鴻隔岸聞五祖寺沾三戸雨雙峰山度九江雲衰年易感飛蜂飲儉歲難畱化蝶裙西郭高原誰本宅依稀記得鮑參軍　燒燭長宵歲已冬老人頭角太龍鍾路邊紅葉經時過城裏黃花到處逢三徑頻開春甕熟雙峰叠翠壘雲濃生涯拓落思量遍只合深山學種松

九江城在縣西南七十里英布所築以屯兵者一統志

東黥城西黥城亦英布所築在縣西十五里舊志

胡任學三則攷按皆英布所築及考布生平兵事無隻輪
及梅土者布初從楚爲當陽君救趙擊秦至新安
入咸陽兵俱西向及歸漢屯成皐戰滎陽會垓下
在豐沛之間與梅懸絶即謂布封爲九江王考地
理志九江王都六故城在廬州府舒城縣東南六
十里不得指此城以資之或云有築此以示背楚
歸漢此其說又非也隨何辭布時楚使者在布陰
許畔楚語未敢泄乃爲何所刼間行歸漢豈肯顯

然築城以示哉即築爲備羽羽都彭城出兵必臨
淮不築城淮上扼之而從事鞭長不及之梅布縱
寡謀斷不出此蓋嘗以理度之而知或爲反漢時
築也布反必由鳳陽出汝寧一帶設前向爭鋒漢
別遣一將走襄樊浮江漢順流而下則梟穴危矣
布寧不算及此歟况帝親征樊噲亦從漢書樊噲
擊布陷陣而徐僮之戰未見噲兵及考廣濟志載
有樊噲城在武山湖濱係征布築也以此參觀帝
擊其前噲躡其後則布既與帝遇於蘄西蘄沛縣鄉名非
蘄州而又築城於梅以梱一軍爲噲對壘無疑或曰
陳涉之起布見番君番君以女妻布聚黨數千引
兵北向焉知不道梅而築此若然則東黥西黥城
以布名是已而九江城何以名乎以爲非出於一
時之爲則前以名稱後以王著斯得之矣

藥師城去縣北二十里唐李藥師領兵過此築以避
寇者舊志

百萬城一名桐城砦在多雲山之麓唐曾元裕駐兵
之所下有百萬陂亦裕所鑿舊志

菩提城唐福山劉寨主築以避兵今爲董家城

董公城在濯港之南董公築以避水與兵者俱舊志

紅花寨龍坪砦俱宋高宗將戚方駐兵之地舊志

太子驛即今停前驛梁武帝行兵駐此產昭明太子
蕭統故名舊志

按太子驛原爲太子洑一統志謂在縣南七十里
當是今之清江鎮在唐時爲臨江驛若停前驛則
在縣北四十里明洪武十四年知縣張德政奏建
前此並未嘗有驛舊志似訛至謂以產昭明太子

得名一統志亦載此說然據梁書昭明太子蕭統以齊中興元年生於襄陽不在此地且宋書柴蒼梧王元徽初使王奐鎮夏口時桂陽王休範刺江州以舟過潯陽恐爲所刼留自北岈太子洑竟去是宋時已有太子洑之名驛蓋因洑得名耳　唐宋之問途中寒食題臨江驛詩馬上逢寒食愁中屬暮春可憐江浦望不見洛陽人北極懷明主南溟作逐臣故園腸斷處日夜柳條新　崔融詩春分自淮北寒食渡江南忽見潯陽水疑是宋家潭

明主閽難叫孤臣逐未堪遥思故園陌桃李正酣酣　張籍宿臨江驛詩楚驛南渡口夜深來客稀月明見潮上江靜覺鷗飛旅宿今已遠此行殊未歸離家久無信又聽擣寒衣

寇師洲在縣西南七十里漢寇恂平河內駐兵其上故名舊志

散花洲在縣南六十里大江之北周瑜戰勝犒士散花於此舊志

第一山明太祖戰陳友諒至意生寺御書此三字扁額至今猶存

萬柳堤即曾公堤長四十里植柳數萬株遂以爲名當時民歌曰青青柳勝芾棠夏日不盍樹生凉青青柳勝芾棠夏日不盍勝芾棠

李玭讀書遺址在東山之麻林窪

西園瞿九思著書處在縣南二十五里

九思之子甲年十二作西園種竹歌芳園窈窕廻溪澳千個琳瑯栽翠竹竹逕脩脩宛轉通雕窓彩戶開書屋屋下書藏萬卷奇書中奇字子雲知問

奇每載風前酒醉後頻題月下詩題詩醉月無昏旦竹裏還窺花爛爛熳熳花開敞碧亭玲瓏洞達牽雲幔亭中虛白映幽人亭下春臺錦繡茵拂坐頻教塵慮盡縱觀轉覺物華新新篁遶砌當朱夏鳳尾龍孫同綺榭朝來急雨洗檣花綠陰翻見紅泉瀉飄紅破綠自春秋秋月亭亭照夜遊遊散不知宵漏永霜天已見曙光浮光浮翠幄何清冽素艷澄霜霜轉潔曉起披襟竹下看却疑個個封寒雪雪中看竹竹森森玉樹千株映素心何處寒泉

清朔氣梅花初故短墻陰梅花香盡春花盎春色
仍歸亭上席亭外花禽勸酒啼亭中日醉探花客
客醉閒亭豈獨春四時花竹盡娛人知君只愛花
間竹可化神龍霈九垓時曹長卿在座書以贈之
俊逸亭在鮑明遠墓前取杜詩俊逸鮑參軍之句後
遷譙樓迎賓館側今廢
國朝趙士泰懷古詩臨海王子頊出鎮荆南隨前軍領
參府書記集才思靈妙鮑東海贍逸善文辭尤長
於樂府梅花落南枝春日東門行代寫古别離寓

意蕪城賦寄懷竹里詩悲凉柔厚處曼聲促節時
不敢盡其才擱筆故遲遲帝王量不宏才士數亦
奇可但謝靈運齊名而並驅杜陵慎許可俊逸豈
阿私黄梅風俗古蒐裹老於兹一拜文人墓孤亭
夕照祠山樵出北廓爐㸑盪西池荒園除蔓草老
圃問醉醲俯仰千秋上春風度子規前晋一完人
飲酒題義熈長城何負汝壞之本孤疑忠勤而清
儉延之與慶之江左何多難骨肉相雄雌功臣不
自保尋小顛相宜况復參軍老應同王子悲　余

心極詩杜老凉無虛品題荒亭正足繫懷思清風千
載恒譚慕明月百年鄧禹惟自轉晴沙悲斷峙青
鋪野竹驊殘碑為君記取蕪城賦共盡何言不勝
悲　胡鎮楚詩孤亭會倚曲池邊一望平疇意倏
然綠水縈洄湧舊月白楊垂絮舞新烟弓藏楚澨
宜情薄賦就蕪城風景懸誰料雄才傳畫角至今
惟有草芊芊
鴛鴦亭在思姑巷世傳徐拭妻齊氏夫婦相和敬而
齊事姑尤孝所居有塘塘畜鴛鴦齊每稱觴鴛鴦隨

之姑死鴛鴦飛去齊思不已竟殞拭亦隨亡里人悼
之以思姑名巷今廢
濯足亭在治北洗脚坡羅真人於此濯足飛昇邑人
熊偉構亭於上匾曰濯足遺址
明石崑玉詩城邊舊沼如環局傳是羅仙曾濯足
嗅雨曾臂龍病縮乘雲竟踏鳳飛矗漸焉靈跡俱
潛伏昔灌芝苗今産縠萍蒸向乾殊可掬蓬萊應
淺將成陸豈非師去淵泉蓄須是人來清淨續我
久持齋戒脱粟希心黍米丹堪服一身恐被烟塵

撲雙壓仍洗源水沃衆影欻吸私致祝駐公升處
爲鄉曲雖行地底尋遺蹤尙爲天端餘秘錄每到
悠然共往復那留大藥在汚瀆因而取笑於流俗
不得綏桃空斷肉
懷佳亭邑人陳經以其祖陳祟作東佳書院於江州
因作亭於黃連嶺名曰懷佳
松風亭在治西太平橋邑人曹麟建以習隱者
明劉一儒詩爽氣碧山頭松風此更幽彈棋驚鶴
夢歃枕見漁舟風入千峰夜濤生萬壑秋煩襟茲

可滌寧用說丹邱　屠義英詩十年論交後相逢
意更新千松茅屋隱一葉釣舟輕到處行藏得何
時罷辱驚共君亭上話不愧白頭吟　又策馬村方
曙幽尋石徑斜題門慚上客結舍儼仙家松竹餘
青靄圖書護彩霞前溪時縱目飛鷺點晴沙　張
佳應詩繞屋長松山並高經過那肯倦揮毫鶴書
休問他時事轍跡方知昔日勞天末豈期雙劍合
林端同聽九江濤草元不讓楊雄宅作賦君無學
楚騷　宗臣詩萬松春抱一亭開數畝閒君手自

栽無事卧雲閒杖屐有時携客到莓苔乾坤意氣
峰前過晝夜濤聲樹杪來莫向長途論出處微茫
日日滿塵埃
江心古寺在蔡山峰頂今遺址尙存
唐李白夜宿於此吟詩云危樓高百尺手可摘星
辰不敢高聲語恐驚天上人　明胡篤生詩舊識
江心寺金山與蔡山山朝匡嶽北寺隱竹林間白
老詩碑古支公骨塔殘故來尋勝蹟不畏北風寒
國朝孔鑒弼詩高秋雲物廻沿途信清美須臾指翠

微古刹銜雲起映門蓮花香當窗籬菊藎位置餘
蕭散幽意無起止側聞唐謫仙曾此留芳軌高詠
驚人天風流邈難攀當時萬里流漭蕩環山趾突
兀倚孤峰楚天信一砥遥遥閱千載斷岍記幾徙
澄江一帶絣夾石見宛委有時片帆來遥蕩翻如
紙遂忘登陟疲延眺輒移晷雖乏青蓮才頗悟陵
谷理逝當結勝儔相將扶奇詭所思竟渺然月斷
秋江水　金德嘉詩星辰手摘江心寺隔岍平臨
五老峰伏枕遊人不成寐鷄鳴海日又曈曨　楊

自發詩橫江孤嶼繞平沙丹鷲青螺僧作家浪轉山腰潮欲上天低樓畔月偏賒謫仙潑墨還留石支遁栽梅尚著花醉後不堪懷往事新亭倚徙日西斜　朱樓詩漠漠江天揷一峰上方臺殿翠微重鐘聲夜度三湘水樹色朝連五老松梅塢亭空猶待鶴石鯨浪煖欲成龍樓頭潑墨人何處盡道青蓮今又逢時李明府同遊故云

惜字閣在東關外明末毀於兵

國朝邑人喻于德重修並施田五斗

黃利通詩何必山深處溪雲處處通化城粉堞外覺路馬蹄中翠竹經春雨香花動午風法門原不二惜字有何功　僧樓題惜字俯首一長嘆故紙蜂攢透神仙蠹蝕殘火輪三世刼木佛一般看莫下秦灰涣文章徹底寒

慈雲塔潛確類書附四祖山即舊志所云毘盧塔未詳所出廣濟舊志謂大醫示寂於此則亦一仙跡也一統志載元趙國寶詩一層石塔一層雲塔外松筠幾萬根大聖自然身不壞遊人如見佛長存

明吳鄉詩一泒清虛萬壑濤風傳貝葉度林空半莖草色千身現夜月同歸一照中

黃齡洞即梅山福主宋公諱益修仙處也在城西三十五里宋元嘉宋縣尹劉君豫叩洞祈雨公延入圍棋聯吟是後洞所棲莽人不能到每於雲影中見有朱衣躍馬而行者夜半或聞子聲丁丁然洞外有潭至今每逢天旱禱潭輙應

宋公原韻強學冀生未夭年首陽不覺與飄然漫訣一局山中午嬴得人間半日閒　劉公和韻欲挽乾坤大有年桑麻無露尚茫然一朝借得回天力四海人同此日閒　楊自發詩路入黃齡杖獨支幽尋莫訝客來遲花開洞口渾如舊松老宮前不記時晉代衣冠丹闕迴鼎邊鷄犬白雲迷寄言此地神明宰尚得仙人一着棋

玉蟾池在縣治東昔人鑿池得白石狀類玉蟾故名今淤

國朝梅嶠瓊詩誰將礎漢石敲落池邊玉影搖波碧銀光入隙圓城根臨斷岸井漾透餘泉無限滄桑

意斜月照前川
碧玉流在四祖山靈潤橋下中有小石磯狀如魚潑
潑欲上唐柳公權書碧玉流三大字刻石現存
唐柳宗元詩破額山前碧玉流騷人遥駐木蘭舟
春風無限瀟湘意欲採蘋花不自由　明石崑玉
詩出彖入坎冠南州阿耨池餘獨此流過石疑鋪
經擣練疏囊似濁撥燈潮神燈爲鏡開青面僧照
于灘鳴白頭禪刹泳遲遲近淺洞堂酌飲味耳柔
雨淋晴忌滑無鯉雲樓朝參現有亂來往尋源觀

定水古今踪跡等浮漚好憑登岸修津筏枉費分
區擁畝邱陌泊沙塵知洗盡六根塵洗幾時周
國朝宋犖詩破額之山何崔巍雙峰對峙雲中開上
有青松萬樹相斜結下有飛泉一道相縈迴乘風
直下一千丈石魚磯上如奔雷石魚映日鱗甲動
噴波幾欲揚其頤我從塵中來遐勝此徘徊釋氏
遺蹟樵人說山腰殿閣生蒿萊長橋如蝀跨瀑布
顧盼忽已離塵埃橋邊三大字云是柳河東石崖
水激苔紋紫其書彷彿如驚龍摩娑發高興吟罷

臨長風安得攜家詠茅此中住激流枕石歎無貲
毛煜詩小徑過林隈幽深古澗苔木杯清泛月野
瀑靜動雷竹塢風生韻松潮夜嘯哀當空流去石
橋上自歸來　朱樸詩香閣銀橋鎖翠微憑臨帷
見碧流飛千歲石髮兼霜白萬壑雲穿帶雨肥夜
靜波濤環佛案山空珠玉落魚磯相逢老衲談經
罷無限天花墜客衣　石喬年詩危橋空棧步峰
頭澗道嶔崎水偪流一泒寒湍吹似雪半山清響
散爲秋幸留石上公權筆曾駐江千子厚舟到此

紅塵都滌盡勞勞身世幾能休　趙士泰詩青松
影裏白雲飛歇馬虹橋坐翠微禪夢天花花正落
釣臺清響石魚肥　峰園碧玉梅花水雪浪雲流
過石橋遊客莫嫌昨夜雨錢塘添得半江潮
南鳥崖碑鳥崖　即南山在縣東北五十里上有靈
峰院唐白居易撰碑及宋張商英輪藏記舊志又謂
石上有符洗刷視之則南鳥崖三大字傍書大宋慶
元四年里人王仲瑄觀落筆山人洗百藥書
出米石在老祖寺僧道悟修建寺宇烏沙龍王助功

有米自石竇出
明石崑玉詩剎石原生米仍在迸處踪祈求非數
數聽絲足垂重細滴幾杯杓徐添便釜鍾雖於蜒
上負疑自夢中逢豈借三車載而分一斗舂僧恩
將衆濟神意為人從特少傳餐語應多受粲恭羣
驚昂委積深想洞涵容好食天厨賜湖由地道供
行童堪噉飯遊客得嘗饕粳剩還投鳥糧施亦福
龍饑糧曾日至穴隙巳雲封感格精誠薄幽潛傀
餉情我來尋舊壤惟衲募山農

墜腰石在東禪寺六祖墜腰以舂米者今其石尚存
國朝僧戒顯詩塊石羅穿祖跡留曹溪血汗此中收應
知一片東山月長照支那四百洲
娑羅樹在北山寺無跡祖師手植大可數十圍枝葉
叢生僧於其下鑿圓池月光射樹影倒池中儼如月
窟後有天章禪師掛錫於此娑羅忽放異香
明程夢麟詩絕壁佛珠數十尋亦何鬱鬱復森森
修盤古幹虬龍見橫撓蒼枝鸛鶴吟寺北千年留
月窟池南終日是天陰夜來樹枝風聲起疑是懸

蜒瀑布音
國朝楊自發詩古剎幽尋路不迷乍聆喬木小橋西
身系銀漢千林見勢壓雲濤萬壑低月冷方池翻
翠浪春深上苑叫黃鸝老夫獨樹家何在擬向長
林占一谿　余心[illegible]疾轉深物轉華北山老
樹益如車蓋巖疊疊千重碧英乳垂垂二尺斜半
畝餘陰留客展一龜倒影辭仙槎瓶今惟有異香
者幾度霜稱起蒼鵠　石朗詩踏破千山透北臺
參天一柱古今[illegible]風拂出娑安界明月地邊散

欏苔　胡任學賦伊鄧巖之高聳美絕壑之奇觀
溯移根於月窟乃託影於雲端蔚聯千尋恍臨風
之曲曲婆娑半畝經天夜而漫漫夫其種自天來
材因地賦稱影[illegible]木之陰發秀巴陵之暮竟日而
勢欲凌霄下[illegible]芽務務則長巳干霄搭前古木
是以沙門見之而啞啞道人遇之而瞿瞿琳琅楚
國之記載似北海之書成式詳形於雜俎文伯乞
本於東吳藝滿雙枝客齋之微吟醞藉幹垂七葉
歐公之屬句清疏若乃與白榆而交對鄰丹桂以

齊紫外無攀援之契內有涓潔之情好鳥則暫棲而不宿惡禽亦偶止而必驚隨方面之於純驗所收於歛盈爾乃丹崖寄跡素嶺和煙能垂手澤不記歲年子落有情之響花印無心之禪翻朝暾而彌爽含宿雨而猶鮮疊幹葳蕤拂寒風以低亞交枝旖旎濯清露而洄漩香霧空濛似仙旂之下集法雨橫鎖如翠葢之高騫彼夫鑿乎渾池宕以瀨湍池光入影月色鋪寒樹臨池而縹緲月射樹而盤桓片片浮玉葉葉轉光儼霓裳之欲舞恍娉婷

之可餐自法筵再振異香仍繁洩露前美虬髯諸般巖條兮護翠潤松兮流丹綠雲繞兮陰戸素魄移兮欄干豈古今之物理有難料抑此樹之天工爲獨完

義樹 宋元間生於劉健家兩樹交生互相盤結學士劉忠山爲之記以爲一家和合徵也今尙有繪圖存

紫荊樹 元人嚴仲群子姓蕃盛手植紫荊於庭蓋效田氏故事也後累世同居所著家訓數十條子孫皆珍率之

王官人樹 在白湖渡下義官王受鐘栽樹施茶故至今稱王官人樹

白蓮 五祖手植在東山白蓮峰頂今其花尙存

唐裴度詩 遍尋真跡躡莓苔世事全抛不忍回上界不知何處去西天移向此間來巖前芍藥師親種嶺上青松佛手栽更有一般人不見白蓮花向半天開

元趙國寶詩 絕頂峰高萬仞危白蓮花放白蓮池名從妙法經中貫種向匡山社裏移色與月爭深夜照香隨風自半天吹要知五祖莊嚴

意刻玉分爲萬相垂

國朝石裔年詩 震旦西來寺烟青一徑通盡知真佛在誰識此心空巖壑消凡骨松杉挾遠風異香何處發峰頂藕池中

楊自發詩 躋盡層巒路復通冰池玉井見花宮分來有種情難斷悟到無香色亦空楚閣影斜風細細秋鐘聲落月濛濛自從毫相山頭見白社東林未許同

白牡丹 在意生寺相傳有從南海來者遇一婦人以此花寄植五祖生處碧色層樓至今猶茂若他處移

栽即萎

黄利通詩一片香光裛露深藐姑仙子降遥岑原無傳粉存真色曾嚙寒冰濯素心珠蓝不逢留守獻瓊枝爭許馬蹄侵只疑影濺寒山瀑萬點空華月滿林　春風昨夜吹殘雪又見名花雪作膚葉裏似疑元尙白枝頭誰鬬紫和朱門迎鶴鸞人如玉露滴晶盤影不孤若到海南煩問訊天香薰染素衣無

龍骨春花產於譙樓東玉色奇香似楊州瓊花今無

吳世傑詩名葩灼灼傍樓東骨幹高簷掛彩虹色映芝田凌皓魄香分薇露透空濛信傳鼓角風光裏譜入畫圖絢爛中惟有楊州花正發瓊林覓得一枝同

附十景

東山白蓮見前

西山碧玉見前

南山古峒石峒寬敞如屋數間內有石桌古字

程夢麟詩躡破蒼苔路靈岨入望來寒流穿磴出幽鑄自天開石立依雲矗寺深借路廻此間真太古莫作武陵猜　楊自發詩雲峰精舍聳雲端自是人間有二難南山祖師號雲峰北山祖師號美峰昆弟也洞壑斜連千澗窅竹松晴壓萬山寒三車妙果留蒼壁一路曇花倒石壇寂寂僧房無個事焙茶香透勝於蘭

北山喬木即娑羅樹

紫雲霽雪山大風高積雪深於他處及日霽一峰獨出望如銀屏

程夢麟詩紫雲天半氣蒼蒼雪後晴嵐廻異常萬

凍消來同赴壑一峰撑出獨朝陽銀花翻影漾新濕玉樹洗容改舊粧看盡諸山皆好景何如孤岫接天光　楊自發詩一望空明曙色來瑶花深處重徘徊未容古刹全身現肯放青山半體回峰頂有田能種玉雲中無樹不孳梅老僧總耐寒凌骨猶把柴門向雪開

清江烟雨雨中春樹江上烟波遠望潯陽城郭直如海市蜃樓

唐蘇味道九江口南濟北接蘄春南與潯陽岸詩

江路一悠哉滔滔九派來遠潭昏似霧前湍沸成
雷鱗介多潛有漁商幾溯洄風揺蜀栁下日照楚
萍開近激溢城曲斜吹蠡澤隈錫龜猶入貢浮獸
罷爲灾津吏揮撓疾郵童鳖傳催歸心詎可問爲
是落潮廻　鄒灝詩盈盈秋水下江隈栁拂長堤
烟雨堆江鎖風帆天外落披簑人自月中来

灌港晚渡　湖光掩映烟樹參差落日催人茫茫前路
今築石橋以濟
楊自發詩清溪一曲瀉横塘古渡聲喧正夕陽僧

立斷橋頻送目驚拳秋水自團霜悉難慣費長年
力小艇愁添使客裝烽羽只今猶未息圓沙深處
馬蹄忙　鄒灝詩緑樹參差古渡頭殘陽照裏濯
凫鷗酒帘高掛晚霞外喚得船來對月浮

西池夜月　相傳池水有光夜明如月雖朔晦皆然
朱穚詩何年仙子此遺珍留得蟾光射赤城蘋葉
菱花清鏡裏縞衣紈扇曲江濱芳時幾見乘槎客
瞋夜猶懐捉月人透體圓明真亦幻化身魯否悞
前身　梅天鈞詩鑒池曲曲漾金波一派天光閃

素娥鼓角城西更漏永莫教曙色上林呵

多雲樵唱　樵子放歌其聲響應覺空谷中實有和之
者
石朗詩谿藏古木放村歌知是樵人下薜蘿坐看
夕陽歸去晚擔頭常惹白雲多

太白漁歌　漁舟千艘朝暮歌聲不絶故有傾倒太白
聽漁歌之句
佘世芳詩太白盈盈兩岍瀾歌聲繚繞水中央百
千漁火還歸棹驚起蘆洲鴈幾行　蘋葉蘆花一

望懸漁歌吹破蔚藍天晚來擁檝清波上猶載唐
時月在船

藝文志

文所以經世垂訓也梅山水清麗代產人文廣爲搜輯得著述若干部因即其人之先後逐一編次以俟夫深思好古者

參軍集十卷　鮑照著

沈約宋史照文辭贍逸世祖時照爲中書舍人上好爲文章自謂人莫能及照悟其旨爲文多鄙言累句當時咸謂照才盡實不然也

六吉堂文集　吳未述著

聽松居士集　余金著

說瀾集　西湖耳聞錄　俱胡宸著

葯香園集　胡[illegible]文著

望雲堂詩文集　年譜圖咏　俱余學益著

朱軾序古人寫真俱從靈根著念顧愷之稱一代名手觸緒揮毫天機莫測披其圖者頓覺面貌如生鬚眉欲動乃其圖謝幼輿也以一邱一壑之奇爭衡於王侯將相自謂神明過之意者人之可傳固在此而不在彼歟余子教斧爲三楚英豪驚才逸藻名噪當時推爲諸生祭酒者已數十年壬子予筮仕潛江與黃梅曹君紫巖分簾武闈值試卷初收時紫巖謂得一佳士入彀拜牌口余子弗置予頷之疑以爲阿其所好也事竣余子以通門謁求見襟期岸朗恂恂有儒者風及叩其所學所詣論於子史百家詩古文辭不屑屑以韜鈐見知乎

心儀之過從時若有夙契後余子上司馬門不售乃以其牢落軼蕩幽憂侘傺之氣抒情於水木清華煙巒窈渺間其學殖益富其逸興相引而愈長余子之意念深矣常若有以自得者已丑春余家弟守將卸禰書以所作小圖十二見貽及圖後自序[illegible]若干首其所謂佩訓傳經[illegible]數十樂其班荆自有生來一切險夷通塞翻覆炎寒可歌可愕之境一一筆之於詩而悱惻忠厚油然自見於言表乎以是益悉余子之生平之抱負而嘆其非一

國士也夫男兒以七尺軀寄兩大間旣已具耳目
聰智慮部位工持籌營媚寵博取當時富若貴而
巳乃或倖邀一遇[illegible]堂簿書埋没軒冕假手賦詩
嘈舌求吐一言而不可得即能以詩名若謝宣城
趣恊滄洲情深懷禄叉烏足多乎哉今余子以耿
介之操瀟灑出塵如嶧陽孤桐水精千藏其詩傳
其圖傳而其人之靈根慧質亦與之俱傳今而後
始信余子之自有其真而紫攬之知人爲不謬也
會予有督學之役遥寄數語以爲之序

石亭文集十四卷　黄利通著

陳鵬年序余修王程一統志志内輿圖載黄梅山
川自破額蓮峰外有舒城游螺山在太白湖中黄
君曉夫見而猜之曰舒城明季吾祖仲古捍獻寇
處其遊螺則吾高祖之墓在焉余比聞微身履其
地故石山靈水秀[illegible]之人五[illegible]而一[illegible]
何須遠托舒山也蘇長公再出君殆是乎先生爲
人弱不勝衣木訥不能出口而異敏好學詩文千
言立就爲虞部郎甫一載即告歸在朝諸友贈言
而茶陵彭石源集句云孺子亦知名下士詩人例
作水曹郎衆皆曰確余笑謂詩傳水曹水曹不但
傳詩且黄子[illegible]當以水曹終也後數年先生復來
京師而歸田之志愈决余羡其安於行止之分明
於勇退之幾既爲之叙以贈之而益思其退不徒
退矣乎玩其未刊詩稿古歌近律愈老於前而禪
叙傳記内有告墓文至性至情和墨淚俱流乃又
嘆千秋述作君當有分中流返棹達士之志原有
在也歸休乎若某水某山先人之邱墓甚邇也某

寺某觀少時之筆墨未乾也曉日晴沙撅頭船裹
茶竈梅花晚磬折脚鐺邊佛龕絶無俗塵相染其
足以助名山事業者多矣倘有賞心之句得意之
章當郵寄示我我當公諸同人不可謂鞅掌勞人
無暇留意蓄述而金玉爾音則故人知君君不知
故人矣明年[illegible]歸復[illegible]
於東軒

金德嘉序梧岡黄君既成進士即歸僻處太白湖
上長吏莫識其面斗室蕭然歌聲若出金石間出

遊不輿不盍一蒼頭擔簦躡其武道旁莞兒鈎叟
往往指目爲措大過親戚故舊所黍臛蔡黃畢晨
夕不忍言别興到灑灑千言伸紙疾書紙亦不擇
佳惡書已出戶外長嘯踰阡陌岩壑阻絶乃返風
流瀟灑余目中一人而已今者襆被北征爲天官
選人余覩其刊落方幅淡泊嗜好竊以古廉吏期
之客有過余者爲言梧岡志姚江之志文師正學
詩愛白沙老人予應之曰若是是尤可用于天下
矣夫人之有爲視其才才視其志志姚江之志斯

開濟明豁不難建樹非常及乎功見言信又當慎
于取友無使若錢若王之徒呫呫喋喋累我壇坫爲
也方先生忠孝大節與日月争光其言一本乎剛
大之氣沛然若江河莫禦師友劘切經術湛深觚
翰家罕能測其涯涘盍有明三百年一人也吾以
此窺梧岡之志不凡矣客曰梧岡近者五逹道行
義九經衍義二書準經酌史博采先儒成說將欲
畢數年之力擇精語詳以垂世而行遠詩文其剩
技耳予曰然子誠知梧岡者其詮次予言以往賓
延祖錢納諸行笥即爲余當驪駒之什可也

懷亭後集十四卷　黃利通著

高安朱軾序黃梅黃懷亭余甲戌同門友也一時
同譜弟兄多談經濟而懷亭獨高著述有自命傳

當時而名後世之意鮮不以爲迂狂詎知政事反
虛而文學乃實乎何則亦各訊其所歸也士大夫
一登仕途工語言識形勢善奔走以要逹官而經
濟何有何如自分襟抱一官告罷放浪於湖山煙
水而寓意於此與圖記之間千秋百世猶有諷其
長章短句片楮隻字以想見其爲人懷亭賦質清
癯脫落不受拘束而聰慧異常常恨家貧無書可
讀耳作詩不俗草頃刻數十言爲古文豪邁不
羈而律度自合其五旬前所作已經鋟版流布而

五旬以後所作文規詩律老而愈熟如前武昌賀相國傳及爲余作儀禮叙族譜叙筆墨淋漓雖起歐曾爲之不過是也没後意欲搜其殘稿代刊不果

今上丙辰元年四月余典試出闈後懷亭猶子孝廉黄之騏偕其男孝廉有羸以下第將歸謁余於邸舍余一見問訊懷亭後纍外卽及嗣稿刊否孝廉因求余爲皇甫夫人各有入主出奴之私懷亭詩似岑嘉州文追宋景濂明白正大人人易曉余嘗亟稱一代作手當不必疑後有楊子雲始知子雲也

爰書平素相知之雅没後追念之情以付之

四書講義本末　石中璵著

大衍探原二卷　李天誥著

雪亭存稿二集　進士泰著

黄石山房存稿　石礪著

右藝文俱有刊本藏各家其集内詩文可附志者俱已散附各志後然尚有無類可附而文難泯沒者因脩録于後

應制碑文　李玭

伏稽諸大易曰一陰一陽之謂道陰陽不測之謂神惟道也生三混成洞微於變化惟神也得一而妙道秘於恬寘欽若太元遐徵妙有運陶甄之極不獨尊歟後唐景聖光華大明終始滕曦陽之午廓照瑤京握元命之符銘昌寓筭白雲孤峙時望高卬紫烝千齡日飛函谷我開元神武皇帝圖靈受貺方輿寵秘握元珠之妙捐可寶之珍演至道於希夷刊雜法之

凝滯乃聖一也於穆祀典清廟徼徼希反光明天地寘洽乃神二也劍戟之器返於三農弧矢之威神斷六合乃武三也察時變者觀乎天文人習凡庸無階測聖乃文四也故冲精象外高視鴻名昴薦河圖靈朝海若堯心攝照顧言筌於几遽軒目司明居旋乘於莪隗所以虞環畫地夏玉從天納殊貴於西王展告成於東后五龍推紀邁梁甫之高曾八駿延遊陋崐墟之疏轍昭回上轉山嶽下騰列聖攸居通仙福會文皇質義武帝佩圖至道之與其來尚矣自華封

獻壽聖德祈年金格傳書珠鎣味液公主以天慈入
道挹化芙蓉秘監以王子出家調芳芝朮北方著列
仙之想南州希至學之因聖緒無爲斯其有作乃睠
群嶽真君道府光啟洞室幽贊神宗青城廬嶽二山
者佐命群峰之望也丈人仙籙秘帝真君使者靈司
孔昭冥察名書五法舉亞三魔畜洩祟鬱異弗騫於
物阜寒暑穹谷將必順於人時開元十九年八月二
十一日降明旨曰青城山丈人廟廬山使者廟宜準
五嶽真君廟例抽德行道士五人焚修供養仍委所

管揀擇灼然道行者安置具年名申所由敕置廟使
内供奉將使者真圖建立祠廟并章醮行道設齋使
大供道觀法師張平公粤自秦京宣猷江服煥丹青
之節賜元壯之儀驛傳光臨雲爛皎色使持節江州
諸軍事守江州刺史獨孤正重鎮柴桑孚瑶枳棘時
觀武庫代服文雄經始干城全摹益厲祟規益麗壯
思逾紛朝散大夫行長史楊楚玉行司馬皇甫楚玉
潯陽縣令魏昌等恭惟聖善式議靈場道俗虔精冥
休推異爰初築土則雨霽烟嶂儀頂佇立而色舞霞

標寶龜奠泉之辰金虬闢程之際陰濛游容黙惱遄
交注想元空肅思皇道芬芳載潔章醮翹襟六虛窈
冥一夕融朗半空之上忽吐神輝綴灼九微頹揚千
仞冢寮率朴人吏並觀昔天靈降周以雲門舞奏神
光燭漢以太一登禋然北陸氣交南州煥變物委霜
霰人嗟沍寒使法師恬懇仙庭憑威國命故元冬易
燠朱景敷暉暢於幽明優乎力役並利攸往咸欣子
來使茲勝郊遂臻靈域騰賴桂嶺鬱翠松巘召斲郢
門孱材荆岫疏峻巇繚長垣紅壁列錢丹楹耀礎三

間四表炳繪文楹八維九隅縣鏤鏤檻虹梁亘構風
牖承楣倒井藻鮮芳理竹鏘銀鋪月曉瑶簷霜開至
若聖理全幽真容罕測夫其秘狀遠降使司蓋考三
仙之圖不於九牧之禹徽姿粉墨備質光妍符彩冥
標倅靈端表工徒罄想殊恩感通齋室明祠既優如
在霓旌霞旆將颺羽儀列冠名山禮均行潦單薰紫
極供養黄冠玉笙常薦金罏永爇丝丝草茸鸞鳳于
飛露挹神翁星臨婺女清吹洞唱天渚匏瓜之津匹
水仙宫海曲蓬萊之島龍鐘鶴翥飄翻凈戒之庭師

予辟邪趯躍精思之地珠幡銜貫瓊蓋攡輿法供天
厨六時朝念真經雲帙萬劫精修兆翦茅茨明代久
彰於克儉經營擇匠神理邈尊於龍光聖源堂閣靈
棲宿宅擣來禩福不亦宜乎冬有十二月司存式命
畢鉤繩也元門道士章冲寂等挹教五千齊懽億兆
歷仙階而仰止攀膚筭以驤誠天使願奉於雕鐫心
存魏闕法衆希憑於琬琰道在吳岑春水桃花迷源
遂邈幽林杳塢勝地非遥伏荷天休敢述頌曰道秘
重冥神幽扃庭三景運極五嶽棲靈其真有物厥妙

無形理則恍惚功惟泰寧於赫皇極昭融亭造膚揞
元珠胖呈大寶蒼垠集既紫雲宗道致享百神探因
五老乃睠崇山嶽靈之秘三衆浮精十華仙使威音
雲兩神存天地法象昭凝真圖炳粹幸明德之嘉運
降幽祠之寵章邑仙儀兮肅肅曄瑞彩兮煌煌爍淋
宮之夕照拂瑱木之神光雕輝兮翠輦玉釜兮調香
擷五芝於秀嶺搴八桂於飛梁龍吟鳳舞天路青長
雲衣兮白霓裳節空歌於瑶磬臻羽旆於瓊漿宾激
兮福宇影渺兮神極幸匹水之布流既香爐之綺色

留鶴語於千載翥鸞裝兮一息絳河真母將易蓬碧
海僊姑淼難測恭至道於三五奉休符兮萬億紀貞
石於名山壯洪規於帝力唐開元二十年壬申正月
乙巳朔二十五日己巳

喻物外素業堂稿序　金壇王步青

吳楚千里相望能文之士聲相聞黃梅去白下則又
千里而近喻君物外屢遊焉兩地君名藉甚曩者余
故心藏之頃邂逅書林悵相見晚出示近作一編披
誦之餘歎其聲實雅稱益嘗三折肱於斯矣夫文章

聲價有定而遇合無常艾東鄉有云文之古者高也
樸也疎也拙也典也重也文之卑者輕也渺也說也
俊也巧也排也余嘗以是按古律今未之或爽然而
輕俊浮滑之徒掇科名如反掌其樸老疎拙者或不
獲一遇或遲之久而後遇豈真古貨之難售歟抑造
物者將老其材淬厲而崇起之以益高其聲價而爲
世表的歟喻君今且年逾五十猶潦倒場屋滯籍明
經吾讀其文思理清微風骨典重高疎樸老絕去姸
婀繁縟之習追古人而從之何其宜遇而久不遇也

夫變下之桐名成焦尾鹽車之驥價重孫陽遭遇故自有時耳世不少知言之士是編出知卓然復古者宇宙間尚有人在而信今傳後聲價且百倍吾言特乘韋先之爾已

喻物外素業堂稿序　　桐城周大璋

時藝爲帖括一塗然代聖賢以立言其托體最尊人第以是爲文辭之事未嘗取聖賢精心妙理尋繹以探其微涵泳以盡其致揣摩於情事聲吻以肖其神故其言日事豐富抵歲填砌而於聖賢立言之旨謬

矣夫見理不眞者言雖文不可以行遠余嘗謂先正眞機文字雖寥落數語題蘊無餘而生氣勃勃紙上識者擬之布帛菽粟[illegible]何以後之趨風尚逐聲華者競言排募而不先惟要貼之是求耶余曩出宰晨陽所交楚人士最多爭爲余道喻君物外之文能不趨時好而於聖賢立言之旨不爽銖黍蓋其識力之定雖屢踏省門不售不以易也既讀同學試草始知蔡君瀛洲李君西卜爲性命友晨夕切劘無間惟以文務晰白相規勉俗下糟粕弗爲觀其序蔡君文誠有味乎其言之也故生平所作隨題安放根極理要不假旁襯不煩枝葉近更出以淡逸而高非要渺樸非枯直官止神行文成法立無一字句溢於題位歉於題分而止先正云如題者天下之至文也如是而爲明白而以求於天下蓋寡矣今裒其全稿取蔡李二君遺文附梓以行可謂能不死其友者矣文章與道義相表裏喻君性情眞至如此宜其文之不謬於聖人於以傳世行遠無疑也後有能讀喻君之文者卽其文可以知其人焉是爲序

祠祀志

國家祀禮先昭宮廟壇壝罔弗舉行其有法施於民以勞定國能禦大災能捍大患一切有關地方善在人心者皆得血食相沿崇奉不替是所謂以德升以功舉也非此族類不在祀典

先農壇在東關外正房三間配房各一間壇高二尺一寸廣二丈五尺耤田四畝九分

社稷壇在北郊山路西洪武七年建有官房牲房後廢萬歷二年署縣事同知熊炯築垣覆瓦未幾復頹

掌縣事推官曾維倫繚以周墻鎖以栅門增土方各二丈高三尺陛三級圍以石條前後空地數十丈夾道樹松後俱廢雍正十年知縣錢家豐修建祭臺

山川壇原在馬頭山余家莊後明成化間遷縣東關宮山署縣事曾維倫於萬歷間繚墻植松壘石開級後廢雍正十年知縣錢家豐奉文修建

常雩壇在縣東關外

厲壇在北郊山村官塘右明洪武三年建後屢廢乾隆十八年知縣薛乘時建祭臺一座

雩壇在演武門外

文廟詳學校志

武廟舊在縣治南岓因隔水改祀於五顯廟在丁街近因地逼囂塵移祀於北關外城隅廟

南岓廟明撫郭惟賢捐田廿七畝五分乾隆廿一年重修僧來朝募貢生吳如渭捐廟後田四畝

城隍廟原在縣治西乾隆四十二年闔邑士庶人等移建大南門內横街即其舊址建立察院

僧雪林置蔡山高泌陂民糧一塅科米散入各戶有知縣歐陽旭碑記僧小明買楊姓宋家洲洲地半股

及陳姓洲地六分五釐俱獻入廟有知縣張雲松碑記乾隆四年郭公純獻香燈田一十七畝有碑

岳王廟在西關外奉

勅立祀生三員王其祀乾隆十一年重修頭門前拔街道下重爲祭祀更衣堂中有衕堂上重正殿明三塘五後園至田岓十有餘丈左邊正殿後有舊墻脚至西池塘岓右邊正殿外有岓六七尺直至田

明邑人汪美詩大將祠開清畫水野人勤禮碧山

深衣冠自宋里南渡俎豆從公烈至今義在春秋應死國道同父子亦其心英雄獨抱班師恨揺落西風淚滿襟　邑生員胡有則詩巍巍殿宇倚城隈風雨瀟瀟門晝開爲憶當年二帝痛至今草木有餘哀　邑人余學益碑記王者分建都邑令各於其所設立廟祀用酬功德而妥神靈非徒示觀瞻葢將使天下後世穆然有子孝臣忠之思典至鉅也三代以下祠廟繁興至唐狄仁傑奏毁淫祠千七百所而伍員之祠不廢以其忠也有宋岳忠

武穆王蹀躞戎行忘身爲國及其剷置荆襄移師北向復兩京而還二帝在旦晚間事遽矯詔班師而王危矣持忠入地殺身無補數百載下論者切齒開者拊心余以爲王之死檜實害之而王之名亦檜實成之葢檜不害王王不死王不死則大功必就功成之餘不過銘旂常盟帶礪又安能使千秋萬世聞風感泣崇廟祠而血食無已如此哉王固中洲湯陰人因破李成兵於黃梅師進洪洲四子震留屯梅境後難作五子霆避害相依諱姓爲鄂卜居大河之濱震霆塋塚俱存宋孝宗卹幽忠追贈謚號祀王於廟明萬歷七年大中丞李公楨撫楚時題請建廟專祀全書嶺編祭價四兩香火世襲矜祀永奉焉嘗梅之廟向在西郊孔道兵燹後蕩爲坵隴至

國朝藩臬李公成林初筮仕梅率岳氏子姓重建廟於西關外春秋上戊祭有常儀但廟貌雖設門垣多缺略弗備戊子秋濟侯李公來視梅篆捐貲修建門樓一座東南界墻二道丹楹畫棟燦然一新

紳士耆庶因得以羹墻忠武之忠雲車風馬實式憑之黃梅一撮土不儼然洛陽河朔間哉夫以王之精英正氣久而彌光其祠之毁而旋興興而重加光大也固宜第作之者李中丞述之者李方伯嗣而修之者李明府前後濟美一姓同符良非偶然也前年太守蘇公良嗣甫下車即爲先祖大學士玠立石表道於邑之青蕉里思先祖當理宗時總制西川勲業爛然旋因宰執謝方叔等朋奸構孽貴志以歿其遭逢與王相類夫忠臣戮力維國

事於不可爲之日其所以酬主德而慰人望者已無餘憾矣乃僉壬媒孽褫喪忠良頓委成功於指顧此中原之所以難復西川之所以莫保徒令人嘆息痛恨無窮也乃一爲表墓一爲新祠兩賢豈相下哉其情事亦適相符故牽連書之李侯爲開府世族其先人太保公繩武司馬公棻陽相繼總制全楚大翁純菴先生司牧湖南桂東凡楚之片壤皆其大澤所留遺者今侯以佳公子試調鼎烹牛之手於彈丸黑子之鄉其蒞吾梅也息訟平政

指不勝屈今特就其作忠勸善之一節而備述之聊以當標指見月之餘思云

馬神廟在縣署側

昭王廟即大洋福主廟以祀宋公飛仙者大洋廟在考田山昭王廟在邑北關外宋景德三年天下大疫梅縣尹李彪全家染患王救治得痊尹感王德爲建廟於北邙山至明封爲昭德王因以名廟乾隆十一年有黄姓絶産二十畝知縣楊髓時准其入廟二十一年蔣著璧又施田五斗菜園一塊考田山乃宋公修煉之處以黄齡洞爲水滙故廟以大洋稱焉

邑人胡淑重修廟記福者因也亦順也洪範傳曰兩暘時若庶草蕃廡五事即五福之本斷未有無因而獲者易履之上九自天祐之吉無不利繫詞觧之履信思乎順言順則必吉吉則獲福福乃聚順之謂也大哉侯乎因人心而順時變其眞爲百福之主而福無不備者乎侯來於青州姓宋名益字儒上舉孝廉出刺番禺因劉宋篡晋不爲禄仕奉母林氏就隱遊羅浮山遇葛眞人師事之後經

潯陽江抵梅過古長安邑有施張二生執弟子禮左右不離同至黄齡洞修眞煉性時逢歲旱縣令劉君諱弼識其異往詢之侯留棋一局罷歸山河如昔城郭非舊豈非道成而上時數莫得而圍之哉唐武德二年建大洋宫或取洞水洋洋之義在考田山麓自唐以來廟食千有餘歲矣明崇禎末年遭賊回禄復創者有吳子德宇繼遷者有吳子文伯俱功虧一簣迨康熙壬子年王子用濟袁子寧若起而葺之未幾而風摇雨淋頹椽斷礎不堪

撑持塗之人咸嗟訝之歲在巳巳余欲力返其舊與張子令及余子珩玉勸緗埠村衆折銀修建川時長坪村青竹村東五藏村各捐銀助修余一人身任厥勞鳩工庀材高可三尋有奇廣袤畧相當繚以周垣飾以畫棟因人之所欲爲而共爲之順時之所能爲而始爲之是亦因之順之之義也匪敢邀余一身一家之福蓋藉以妥侯之靈而期侯之降福於萬衆者其處無已時也哉更募田八畝坐落廟前窖坂癸巳葉其許大小二十一坵科糧

五斗余與友人發救完納其租付住僧永備香燈旦夕明禋上邀寶座旂旗影幢高丹灶從茲不朽棋聲院静斧柄遑問何年倘再有需於修葺之功端賴後之君子相與以有成焉康熙二十八年仲秋月記

陶王廟在上新一名高廟以祀東晉司馬陶公侃

邑人程士煥記余鎮濱湖有山突起峭壁陡絶其上則古陶王廟在焉王諱侃字士行東晉人初起縣令後荆州刺史劉宏辟爲南蠻長史劍履所及如石投卵提聞封長沙郡公食邑三千戶都督八州軍事構以邊境不過屬在轄下足跡未及梅之民何從見王且思王不置而爲之廟食百世乎父老告予曰王猶土也王之神猶水也土之方有定而水無不流王之身有在而神無不寄方其都督八州焉能遍八州之窮鄉僻壤遊歷而周覽之但所轄地内何一非其運量籌畫之所必至也譬之波濤浩瀚皆厚德所振攝而不淺不以此爲土之功而區區於一撮間掘地得泉以爲土在是水僅

是焉豈通論也哉王爲大將軍時張昌陳敏杜弢王貢之徒相繼亂於東南梅界荆揚正賊衝突之區藉非王鞭箠使之其不遭屠戮者幾何是則王之大有造於梅也況今歲歷千載王赫赫茲土水旱災祲及一切疾痛痾癢有呼必應應無不速不啻父母之於赤子梅民其安能一日漠然於王乎廟舊狹隘歲壬戌里人醵金重修徙基於河濱不越月而工竣巍然翼然丹艧燦然斯誠足妥王之靈以食報於無盡矣茲役也遷基者易子夔元毛

子顯揚督工匠者宛子宗武左書而爲首募化董理其成者余長男許成是爲記

晏公廟在艮家洲名戌仔宋末清江鎮人入元爲文錦局堂長因病歸發舟尸解人以爲神後有顯於江湖封平浪侯萬歷庚申汪可受建廟貢生汪方長重修

金沙廟在山南鎮祀毛一公名靈宋臨川人館梅余劉三姓家卒後瘞于合石山口爲兩神每多異驗劉鍵立廟祀之後移祀於建龍庵

鮑公祠祀宋參軍明遠也舊在鼓樓外地既湫隘廟復傾圮今改建儀門右制以整肅飾以丹漆以妥神靈梅人意也史載明遠爲秣陵令後爲參軍舊志載參軍時守黃梅後遂居梅舊塑公像用甲冑公文士豈以史載爲亂兵所殺遂疑公與亂兵鬭耶明遠作白頭吟自傷清直芬馥謗起鑠金傳載明遠爲宋景所害是明遠未嘗以亂兵死也史失考耳當義慶爲臨川王時才學之士多歸之而義慶明于大義尊君父明遠奏詩義慶可謂知人即後事臨海王子頊子頊應子勛亦出於長史之不受命是子頊未嘗不忠於國也子頊不敢拒王命以死明遠敢與王臣鬭乎今易以文成公志也余至梅修廟學與書院修邑乘故建公祠

縣署內正東舊有塚建亭其前供女像甚靈異云即鮑三娘不知爲參軍何人前志缺加按參軍有登大雷岸與妹書妹名令暉又參軍答孝武臣妹才自亞左芬臣才不及太沖云云則三娘得非其妹令暉乎

誌此以俟考

名宦祠在學宮戟門左

鄉賢祠在學宮戟門右

忠義祠在學宮明倫堂左

興文土地祠在學宮明倫堂前

以上四祠俱乾隆二十年重建

土地祠在捕廳左

郭公祠在縣治西巡撫郭惟賢建梅城因建祠祀之

祠久廢乾隆二十二年知縣薛乘時重建

馮公祠在下新鎮萬歷間議立稅廠兵巡道馮公上之建祠祀焉

邑人趙士泰詩當年稅使者雲屯問汝春同小市卽金翅鳥王搏海國銅頭獅子吼天闕江陵織袞台山補湖北通舟洹水恩野老口碑泯不得所官廢署拜忠魂

忠烈祠在東關內明邑紳石有恒任長興縣知縣元兵殉難奉勅建祠

節孝祠在東關外

李忠烈祠在下新鎮元時爲宿松令後有功德於梅及卒封助應侯梅民至今祀之

來公祠名三聘在東關外邑人勒碑肖像祀之明季燬於兵碑亦湮沒乾隆二十二年知縣薛乘時訪求得之土中乃捐建於東嶽廟側春秋致祭

曾公祠名維倫本府推官萬歷十年署縣事有德政因建于西郊今廢

姜公祠名忻在西關外今廢

武公祠名圖功在來公祠左今廢

徐公祠名澤今廢不知其處

瞿孝子才人祠在貞節坊右巡撫郭惟賢爲瞿甲建今廢

右諸祠俱廢長官無從致祭查府志及順治舊志俱載不敢没從前專祀之意故爲補入

陵墓志

墓者慕也過墟思哀古誌之矣禁樵下馬重其墓重其人也或則烟草迷離或則松楸無恙殘骸朽蛻榮辱關焉志陵墓㡯俾化鶴令威猶識千年華表

〔南朝〕宋叅軍鮑照墓在縣城外西池之西岍

邑石昆玉題墓云抔土中藏俊逸詩人為詞客重凄其連阡多少纍纍者若個能詩也在斯　吳亮采詩招魂無計酹叅軍斷碣摩挲石鼓文明遠樓空迷故國可憐馬矢積荒墳明遠樓在廬州

〔唐〕招討五原郡公魏英墓在黄花鎮

〔宋〕義門陳宗達墓在繡亭港

學士王仲暹墓諭葬在古角山華表森然

忠武王子岳霆墓在楊梅嶺老樹坂

文林郎程晃墓在小溪山石谷村有邑令來三聘墓誌

尚書魏謙墓在黄花鎮

尚書於仕墓在劉家塘

〔元〕榜眼陳經墓在繡亭港

祭酒戚容墓在段家嶺

御史汪振卿墓在屯頭嶺

司馬元帥陳國玉墓即經子在小園山

孝子陳至立墓在孫坡坂

四川宣撫使陳義墓在縣西向家坂

直寶學士劉忠山墓在赤塘山

孝子張德懋墓在唐家山

文林郎清遠令洪儁墓在楊樹橋

〔明〕大夫韓中墓在山南坂

贈御史邢邁墓在孔壠鎮

給諫邢寰墓在孔壠鎮司馬汪可受有墓表

都督英山侯於顯墓在獅子山

文林郎洪晟墓在黄落山

贈御史石廸墓在屯頭嶺之大松山

處士魏道演墓在下沙坪壠

光祿卿石金墓在屯頭嶺長腰山胡鳳有墓銘

贈大夫曹容墓在什村坂之黄金壜

孝子熊楫墓在馬頭山之熊家村

孝子洪祥墓在虎石山

太僕卿洪恩墓在尭石山

副使曹麟墓在什村坂之黄金塥

太僕卿瞿晟墓在張湖鎮之福盆山

贈文林倪鳳岐墓在長吉山

節推王忠墓在東京城黄洛山

忠孝郎官沙瑞墓在萬壽坂金盆架左

御史段尚繡墓在山南閔公坦後

徵君瞿九思墓在福盆山石徵爲翰林待詔不就前志書翰林今正之

孝子瞿甲墓在濯港郭家嘴

逸士張復墓在瞿孝子墓左相隔一三武年久碑毁邑文學蔡洲買石重立迄今兩碑並峙

處士蔣彬墓在北邨山麓村官塘之上

奉直大夫吳節墓在茶山嘴有檢討王九思墓表

中丞石崐玉墓在屯頭嘴大松山

司馬汪可受墓在毛栗山崇正二年諭葬

忠烈石有恒墓在五祖山前

中憲大夫劉寰墓在樂佳林有黎平墓表

國朝忠烈廖士貞墓在塘穴鎮郭家[illegible]有少宰王封溁墓誌

副憲石鎮國墓在獨山鎮馬家庄

中憲大夫張溦墓在黄洛村

贈君黄中理墓在黄家橋有太史張明先墓誌

白衣處士陳夢弼墓邑明經曰白衣者其志也墓在黄蓮嘴

武昌學博張光庭墓在東山鎮三渠舖

工部黄利通墓在劉塘鎮

贈文林郎石日乾墓在卓壁鎮袁家庄有戶部鄭維嵩墓表

內閣中書黄之駪墓在黄家橋有庶常王廷鴻墓誌

恩賜知縣石燦墓在上沿鎮殷家庄有刺史屠祖賚墓表

附載

趙夫人墓在縣署內時著靈異

佛母周氏墓即五祖母在城西南半里許

孝婦紀氏墓在茶兒嶺

節婦杜氏墓在杜家園李友明妻

節婦陳氏墓在蔡山金古村左生員胡鶚妻

賢丞於用墓在接待寺

右朝代無考姑仍舊志附編

按舊志載古陵寢有三一在余文嶺一在張安嶺一在七闍嶺之何家衝今莫辨其處亦不載年代

録附姑存以俟考

寺觀志

青烏西去白馬東來二氏之教遍於天壤梅地名山半爲僧有而羽客仙踪境内亦多飛甍傑閣滴翠流霞亦足以騁懷娛目焉

寺

老寺在紫雲山去縣四十里千歲寶掌和尚建當四五祖闡化之際寶掌年最高故稱老寺

明汪勲詩孤石層霄掛禪關晝日開祭金憑布地飛錫自何來

國朝張仁熙詩疊巘敞幽平雙峰勤化城門臨千嶂廻遥入萬松青古鉢傳東晋高幢揭大明鼓鐘清霜露鈴鐸浩琤琤入室香千座拈花笑一莖法筵燈燄延寶屋樹逢迎細雨東山翠微巒破額晴春糧酉怪石畫棟讓神甍峻谷風煙重平池歲月傾嵐花春鳥色澗瀑白雲聲落凍猿啼老莎青鴈跡横衣裳竊窈窕梵唄霧崢嶸捫葛探龍象呼藤共鹿麖紫蒲餘萬古瞋月報三更　余學益詩萬山絶險處千歲舊禪源煙受雲師引松衣石母蹲及

階初見寺繞徑只同門瓣瓣蓮花擁諸天似可捫
虧殺閑山與清蓮品地尊樵歌分鳥道茗圃占
雲屯明月諸天寂梵鐘萬壑奔孤松石上立風雨
老乾坤　黃利通詩偏是僧廬清晝永古梅晚發
勝桃夭巖泉出谷驚風雨簷雀乘雲度碧霄路口
松屯無失伍津頭石隊自成橋此山名㠮支那地
老祖禪源未覺遥

龍峻寺為天王道悟開化處道悟過蘄春登雙峰初
卓錫於此久乃建上寺最後於紫雲之巔即寶掌故

址結庵雍正二年僧真化重修
明劉養微詩何處可藏舟滇濛元氣浮直穿千澗
底忽出萬山頭元豹隱深霧白龍吟古湫波濤翻
疊嶂經緯識平疇開闢爾何苦鬼神無乃愁茫茫
宇宙內茲理不可求　石有信詩疏沼能容滴勺
沙待補溪頁猶留雪厚暮更撫雲低精舍分煙識
齋筵聽磬聲開經時有虎莫為阻筇藜
國朝石喬年詩慧月橋常湛慈雲塢自孤低徊龍峻
路彷彿虎溪圖僧老閒黃鵠碑殘臥赤烏暫來吾
喪我何記有榮枯

丁寺道悟建今久廢

中寺靜川禪師建靜川亦寶掌後嗣法者寺久廢
黃利通詩向晚投中寺山僧未寂寥竹風烟析縷
泉溜玉分條怪石編僧壁枯槎渡客橋再來且一
宿未覺紫雲遥　竿火深山裏幽林落晚霞稻田
四十畝竹屋兩三家苔繡青煙縷泉飛白雲花再
來與不淺重吃趙州茶

南山靈峰寺在鼓角山圓證祖師道場去寺百餘步

祖塔在焉寺之西楚靜國師塔亦在焉
上虞朱樓詩烏崕峰半月初圓共叩禪扉僧未眠
遶屋溪聲常作雨當軒花氣欲浮煙輕歌滴滴春
風裏清磬寥寥落夢邊起向松陰尋舊路青山一
片白雲連　鄭重詩自覺塵緣淨幽尋入梵宮游
魚戲曉日疎竹引秋風香裊寒烟外霞明夕照中
與僧談半偈清磬出墻東
國朝石喬年詩健遊窮石逕日落寺門遥古木原攢
嶺疎陰仍墮橋精藍悲舊緒諷舍永今宵近得幽

尋理逢山領寂寥

北山寶相寺在鼓角山無跡祖師道場唐長慶元年建

元知制誥虞集揭傒斯碑記淮西之地多平衍荒邈無林巒竹樹之觀獨蘄州黄梅縣山勢聳拔與江南諸峰秀色相對峙自唐以來若四祖大醫禪師五祖大滿禪師開基建化凡天下叢林從事于心宗者莫不出其派繫焉北山寶相禪寺者亦在其屬邑也寺乃祠無迹彦賓祖師爲第一代師得法於洛浦安禪師其機緣垂示具載於傳燈云考

其寺乃唐長慶中所建也歲久代易主法者不之其人至宋運將終燬於兵衆散野處寺幾廢逮我皇元延祐二年衆請番易覺祖主之祖迺芟除榛莽大舉土木然後奉佛有殿安僧有堂與夫方丈庫庾庖湢稍有端緒祖年老謝事至元之乙亥歲衆復敦請德衡繼之衡亦番易人嘗分五祖逈公之座就嗣其法焉一遵祖公成規於是復建經閣鐘樓法堂寢堂拓三門七楹塑金剛刻寺匾鑿月池於前清泠環抱可愛不四三年凡叢林有用之室莫不大備矣初里人徐震無子捨田若干畝師爲立祠以示其不忘也山寺崎嶇爲行者之病師乃鑿石以平之有太家方氏子聞而倡施内外緇素捨財響應者舊正璇覺了正琪等又能宣力相成之路成作北高峰亭觀瀑亭清風亭以盡遊觀之好焉至正三年冬介廬山東林藏主繼遠同其徒昭來求余記之余嘗待罪太史每閱傳燈深慕四五祖之高風有來京師者又言蘄州山水之勝

形於夢想及得旨歸老臨川又不得徘徊其山川以禮諸祖之遺像今觀祖公衡公前後致力於寶相之寺使其叢林典禮一旦改觀其功烈有大過人者余老矣終不能往乃紀其事俾刻諸寺以植他生再來之緣也於是乎書

四祖寺在縣三十里爲大醫祖師建一名西山一名雙峰山一名破額山寺肇於唐貞觀間至明正德初頂出火像與寺俱焚荆王鑄像重建萬歷間傾圮有御史王珙者籍蘄州復建今廢

唐常建詩清晨入古寺初日照高林曲徑通幽處
禪房花木深山光悅鳥性潭影空人心萬籟此俱
寂惟聞鐘磬音　明汪美詩古寺倚天開行人薄
暮來萬山懸碧玉一徑轉蒼苔鐘鼓傳新霽煙霞
疊晚臺老僧風味别對竹倒新醅　又破額峰頭
萬玉浮尋僧古寺亦奇遊雌巖過雨泉香細虚閣
啣雲樹色幽戎馬幾時紓國難文章此日愧身謀
山僧也有山中事眼底何人得自由　丁繼嗣詩
攬轡聯登最上頭蒋蘿深鎖白雲浮山廻鳥道重

巒合日落禪關萬刹幽流玉幾年題何在化身何
處跡空留慚予未解西來秘破額峰頭祗夢遊
國朝李一鵷詩誰將神斧破危岑一水横飛流到今
履杖寧知到處險塵緣不向此中深千年石壁護
禪影萬壑松濤瀉梵音莫待嶺頭舒長嘯滿天風
雨散孤琴　石喬年詩破額峰頭訪大醫傳來三
葉自隋時龍蟠應護千年偈風雨爲存半壁詩洛
佛有泉魯湧現空禪無相仍茶毗紫雲如蓋今同
昔嶽嶽孫枝更擬誰

西永福寺在刹塘鎮爲四祖
瑜珈寺
接待寺去孔壠十五里四祖所建邑人洪任予重建
黄利通重與接待寺詩雲横紫氣一枝長性是真
常姓不常古井千年天印月大堤幾度樹經霜江
流梵响分吳楚苔洗殘碑剩晋唐對案青山卷石
小輪圍匝地有金剛
五祖寺在縣東北二十五里昔馮茂長者以其山爲
大滿禪師建寺故一名東山一名馮茂山唐宣宗勅

建大中東山寺亦曰五祖寺至明寺燬止存塔基移
奉五祖肉身於山隈建今寺
明判王維庭重修五祖寺記粤自達摩入華歷數
百禩而宏忍五祖出世焉透悟不二法門皈依如
來宗旨修行於黄梅東禪寺僧徒雲集持誦金剛
經能自見性直了成佛爲大滿禪師嗣法嶺南盧
慧能領會應無所住而生其心偈言頓豁遂授以
衣鉢爲六祖大鑒禪師佛教南傳後三年所廼證
無生然黄之士民禮奉惟虔距縣三十里蓮峰之

寶儼然一洞天福地大刹梵宇金碧輝煌其法廣度衆生流布無垠從來舊矣惟我太祖高皇帝常稱釋迦之道孤處幽僻與塵俗無干及其道成也普被兩間靈通上下使鬼神衛護而聽從故世之人良者愈多惡者漸少所以治世人主每減刑法而天下治皆由佛法溥被之使然昔柳子厚有云陰翼王度是也大哉皇言萬世龜鑑矣我荆藩與寺接壤靈光昭映有叩如響先祖康王遠紹東平之訓諦會禪家之談樂善種善亹亹不倦於萬歷十九年繪像一新豎碑勒文豈不洋洋如在無何既融不戒還返虛元先王欲修飭而未逮惟余不穀志之命匠鑿石重加修建并摛詞致讃以垂不朽云讃曰最上上乘定慧修具無量普濟彼岸回頭卽心卽佛多福聿求丕揚善果般若洪庥肇我皇祚帶礪金甌

邑叅政胡鳳重建天下祖庭記

余丁未仲秋自蜀謝政歸居旬月偕同儕者數輩躡破額歷馮茂將遍訪名山以領其勝方抵馮茂山麓見一亭落成題曰天下祖庭余愛其崢嶸軒

豁山水迤邐屹立其中未忍遽釋無何僧德堅見予且請一言以垂不朽予商之曰佛本不襲其祖乃以祖名庭而繫之以天下者何也予意吾道之與佛氏異同亦各有說吾道自堯舜肇其傳歷禹湯文武周公至孔子集其成故今以大成至聖名孔子豈佛氏自達摩渡江歷神光諸師至五祖大滿其道始昌故今亦以天下祖名其庭歟客唯唯予亦忘言乃攝衣而上歷其巔見其殿堂門廡黝堊丹漆諸凡畢舉予乃遡其源德堅復進曰本寺建自宋代宗多歷年所木以久而蠹瓦以久而礫石以久而解廟舍亦幾就頹堅師祖子淳逢其適財積頗豐啟藏掄材鳩工諏日度景因舊業而益充之故今輪奐改觀而香火百年者皆我祖之蔭也堅爲子淳裔思欲纘其績茲亭之建將以繼如綫之緒也予曰噫道以有傳而彰以無傳而没若德堅者思欲踐子淳之迹以重光五祖之道則此亭雖小其志亦足以嘉矣君子當嘉其志而於費之大小道之異同無論焉予故因其志而爲之言

國朝乾隆十一年寺內建有藏經閣喻化鵠記
今上御極之五年以
世宗憲皇帝所刊藏經遍布天下靈山梵刹俾荒巖老衲
窮髮衆生得覩內典全部而西方聖人靜演真如
以提唱宗旨者乃特大光於天下此馮茂山五祖
寺藏經閣所由募建也伏念我
朝定鼎以來文教覃敷有經有史有文有詩有性理
有韻府有類函有諸子百家有叢書薈萃要皆從
萬幾之暇披閱成書

頒行內外固已集古今之大成昭千聖之道法乃復
取諸佛經典暨歷代禪僧語錄搜羅編纂計卷七
百有奇其抑以聖經賢傳固能發賢知之聰明而
貝葉緘笥蘭臺寶筏亦足以馴愚不肖之氣志故
存以助流教化與夫慧印三昧豈盡旁門而面壁
叩虛超乎法象每見高衲慧僧妙談苦空嚴持齋
戒一切我法自用不傍他人門戶脫去塵氛空諸
所有未必非名利場中備鑿而惟散儲各叢林則
亦以釋歸釋而堯舜禹湯文武所治之天下一以

堯舜禹湯文武治之矣竊嘗考西晉逸事沙門士
行至闐尋求經藏弗與乃捧經涕泣求佛證盟投
諸火中騰燎移景文字不毀皮牒若故今所雲放
光首品是也然則佛教自在天地間梁武興之不
加增周武滅之不加減此自有正法眼藏在焉不係
乎經卷之區區庋置也雖然舉是經而委諸塵封
鼠嚙雨蝕風飄夫豈
聖天子兼收不遺之至意不幾以慢佛法者慢
君命是閣之建豈曰細故哉而主席僧際昌之宏誓崇

護監院僧廣緒之苦行徧扣聚沙累土閱三寒暑
以迄有成是均不可以不書
張祐詩寒山蒼蒼老栢風石苔清滑露光融半夜
四壁鐙聲盡水晶宮殿月玲瓏　明羅洪先詩五
祖名山寺三乘法戒嚴袈裟不用月衣鉢已飛空
地勝雲遮護山蹊樹更濃風塵慙愧在不厭聽晨
鐘　丁繼嗣詩蝘蜒長虹鎖翠微却知真境與塵
違風敲午院爐煙細日捲晴嵐鳥韻稀清磬幾迴
消俗夢白雲疑似傍人飛應嗟沒沒浮生者好向

其中討息機　李溥陽詩佛法到君開五葉曹溪
傳鉢已千年應知本性原無物不在山池幾片蓮
汪勳詩洞門大石青天立石下茅庵一徑微黄
菊巧穿幽砌發白雲低傍短簷飛秋風雨鬢悲塵
夢夜雨孤燈戀衲衣清磬一聲羣籟息此身疑與
世間違　白蓮峰上日初斜峰下祥煙接暮霞此
日喜同支遁榻半生空老尚平家雲深石洞聞金
磬夜靜蒲團轉法華欲問西來竟何意碧潭明月
照曇花

國朝石裔年詩古殿封黃葉空山正値秋燈分千刹
焰月照兩河流幸接彌天論已成初地遊無生誠
願學悲感叩前修　東禪留勝蹟萬派祖黃梅果
自三生證花從四葉開講席台寂寞離母水深洄
覺路應無礙何妨去復來　相傳纔七歲依舊到
雙峰法雨從此契機緣詎偶逢當年松未老終古
像如童爲問枯禪影曾經幾劫烽　正性無生滅
歸來自有餘任君稱舍利問我謝蘧廬白對蓮千
片青看松幾株宗風安可秘天地本來虛　聞焉
何所慕深坐若相忘慧命懸絲重優花遍界香傳
衣思半夜書偈弔空廊佛子原無種人間祇望洋
皖桐張稽舉詩香稻風前對徑開精藍遥在白
雲隈石頭路滑迎秋雨特爲栽松道者來

佛母塔在西南城外去東禪寺數武爲五祖養母堂
母殁即瘞於此石塔尚存

意生寺在縣西十五里旁有前明國師塔僧錄司大
雲塔初周氏之孕五祖父母逐之居廢齋中即寺碑
之所稱化城山也周意欲於此生子不果乃生於黃

逵埠後仍棲止廢齋祖長乃買其地建寺乾隆十七
年住僧維彩捐貲重建

靈泉寺在阜璧山去縣東二十里五祖初結庵處

泉水庵五祖曾卓錫於此有泉如沸祖喝之即止至
今猶然

禪定寺在縣東北三十里白蓮峰後亦五祖飛錫處
其勝有凌霄峰明月池汪可受題有禪定池開千古
月凌霄峰帶五湖煙之句寺側有中素禪師塔邑人
石爍爲之銘

東禪寺在邑西南城外爲六祖受衣鉢處寺有六祖殿汪可受建五祖殿石崑玉建後燬乾隆十七年邑人白象彩重建

黃利遡東禪寺新田記東禪寺距梅城里許嶺南盧大師所從滿祖受法處傳稱槽廠即其地也自一盋旋南後五家立幟法亘四天下廼茲傳衣故土千年來書志缺如刹竿與替其詳不可得聞已順治初土人得墜腰石於地中父老聚觀如覩哲然曹溪一宗實從粒粒辛苦中來賴諸佛之靈護

持舊物顯見於風磨水嚙昆明灰冷之餘於以卜時節因緣幸法象之不終衰也釋天澤以耆山第四世荷法重來開十笏以詔後學繼席爲某某先後歷三紀而上講舍僧寮漸爲諸方所跂仰食指日繁生涯飄鉢吁嗟乎難矣聞諸浮屠氏之學以本來無物爲的豈復皇皇求飽然而地鮮立錐四壁蕭蕭一旦祇陀會上赴齋弗及其能登巢啄蠹餐風霧而學辟穀矣乎天人之供不可希勝音世界飲食之隨念不可必彌勒下生人無饑饉大王輿世粳米自生之期不可待即起髮頭陀於此日當其籌簍絶望碓房作苦將焉用之而一會七百人炒沙不可煮石未能縱人人通曉佛法亦將一笑捲堂又安得遠盼香積如來之廚越沙界而且旦往乞也哉澤公子海潮上座嗣宰院事大願深心傾感緇素善男龔淑容首捐郭外之田四百升其餘布金有差共買田若干畝四履楚然耕於斯食於斯聚僧族於斯一時施者受者福田於斯乎墾心田於斯乎種有公田無私田恩田以報佛恩

悲田以悲大衆自今以往張釋綱而泄元津庶幾繫石腰間辛勤供衆之意不墜於地海公亦嶺南人得無意乎於其請記也爲叙始末而系之以詩詩如偈其一章曰碓頭佛法相承北地南天一燈米熟好經篩簸漁集價說廬陵其二章曰雨晰新田百畝千年舊鉢三更粒粒菩提種子已成見成當成

王士禎詩羣識新州獦獠羣傳衣夜半祖庭聞水邊孤寺半烟篠郭外數峰空雪雲直是西來掃文字欲令南北競紛紜明朝穩把江頭棹木

到潯陽九派分　文德翼詩深沙淺草望如莎古
寺頹墻襯女蘿法去嶺南僧自定雲生北郭客還
過椿閉鎖院空留石綱掛漁船浸曬簑野外秋山
山外樹到來只有夕陽多　糧靈高諱誠詩六祖
當年住錫時曾於壁上一題詩而今却是歸何處
露柱原來也不知

雨墨庵昔六祖渡江時憩此

紫桑文德翼記道人而煩買山居士而累捨宅雖
韻事乎然亦有難慰者若自然勝地而適遇高潔

之僧偶爾感應而恰遇清信之士此事之至快而
可紀者也黃梅自大醫大滿建立東山法門以來
固佛門之濂洛矣有一洲焉名曰散花其水西流
二十餘里古志水西流蕭必產英傑而此洲爻老
須言吳周瑜破魏武赤壁還賞軍士散花於此因
之得名而長沙桓公都督八州時人德之立廟至
今基存此古跡耳大滿送大鑒渡江實憩於此斯
固祖庭之驀直路不可不樹一莖草者禪德曰明
光參學諸方發有深省識如止水志欲隱山將圖

庵焉文學王公儼□其為人也欣然捐資以為倡
人益信王君之所□信施者且多如是乎佛堂僧舍
庖湢之所無一不備而一笠渡江乞余為記余謂
釋教之自利利他與孔子之已立立人已達達人
豈岐旨哉使學佛者明心見性坐視衆生之入火
宅溺迷津而不一引手焉固不可謂能仁而利他
矣然不深求所以自利焉則所恃以利他者固無
具也諸祖非自利利他之人歟考大鑒之初證本
來無一物而已使本來無一物而已則自與物俱

歸於空又何利之云爾哉至大悟以後始信一切
萬法不離自性啟大滿曰本自清淨本不生滅本
自具足本不動搖能生萬法自性如是必如是而
謂之自利必如是而謂之利他已立立人已達達
人非作而致之也自性而已今之學禪者登堂說
法或鄙為戲場或誚為瘋病而最害者眇迦眇跋
迦跋賣拂損毛齎卷費紙他與已兩何利焉光師
之終日晏如與王君晨鐘夕磬坐而忘言行亦無
迹余慕之敬之矣故畧陳其義以記諸碑

柘林寺在黃蓮鎮遠公祖師建遠公初建寺於港北屬張家湖明永樂間勅賜護國寺遷港南名柘林寺

菩提寺在廣福山董家城流支祖師建後天峰和尚静習於此

多雲庵流支祖師移錫處後寂於此其塔尚存

黃利通詩碧岫頽憎僧攘去白雲合導我前來能潭水濺晴天雪鹿苑鐘鳴下界雷幾處村煙藏竹塢一林霽色落蒼苔故人欵欵催歸去辜負詩狂到一囘

白馬寺在考田山張金祖師道場

東永福寺朗公祖師自斷夭渡江建資福寺於楊家穴過感湖建慶源寺於東觀至石人脚建蓮花庵至馬鞍山建黃荊庵在此祈雨插蘆於青龍云花開即雨故名望花衝最後建東永福寺於邑東二里許旋寂於此塔在寺中

黃利通詩佛來亦竭山川力欲放蘆花故故遲尚有寒雲解召客更教晴鳥喚題詩塵消官路長林外烟濃殘橋晚照時清磬一聲雲影淨春風消息幾人知[illegible]竿火山門久寂寥殘碑無處認前朝石横幽徑生苔髮雨過[illegible]長蘞苗田叟問人城裏事衲僧送客寺前橋雲溪宛轉星峰拱會見香花雨碧霄

石喬年詩插蘆從此結禪關古蹟相傳大業間幾度溪橋尋白社數聲鐘磬出青山地隣東郭蓮初種水繞西流鶴復還偶過支公爲再宿竹房同聽雨潺湲

資福寺在楊家穴康熙十八年重修

石喬年重建資福寺記昔雲棲大士云護法有三

而第一則與崇梵刹其間或名爲吉祥地或名爲究業藪如羅睺羅殃民建刹即廣踰千頃高凌九霄搆檀爲材珠玉爲飾佛所悲憫而不樂者也有過無功可不慎哉以余觀於若海禪師洵足傳已師所建資福寺介在荒郊寂寞之鄉未嘗有殘碑剩碣得以考其緣起但寺址隸於黃梅沿潯陽而下北望三十里相傳異沙門朗公自匡廬渡江時所居處也由資福而慶源而蘆泉而永福皆朗公遺蹟嘗讀高安釋圓至所撰慶源庵碑載大業中

公居此蘭若以誦華言冥達諦本魅類獝族咸賛瑞物以謁訓敕空氣雲彩効神獻異江淮民㐫慶禱之卒於永福而像食焉噫嘻上下千數百年是寺之興仆不知凡幾雖非毘盧樓閣不隨刧爲成壞而朗公過化之區金繩寶筏誠莫得而湮也若海師偕其徒覺智駐錫於此已三十年餘縛禪棲結淨侶祖燈輝映佛號續紛雖萸涯笠嶺獅子林其薰修精進無以過焉而且南畝東臯胼手胝足鵠灣先生所謂耕於火耨於水植於木鋤於金而

變化於土者悉舉以輪諸寺而殿之廡之垣且甃之不煩鼛鼓不藉竿牘一師一弟新其寺於灌莽之中儵而寶坊蔚起鐵壁湧成非馬鳴龍樹乘願再來從往因果刼夙具檀波羅蜜曷克臻此鄉之人樂觀厥成欲得一言以爲記而問碑於余余因重有感焉世之披如來衣習如來教鳴鈴持鉢冒名創建者所在有之甚至假青豆之房以貯黛綠借白蓮之域以奏淫哇如是種種惡道固無足論推而上之則枯樁豎拂逐影吠聲如村童之劇戲

亦示黃葉以止啼曾優伶之登場強效俱腊而斷指魔風飄蕩妖雨淋漓未有盛於此時者也求其窮研性相通豁藏乘出趨講壇歸搆法宇本無著心而應一切物不亦難哉若海師以虛無爲宗以真實爲義修頽舉廢機用相等自言浮屠家觀空華世界無非幻境而身之所寄即五山十刹亦不過逆旅傳遞而已祗見夫楚豫之交龍象絡繹矚驕擔簦不得一菴蓋頭爲之俛仰徬徨憮然而興起其修復之勤與締造之力允矣吉祥善事雲樓

大師應歡喜讚嘆以爲希有烏可不謹而書之用著夫末法之得人也抑聞梁大屋養閱漢爲古德所識若海師弟子種淨因於來刼續慧命于多生直與朗公後先照耀豈私已損法者所能彷彿也

慶源寺在東觀

蓮花庵舊有千聖龍王寄祀於此

黃荆庵在上沿鎮

妙高山寺在考田山名高山普照寺乃靜鑒祖師肉

身遊場也師又曾演法於石牌山道鏡庵後易名新
寺
明石峴玉詩地僻人稀到禪門厥不開松風雷動
谷竹露雨連山曲蜜流簷際泉魚落釜間傳經嫌
竺遠補塔笑樫古滴添鐘乳新苔嫩石顔飛花
堪供養倚樹好躋扳
國朝石喬年詩穆然高世意瘦坐骨亭亭慧命還終
古枯禪寄此庭竹能封寺碧泉更瀉山青欲醒遼
廬夢鐘聲許共蘇山種芋傳往蹟乘興偶尋遊大

道空留蛻新涼獨倚樓遥瞻一帶水歷數九江舟
不極身如許何知天地秋
新寺　明程夢麟有碑記
國朝石仙郎程瑞先與柳姓桂姓等重建
石喬年詩買山餘夙願偶住向雲深栗家田三畝
澆蔬水一延長年和土脉盡日體天心過此擬秋
事移床近碧陰
蔡山寺在邑西南江畔古名江心寺山石鐫有李白
夜宿江心寺詩今今江久淤但寺名猶仍其舊寺有

龍王三尊一木爲之亦邑之名勝也
黄利通募田蔬荻洲如帶麥田若繡有山將起其
間曰蔡山古江心寺遺址在焉支公之所駐錫李
太白曾子固之所登臨而吟嘯亦天地奥區也康
熙初年僧支朗主席兹山以禪門耆宿名重諸方
堂殿修潔竹樹陰森一時賢士大夫往往從之遊
余亦嘗一至其室二十年來星移物換梵唄寥寥
緇素罕到非獨嗣法無人亦以歲比不登民力竭
而僧緣慳罕燈闇淡佛亦末如之何矣徹宗上人

爲支公三世法孫慨然思還舊觀募置福田屬予
一言前導余聞之有常食然後有常僧有常産然
後有常食方袍圓領之侶既不能如往古佛日惟
一餐復不能如千二百五十人分衛入城寄食給
孤長者又不得如儴佉國有自然秔米飯一甕出
八十盆可供二百人一日不再食雖有將來之佛
莫保見在之身此募田所以不獲已也糶祖武也
續佛命也見法論云敬田供父母恩田供佛僧悲
田供貧疾總名曰福田大藏論諸人天福田第一

百爾君子敬佩三乘信施雲集無田有田僧衆最
道林之軌游人續曾李之詩江山如舊鐘磬相聞
俯仰今昔不禁感從中來也辟穀無方炊沙難飽
睇彼郊原焚烟斷續連阡陌者不數家而貧無立
錐者所在皆是也上座食人之食念盆中粒粒辛
苦得無懼乎

高墖寺在城東南隅寺建於唐燬於黃巢初名彌陀
寺宋天禧間沙門仁禀上春坊民唐守忠兄弟建殿
亭舍宇及磚墖一座十二級高一百七十尺内座鐵

鑄四大部洲菩薩一尊名高墖寺明永樂五年僧永
恭叠佛堂廊房後燬乾隆年間僧德珍募化重建邑
人石燦有記

西山普同塔燬于火康熙間鄉賓吳之芬建堂宇捐
田五畝爲香火費乾隆乙亥之芬孫璋璣擴其址而
重新之

中路庵在縣西南三十里路當孔道輪蹄不息
石喬年詩指顧寶坊成洪惟獅子力但能畱水雲
不畏荒荆棘　一篝火不斷數滴泉常冽戰擊肩
摩中身心暫寂滅

一宿庵在孔壠鎮邑人邢懋學捐基鼎建昔無能大
師一宿於此故名汪可受題匾曰一宿覺處

龍華寺在北關外曉愚禪師建有五祖侍者道初住
此後燬於紅巾賊乾隆十三年邑人白象采重建

五桂峰庵在龍坪鎮蔡家墩因庵前有桂一幹中分
五枝故名乾隆戊辰年僧月至重建

巢雲寺舊名蘿蔔園汪可受建可受解組歸習靜於
此後改建爲寺内有可受祠塑像祀之有山場科米

三斗汪戶完納乾隆二年監生汪掄等重建
王獻臣詩司馬經行地松杉十里陰現身爲說法
問佛可傳經覺苑成空寂香臺任雨侵燈殘誰續
焰落葉感秋深

石佛寺在凉亭口去縣西六十里五祖弟子掘地得
銅佛鐵金剛建寺祀之故又稱古佛寺

地藏庵離孔壠鎮三里康熙乙亥年重修

梅源寺在龍坪鎮係邑庠生石純若山場内建壘莊
書院讀書其中康熙六年復作今寺延僧懿山住持

黄利通詩松杉旋折路東西咫尺禪關路却迷啼鳥如催僧出定危巒應待客留題花開日月春初永羅立兒孫緑半齊慙愧東林社不與池頭逼白憶濂溪　石學洙詩天半凌風廻扶笻上遠山龍潭疑水淤烏道怪藤删竹慰衣浮緑月隨客渡關太虛心與際拾得白雲還　石學潛詩老石橫空蓮半垂結廬長倚化工奇晴樓鶴鎖雲生壁陰谷蛟藏月滿屏風雨無能蝕舊德烟嵐有態足新詩到來欲覓棲霞志展讀苔封世業碑

五福庵在路途鎮乾隆壬戌年胡張等五保重修

黄蓮庵在黄蓮鎮汪家圩汪可受建貢生汪方長重修

荆竹庵一名金竹洞在考田鎮六渡河界嶺山麓鄉賓喻穎建

圓通寺在金林鎮廟宇齊地邑人洪直菴建棲霞洪姓戶名

紅梅閣在北關外二里閣前有梅一株香艶異常名種也邑舉人王應奎建閣於此後王姓更益其地乃建家祠焉

斗姥庵在孔壠鎮順治初年建

龍華庵在孔壠鎮東三里乾隆癸酉年僧心照重建置有香花田地

汪家庵廩生汪流宣等建康熙甲戌年生員汪卜臣重建

西峰庵在考田鎮僧雲岩建後僧明心湧蓮清澈重修

天池庵在考田鎮鳴水山城隍廟僧蒼秀妙果重建

青蓮庵在長安湖口因庵前有蓮得名相傳達摩過此康熙二年僧易明重建

青龍庵在楊家宍康熙丁未年楊明仲建有四戶施田碑記併田地草場

觀　附廟

泰源觀在城東晉武帝爲羅真人建置道會於内乾隆丁卯年貢生喻化鵠等重建

鳳臺觀在北邙山相傳羅真人丹成化鳳飛昇故名今久廢

紫虛觀在獨山爲王月航真人修煉處天順二年建

武當宮在西關外萬歷十年推官曾維倫建後圯司
馬汪可受重建今山門内右廊有可受遺像存焉
東嶽廟在東關外歷係桂姓建造乾隆十三年桂丙四後裔重修五十四年復修
南嶽雞公廟邑人劉建立
真君廟在孔壠鎮祀許旌陽真君
福主廟在縣西三十里黃姓公建
三官殿在泰源觀右雍正九年建
石道真仙廟祀唐方士姜通里人禱雨輒應故於山
麓立廟祀之

石大神祠在李林鋪生員李柱建
什村廟在什村鎮祀福主通鎮公建
關帝廟在下新鄉官石鎮國建國鎮士民重修
文昌閣在下新與　關帝廟對峙縣中諸水出口處
於兩岍建墩立廟以爲關鎖
高廟在下新
總管廟在下新
冰雲庵古名棲江寺在壠坪鎮烏雞尖僧如山道行
建雍正七年廟宇傾頹僧徽悟明久重修

大洋廟在考田山去縣三十五里爲宋公飛仙建上
有黃齡洞爲公修煉之所取洞水洋匕故名廟壁
唐武德二年歲久傾頽乾隆壬申年僧心泰募化
二十七村重修貢生李天助督工兩閱寒暑並捐
貲成功
五顯廟在丁字街乾隆四十一年燬於火四十七年國學
生張秀實畢曰蛟候選州判張硯耕國學生熊朝
桂石文標丁焜德等捐募重建因從前移祀
關聖帝君於此更名

武聖殿置買石姓基屋一副以廣其區中建殿宇前臺
後堂四十九年國學張清英畢相國熊朝松等捐
募置買余家滂余姓出業水田六斗二升並松山
基屋塘堘寺項載粮三斗九升稞谷十五石五斗
送廟交納以供香燈
圓通庵在金林鎮十里舖僧德巖見如瑞彬置買蔡姓田
山一所乾隆乙未歲捐建科粮入新鄉僧戸完納
三義殿在東関外肇於明因廟宇傾圯乾隆辛亥歲國學熊芝桂生員劉光徵張維九傅慕曾陳揮烈李煥宇等捐募遷建舊基右

火帝　財神　郡縣各建廟祀梅向無之殊爲缺典乾隆辛亥歲士民羅佁青張綸凡程宥先張加谷畢禹三陳厚載熊維昌汪東揚劉道赤張彥國畢維則周茂文張羅麟余肇泰熊秀元羅書田等捐貲置買

武聖殿側石姓出業基屋一所載粮五斗八升七合五勺推入官戶册名　火帝殿募修建造殿宇整齊規模宏厰至高塔古蹟廟宇歷年久遠幾至傾頹亦並捐貲重修廟貌雖分爲三而鐘鼓梵音如出一轍廟側餘屋三間菜園大塊井一口听廟僧批佃收租供奉香燈

火帝　財神二廟殿宇固屬輝煌但租稞無幾僧難支持邑國學生張佑衡懷恕兄弟男貢生約階倫祄將贖置

白湖鎮商家林水田二十六畝二分載粮一石七斗零三合獻入廟所粮係僧納稞聽僧收永奉香燈之資　又将安巳宕白沙坡水田五畝山塲竹木屋宇共載粮一斗四升獻入小溪鎮　觀音菴粮稞听僧納收爲香燈永奉之資

論曰梅之地紫雲翠濤鳳臺雲横仙佛之靈有自來矣故不獨丹岩霞嶂廣樹崇臺足資登眺已也即一刹一林亦必有文人墨士辞章山水之作舊志僅列寺觀今則綴以詩文雖片羽吉光亦足備蒐輯之萬一云

祥異志

春秋傳曰天人一理萬物一氣是知陰陽寒暑之變人物禨祥之徵事或偶然機常預兆夫熒惑移於三言祥桑隕於一夕固天惟人勝妖在德修省敬畏弭灾之道也

唐

僖宗中和二年三月天鳴無雲而雨後黃巢陷州郡至黃梅民多流亡

宋

淳化元年六月樅口湖漲壞民田廬舍皆盡江水漲二丈八尺通志

隆興元年秋螟蝗蔽野殺禾稼

淳熙七年大旱蠲賦予粟通志

嘉定七年正月燈夕黑雲暴作覿睫莫辨遊人踐踏死者無數

元

成宗二年癸丑自春至秋大旱隕霜雨沙

至順三年壬申四月地震越三日大雨雹壞民居

數百餘間暴風揚沙石東觀源湖之間有船自水中提至半空墮落者

順帝二年丙子春地震爐下口山崩

明

洪武元年丁巳正月十八日夜雨黑水如墨汁池水盡黑

宣德元年大水 通志

宣德二年六月初二隕霜殺禾

正統十一年大旱 通志

正統十三年大旱免秋糧 通志

天順十五年九月地震 通志

嘉靖二十三年甲辰大旱自三月至七月不雨民間有經旬難望九飡火斗米堪求八歲兒之謡

嘉靖二十八年己酉七月有虎入市噬人官遣捕戸追殺之

嘉靖二十九年春雨木氷草木皆成幡幢形黏人鬚髮皆若老翁

嘉靖三十一年五月初三環邑諸山遍起蛟龍大雨平地水深數丈縣署學基淹没過半人畜死者數千

嘉靖四十五年冬凍雪三月破足死者無數

隆慶二年正月夜雨黑水

隆慶六年二月雨雹粗黑砲尺莫辨大者如升小者如鵞卵起蘄霍山沿梅西鄉壞民屋千餘間斃者無數禽獸池魚亦多死焉

萬歷十六年戊子大旱民携老稚乞食於外道死者相枕藉有盜劉少溪聚衆數千據宿松柴家山作亂深没蘄境三年始勦滅之

萬歷三十六年戊申五月大雨四旬不息洪水泛濫長堤寸潰巨浸懷山殺傷異貴人情洶洶邑令桂生芝請上臺蠲征請命多所蠲賑民稍存活

崇禎四年辛未地震二次

崇禎七年甲戌天雨黑子形如五穀

崇禎九年丙子六月下新鎮雨氷末

崇禎十四年辛巳邑大疫死亡過半貧者不能具棺葦蓆裹屍棄之中野

崇禎十五年壬午十一月孔壠鎮地藏菩薩眼中出淚一縷循鼻而下拭之復出至十一月二十三日獻賊陷城焚戮極慘

國朝

順治二年乙酉四月地藏菩薩淚復出五月大兵追逐闖賊至此及左兵前後經過寸土蹂躪又值大水離散飢饉相仍益兩試兩驗云

順治九年壬辰歲大旱米至五錢一斗民多流亡

順治十年癸巳上沿港虎夜入居民譚老宅噬殺一

家老幼六口併猪牛牲畜天明虎未去鄉人截殺之古角鎮童家灣居民程充之家被虎夜入室殺男婦五口止存一幼男亦被傷醫治得活當夜又傷穆家三人虎亦被殺

康熙二十四年大水奉

旨賑穀

康熙二十九年饑奉

旨賑穀

康熙三十二年旱奉

旨蠲賦

康熙三十三年旱奉

旨賑穀

康熙四十七年水旱蟲風災奉

旨蠲賦賑穀

康熙五十五年水奉

旨蠲賦賑穀

雍正四年大水奉

旨蠲賦賑穀

雍正五年五月二十八日洪水洗濺下新鎮水際忽見一物頭如獅睛如鬼口如牛耳奇脣紅浮沉水面自頸以下不可見萬人聚觀旁若無人至六月初一日隨風雷去

雍正九年大有年

乾隆四年夏七月初七日未時邑西北鄉地震戌時復震

乾隆二十九年大水潰堤修築奉

旨蠲賦賑恤

乾隆三十二年大水奉
旨蠲賦賑恤
乾隆三十四年大水奉
旨免漕蠲賦賑恤
乾隆四十八年大水奉
旨免漕蠲賦賑恤
乾隆五十年大旱奉
旨蠲賦賑恤
乾隆五十三年大水潰堤奉
旨發帑修築蠲賦賑恤

摭聞志

齊諧志怪山海傳奇六合之内何所不有聖人不語蓋慎之也兹録其目治耳謀確有可信者

洪晟患瘵病三年幾不瘳一日遇異人授以劑藥病輒起酬金幣弗受送之十里之拔指途間草謂曰此可以死汞取一束授之冉冉冲舉不復見晟心異其言試之果然及復取則無驗矣

石麟宏治八年舉人先楚中有老生入棘闈即夢見號舍前有麟跳躍每科皆然後覺漸長大至乙卯榜發老生前一名即麟也老生驚曰吾待子久矣麟親言其事

洪模治詩經正德五年舉人人謂曰監臨侍御公以麟經起家欲奪魁必易經遂師事蘄水舉人周某先除夕周夢有鬼物負一斗遶其庭覺而知爲異也迨模負笈至試以文又與夢符奇之曰麟經之選將在君矣果中第五

汪可受舟次江滸日色將晚忽見萬魚頂一木匣浮水面命舟人撓起置於船夜蹴踏有聲似有朝謁匣

前者心異之早起啓視木匣乃篆書金剛經全部也三十二分每分各篆文一種門人洪度盡摹勒刊板作敘流通緣係神物焚香頂禮奉原本還置涇流至今刻本流傳於世

石峴玉守蘇州忤其師申時行吳撫李希時行意假查盤事發難適郄方者取府帑額銀若干兩脩吏失其案因以侵罔律峴玉下四郡司李覈可立覆覈可立知其枉以案弗獲寬弗雪也敬齋肅告神翼日可立暨峴玉坐府廳事見廳側庫藏扃密詢之則數十

年弗啟者俄有大鼠齧以入可立心動叱開戶視之則前案在焉再拜稱賀曰誰謂天道無知耶捧讞語爲李中丞朗誦峴玉獲免

胡寄垣讀書閣上七閱月不下因號寄閣一日忽僕少卧有使者持刺至引入公廨主人出揖客命坐云聞君飽學請一對即出對云胎生卵生濕生化生生生不息胡對云天道地道人道鬼道道道無窮對畢主人曰君庚子科發捷十五年後某月某日再邀君矣驚寤後果舉萬歷庚子鄉試壽如期卒于官

黃若雲父見溪疾若雲醫藥不效刲股三次以進家人莫知忽見溪夜夢神與語曰爾子若雲刲股者屢孝忱上聞後當顯予有句贈爾子當謹識之乃云長江一線水泱泱三代兒孫應漸昌君孝上通知太苦親年不永祚無疆見溪覺呼若雲語慰之遂卒後若雲授合江令歷廣東興寧令子孫科甲不絶

蔣彬生五歲不言有戲是兒癡者忽應聲曰如君喋喋不如我默默一座皆驚 出通志

破額山寺中有四祖大醫禪師肉身嘉靖中楚王夢

四祖造訪云我將去矣幸爲留一像醒而鑄銅像遣人送山中過潞佛井井水湧出盈四祖初生時曾浴此井也像至而身爲火焚矣 出筠廊

祖在東禪寺與僧所用爨杖楓木也後得法將往東臨行植杖於地發生枝葉大至數十圍號曰爨杖楓明季毀於兵今寺僧猶指其處

八窗眼在馬鞍山頂其深莫測土人嘗以木片書姓字投下後從源湖中拾得生員黎光耀居處鄰近爲紀其事

名宦傳

保障者謀國繇者謀身二者居心行政不同民之愛惡亦判崋父鳴琴桐鄉遺愛一時佳話千載典型爲纂斯編殊深景仰

唐

陳起蘄州人南唐進士初爲寧鄉令改任秭歸湘鄉萍鄉三邑後遷梅令有妖人諸祐者妄言能使人貧富積衆數百到任數日緝祐爲里長不服執而斬之拜監察御史

宋

程晃江西浮梁人宋祥興二年由進士任值英山寇起身率邑民斬群賊保捍一方民戴之尋家焉

元

樊懋倪真定人皇慶元年任大興學校課農桑有循吏聲始改建縣治

喬思忠晉寧人至正時任留心教化修飭學宫鑄銅爲祭器鐫石紀繕田詳學校志

明

唐輔洪武初年任廉敏有爲時縣治燬於兵燹悉出營建自公署學宫及郵舍旗亭均皆修整

張德永樂間任修譙樓詳設停前驛

黃武浙江歸安人由薦舉初授廣東按察司知事尋遷梅令有善政見戴中去思碑考滿遷山東莒州知州

戴中江西新淦進士在任三年擢監察御史百姓德之立去思碑高唐劉魁爲之記其畧云中爲政門無私謁敬老恤貧有益於民者毅然舉行不拘成

例革財用之糜者錢糧爲民逋負措置以完之詞訟隨到受理廟學縣治布按守巡六湖兩巡司一切積弊悉爲鼎新而宏大之又創制社學陰陽醫學橫山六舖遞會水次二倉計間百四五十民不知勞備穀萬石以備賑貸舉往令黃武善政一踵而行之未嘗掠爲己美焉劉魁由御史謫爲邑丞與中爲同年進士故記之謀立碑者邑致仕知縣羅欽舉人石信金英等碑在縣治之儀門左

金章直隸上元進士性抗直不事苛刻聽决催科率取式簡令民甚便之

宋璧江西樂平進士聰[illegible]明允[illegible][illegible]有加意學校
尋遷都察院經歷
備倜浙江秀水進士簡直不阿愛民自喜邑有縣卒
數爲民害一日得其人縛之立斃於市豪右屏迹
梁廉江西泰和舉人嘉靖間[illegible]政尚簡靜不事更張
有古循吏風製[illegible][illegible][illegible]西河有功學校先戴尹以
成化戊子任梁以後戊子任民有先戊後戊戴父
梁父之謡擢南京戶部主事
馬[illegible][illegible]雲南永昌舉人嘉靖間任性儉素民化之後

俗爲之一變決訟先語爭者俱服囹圄久空陞道
州知州
張九一河南新蔡進士嘉靖年間任三載積最擢吏
部主事邑人德之條其善政勒石一日隆學校慮
士氣之不振爲之禮師儒時校課建東禪書院一
日撫疲民念民生之維艱爲之清雜徭簡獄訟一
日愼催科派征易滋弊也爲之權用緩清積算一
自護拘攝雀鼠易濫及也爲之疏滯牘戒株連一
日嚴干謁以道德文章來則寅賓之以屬事乞請

來則謝絶之而風節以勵人心以服一日樂咨訪
上時詢縉紳以嘉猷下不遺芻蕘之俚語而民無
隱瘼吏罕宿弊一日清囹圄宥過則鮮失入廷尉
不受無罪而獄中草滿一日鋤豪強勢藉之徒兼
并侵奪廉得其狀動置于辟而強無凌弱衆不暴
寡一日息盜賊申保甲之規嚴詰捕之方而萑苻
無竊發郊邑不夜警云云立碑者邑學博饒廷光
聶翰徐慶等作記者東郭鄒守益也
湖效忠淮安沭陽舉人政崇寬大一切利病毅然興

革往梅額册率以盧丁實派民不堪命悉釐平之
楊本俊雲南太和人始受仁壽尹轉補本縣薄賦寬
徭與民休息律外不妄取一錢在任四年橋梁廨
宇多所修建擢海州知州
姜忻字克榮號春宇南昌人嘉靖四十三年進士初
令上海尋改授邑令在任二年擢蘇州同知去之
日民遮道泣送豎碑建祠祀之邑人曹麟撰記其
畧云以文章經國勛業薦代以冰雪之姿副雲雷
之任出下車號於民日吾先達撫治觀風於楚者

相傳梅淳易治徐省其實稍疏前聞省諸民生民
其運陌荆榛比屋蓬戶陰沴爲災七年一六粒征賦
孔殷嚚與莫耕省諸民害見其吏胥作祟蠹誤平
民隸卒囂虎咆哮郊邑浪費多於正供雞犬盡於
追攝省諸民風見其氣節未培絃誦弗實貪侈嚚
詐禮俗衰淳侯曰噫豈時廻異抑所感不倖耶故
其治梅一崇本以還淳於是憐民饑溺減糶出陳
申白改兌至輕于百討里甲編徭役賦平徵便又
時塞楊穴築孔堤以防潰浸痛懲吏奸刑故無小

肯致二三舞文於辟餘從脫眾市虎潛踪鄉無宿
擾丁男力耕女紅安織且不時趨學日較實藝鄙
達虛儒諸若葺學宮置學田創泮池則棫樸薪槱
之氣又以維世教樹風聲其膏雨我下邑者何其
渥也

范德超四川巴渝舉人性寛厚識大體修孔壠楊家
穴二壩民便之

來三聘浙江蕭山人萬歷癸未進士授梅令整肅胥
役惠養子民有一琴一鶴之風勾攝公事以本差

往還徵收革火耗縱有羨餘拆封之日即充解費
先是梅民於五祖山掘地得石誌有若要黃梅安
除是來蕭山之語至是適應其識若行大風揭
與盖邱遣五伯以符捕風俄而風捲其符入萬工
池有一屍縛瓮下集匠識瓮主詰其奸狀伏法其
年威惠大行奉文清丈秉公執法不避權貴專尚
末歲調繁合肥梅民乞留不得淸冀原籍辦還黃
梅士民德之有疑獄輙裹糧去訴公爲之決無不
允服其時梅民務廣有盖肥邱者以此後以江西右

布政使卒於家梅民思之尤切旣祀名宦又肖形
建祠東關外至今父老過之低徊不忍去云

孫鉞餘姚舉人初爲長沙通判萬歷二十二年巡
撫郭惟賢疏達梅城題陞本府同知因委兼縣事
以董其成鉞奉公忘私體恤輿情不忍勞民傷財
百姓悦服

桂生芝貴谿舉人萬歷二十六年任時大水堤潰民
居多漂沒芝親乘舟散給銀米即請蠲賑建堤工
派丁粮遂成永利悉心捕盗有獲輒盡法痛懲故

處荒歲民得安輯調任去士民請祀名宦立功德碑邑人石嶷玉記載水利志內

武圖功山東曹縣進士萬歷三十九年任善詩喜交學政尚清簡詞無大小眞僞悉受而聽之平情折斷入覲留部出刺辰州陞憲副致仕歸百姓思之請入名宦又建崇祠於東關外

鍾纘後武平舉人優禮待士愛民如子多修建初作東西兩坊建鼓樓並堂下石欄修學宮築長堤勞蹟數端時有鄉愚倡亂不動聲色以次擒之治梅

五載去之日士民攀轅餞送至清江攀留再四乃去

王賓山西進士以兵部主政遷邑令清廉自愛牧民禮士明末政令煩苛處以寬裕故世亂而民不擾陞湖廣巡憲

張聯芳直隸舉人蒞任數月獻逆屠城芳不屈後亂定爲邑築城垣構官署撫瘡痍集流亡得稍安焉順治二年予以原職不受死之

國朝

徐昱永平瀋陽拔貢順治七年任下車首省荒之問疾苦力懇緩征逋欠請減除荒糧未報難設法征輸毋展籍愀然平市價息爭訟百姓感其德從流離歸集者數百戸政聲頗嘖以上見舊志

王庭龍晉江進士康熙八年任眞誠樂易士民便之雅尚文學工眞草書治任之暇問學求書皆弗拒以老致仕其片紙隻字流傳民間者至今珍之

李成林廣寧人以蔭生授邑令康熙十三年任十五年白湖數處大水瀰漫七閱月居民顛沛鍾公堤

毀官道不通會吳逆叛進勦兵駐宿西關外踏傷禾苗民益洶懼成林悉捐船隻以通征師復開倉以賑民饑遂急修鍾堤捐俸勸輸與邑丞樓自新露夜奔馳募民舟載沙鋪堤夾道植樹遂成康莊後因請撫憲張親載渠舟遍爲安插悉切擾攘卒賴以濟歷仕至福建布政司有功德碑載水利志

歐陽旭丹徒進士治梅六載勤慎多惠政督營裁兵夏逢龍作亂郡邑守土者皆遯公守職不去而營司某有觀望風旭歸陳大義令其移駐關外東譙

守獨與士民設守備晝夜環城巡視布衣疏食共
其苦均勞逸官民相得如家人進勦兵道出黃梅
轉輸供億勉力支持平定後行取刑部主事累官
至雲南督學
申鵬翱陝西舉人厚德居要臨民無疾言遽色聽斷
一任訟者所言徐徐折之皆心服清操似水一日
出十餘錢買香燭獨於内堂朝天一拜始不解何
爲繼乃知爲生辰聞有欲爲立石頌德者辭弗許
署夜露坐見星墜於前數日卒民甚哀之

李珣河南濬縣舉人雍正元年任邑敏機警庶務立
辦引咎候審五年地大飢請發倉穀一萬四千石
就於刑獄尤詳獲訟經審斷猶及親體勘一有蹤
六年穀熟民有力還倉者聽其無力者珣代還共
代出穀五六千石邑人文日盛詳升大學廣名額治
聲丕著累官山東按察使乾隆十八年　祀名宦
吳象寬山東滕豐人雍正元年進士六年出宰楚黃
安陸咸寧後以調繁任邑今象寬爲政不以鈎距
爲能慈祥愷惻與民休息朞月之間出入平而請
訖純三年以疾休邑人惜其去立碑以志諭化鶴
有記其頌云樂只君子陳梅吳公休養安息敢在
其中約已敬事祛明聽惟民自化草偃從風公
澄斯土不見其功公之去也民思何窮
錢家堅嘉善舉人以中書知縣事宗伯介弟蕭然若
儒素爲治持大體不事煩苛推誠與人省徭緩征
公廷閒暇時手一編尤工作字爲時寶貴治最擢
知澧州
莊樗陽湖舉人雍正十三年任爲政寬和好引掖人

才少暇即進諸生課業循循不倦儒瘦從容調繁
黃陂未任引疾歸
邢豐鎮山陰人乾隆五年以保舉任風力嚴整吏胥
斂手聽斷明敏奸民黠胥未有敢行其欺者尤究
心地方利病捐俸于城南下流建塞閣以培風水
爲梅計久遠工未半以能聲播聞調繁黃岡屬邑
士踰于智等經理告成
署政附

元

李黼字子威崇寧人泰定四年狀元爲江州總管郡
中逼淮西蘄黃陷行省官平章皆遁去黼嘆曰民不
可棄也亟挽舟抵黃收召士卒待行省復徇梅下
之攝令事開原賑殍集兵作犄角力爲捍蔽行省
悅其忠誠奏參知政事江夏豫章兩路總管後同
姪應昭死節江州追封隴西郡公謚文忠賜廟額
曰崇烈

明

安貞本府同知洪武初攝篆措置有方守法不撓郡

志載名宦

謝朝宣醴泉人正德初以監察御史謫黃州同知隨
攝梅篆謙恭下士視民猶子在官九月多所樹建

羅瀚豐城舉人任本府推官以清苦聞委署梅推誠
布惠摘奸執法威令大著瀚嘗討餐劃粥侍人壓
不進瀚自往食之侍人醒瀚問粥何在欲加刑侍
人即叩首謂某不謹食污矣瀚笑而釋之他日以
狀白郡守爰囑之曰刑之能寬人如是守大悟一
郡訊讞多所平反

瞿孔昕山東濱州人嘉靖癸丑進士任本府司理嘉
庚申視邑篆靜默敦治體性端毅不假嚬笑猾吏
望風褫魄不敢舞文再閱月去

劉介齡廣東廣州進士左遷任蘄州判隆慶庚午署
縣事性豁達不拘文法遇事動以節省爲念民賴
之

曾維倫樂安人由進士任本府司理萬歷十年春署
任在任一年民大悅服建兩生祠祀之邑舉人瞿
甲記云故事縣令缺一季盡輒以缺聞吏部奏請

除吏時十月冬未盡不得請吏中丞御史察知曾
司理才催治裝下縣公故留府中十數日不至先
遣吏分部記籍奸邪罪名已單車馳下縣受事即
日分捕奸吏豪猾盡案驗其根株所在一縣讋服
乃召縣諸生三老告之曰余始借計數道縣問俗
誠無他何至受惡名此獨吏不良故民不安其上
耳夫害不除則利不作余且得去其太甚者乃今
願爲百姓便宜矣即駕行鄉問民所疾苦去之相
視縣水利爲築堤自瀼港至孔壠三十里語在龍

江祠堂記縣戸四十二里糧多者或七八百石少至數十石即過里甲編審均差役甚苦公至爲均平初民吳應麟被酒賊殺之不知主名獄吏兩長吏不具公夜夢挾鹿子仰指天訴覺自言姓吳旦日語老人老人意或是吳某公遂召吳家婦若家僮有天祿者至婦驚叩首誠有之逃亡今數年公拊手曰罪人得矣即遣人捕得辭服坐如法公始至會令缺久簿書委積公必五鼓起坐堂左右列庭中甚設自吏以下次受署至日中昃不遑食居

月餘或兩三日一聽事庭中虛無人暇則進名士飲酒相笑樂然竟罷酒士大夫不忍干以私久之慨然曰誰謂此[illegible]者採文學言聘諸生修起邑志又修學宮舉行鄉飲酒禮倉庫學舍皆新襄陽楊公謂非故黃梅其見稱譽皆此類公方議築城又請臨清江免糧不復至新事日月且就會令至公得代去矣壹甲曰自隆慶來用法深吏爭嚴酷相尚公獨外朗而内恕論寬猛所先後最識政體昔廖東相屬謂遠守劇郡胸臆紛結無奇節有亦安所施及觀公行事知屬昔所言非是丈夫有能忠國利民者何必大官哉以上見舊志

國朝

李世德鑲黃旗貢生令廣濟康熙四十七年委署梅篆濟梅接壤稔知其治濟狀望其來如雲霓蒞政威愛交克民大悅服

李秉乾正紅旗監生康熙六十一年以本府別駕攝篆執法嚴而善議民隱日收詞百餘紙就詞判決真偽曲直不煩兩造面質色聽服其神訟獄衰息

公庭闃然

金虞錢塘舉人以試用來任清肅明決胥吏股栗一以節省民財爲念而事無不濟八閱月頌聲載道

縣丞　教諭　訓導　典史

元

陳可大江西人任教諭訓廸有方捐俸周乏舉動法古儼然師道

也孫帖木兒蒙古人至正中任主簿時賊陷武昌舳艫蔽江而下帖木兒願出擊賊江州路總管李黼

大喜遲酒與之誓急檄諸鄉落聚木石於險塞遮邀賊歸路舍卒無號乃壘士卒而統之出戰黼先大呼陥陣也孫帖木兒繼進大破之逐北六十里見通志

明

洪友璋邑人洪武二年以明經薦舉任本縣學訓性量渾融條教嚴密歴任三十二年

李顯洪武十年任縣丞清廉明敏加意學校堂廡齋舍時加修葺

李美永樂時爲縣丞愛民守已當路重之頻委署鄰邑篆所過民輙思之

劉魁高唐人成化二年進士以御史謫爲邑丞博學能文一時碑銘多出其手政尚廉平孳孳與民導利祛害去之日攀轅者數千人

徐煥江西吉水監生嘉靖間爲邑丞持守甚端出入省驛呵公庭蕭然數月不聞鞭朴聲以内艱去

馬之馴以明經授黃梅丞真醇慈愛博洽廉明其去也民思之建碑立亭於武令祠側

蔡敏江南長洲縣人洪武時任主簿持身清慎以愛民爲念食不重味坐不設裀一冠裘踰十八年居心表裏洞徹無幾微矯飾尋改任引年歸壽八十七

丁志宏順天府人任典史性戇直不妄取予每鞫盗賊輙曰無累良善去任之日僅一蒼頭負一布衾而已

李震河南葉縣人任教諭端慤不苟然諾與諸生講解剖析幾微秩滿當遷諸生請留之復三年

唐世卿浙江海寧舉人任教諭資性穎異善啟廸未嘗廷詈一人人亦敬服無敢忤者遷黃州通判

梁友儲廣東南海人由歲貢任黃梅教諭董正生徒有胡安定風性清介絶餽遺貧不能歸遂家於梅九世孫憲登戊子賢書

沈鐵浙江平湖人任教諭有雋才入名宦

蕭廷儲江西廬陵人任教諭爲人醇謹會督學使者嚴刻公以平恕應之善類獲全入名宦

黃早四川瀘洲人任教諭賦性剛果秉禮持正義不

苟合待諸生嚴而有恩
段盡忠曹州人任教諭剛直不阿持身嚴肅接諸生
雖盛暑必冠帶諸生服其教無敢便服出遊者
陳文江西靖安舉人任教諭襟宇明曠贊知縣姜圻
置學田
何子遠九江德化縣人由司訓陞本學教諭渾厚坦
易行不背言去日諸生郊送無不洒涕
王宣淮安舉人任本學訓導行誼孤高讀書談道自
樂丁外艱歸復選禮科給事中轉光祿寺丞

顏樸江西廬陵舉人任訓導問學充洽訓廸嚴正有
古人風入名宦
馬驥辰州人任訓導古樸好禮言吶吶不出而誠惻
獨至致仕年九十
席懋四川人任訓導敦行礪節軫恤寒士在任一年
卒當事賢之入名宦
昝用中四川人質任自然遇事有先見任訓導六年
有知其貧者餽遺之辭不受後遷合肥教諭
闞士琦字禹公桃源人天啓甲子舉人署黄梅諭學

本六經旁通諸子百家詩文横絶一時鐸梅三載
日夕課士沾溉餘芬皆成彬雅甲子成進士授南
安令以上見舊志

國朝
蕭蘊樞孝感舉人任學諭博學能文喜談經史邑知
縣徐昱纂修邑乘訂正多出其手
張洙漢陽人以廣貢任學諭真率鮮修飾邦諸生餽
遺盤餐苜蓿皆取給於家家以是日落弗恤也其

子嘉棣埒段嘉梅工詩文與諸生結社會課酒食
欵接無虛日邑人士欽其德教任滿陞襄陽府教
授
胡其鑾咸寧拔貢乾隆九年授學諭恭謙樂易胸中
有疑義過人即請决焉會課諸生聯席同構文成
互相商訂人皆樂從之遊歷任五年以丁艱去

宦績傳

公輔庶僚位有崇卑逮自則二梅書册缺畧廣爲搜訪惟得邑先達若干人爰爲論次擇其事蹟顯灼者著于篇

宋

劉昕字公正癸卯年爾進士初任蘄州牧後任蘇州守有政聲

元

汪授翰官御史端廉直諤不阿權貴解組歸屏跡林

泉詩酒自娛府誌曰進有特操退有雅量

郭友直至正年間舉人任荆門路總管府經歷以德化民政聲卓然

明

於[illegible]好讀書諳韜略遂多大節屢從太祖征伐有功[illegible]大山侯[illegible]武

於敬威貢生授刑部主事小心謹慎多所平反在任十餘年

潘文浩歲貢生任廣西灌陽令慈惠安民治有成績

人浩爲文禱於城隍越二日虎伏死廟門毛[illegible]者有鞭笞瘢者[illegible]民患之乃殺其黨以恩術縛其魁在任十六年[illegible]中丞薦其德能馴虎信可服夷擢梧州府知府

鄧俊歲貢生任四川大足縣縣丞善政德民有遺愛傳後崇祀鄉賢

洪晟字化之成化二十二年舉人初任教授轉江西永寧知縣未半載卽解組歸崇祀永寧名宦邑鄉賢

吳節字從儉號[illegible]軒成化二十二年舉人任揚州通判司馬政[illegible]官嚴謹馬大蕃息律滿考績擢授州牧興學[illegible]長桑平寇亂後以疾告休軍民感其德立祠祀之

廖紀字惟修號[illegible]陳黃梅人東光籍宏治十八年進士授考功主事屢遷文選郎中正德中歷工部右侍郎提督易州山廠羨金無所私遷吏部左右侍郎世宗立拜南京吏部尚書調兵部參贊機務被論解職嘉靖三年大禮議既定吏部尚書楊旦赴召

道劾張璁桂萼璁萼之黨陳洸遂劾旦而薦紀帝
罷旦以紀代之紀疏辭言臣巳年七十精力不如
喬宇聰明不如楊旦時宇旦方爲帝所惡不許光
祿署丞何淵請建世室祀興獻帝下廷議紀等執
不可帝弗從紀力爭曰淵所言干君臣之分亂昭
穆之倫蔑祖宗之制臣謹昧死請罷勿議不納會
廷臣多諍者議竟寢巳條奏三事其末言人材當
惜謂正德之季宗社幾危議者但知平定逆藩之
功而不知保護京師之力自陛下纘統老成接踵

去新進連茹登以出位喜事爲賢以凌分犯禮爲
貴伏望陛下於昔年致仕大臣念其保護之勲量
行召用其他降職除名遣戍者使得以才自効帝
但納其正士風重守令二事而巳三邊總督楊一
清召還內閣璁等欲起王瓊紀推彭澤王守仁帝
不允復以鄧廷瓚王憲名上竟用憲五年正月御
史張充喻茂堅朱實昌以世廟禮成請宥議禮得
罪諸臣璁萼亦以爲請章俱下吏部紀等列上四
十七人卒報罷御史劉有本以劾郭勛救馬永謫

官給事中沈漢等論救帝不聽紀從容爲言且薦
永及楊銳帝納之有本得無謫紀在南都持議與
璁合坐是劾罷璁萼欲引助巳遂首六卿而紀頗
數與牴牾璁萼亦不喜年老稱病乞歸許之去初
獻皇實録成加太子太保至是進少保賜敕乘傳
夫廩祝故事有加卒贈太保諡僖靖子冲任知縣
邢寰字伯輿正德三年進士上弭盜議稱旨超擢南
刑科給事中梅舊有麻鐵乾魚本色磨累之苦疏
改折尋轉兵禮科都給事以犯顏諫諍爲巳任上

頷之呼曰醜子禁中有所爲輒問近侍曰邢醜子
得毋知乎時車駕將遠狩寰拜伏闕下遮阻乃從
厚載門出後以事謫廣德州判官調太平郡丞陞
南昌知府恤殣興賢剔蠹振滯宸濠之變首發其
奸年五十三卒于官時將內召聞其歿不勝矜悼
諭以禮塟復賜龍牌御書樹之里門以示旌表
陳言字萬年正德二年舉人任泗州學正廸士以古
行不拘拘於文藝遷都昌令卒於任士民祀之合
潘劉楊令爲四祠

石鷥贛州瑞金簿征斂有法誠悟長官乞休民強留
之卒於官
余慶字蔡江正德八年舉人初任江西浮梁不數月
舉案牘所未杜者聽斷悉平後補建昌令時建昌
有豪民李玉成楊時茂盧充王寶等民甚患之慶
曰稂莠不刈奚長嘉禾力為剪除輿情稚協凡事
一以清正自矢其署內聯有一片丹心留宦績十
年許國通前縣之句後以內艱未起而卒
陳昉正德十四年舉人任淮安同知敷政詳明張弛

有法涔陽鹽城間旱災昉煮糜授粟多所全活
向必成字自魁歲貢生嘉靖元年任沛縣令禮士賑
貧時艱雪兩河淤漕運大阻極力濬鑿始通八閩
月以疾乞休年八十三卒
陳晟字德器嘉靖元年舉人任四川青神知縣剔奸
釐弊政尚寬平民甚戴之後以詿誤落職居鄉數
年未入城市
汪玉字汝成嘉靖十年舉人賢姓誠確授清江知縣
以撫活疲瘵自任政多循和歷廣安知州治簡呼

無擾民常懷之
吳尚賓字教菴嘉靖四十三年舉人授泰興令政著清
廉卓異行取南京監察御史時揭報南糧解役以
逋負留滯南都倘蒙賑濟之衆感惠者豎立碑
於邑西關外以志不朽
洪恩字汝承號午塘幼讀書馮茂山中暑夜挑燈蚊
嚙集背不知嘉靖十七年成進士授戶部河南司
主事轉員外郎督儲江西悉革常例捐遣羨餘皆
詳請歸公轉浙江衢州知府會倭寇方盛浙東西

皆震驚恩設法擒其黨撫諭礦洞散其黨卒樹循
良聲轉六之謫任永昌寬洪慈祥時有洪母之頌擢
太僕卿以疾歸杜門家居勸課子弟年六十八卒
曹麟字汝祥別號西野嘉靖二十九年[illegible]工書科所
得四明徐中行廣陵宗臣下雉吳國倫嶺南梁有
譽皆知名士麟求宏博下筆數千言不休故得與
四明諸公併稱中原七子授開封許州牧許比歲
水旱盜賊蜂起麟到官即問民謠察俗所疾苦且
募坐堂上願以積貯為務獄訟兩造對簿片言立

斷小者貲大者令以穀贖地方二三百里皆得倒
食倉廩倉廩既實下令招徠流移還者驟致數千
百人修起邵文莊德星書院歲時課學官童子制
藝□秀才異等輒給廩食自是文學斌斌壬子鄉
薦爲同考官得士十六人南陽李蓘子丑聯捷
翰院許昌□修可輩皆當時知名士會剿盜司徇
劉聚窺數千人橫行鄭□閣引聚圍許麟深壁□
與戰□□爲許五怯□乃與城麟登城呼麾召諸
賊　□畫自來降毋從爲魚肉賊陽

驚之麟乃先令城　諸濠皆□沙壅水上流使賊
不渡決水溺死甚　□卻反踵走我兵追亡
至襄城擊破之斬首數百級械繫生口十餘人以
還許得安堵卻叙癸丑冬陞戶部雲南司員外郎
歷陞山西司又轉陝西司丙辰升　提督永平山海
薊州等處邊餉己未擢本司郎中　庚申奉勅催趲
漕運戶　自稱職轉大名兵備　按奴嗅薛於東
陲橫海將軍赤白囊一日十數　士討者相與謀
以天津瀛海之衝非麟莫可于□　璧餉天津兵

備副使倭奴每出□　□人爲耳目許城之戰人
皆傳之唐人因以□　倭潛懾不入犯于是欲爲
復海運計所論著甚多弗載其懲貪獎廉修濬城
池訓練兵將緝盜安民清刑獄禁拘連革奸弊理
河道皆有成績麟皆□餉塞上檄知塞上諸將吏
所吞食金盡以充□□□□　□人措克兵士有
故則行賂苟免□□□□寶時大將軍仇鸞賄大學
士嚴嵩爲內援麟恐禍及□以父母老乞歸終養
民感其德請入名宦暨碑建祠祀之既歸居燕茂

山白蓮峰與黃安耿定向蘄陽顧問及顧闕黃岡
王廷陳京山李淑談窮理盡性之學日相往還四
方求詩文者戶外屨滿甲子春父母相繼殁服闋
部使者累議起用辭不就晚年賦有肖鶴詩算老
吟菊侶詠居鄉敦厚有體御人平易以私謁請即
親朋舊故弗聽歲荒煮粥濟饑施棺瘞骸年六十
舉子二人長飛次文阜卒年六
邢璧字惟文嘉靖三十四年舉人授政和令時倭寇
蹂躪民苦瘡痍璧下車極力撫循㯶寺田兵燹後

多爲勢家侵奪公租莫給璧遍訪核山澤中斷碑
追還之年六十餘卒
瞿晟字蓮川嘉靖二十八年舉人三十二年進士授
戸部陝西清吏司主事行視江西江西歲漕六十
萬斛運艱難大猾籍爲奸利晟至下令曰公量視
私量驗造矣廩人又陰置私量倍收之民何以堪
今與約如民家量比驗一斛以侵者坐之還朝遷
員外時海倭擾吳越閩餉道絶師不宿飽使者日
十輩來請餉辛亥等因雲中歲餘軍興乏復以請

晟部日夜尋刷端轉穀相救孔棘而上采方士言
豎祭具祠神君歲費疏糧六十萬觔有奇他具稱
是計部耗焉上知軍興之怒數下詔責尚書方鈍
鈍免冠謝計無出詢諸曹郎曹郎規避羣陽推日
瞿晟數善爲同舍郎畫便計今日非晟無可者鈍
遂以其名並進晟郎中晟酌時宜畫國計旦暮持
籌無邉沐飯倦輒冠帶憑几卧凡三月餘盡得窾
隱匿狀與務輓便計百餘條以獻上覽而韙之次
第下戸部得可自是中外府藏復贍給王師征討

諸頑衞郎命矣故事郎自戸部出補外副使次及
郡守先是雲中告急戸部奏請發十萬往賑是年
烽火息而當事者遽侵其半没之晟聞疏核邉儲
傷大同總制及巡撫由是謀陷之中諸分宜相
嵩嵩方忌華亭相徐階而晟故階所舉士嵩惡之
啓以授吏部吏部希指遷廣平知府廣平比歲惡
菽粟不登民無聊盜起邯鄲臨洛間抱鼓晝鳴倡
白蓮教饑民爭走附之晟至徵官屬鄉老問狀因
捐俸及公帑市買旁郡菽粟治粥賑飢盜掠富人

劉承德察得其匿舍繫按之逮捕群盜論死於是
賊震栗相率隱避去郡以安明年夏旱蝗晟以郡
西南水紆析東北達於直沽以穿廣平閘閘臺使
報可布廪鳩工成閘内溉田三萬九千頃有奇復
鑿長渠下流繞鷄澤入洛河瀉鹵皆上腴矣又從
黄梅召工人往治水車引水廣平始工桔槔時巡
撫疏稱治行兵部尚書楊某奏言廣平守有邉材
宜建節下部議晉太僕寺卿未行卒祠名宦鄉賢

倪民望字威仲嘉靖二十五年舉人授南康令捐俸
新學宮已趣具餉餉兵佐戢三巢督撫張特疏加
品俸兼攝新縣事一方席安爲立祠祀之
熊偉字珍山嘉靖十九年舉人授山東兖州府知府
循良著績致歸後特詔進階朝議大夫以示優異
朝野賢之
周渭生穎異少孤依兄授書日記千言年十三以文
各諸生間任山東憲幕
張潤涪洲學訓歸里葛巾布衣吟詩自娛

王夢麟字文郊萬歷元年舉人任四川彰明令居官
不事苛刻愛民如子解組歸叟稚遮道泣留
程鏜字鳴遠邑監生以例授浙江蕭山主簿時海寇
起當事知其才委守龕山率民兵防禦策護一方
賴以安堵
鄢懋順字祥卿萬歷十三年舉人二十三年進士累官
刑部員外郎抑奔競止苞苴著知爾篇自勵會録
囚一時平反得活者數十餘人歿後貧無以殮棄
棺國向高輓詩有祥卿不愧真清吏歿後床頭餘
白骨之句
石崑玉字汝重別號楚陽萬歷七年南京鄉試第二
名八年成進士授戶部主事督漕浙江洗除漕務
積弊浙民勒有碑誌陞員外郎歷郎中秩滿遷蘇
州知府蘇循例府署夏冰冬炭歲科里社崑玉悉
不受歲旱禱雨盛暑步日中不懈旱飢親巡屬邑
開倉捐俸煮粥散粟復申請蠲租賦之半民賴以
甦蘇人大學士申時行崑玉會試總裁師申相府
眷在籍者凡出入守令皆迎候昆玉不往其舍中

兒慢崑玉崑玉杖之其内戚某横里衎崑玉械繫
之按狀得實付法書報時行時行爲優容手書答
之吳撫李希時行意假查盤事發難以侵罔律崑
玉下其事四郡司李袁可立可立洗其枉崑玉獲
免去民立生祠以祀後補紹興府踰年陞運司領
鹺政轉山東副使福建參政職海防尋攝臬篆提
調試壬子鄉試奏監司與等第一如京謁選時皆
目之曰石蘇州也陞山東按察司南太常卿通政
使大同巡撫時塞事孔棘卜失兒請封未果廷議

推崑玉崑玉莅任開諭撫諭遂聽命疏奏詔封順義王崑玉充使登壇宣命降勅印頒宴賞皆懷畏稽顙呼萬歲貢名馬邊釁以靖復命賜銀幣有加擢吏部侍郎爲忌者所尼納節歸自號無着居士

汪可受字以虛號靜峰萬歷八年進士初授浙江金華縣知縣陞禮部祠祭司主事主客司員外郎精膳司郎中補江西吉安府知府陞山西提學副使

陞江西右參政奏病致仕起補山東參政覇州兵備道陞山東按察司河工水利道陞陝西右布政陞順天府府尹陞延撫大同右副都御史陞兵部左侍郎丁父憂四十五年内起陞前職總督薊遼保定等處軍務兼理糧餉經畧禦倭四十七年内以病劇固辭奉旨回籍調理及泰昌元年以疾卒詔贈兵部尚書崇禎元年六月初七日子道春伏闕奏請䘏典其畧云臣查得大明會典併䘏典條例内一款文官三品考滿者祭葬全給即未經考滿實歷三年以上者與考滿同又一款邊俸三分之二有特恩加等又三品文官曾經賜葬者若妻先故俟夫故之日祔葬查得原任兵部左侍郎楊應聘係三品實歷身後蒙恩補考贈廕給與祭葬全前仍加祭一壇嗣後伊妻補贖復廕一子臣父歷三品俸三年有奇帶二品俸已及二年實與前例相合而資俸尤爲過之當卜失兇婚封未決情彤巨瀾臣父歷任三年兼攝督篆勉持款貢大費調停西邊至今寧謐蒙召再起總制東邊臣父思

薊門拱護陵京邊長兵弱親歷巖嶮修飭堡臺邊師猝起臣父奉命力控巖關以三千弱卒奠維畿甸臣父筮仕邑令至藩臬幾三十餘年督學山右卓有聲施出守吉州建設白鷺書院著道心亭說下車草輿鄒元標等共譚性命分轄陝右助修關中書院捐俸以置贍田與馮從吾等互相砥礪迹職入都舉天下清廉卓異第一近伏覩皇上明旨二臣理學素優吾父曾參末聯諒亦聖明嘉與當河決蒙牆廹近陵寢時臣父備兵覇州總河疏題

諮會特勅與總河一體行事黃河口塞復開泇引水梏之自李巷訖郗山復從王市達直口凡百里又鑿嶧頭漳流沙桔㨪四年功績以成前河臣李化龍揭云汪可受塞黃堌口而陵寢允奠開泇河而運道通利功宜優叙近伏覩皇上明旨李化龍首劃泇河廕一子中書舍人化龍職要而臣爻職詳其苦更倍臣爻才品如此忠勞如此蓋棺論定補考題贈更宜優予祭葬本年七月十四日禮部左侍郎馬之駿等覆疏畧云爲照本官學粿源本

績懋鼎彝筮仕偶試牛刀内召克襄鴻典民懷襲魯螺江標吏治之聲士誦歐蘇晉國高文章之譽暨泰藩而作屏益宣力以拧猷就其塞黃堌口而開泇河陵運功垂不朽且以撫雲中而制卜擴婚封事克底成五載握韜鈐威名可撼山岳九重傾節鉞號令如動風雷是皆天于樸忠隨地而負擔罔懈亦緣夙秉性命到處而游刃有餘況官成四十餘年懷清似水兼保障三輔要地鎮重如山直明時之卓品爲曠古之純臣所當加祭全葬並與

同穴皆榮者也本月十七日奉旨賜予祭葬妻胡氏祔塋廕一子墓在茅栗山有神道碑在柘林舖

右可受幼嘗與其門人洪度授書黃連洲號黃連居士晚修靜紫雲峰自號三槃居士云

石柱國字念峘貢生應昌子萬　二十五年舉人授江西萬載令有奸胥以戶頭名目包官害民柱國開列糧戶花戶指實徵收積弊盡除任三載歸

胡寄垣字觀海萬歷二十八年舉人少從瞿九思遊

學日進善詩古文授河南南召縣令潔己愛民黴奸宄置義倉建書舍以循良陞刑部主事未就卒

劉寰字四山萬歷三十一年舉人由助教陞主事轉贛州知府捐俸以充兵餉減賦以甦民困清廉著績政聲卓然

王夢篆字珍文萬歷三十一年舉人沉酣典籍爲江西靖安令遷廣西平樂別駕清苦自耳行李圖書數卷而已歸林下埜族之無主者十一裒清祖塚使闔族知所世守年八十卒

楊啟元字行素萬歷三十一年舉人授浙江壽
嚴明果斷邑多奸猾偵得其狀杖斃之海民安堵
以老歸邑德之爲立祠
余澤字東里邑監生任河南輝縣縣丞尋補淇縣知
縣居官清介瞿九思贈詩云綠竹猗猗淇水邊由
來詩咏武公篇而今復有瀟湘客一味清風理素
絃後以内艱致仕卒年八十有五
石確字敦五忠烈有恒子崇禎四年進士初授丹徒
令有善政調宜興令荆溪民變煽動一方確諭度

得宜先散羽黨後擒巨魁民得安堵一時名士毛
士龍程玉潤董其昌陳繼儒等皆詩歌紀其績以
艱歸適年饑平糶賑濟里人蒙惠者豎亭勒碑以
志不朽
黃若雲萬歷癸巳選貢授合江令後改興寧捐俸賑
饑全活甚衆以循良課績
石應昌字文臺邑副榜授九江學訓署瑞昌德安二
縣篆尋陞浙江泰順令政平訟減路不拾遺子桂
國舉人任萬載令

宛三奇字士常甲戌進士授建德令以清惠著除盜
安民邑鐫有德政碑宦歸家無餘貲
汪道春字體元司受次子克承父志深識治體司受
卒道春請關陳父勲績援楊應聘例給予考滿恩
典請給祭葬優詔慰諭得如其請崇禎初由廩生
任北太常遷南計部以巡倉守浦禦賊有功陞廣
西思恩府知府建學宫平市糴粉巳裕民恤刑寬
賦嶺南卓有政聲
曹飛字長卿邑恩副榜長子以廪膳生中萬歷戊午

科武舉崇禎間授兵部參謀加衛司務
楊哲乙卯進士任分守道雙絕風清吏胥不敢仰視
邑黃花鎮建有副使坊
國朝
石鎮國字球公一字太寧崇禎十六年經魁任石首縣
諭陞國子監學正遷戶部山東主事
國初應薦擢用戶部貴州司郎中出爲北直永平道右

建學校聚諸生教習課誦城西有夷齊廟前守捐置祀
田五十畝後被豪民兼併追還永供歲祀順治四
年轉安廬兵備道七年九月奉
勅勦賊駐兵太湖宿松德化黃梅接壤地田段腰濱大江
歲有水患檄會三省建長堤民戴其德稱爲石公
堤調浙江杭嚴兵備道以老乞歸年七十一卒子
三長軫清軍同知次軌廩膳生次軾增廣生皆以
文章世其家
吳鄉字吏生崇禎六年舉人時流寇肆起官兵不能

敵撩民獻功十三年五月鄉應選赴京召對極言
其狀畧云流賊轉寇蘄宛出沒尤善僞裝如官兵
潁襄德徵壽鳳陽臨淮一日一夜兼程行數
百里光州固始爲吳楚往來之要地宜設一道臣
於此扼吭之計也然賊分則寡合則衆晝則賊騎
相顧夜則賊營遠哨且賊日馳二百里酣酒耽色
渴睡不醒若將卒勇敢御夜襲賊不能覺也今
兵不殺賊反以仇民窮鄉男婦匿林逃難割首獻
功以愚主將主將以愚監紀監紀不知遂奏其功

此弊蹟行久矣所當痛懲者也
洪世講字二士崇禎六年舉人
國朝邑令徐昱聘修縣志著夢謁韓文公康熙元年選
得直隸昌黎縣畿輔近地號繁劇在任九載清白
自矢興利剔弊邑有洪毋之譽年六十卒子掇孫
泄奇邑文學
蔣景字昇公號瞿舫與仲兄文同舉崇禎十五年鄉
試
國初兩中會副著有月燈文稿初授含山令後補邢臺

邢有大案株連甚衆景至爲之開釋編審丁額減
除故絕七百餘丁一時稱平勸學興士營公廨清
邢邇塞苞苴綏催科邢民有兩後有牛耕綠野月
明無犬吠花村之句蓋比之范萊蕪張漁陽云立
祠祀之
梅春時字舒白負濟經
國初薦授江州瑞昌令調永豐令忤當事左遷德安丞
尋攝縣篆釐剔奸弊有殊績秩滿丐告終養年八
十二卒四子燮衡元鼎俱有聲庠序

徽順治十一年副榜民籍授雩都令才長
簡刑清佐平崖寇有功秩滿陞雲龍州知
民戴德建祠祀之歷兵部郎後陞黎平府
江西名宦
程允□□云吉號□□如順治十四年舉人任山西
縣令釐弊除蠹愛民如子未一載丁艱旋里士
祖餞豎亭碑鄢邑東關
梅開瓊字公聯號滌菴歲貢生爲巴陵教諭每月吉
聚諸生於明倫堂舉先正嘉言　行諄諄勸諭復

躬自採訪有實行可錄者崇獎倍至士風以淳爲
文博大精深堪爲程式巴人珍之
吳士千字仞生號一士歲貢生官興寧訓導教人以
敦行誼爲先告歸與弟極友愛年八十七卒子敬
修廬墓三年
石從烈字威可拔貢生考授教習期滿補沔陽州學
正修學宮端士習聲聞各憲舉卓異陞江西安義
令立微限以免　償逋欠判斷如神
民無冤獄以年　植基國學盤基歲貢

元廩生
錢宏勳字鴐臣康熙二十辭年武舉壬戌進士任雲
南廣羅協都司威愛交充營伍翕然都府雅相推
重凡所奏議悉假其手以母老乞歸軍民勒石思
之子傑舉人世襲庠生孫世之秀鍾秀成基光訓俱庠生
程曉字曙光號東白順治八年武舉出守廬州除鎮
榆林身歷艱險撫馭折衝恩威兼施康熙丁卯除
本鎮都司誥授廣威將軍卒於官
張光庭字序皇康熙二十二年舉人授武昌教諭周

恤寒士培植善類年六十七在任卒祀武昌名宦
熊正字陞侯以選拔第一授保康諭保康地僻陋人
不知學正善教士風以變年七十卒于官仲子我
蘇以拔貢令江西萍鄉有治聲
汪晴皦字遜來司馬可受曾孫邑貢生總漕江公球
薦爲通州判官練習漕務遷代州同知弊絕風清
豪猾斂跡以老歸年八十餘卒子鯤躍任潁上知
縣有政聲
石燦字若木號敬齋學問宏博康熙五十三年舉人掌

恩授知縣衡署棗陽縣教諭邑稱名宦落㦒至設法振興
之一時人文漸起棗人立祠祀焉卒年八十五著
有松菊齋詩集行世子維默維幹太學生
廖應揆字豈尤號嵝岑忠烈士貞子忠烈被執時國
變出救賊刃傷頭顱濱死以孝聞由邑庠入監康
熙癸酉授四川汶川知縣整邊地馭土司振興文
教民始知學兩攝灌篆疏濬九都□堰諸邑利賴
之邑紳頌曰廖公兩世來官於蜀移孝作忠遣邇

蘇叔湜任七載卒於官子珽瑚俱國學孫燕會孫
駿飛學山俱文學
石為藝字激芳號簡齋性沉靜博極羣書詩古文詞
卓然自成一家未第時教授生徒出門下者類皆
知名士乾隆庚午登賢書壬申成進士授江南余
歷任無興溧水寶應治所清燥凡有興除俱本照
閭發為經濟到處都著循聲所謂安靜之吏愷悃
無華者也復補江西崇仁令崇邑積逋甚多簡齋
以德感之不二年而夙逋皆清列上考邑有貴人

投刺者再堅拒之後詢其故簡齋曰余非慢君也
若家有訟待讞余拒之所以杜干請也其人聞之
愧服蒞官十有餘載橐囊蕭然歸政時日與鄉老
子弟論文賦詩足跡不履公庭其端方自愛又如
此石固世族代有賢尹若簡齋者真能世其家者
也子純儒副榜文幹主簿樹田文學

儒林傳

國朝纂修明史儒林詳載淵源重是選也梅邑民良士秀儒術爲盛師友授受具見學有本原自明迄今共得數人

明

廣濟劉醇驥撰瞿九思傳云九思夫睿夫號慕川太僕卿晟子五歲就家塾瘦弱星者言兒十歲始無慮晟恐弗程以書九思病母楊卒晟匿不使知及知號慟見晟問曰父在而母背有禮乎晟取喪禮授之晟授戶部主事九思入省京師晟行兌江西九思從事羅洪先晟任廣平九思年十二督學試廣平隨任子弟例與選九思試大人賦入廣平庠檄還黃梅九思因父勞苦爲國作定志論上父言分宜柄國貞良被害願父乞骸骨避賢者路指類極意議論祟閹晟讀未半改容已乃嘆曰小子剽刻人物譏訾太過因秘其書年十六晟病日暮不解帶湯藥必口嘗晟遺命吾百歲後閨中無相可逝婦受弔及卒九思奉喪歸家人請遵遺命乃素車

迎婦至居梱內九思居梱外堊室旣葬廬墓畢禮而後蒞日婚焉年十九謁耿定向問春秋二十謁曹大章于京口至金陵謁瞿景淳林庭機許穀明年江西督學徐爌以書來迎主白鹿洞遂如江西爌與論太極定性之學隆慶元年秋試副卷明年致書羅汝芳論文行年二十五謁鄒善於河南楚督學胡直迎主濂溪書院復講學於嶽麓書院石鼓書院萬歷元年巡撫趙賢聘修楚志秋中鄉試邑令張維翰繁斂激變縣民譟辱公庭令諱衆怒乃誣九思造號令部署徒衆爲異謀魁御史向程劾維翰激變吏部尚書張瀚言御史議非是九思遂長流塞下長子甲年十三爲書數千言短服號呼歷抵公卿白父冤狀次子罕亦伏闕上書求宥馮夢禎白于楚中當事張居正故才九思乃釋歸九思歸閉關著述與門人休寧張復策進心學四方從學者日衆其學原本六經至古史傳記山經地志天文圖籍律歷筭數稗官野乘家譜海外國物無不搜羅

而本朝國史時政與草利病尤悉可施實用才毫
斂臢手自抄錄至指罷不復能字有作口授門人
子弟更相代書猶不給凡十八年不與外事當時
自部院大臣藩臬郡縣求書惟恐不獲士大夫過
楚不相見受教輒耻之萬歷已酉御史史學遷按
楚疏薦瞿九思濂洛關閩正傳宜備侍從上命徵
翰林院添註待詔九思具奏云臣瞿九思爲恭謝
殊恩兼陳微悃懇乞聖明憐臣衰病免臣赴任以
終餘年以畢餘業事臣原籍湖廣黃梅人中萬歷

元年本省鄉試尋以縣事褫革節經先後撫按臣
昭雪薦揚於萬歷三十七年七月内蒙禮部會同
都察院提覆伏蒙聖恩復臣衣巾本年十月復蒙
聖恩從吏部請授臣翰林院待詔奉命之日不勝
惶懼夫翰林地近職親爲清華之選待詔承顔納
誨司應對之官是必一代名儒庶幾無忝厥職臣
何人斯遂辱斯命臣少習先人之業挾策而上實
書原非矯語蠛穴者無端受謗逐隸編氓光天化
日之下獨爲向隅之泣每北望神京不禁乘風引

領之思豈徒傷其寸長尺短不得一自効於明時
臣之戀主之情根於秉彝浹於夢寐亦臣子之必
至也今者陛下一旦拔臣於幽縻之中錄臣於顧
問之列辟臣寃抑發臣肺腑天高地厚莫喻深恩
臣有心胸獨不思生至闕廷百叩舞蹈以鳴千古
之盛遇顧臣今年六十有五矣元氣耗於思慮血
氣侵於寒暑手足痿痹耳目昏眩此皆臣鄉黨及
臣從遊之士所明見知雖欲伏闕以陳微悃其勢
不能第念聖恩不可以久羈官職不可以虛縻臣

既不能以力疾赴任敢無一言以答聖恩之萬一
査得先臣被聖恩者率皆敷陳時政今堯舜聖王
在上皐夔輔弼於下師師在朝濟濟布列臣又復
何言且極知草野之士淺見寡聞無裨宏謨遠略
然一得之愚發於感激亦不自知其迂疎也先是
萬歷甲午纂修正史榜求天下知樂之士而所得
張敬李文察猶不甚精在樂則疑於淺近在詩則
疑於散佚臣識覩秦漢以來歷代輿圖漢則分爲
六十二郡唐則分爲十道宋則十八路獨我朝兩

京十三省宛然與周詩二南十三國風符合此益
天意欲國朝詩樂比隆成周臣不自揣遂欲作爲
明詩以準周詩如兩京則準二南十三省則準十
三國事屬郡國者則準小雅屬京師者則準大雅
以廟陵鄉射賓祭樂章則準周頌以天下藩國四
夷番國朝聘燕饗樂歌則準魯頌以歷代帝王陵
廟樂歌及兩雍闕里天下儒學祭孔子樂章則準
商頌即於某詩幾章章幾句之下博考國家典故
著爲機宜以便省覽至於音律求叶終不可被之

管絃又嘗以司馬遷李文利二說就中審度定十
律分寸合乞易範律一一相符夫以臣之固陋豈
敢自謂知樂顧竊念肅皇帝及我陛下加意禮樂
大典關係匪細神人類以和協萬物類以昭蘇耶
德象功於是乎在故臣不識忌諱謬欲以所見著
爲詩歌務使詩與律相比律以聲相諧洋洋乎登
歌戛擊之餘無異成周之盛然後於臣心始快臣
願始售顧困於貧病六七年所而尙未成編伏願
陛下察臣病困並無虛飾勅下吏部免臣赴任使

臣更加考驗百無一訛然後獻之明廷以備太平
之一助至於臣之生平別所著述如六經以俟錄
等書數年之内漸有成績臣苟病骨垂延未填溝
壑倘日並得以芻荛一得之言恭呈睿覽庶幾上
達聖明不次之恩下卑微臣[illegible]自引退之素此臣
區區之本懷也緣是具本辭謝冒瀆天威不勝戰
慄待命之至吏部覆疏爲照本官淵源正學粹白
眞修馳蜚譽於中原大節自無權貴抱奇究於一
旦終身念絶怨尤轍跡垂三十年著書凡十餘種

如仁統以俟錄諸劄表章經學豈徒托之空言若
實用編時務策等書籌畫時艱信有裨於實際編
摩既久掌故尤精崇孔廟則考制成書誰非問禮
家法仰明堂而歌詩準古眞是典樂精思一腔愛
國之忠悅形於筆札千古太平之盛業浹於神魂
泉石而有斯人廟堂足爲瑞慶獨有集樂續以典
木天殊恩誠渥乞初衣而畢餘業素志彌堅浸假
竭數年之尋求庶幾觀大全之禮樂所有疏乞相
應允從查得天順二年江西臨川縣處士吳與弼

幣聘來京授以諭德萬歷三十一年四川梁山縣舉人來知德以奏薦授翰林院待詔先後俱得賜歸各令有司歲給月米今九思遭際與二臣同而著述之功不啻倍之既經本官具奏前來相應覆請恭候命下暫准以原官致仕仍令有司月給米五石以示資助書成之日該撫按官具奏進呈本部酌量擢用則國家明揚之盛舉不屬虛文而士人岩穴之藏修可襄至治矣得旨歲給白米六十石助著書書成另擢用學遷於廣濟龍坪建江漢書院迎九思主席卒年七十一歲從祀府縣鄉賢所著有六經以俟録中庸口授中庸位育圖洪範衍義仁統孔門愠解和變圖實用編時務表邊畧倣古編蓄艾編土俗章程省元録佛論孔廟禮樂考明詩擬幽贊録文莫堂集紀思録言善録知命篇歷正同仁手札後先進呈而其門人造精遂者惟休寧張復稱首

周來蘇字子仁世居五祖白蓮峰之東自號蓮峰居士性厭制舉潛心理窟著述甚富明季寇變卒後以郡守請立祠於東山歲春秋上戊祭例設猪首一鷄一兎一墓在曾山之東峰

石喬年撰傳云先生姓周氏諱來蘇字子仁楚黃梅人也居邑東之白蓮峰下讀書講道學者日益衆故稱曰東峰先生先生自少潛心理窟與海內同志相切劘久之豁得良知之旨一時印可者若南城羅維德汝芳泰陵劉少衡應峰丹陽姜廷善寶江陵張伯端居正劉[illegible]朝重穩奉新蔡汝聘國珍萬安周仲[illegible]麻城耿在倫定向偕弟定力萬安鄒[illegible]和王有訓訖歐陽文朝昌皆知名士散處東南其間顯晦各殊而麗澤之誼終身以之雖生死無移也於是以匡廬衡嶽道里適均因假二山[illegible]合約爲會所榜曰衡廬心締謂此十數人[illegible]性命文章互爲夾輔不待同堂一室[illegible]手而談而風雨晦明之交已心締久矣嗟乎先生從諸君子遊所學者此當其時海內聞風而嚮慕者觀聞聘君[illegible]以加焉乃檢之邑乘未嘗一詳其姓字而問周氏子孫則又衰微[illegible]有數[illegible]

而恣其無者抑何文獻之不足徵歟原夫王化既衰風教頹敗庸夫俗子秖知世位之可貴而不知前徽之足重即鐘鳴鼎食之後稍或中落隨不能膾炙於人口而先生之遺裔亦莫知其爲名德之後矣余生先生之鄉存邢問禮實有責焉然觀自嘉隆迄今不過百有餘年而梓里好修之儒幾如窮壑歷劫湮沒而不可考矧彼蓬樓蓽處抱道著書而與煙雲同其變滅者亦復何限悲夫

石有恒中丞崑玉長子博極羣書貫穿經術同里瞿太初大推服與李愚公若愚稱楚中二子中萬歷三十四年舉人四十七年進士授浙遂安令邑固土薄民且狙難治有恒至進黎老問所患苦一切罷之嘗自飯羹藿舍中兒令樵採給釜炊自官俸外并謝諸餽遺絶無所取值歲祲民乏食有恒請出帑金市粟遠方民稍濟又親履諸荒瘠地爲最貧者區畫計戶授廩粒貸牛種奔走浹旬月調繁長興會鄰邑巨寇葉朗山聚黨吳野樵等數百輩連結海盜勢張甚湖太守杜蘪公才上諸當事檄有恒治之有恒詣其境指授方畧帶甲士入民伍中獻牛酒爲上壽即席擒之返長興賊餘孽潛入長興甲子元旦城門啟賊突入有恒緋衣立堂上賊露刃脇有恒不爲屈有恒大罵不絶口遂遇害主簿徐公可行赴難亦同死有恒當儀門僵立血

上嘉稱時不仆賊掠衙舍得葛一端俸金二兩
薦紳士庶斉公所大憫爭出金殮爲位朝夕奠羣
走省會訴殉難事當事踈勸父老載木主遮道哭
疏聞于朝奉諭旨卹贈太僕寺少卿謚忠烈予祭
廕一子入監并勅長與黃梅有司建祠春秋祭祀

國朝

石喬年字僊尹崑玉曾孫有信孫礪子石自崑玉以
下皆以文章經濟重天下其所交皆名儒名臣喬
年目見耳聞習與性成故其經傳議論皆有法度

可觀有曉廬集詩文行世
黃利通序云知其人者知其言中說衡漢魏諸家
以別君子小人爲要其在宋朱子交取盖公詩則
陸山陰爲其近於道也道有大有小有眞有似而
一辨之於其氣僞學罔不竊獨不能竊者正氣耳
此吾道不終息之機而知言知人之大較也石先
生僊尹家夙秉軒先中丞公不阿相國直節震天
下一再傳並以忠孝著於春秋先生少卽敦氣誼
崇名教會治帖括言忠其尊志遂謝去而肆力古

聖賢人之書往及予先大父素心相尙歲過石亭
寄坐移日時鼓櫂激彈細數棋錢菱葉吟咏間作
兼談今昔尊酒極歡而罷予兒時竊聽心獨趨之
旣長知嚮學與先生語卽大喜予以是知先生之
眞也所居室財足蔽席先生抱膝繙牀圖史左右
精研博搜濫而爲明道見志知時論世感物之篇
清宵人靜熒熒燈火春雨秋風心跡寂寞此與白
雪樓危坐不面部使大梁一廳客避夫人何異嗟
乎自壯年謝鎖闈清華望斷卽前歲宏詞博學之

選徵書四出蒐求山林遺逸楚觀察使者雅意推
轂先生卧不應其於世復何所歆羨而獨能抱殘
守樸旦暮手一編於墨莊茶灶斷垝頹垣之下豈
非篤於自信兢兢是聖言哉予嘗晨扺先生居值
先生橐新脫授予讀坐久日向午家人以停炊報
先生笑謂予倘不能饑請辭予亦大笑其或擁粟
猶存亟把袂止予宿市酒一升濯泥蔬剖蘆菔佐
之淺杯緩酌小童倚壁微鼾親提壺再三炙輒憶
當年湖上風景遐焉隔代哭亭臺人去知已不再

蠧蠹洩下沾衣因爲予極論義利之界罔直之分
眞僞人禽之關士習民俗盛衰之由文章源流累
朝同門異戶之槩及於氣凌逸不自禁吐舌萬里
横啞一切而大旨歸於正人心非以計較短長得
失乃先生遂以此不容於俗正叔爲奸希文守道
爲鬼爲恠物西山爲眞小人且紛然議其後世路
無定評先生又何責焉獨幸門鮮剝啄日與昔人
伍得遂深窺道妙壹意述作懃懃懇懇猶與一髮
引千鈞而先生亦已老且病矣馬醫菜傭卒史散

力輩莫不褒馬風流顧盼自喜而鐘鳴鼎食之後
人懷仁履義傾頹五十餘年乃至苦鹽蔬飯天復
靳之幾如洲島絶境瑤草瓊漿聞之舌妬而不得
下咽宜乎仁人志士疾首痛心而歎不平矣然予
讀先生之書上原六經下之集成於秦漢唐宋根
深者枝茂膏沃者光遠由是信今而傳後覆瓿沉
江兩俱無患視彼千金之子萬戸之侯朝花夕萎
曾不能彷彿一二庸詎知荒墟老生窮愁著說非
造物之厚其積而鄭重其報以垂無窮耶先生立

周子仁傳終之曰巖泉抱道與雲霞變滅者何限
自傷也乃其次易犀雌詩則曰姓名空老林泉下
志節常懸天地間世不絶作者推其意藥所以自
立雖萬禩可知也

黃利通字曉夫號梧岡晚號懷亭貢斂纔文階深經
術康熙二十年舉人康熙三十三年進士三十九
年秋授廣西賀縣知縣會征入排猺人賀附近火
燒屏獲猺子扐十一等親解軍門升上平猺策其
畧云排猺本屬頑民憑恃險阻抗拒王師凡攻則

恐其難窮困守又恐糜費金錢稍有疎虞節生內
地之虞大兵環集查緝亂石嶺箐幽林深入所以
難於搜剿謂平猺大計在於兼用鄉兵山水路徑較
官兵爲熟苦勞攀陟較官兵爲捷且保護室家其
志堅復仇報怨其氣厲誠下令集鄉勇備練而訓
習之以官兵用正以鄉兵用奇未有不踴躍思奮
者最要者尤在乎以猺平猺猺人倚山爲巢路甚
險而多岐居易徙而靡定鄉民查報亦未必悉其
曲折今絕其出路斷其糧道猺賊聞風竄匿惟宜

審而示之以賺誘使出入潛搜迅擒凡獲一猺以
恩結之用為嚮導間諜徧投竹策木版諭以順逆
禍福頭目有舉衆來降者畀以爵賞衆猺殺頭目
來降者亦如之無知嗜利自相携貳然後以我百
勝之師撲勢窮之寇攻一排而衆排落胆降一排
而衆排歸心矣癸未陞吏部主事服闋補工部營
繕司主事踰年告歸高安朱相國作儀禮節畧與
利通相商訂其序云正一身以正家國天下者其
惟禮乎根本天載之精微窮極人事之曲折大之

綱常倫紀細之度數采章三代而上上之所為教
化下之所為習尚出入乎大中至正之途此所以
成一道同風之盛也自秦人崇尚刀筆以吏為師
於是乎禮樂崩壞而二帝三王之治不復矣二氏
者出又復倡為蕩滅禮教之說老子以禮為忠信
之薄釋氏欲盡劃敬字窠臼吸吸詆吾儒為無究
竟之學而不自悔其為無本根之學也禮根於天
聖人發育峻極之道散寄三百三千之中禮在即
道在禮之外無道見易象春秋輒嘆周禮在魯禮

與六籍相經緯者也師以禮詔其弟弟子以禮問
於師始於灑掃進退之可觀造乎動容周旋之中
禮禮在即學在禮之外無學嘗竊怪世之講學者
言理而不言禮援拾格致誠正之緒論以與即心
即佛性命雙修之徒爭長而角勝彼且謂高過大
學縱使火其書箝其口戕其教而終不足以服其
心苟試觀之以人親人長天秩天叙之大原彼必
無能與吾道抗而吾儒之說乃可當伸於霄壤吾
友朱可亭先生交余垂三十年京邸趾接促坐深

談無虛日獨未嘗一言及道學乃今讀儀禮節畧
一書嘆先生之留意道學者為最深因以知口給
禦人詡詡道學自命者必非真道學而道學真種
子實不絕於人世也孔子志在春秋行在孝經孝
無違乎禮事以禮葬之祭之以禮此天之經地之
義而民之行也紫陽志在綱目行在小學明倫敬
身志行與孔子不殊是書一以經傳通解為宗而
撮繁舉要博采諸家附以獨見所言皆明白洞達
其志居然紫陽之志其學不愧紫陽之學不鄙寒

頤命余序其簡端竊自念少失學問憚煩趨簡樂放誕而畏檢束坐是道不加修垂白無所成立豈人禮豈爲我設一語誤人實甚今雖悔之老矣無能爲已一旦以不學禮之人序言禮之書於此心得不愧乎乃區區之心竊於可亭有厚望焉三代下願治之主救時之相往往不乏而以禮治天下者卒無其人獨一王荆公鋭意以周禮治宋紛紛建置少成多敗豈周禮能誤天下哉誤解周禮者誤周禮耳若夫子作春秋以禮正列國諸侯大夫

有禮者褒之悖禮者刺之春秋即夫子之禮書而攻詆爲斷爛朝報不知春秋惡知周禮故雖以過人之才徧讀古人之書又得九重爲知己而舉措乖違宋室訖不復振君子觀元豐熙寧之代未嘗不嘆息痛恨於斯人也可亭以公忠清慎受知

聖天子方欲大用先生此貞憲考度黼黻太平之一會已郊廟朝廷邦國聘享盟會軍旅井田學校之禮當以周禮爲綱儀禮曲禮爲目博綜先儒之禮說爲訂刻史之禮志旁及百家稗官之雜記一舉一名莫不辨其真僞覈其體製究其源流通其條貫不爲荆公之執固亦不爲孫叔通曹褒之苟簡原天地之性達萬物之情神明古先之制斟酌時務之宜持質文損益之平極輔相裁成之用用以勒成不易之經參贊郅隆之治非吾儒之責而誰責耶不有重望於可亭先生而又將誰望耶獨惜乎紫陽之宗倘有善學紫陽者而勉齋之宗無復能爲勉齋是益重余愧也夫是益重余愧也夫

忠烈傳

忠烈皆死事而立朝敢言與臨亂不避予例得附梅文獻無徵未能盡搜旁求表彰是所望于後賢

唐

魏英字時育以義俠聞爲太原兵馬將與高駢友善子元逓尤機奮王仙芝據黃梅英發七千助招討使曾元裕破之殺五萬餘人追斬之傳首長安黃巢逼鄂春又密遣子逓附及斬黃招討使劉巨容合兵躡之死者什七巢窘挫轉掠他郡事聞封英

五原郡公太子少傳元逓左驍衛大將軍南樂郡公

明

張訒官南京鴻臚寺序班告歸養親聞建文遇難拜辭其父士英曰忠孝不能兩全矣乃正衣冠北向投井死後子孫名其井爲忠井聚族環井而居示不忘先人遺跡也

沙瑞字鳳翔以歲貢任寧府紀善宸濠反劫瑞從瑞泣曰如大王謀即事成千秋後且稱叛逆矧天下昇平藉何辭首亂以憂太后不祥濠恚曰君從耶不從且死瑞頓首流血曰大王亟求臣臣固死耳復叱之跪逾三日又不從因之瑞乃痛哭自縊死邑令馬公應龍題其墓右曰一官容易死綱常白日青天只自傷古來板蕩臣多少地下相逢應避藏

邢緝字文甫成化二十三年進士初任琴川令會縣大水發藏賑之活數萬人拜御史臺彈劾不避權貴逆瑾憚之後遷雲南副使卒于官

石金字南仲正德六年進士拜監察御史巡視廣西值土官岑猛亂撫臣姚公鏌不能平廷議以王守仁代之金與同心勦平十八寨獨立敢言與濮陽戴金同聲時京師謡云楚有二金臺中錚錚會江西按察司副使胡世寧發宸濠奸狀逮獄舉朝噤莫敢言金力辨之旋按浙江多所建白世廟前星未耀方士邵元節請禱之金即抗疏言當節勞保和以兆麟趾不宜要諸鬼神因與麻城御史俞希禮上時政其疏畧云陛下一日萬幾經理勞瘁何

若中涵太虛物來順應凡人才之用舍政事之叢
施始以九卿之詳度繼以內閣之咨謀其弗協於
中者付諸臺諫之公論陛下恭默凝神挈其綱領
使精神內蘊根本充固則百斯男之慶自不期而
至王守仁首平逆藩繼靖巨寇乃因疑謗泯其前
勞大禮大獄諸臣久摩流竄困辱既久物故已多
望録守仁功寛諸臣罪則太和之氣塞宇宙間矣
帝不悅曰金欲朕勿御萬幾郎古奸臣導其君不
親政之意其并察奏尚書夏言等言金無他腸帝

益怒下金詔獄而夏言等陳狀伏罪乃宥之竟謫
戍邊衛久之赦還卒隆慶初贈光祿少卿

胡鳳字文明嘉靖五年進士初令常熟時海寇侵金
山猖獗鳳極力禦勦民得安堵後遷廣州守三年政
稱循良尋遷四川威茂兵備副使適白草番煽亂
攻關堡當事洶洶鳳調發悉中機宜手縛元俘李
保等以獻轉參政

瞿晟詳宦績傳

石有恒詳儒林傳

周乃武庠生棘闈不利赴武科聯捷授寧波游擊禦
倭屢建奇功後偶爲倭襲執勒降不屈罵賊而死

洪世振邑諸生夢祖次子年十三宗伯董華亭督學
湖廣愛其才明季城陷死之

洪度詳文苑傳

李先實官守備作行軍先鋒遇敵奮勇陷賊不屈死

余鈁廪生荆府鴻贊流寇八大王奇其貌勒降不屈
賊中一人出對云琴瑟琵琶八王爺極是和氣鈁
云狐狸狼猾衆狗才全無人心賊怒殺之

洪宇璇邑文學生時遇寇被執罵不絶聲剖心而死

石礪字用之廪生有信予少負奇姿江防使唐顯悅
舉異才弗就崇禎八年賊入黄州羅田破梅城礪
立邑令張聯芳驚佈礪前請曰礪世受國恩祖父
昆玉以老在告趙某執干戈扞圍乃陳方畧畫守
禦策凡濬城濠築關廂編垛次建冷鋪請救援議
軍餉置巡哨設排兵布唐報增烽號以至倉儲器
甲灰砲矢石油薪井灶之屬悉有經紀破家財佐
兵邑人亦出貲相濟於是擇數人主度支事郎告

辦又奉祖父崑玉書乞師江西江西開府解石帆以隔省難之礪廷跪哀懇得標卒三百人兼程赴邑甫入城賊騎鼓噪至烽火燭天礪等登陴晝巡以守賊肆焚掠率衆犯城矢上射如雨注礪令剪架被爲油幕懸架垜口外風起幕動矢稍卻賊數千人負版排列進矢石礪發火箭火毬焚其版隨巨砲擊之殲賊無算明日賊架雲梯數百逼而上礪令士卒各盡力發砲石擲弩箭斃數千人遂用巨鈎挽其梯曳之砲矢迸發賊屍横城下賊遂毁寨

廬致木料蒭藁積尸其中爇之穢烟四塞守者不能立礪令調米飲和以醋人各啗之得不亂相持旬日屢攻屢卻礪等晝夜巡城上計人給錢米相勞苦礪婦翁氏具餐饋將士勉力佽助衆益思奮賊知城中有備徐撤壘去城得全十年冬賊忽飛馳達黄梅城内無知者一鄉民逸出號城下内驚起礪率童僕携守具急登高望則去城未三里許手擊號鐘發大砲賊烽起衆畢登礪急令鎔鐵萬餘斤傾之賊躍馬擁城下冒死奪門入礪用鐵汁

沃之賊死門爲錮架百丈砲貫入賊營炙熱灰熱血熱糞盛以礶撲之濺潰飛揚賊不能堪乘其亂縱矢石奮擊賊稍卻踰日賊忽一隊繞而南大噪曰城破矣礪曰此其意不在南果合衆向西北架長梯攀堞上礪令擲飛鎗數十下並舉前撓鈎法破之翌日賊營北關盛張樂宴飲礪亦令椎牛置酒饗士鼓吹散絲旌諸守者賊魁突陳出中巨砲殲焉賊復造戰樓施皮帳高出瞰城中礪令蓺竹爲梨花可數百以鐵函置長竿先鈎掀其帳舉梨

花刺樓中縱火勃烈戰樓崩死者枕藉明日賊掠僧道爲嚮賊魂聞兵警殺僧道遁去城復全國人群詣礪拜礪答伏地不能起面無人色語無聲十三年年四十有四以勞卒礪身爲諸生功著城社經濟沾溉一時鄉入德之祀忠義祠 叅府志

按明季死亂者舊志僅得二人洪世振洪度亦無

特書以事窮勢廹而死不足書也不知守城數年恊力同心不忍以城降城破而死其志豈可沒哉

洪光裕字惟顯邑庠生同石礪捍城礪死力不支城陷被執罵賊不屈與子圖同死

國朝

黃景恒

胡君孚

吳之楝 俱詳義行傳

廖士貞字思吉號介石幼穎敏事父母至孝以九江衛籍登江西順治甲午鄉薦除知四川營山縣甫匝月逆黨譚宏等復叛攻城援絶士貞被執大罵不屈譚宏縛至山寨三閱月百端誘脅不從復押走大竹縣廹降之罵益厲遂遇害贈四川按察司僉事予祭葬廕子應授入監授汶川知縣祀四川名宦九郡鄉賢 京都昭忠本邑忠義

按黃景恒胡君孚吳之楝守舒城山全活數萬人洪光裕城陷時父子同死洪氏生員王聖臣妻石氏生員曾偉妻梅氏生員石一音妻洪烈女生員世寵女商氏馮公甫妻樊氏生員岳懷寧妻陳氏生員嚴之恒妻皆明季率蕭烈女邑吏蕭汴女死紅巾賊史氏忠烈廖士貞妻與士貞祖母王氏母萬氏同死今併載其名于忠烈

孝友傳

庸行之常雖愚夫婦皆知勉焉梅自瞿氏著孝經諸書議論典禮動其天良書雖不傳其澤猶在五世內也故梅邑孝友更著不能盡列

元

張德懋蘆塘村傭也母老妻亡僅一女年饑傭工養母或與肉必懷歸遺母及兵亂負母逃唐家山從舊識丐粒爲炊坐母于上歌舞侑酬慰自餒不令母知母卒廬于墓旁哀慕終身

明

洪祥字士高妻完顏氏貴家女事父友璋以孝聞友璋病癘年餘起卧粥餌衣被汚穢必躬治之友璋謂祥曰吾病將愈汝去就室留一僕扶我足矣祥陽諾而陰伏父寢旁是夜父小起呼僕不應幾仆忽一人叅腋驚曰汝爲誰祥曰兒也特候于此璋持之泣友璋疾愈祥與妻盡竭力承歡祥喜讀書明義理死生利害了無凝滞壽九十七閈里重其行號曰隱德先生子六俱賢曰亮者金華武義丞

闕榯性篤孝年十二補弟子員受餼廩會父之官母疾日夕服侍至削肌體母故哀慟不絕遇風雨輙抱棺呼夢中如狂竟以病卒里人傷之

舊志原載孝友傳乾隆二十二年續脩改載恬退傳二十五年裔孫優行生員家梅呈　禀改照舊例

梅注章孝母遠近欽服時盜劉汝國戒曰無入其里

魏德明年十二父母俱亡傭身備塾恐飢以活弟妹夜取薪火照書雖未成名以詩書啟後

吳楚龢字南岳邑文學湖口知縣珂之曾孫廪生鍊之孫常德少府濂第三子兄楚奇官明山藩性恬退家居事繼母石氏以孝聞猶子有四撫如已出朝夕課讀以詩禮相授子之偉文學貢成均後裔蒸蒸蔚起吳故邑之右族人咸慕其家學淵源云

洪夢甲　見恬退傳

汪美汪勳汪灼傳見懷逸

胡玉鑄性純孝母卒廬墓十載不歸母畏雷每風雷至必繞墓號泣墓在馬家坂中至今名孝子坂

陳顯年字明華邑廩生母廖卒娶繼母王父尋卒王年二十孀居顯年左右承歡終始無間族黨莫不稱之邑令王學諭傳署其門曰孝追曾閔

楊勳歲貢生任思恩府同知性仁孝有盜掠其家繼母林氏被執利刃交加勳出泣請代盜感釋而去

陳大熹字二南廩膳生義官瀾之孫道官瑜之猶父也孝友性成才學富有猷賊屠城入戶子未可以去乎熹曰母在焉往賊入室遂遇害士論傷之濟邑張壯國傳云先生明季人也經濟優豁屢試棘闈不第猷逆屠城合家死難者數人而堂太黄夫人與焉先生念切聖明心傷慈母命子晝守母喪以草莽終臣節懸梁中堂側隨母氏以亾是與孔曰成仁孟曰取義可並傳不朽焉耳曾孫竟成文學

陳瑜字藍生天啓辛酉科舉人生質孝友凡所有竭力承歡餘即分給弟妹父歿刻木肖像以事曲闌中論任至四川分守道寇犯蜀貲囊盡散闔八月外援不至肅條四人北面稽首泣曰臣力竭矣從容就義舉道署局人立祠祀之子銓鑄鉉俱文學

陳欽命字祗若中萬歷戊午科四十七名舉人初授直隸玉田縣諭明季多難莊烈帝詔天下以勤王備兵策公對稱旨擢覽五城兵馬司寇犯闕多方捍禦弗克死之子彤對南海學孫啟仁邑庠生

周調雲邑隱士來蘇子來蘇卒調雲廬墓三載足不踰墓垣哀聲達林谷每遇風雨必俯伏號於墓其父以理學見重儒林調雲亦言奉檄立祠

喻義邑學生私淑羅念菴先生研求性命之學時同學諸子以文章道義相切劘義師承有自內行肫篤人無間言二親卒遂絕意進取於墓側築館授徒旦暮必奠終身弗替

國朝

程之立字位侯邑庠生早孤事母孝歲儉產落必具

旨甘聘婦親迎有日矣值母疾欲改卜母強之乃成禮三年侍湯藥不離母側母卒哀毁幾滅性既葬結茅墓側晨夕哭奠聲震林木有彪虎夜鳴若助哀者三年積傷成疾卒子亦殀亡妻陳氏苦節終身

吳永述傳見文苑

瞿道宏字大若罕子廣濟金德嘉贈其詩小引云大若手其大父父伯父殘書過余江上草堂聘君慕川先生其大父也伯父孝廉甲字太初父崕州知州罕字日有家藏著述凡十六種百數十卷會貢

岡陳省齋徵刻全楚文獻録工垂竣適值兵變武昌書遂散亡都無副本孔廟禮樂考四册當未亂時有人從書局借鈔亂後書具在也然亦不可復得語次酸楚不自勝蓋群書散亡他日猶萬一庶幾遇之若借鈔者則絶望矣黄梅楚北孔道也往者獻賊蹂躪左良玉亂兵刼掠所過往往爲墟當是時瞿家藏書幸亡恙久而亡於徵文考獻之日抑獨何歟孔廟禮樂聘君薈萃捃拾將以公諸天下萬世也今則如賈胡之居奇貨韞櫝焉耳矣九

原可作聘君能無恫乎按聘君事具列廊巷所作傳其所著易書詩春秋禮樂各有以俟録中庸口授中庸位育圖洪範衍義仁親孔門愠觧和豫圖實用編時藝表邊界倣古編蓄艾編土俗章程省元録佛鑰孔廟禮樂考明詩擬幽贊録文莫堂集紀思録言善録知命篇所正同仁手札後甲之舉賢書也甫十九歲所著有與善堂草赫蹏編伏闕稿遺孝録忠義録罕少侍父博通五經廿一史諸子家言爲父訟寃及請謚凡五伏闕

取先儒朱文公所訂孝經古文旁采諸籍爲孝經貫注二十卷朱子删者仍著後存餘三卷古今文篇次不同考異一卷叙作經注經歷代取士進講對問三卷崇禎七年進呈上命刻頒天下學官十二年授廣東崖州知州嗚呼瞿故無班氏賜書也而纂著之富有若此君子以爲難垂百年矣而一旦忽焉失諸可勝痛哉大若奔走購求零編隻簡顧曰瞿氏世業而孔廟禮樂考竟以勢位淵絶懷刺漫滅毋一念至嗚咽而已余因此以告天下之

爲人子而能讀父書者苟無副本慎勿驟出以畀人也

吳楚奇字少池補庠雙池子官名山日與紳士講學不輟官俸所餘輒出以濟寒生敦孝友忠信爲一邑厚風俗治績載名山志至其仁孝本天性九歲割股療父病父卒守墓側不忍刻離後刻木肖像以祀子之任附貢之哲廩生之棟之桂邑文庠生

吳璡字任方文學補太守立試七藝拔第一方七歲時母疾忠湯藥必親嘗禱神祇願以身代母病益

篤割股療之立愈與弟國彥相友愛析貲産交讓不受其一門孝友都人士動輒稱以爲子弟勸

余元芳字淑融邑文學兄弟四人俱極孝友父没時悉盡禮焉後兄世芳紹芳卒痛悼幾絶而又懼其母以憂成疾左右色養無方母食則食母泣亦泣年四十一而卒卒之夕涙盈盈不止問其故曰吾病勢不能起二兄既没吾又如此吾母將奈何言訖嗚咽聞者皆爲泣下爲人忠厚和平慈祥愷惻凡可加惠於宗族者未嘗少吝一門之内有德有

行論者以爲陳元方再生云子震秀國學士秀文學

吳光業字敬修父士千官郴州興寧縣訓導光業隨任士千病光業侍湯藥衣不解帶者數年士千殁光業甚貧廬墓三年黄利通贈詩云栖栖一抔土相對暮山蒼破壁張燈闇單衣卒歲凉風過啼短草淚落結秋霜馴鹿尋常事負心空自傷光業兄金鼎病光業割股療之子世雍知名

喻于智字醒愚太學生余於乾隆卅六年任梅于智以公事接見立論慷慨而歸本誠實余心異之詢於梅紳士僉曰于智嚴氣正性家不甚豐而輕財重義父顯曾恵族人田一百三十畝族人他售于智贖還雍正二年捐社穀二百石雍正十三年又捐一百石雍正五年梅大饑于智於中路庵煮粥中路庵固梅通衢前康熙四十五年父顯賑饑于此于智因繼其志也邑中潘興口馬路口解家口何家口堤潰前令李公錢公楊公與于智議定屬其督修解家口堤近江于智恐久崩捐根地數十

畝令堤内徙至今鞏固化龍門外改舊河建文昌閣亦屬督修費不足獨捐銀一千七百兩有奇于智嘗買樊魯占田魯占卒妻老子幼于智念與魯占故以田給其妻子此皆衆共見者生平所保全甚夥從不舉以示人惟身受者知之追身受者親言子姪以告于智笑云此欲與汝輩結好特假此事相誑耳故過客傳聞鄉里聚頌其子若姪至是姥識其有是事也十七年余捐養廉倡修文廟學舍于智亦出私財相助偕邑人督修功程浩大任

勞至矣余贈云義所必爲雖傾囊而弗惜已所不欲即克已而勿施聯一鄉以暨衆鄉任邑事如其家事蓋實録也黄梅數十年來未行鄉飲禮衆舉于智鄉邑聞之皆以爲得人二十二年夏余修梅志成至冬十一月于智卒余不忍其善行終湮因書其事於孝友傳以爲爲善者勸子之堅文學生之塾歲貢生

黎光燁字予豎太學生黎固望族世以孝義傳家子豎纘承先志少孤事母孝母喜施與養志毋遠飲

食必嘗而後進仲兄光耀性極嚴明有經濟克濟其美稱難兄難弟焉有嫂老而孤善事之敬養倫至立後時濤捐產屋以資贍養其篤於内行如此尤潛心舉業足不履城市宗祠内建有書室集子弟及族之子弟讀書其中親爲指授彬彬號文學鄉乾隆甲申大水族里有逃散者捐貲百金安集之不計其直踰年隨子赴任對衆盡焚其券累世孝義宜其後之昌也子慕蓮舉人任教諭慕蕖太學生孫楠廩生元植元楷文庠生

翰之塾蘄州工部陳詩作傳云翰封君之塾字荷莊例貢生以子文鏴初入仕貤封修職郎黄陂縣儒學訓導明經化鵠之猶子而太學生于智之仲子也太學兄弟凡六人明經既甚文而太學尤以行義顯太學喜有爲尤好施與邑中建先師廟捍江流濬河於諸大務太學率身爲之先動輒費私財數千緡封君皆左右之惟恐後里有贅者曰樊魯瞻以私田售太學矜之仍歲給其租入死又以給其子至封君時其子死無後又爲之營葬具嫁其女俾主其祀其善成父

志類如此封君性嚴毅毫髮不可干以私而胸襟闊綽綽有餘地邑令之賢者皆尊禮之以爲矜式而王明府鴻典事之尤謹嘗明府之宦湖北也有廉能名人比之海淳安自黄梅徙應山延封君至其署折獄或遇當視封君意色若不懌輒斂容請改蓋竊以封君爲韋佩云教諸子皆知名然斷斷以慎交遊爲戒非其人即才望素著輒禁弗往來識者以爲知人子三文鏊恩貢生候選教諭有詩名文鏴拔貢生由訓導授陝西懷遠知縣文鑾乾隆甲午科舉人候選知縣

隱逸傳

隱逸之故當論其世知其人余未暇深考舊志云優游泉
石志存淡泊不競聲利亦得附見於篇

唐李玭開元時人才學淵博排蕩百家爲詩文宗匠一日明
皇夢神自稱廬山使者請立廟廟成詔刺史獨孤正訪諸
工文辭者製碑以進作者凡六百八十一人獨玭文稱旨
詔舉博學宏詞不赴或勸之玭對曰世所稱詞學何如張
九齡裴耀卿賀会樂以相李林甫罷去予安能保予之必
終竟築室東山麻林之滙讀書談道稱衡門居士

元汪堯舉字熙甫至順年間進士清介自立終身不仕

明陳華正德舉人甘貧嗜學雅好山水隱多雲破額間不仕

汪淮宏治間兩爲社學師屢膺義辟力辭不就

程仲魯讀書白鹿僧舍布衣高尚不屑就試有東峰外稿

周璽少愛書善屬文一日試不祿輒心棄之隨築一室名
耕隱堂課子授徒月繙書披咏於其中更善工詩賦樂施
與凡里中有婚葬不給者輒致粟帛往佐之公不自德亦
不受人謝語也子渭以太學生通仕籍孫宋登嘉靖丙午
賢書亦隱德之報云

商題雅好詩書永樂二年詔徵天下文學題因入京
師固辭不仕賜號樂耕徵士翰林張和美作寒江
歸隱圖送之詩曰奉詔歸來雪滿頭商君豪興在
林邱三謝皇恩懷隻字一辭北闕別諸侯草閣豈
殊黄閣貴布衣全勝錦衣遊畫圖不盡寒江意千
載高風一釣舟

石垣國字維甫留心經濟尤精象緯太史李本寧爲
其祖金作傳稱其有管樂才著有象臆詩稿行世

汪美號勉齋仲弟勳號逸齋昆仲孝友相繼入邑庠
皆負奇氣試輒高等食廩餼當歲薦兄弟僅甲乙
勳曰其弟也不可以先兄致衣巾美膺歲薦亦不
仕詩酒自如美名其亭曰省心勳名其亭曰瀟如
季弟灼字竹菴幼不能詩中年究心辭學構抱一
亭於竹林深處日吟內與十餘年不接世事久之
不假思索輒成韻後勳子可受貢勳乃迎其兄與
弟于樂志亭年皆六七十餘更相唱和

梅尙賢字少溪築室蔡山麓日以經史自娛偶爲詩
歌旋焚其草人勸之就試輒不應
蔣文字素公崇禎十五年舉人遭世亂不仕湮波深
處每得一魚即欣然賦詩嘗曰昔人飲水投錢吾
以詩易魚亦不薄其値矣
余振遠字宣臣邑增生德器深沉明末屏跡烏牙山
下以詩酒文章爲娛賦詩云雲山千萬叠茅屋兩
三間牀了詩書債重來補聖賢後並捐棄諸生無

復出山之志矣著有安溪詩集
李芬字應秋邑庠生端謹自持荊王屢辟府屬弗就
後以師禮徵期年稱疾歸賜陶家圩田百畝不受
晚遭流寇建寨龍頭山子鴻鵠鷺鶴鳳俱知名
國朝
胡繼新字方仲邑庠生淑次子公最厚而性近豪放
冬不爐夏不扇有漁樵花鳥之癖絕意舉場栖隱
湖濱年九十餘足迹不入城市延訪名儒鍵戶訓
子故子孫皆以文有名于時子任學諸生學行

醇篤著遺淸堂文集孫如炳廩生可都乾隆丙子
舉人可羣文學
洪樞字文宿邑庠生博學能文流寓陌城後歸隱湖
濱或勸其應試輒以疾辭杜門却軌飲酒賦詩卒
年七十一子璧文學禧庠生材歲貢生
吳世理字宣三號條菴恩進士少孤事孀母黄先意
承志爲人磊落激昂遇友難輒以身赴好博古閎
中肆外以經術主盟吳楚爲一代鴻儒至老除學
博不就隱居太白湖吟咏自適所著有家訓綱目

知人勸學等集問世卒年八十有六子璉鼂庠生
有純孝國彥歲貢生國瑞國學孫文發邑廩生文
翰文華俱國學文彪文鰲優廩列上部籍
余紹芳字的書太學生心極次子醇厚淵通性不喜
與俗人交搆高樓於安德山阿筆床茶爐詩卷酒
杯具焉每遊眺必命僮僕携行晚年尤嗜禪學修
佛像誡子姪曰文字語言歸一處即此可頓悟耳
子郁秀必達庠生實秀增生鳳秀廩生
吳履字綏公號視民邑廩生附貢之任子嗜古力學

淹洽諸子百家制舉業詩古文辭皆精絶斷簡殘
篇不惜重貲購具復一一由手録明邑志毀於兵
燹治初載邑侯徐學博蕭親謁其廬得手録數卷
此梅志之脩所由來也廼志曠達弗屑屑於勳名
事一試棘闈不偶輙隱湖濱著作日益富邑先達
奉爲楷模及没黄利通贈詩云惟火依然想滿毫
鳳毛尊前風雨話更深手把殘篇老淚横愧我到
空庭夜靜月明高方于賜第知無補傳代文章有
今名未立空教一諾負先生叉曾達贈詩云同人

准擬叩松扉誰識登堂事已非半榻清燈今日熄
千秋華表幾時歸冷風輕襲難兄被血淚常沾孝
子衣更有高山流水調伯牙從此嘆知希又揖别
橋南川水平誰期轉盼哭先生心傷洛社誰爲主
腸斷秋山莫踐盟滴盡椒漿人在否看殘梁月夢
難成愴懷不就招魂賦帶淚裁詩弔九嶷
素族樵雲知詩古文辭有羽化登瀛之致時人莫
詳姓字
吳欽崇字敬一太學生與伯綏公任宣三隱處湖濱
博通經史性孝友醇厚周緩急排爭競鄉里有不
肖者畏過其門邑侯李慕之不能致適雍正二年
奉文積貯社谷訪宅委任其事崇捐谷百餘担爲
倡一時義士爭應之至今鄉里賴其利云子夢梅
另有傳

文苑傳

纂言紀述英華發越不朽之三此居其一梅雖蕞爾
代不乏人家有著書因名求實庶其蒐之不歸湮滅
焉

宋

王仲璫崇寧間登進士授翰林學士有敏才博極群
書一目十行俱不詞章千言立就至今書香不絕

明

洪模字邦憲博學宏才舉正德庚午鄉魁上春官不

第遊學秣陵年二十有四卒于秣陵子恩有傳
貢官字仲臧邑諸生學問閎博文不屬草燴刻盈數
紙出入六經子史所著有觀瀾集耳聞錄學者稱
南村先生
瞿星字景星與姿絕倫以文詞與晟齊名舉嘉靖癸
卯鄉試公車北上卒于途
程夢麟字子瑞幼英敏年十二督學姚試黃梅立成
數藝前謁願補郡庠無投我下邑姚奇之謂孺子
能自樹必錄乎閱數藝畢曰其殆夙搆耶夢麟答
曰左思一紙公權七步才遲速皆天也命賦詩亦
立就遂入郡庠後以歲貢生授四川司李時夢麟
父二黃宦蕭山夢麟以從老母家居竟不就與黃
岡周應鵠段養宏邑中瞿慕川汪逸齋石楚陽胡
寄垣諸公爲文章知已萬歷七年纂修邑志後纂
修省志著有麟經語錄四書講義忠孝通考詞賦
會體屠長卿擬刻行世未果今其書存者十之一
云
余金邑廩生著述甚富其文潇洒天矯詩多激昂晚

年乃益豪放自號醉松居士卒無子姪孫遠柔遠
邑廩生皆早卒所著詩文未刊今散佚
吳宗吉聰穎過人志行醇雅築梅山精舍於雙峯巷
講習工詩文以孝廉著聞受薦辟爲英山令
洪度字公度歲貢生嗜學善詩文工書法兼篆隸諸
體事汪司馬於黃蓮別墅適洪濤浮微僅發之乃
宋僧道肯集篆金剛經三十二分字多磨滅度精
思七晝夜重臨刻佈海內寶之宗伯董元宰學士
何象岡陳居一侯木菴稱以小楷摹勒石上嵗宜

陽顧景星黃岡杜濬爲文章交築南村別墅著
有園山文集未梓今傳者北遊草一帙
王濂字仍叔德化廩生時德梅兩鄉皆與試其實籍
梅父儀爲梅諸生以貲雄里閈能赴人急難濂姿
才異敏遍覽諸子百家言同輩無敢比肩者子一
桂德化庠生
余學益字勝友天姿卓絕早孤家落不廢學湛深經
術年六十中康熙某年武舉上司馬不第歸築望
雲草堂編今輯古著有半山藏稿北遊集年譜圖

咏子鎮芳邑廩生以才學著
石再章字綱皇貢生孝友重義倫紀之間秩然有體
爲文醇雅淡古不屑時趨子謨誼謐俱文學士訥
許國學
董洪基字行中庠生時寘子由選拔中康熙四十
七年舉人任鄖陽府鄖縣教諭賦性穎異又閉戶
潛修故其文援筆立成至今奉爲宗匠
洪奎字景良歲貢生博學多文詞書法得舒峻古筆
意教授生徒嚴課程人咸憚之弟毅諸生與兄齊

名子光瓚文學
石悠遠字皇舉恩貢生昇長子性英敏究心經學爲
文儼岸自異成一家言務引後學出門下者皆知
名士尤敦古處邑長官每心折之著有半壁堂文
集子槐篤學孫宏毅秉毅文學有聲
李天培字佑李康熙四十一年舉人家貧好讀書爲
文不苟就數易其稿始出困禮部滯留京邸者數
年著有易數大衍恭原行世
蔡洲字瀛洲喻化鵠刻其遺文序云爲人質直不假

修飾見人輒畏縮無所容語及文章俛首唯唯飲
之酒則縱論古今成敗得失解衣磅礴旁若無人
任舉史鑑一冊背誦略不滯口而五經四子之書
尤所沉潛融貫凡有疑義漢宋諸儒聚訟至今者
隨其坐人語雜難至靡不引伸義類剖別毫芒其
爲文理脉之精法律之細無一不備總括載籍冥
心獨造去其鉛華略其町畦淡焉泊焉無所有實
無所不有非世所好以諸生老
黃之騏字孟閑一字魯斯之騏伯父利通以詩古文

辭聲譽滿天下梅邑及荊豫揚三州接壤以文事來質者無虚日之駛既經伯父指授法度又以諸名士辨論商確而好學不倦其文章遂自成機杼年六十始以明經中雍正七年舉人乾隆元年恩

恩賜中書舍人世居黃家橋其子姪皆以詩文繼其家聲梅人稱黃家橋黃氏云子有福雍正元年舉人任衡山諭

胡鎮楚字宅湘刻意勵行其淡泊義利之界甚嚴自少至老不輟學胡故梅邑名家其先世多藏書鎮楚務博覽爲辭章浩博奧衍自成一書以歲貢生授當陽訓導

李枚字西卜邑庠生喻化鵠刻其遺文序云西卜死瀛洲收其遺文百餘首屬余曰當爲西卜存之余哭而緘之閱三年瀛洲亦死余集已授梓因取西卜之文與瀛洲並附一二篇西卜年五十始受知于學使者大興蔣公車修招覆數四因詢年幾何讀書幾何西卜以實對蔣公咨嗟移時延致幕中幕中馮蕺飈儲六雅兩太史咸相推重西卜聲大

振江漢間達于都下西卜博通經史尤熟三傳其爲文援引考據縱横馳騁極才人之致

熊坼字溥含康熙五十九年舉人是科直省中式多知名士坼更以孝友廉潔爲同人所矜式著有同學試草

喻于德字帝懷頴次子年十二歲入邑庠與其弟化鵠坦姪之墉等朝夕研究一門之内自相師友聲名震吳楚間而當時諸先達咸稱于德以正嘉規矩行精思衡論爲不可及乃進取太銳幾忘寢食以此致疾早卒士林惜之子之圻有傳之堂邑廪生孫仕餘邑文學

汪夢甲字南占諫垣振卿曾孫有夙慧七歲讀莊騷成句中康熙乙酉副車邑令莊標延主書院誘迪有方後任通山諭文日益進解組歸遠近爭以文質年八十卒著有萊根文集子曰掄邑諸生

梅光祚字君士梅故以詩書世其家光祚叔父開瑀又有聲邑中往來多名下士見光祚頴異讀書大加歎賞光祚名遂噪爲諸生屢試輒冠著有觀海

集
吳剛字柔止歲貢生自少以孝友聲重郡邑長才學淵博排蕩百家爲詩文宗匠晚得雲夢訓導不就著有鋤經堂消閒草子宏勳敬錫軒俱文學猷國學孫曾永滤永治永道文學永紹永逵永嶽國學
碧峰文學
李一鶴字雲騏增生幼穎異才情辟易萬人究心經史文章自成一家性好施與遇歲飢周恤鄉里訓子悉克成立至今以文章世其家著有詩文傳後

子天民國學天勛貢生菁文學舉鄉飲大賓華國天寵俱國學孫蘭馥文學夢高舉樸虎俱國學
石敏公字憲周歲貢生性穎異年二十補諸生逕槃風雨讀書至夜分不輟試高等食餼晚貢春官益自韜晦居北村教授生徒成材甚衆著有北村集行世
余鎮芳字礪山號表州幼穎異七歲屬文十二明府吳訥菴拔冠多士入邑庠十六食餼文矩先正纖横經史開府海寧陳實齋有近今來得未曾有之目著有敬義文稿子論秀庠士廷秀國學喬秀縄

祖庠生
吳敬錫邑貢士剛子性孝友母張卒哀毀三年飲食不御魚肉夜就外寢成孝經註四册鄉黨以孝稱事繼母陳飲食必躬奉不假他手性英敏好學頗厭科舉文喜讀古書工詩賦兄弟四人築偕隱軒於驅塵山麓種花植竹詩酒自娛著有望雲草待刻子永道永治庠生
余行芳字表可縣試以七藝冠軍遂入泮爲文一主先正不趨時好人亦罕有知之者屢踏省門不售

已酉房薦又以避諱見遺乃益閉戶讀書所作焚餘筆札卓然自成一家言母没時兄弟俱卒行芳執喪甚哀塟後結廬墓旁朝夕哭奠居一載有餘以病卒子二才秀文學
柯士璉字兩黍邑增生賦性敏捷淹通經史尤潛心宋儒義疏入泮時年甫十二學政蔣極加嘆賞予以菓品携其手曰吾以大器期汝勉之後必不虛我望也甲辰已酉房薦俱以故見遺雍正九年學憲凌保舉優行至齊安以病卒年三十有二子斯

惟貢生

於仁字彥昇家貧喜讀書工制舉業爲名諸生困塲屋不第結雲山小齋講習其中號雲山居士子是承是達文學以孝義著孫昇平增廣生時敘琠中時舉皆邑諸生

吳世傑字南表性嗜學夜五鼓披衣坐帳中孤燈熒熒取古今文集吟哦不輟歷數十年如一日著夢草錄二治齋詩集文集行世子次尾郡庠生

梅天鈞字陟南邑諸生敦倫飭紀廉潔自守不營産

業日沉酣經史中時稱博雅尤嗜曾南豐集著讀曾彙鈔四卷弟銳孝友端方不履城市日焚香讀書弱冠入黌宮試輒冠軍鈞子渭原生孫楷文學

石鑑字冰鏡號虛軒動履靜慎學問精實爲邑雅望

雍正七年

詔舉郡邑才堪任使者赴部揀用縣學交推鑑鑑堅辭邑令吳象寬學論王緈卒具牒薦檄下取履歷促裝赴省驗看竟不就乾隆十六年歲薦後居家日坐皆春堂訓課子姪著有皆春堂偶草同學錄詩賦文等書行世子薦邑庠生次爲藝壬申進士任泰興知縣

洪言坊字行表邑文學性穎異尤喜誦讀積青數千卷搆小齋與友人論詩文輒經宿不寐及出所作咸心折之一時知名士多出其門下焉著有春草堂文集子國輝國魁俱文學國紀國學

吳永述性孝友父疾祈祖廟願以身代弟卒痛泣幾絶作詠語成集其學本六經詩文橫絶一時不屑事産業雅好藏書

喻垣邑學生警悟絶人爲文悉有法度金陵方望溪先生深嘉嘆之早卒刻有遺文行世子之坊邑諸生

石謐字堅吾縣學生明經再肇子石氏自明代來孝友忠烈彙載史志謐守先世禮法惟恐失墜習書法爲時所貴重自歲科試外不出戶迹者五十餘年余治署去謐居不二十丈宦梅七載不見謐余

語諡姪孫諸生石廷珪諡乃開館門延余入坐皂
時余辭去諡亦不致謝雍正間上海凌少司馬督
學湖北舉諡優行已申大部諡固辭不就後凌舉
其姪會圖入國子監前歲舉諡鄉飲酒禮諡仍固
辭余脩梅志成於二十二年六月二十三年二月
諡卒余以其名附於志末以彰梅善云子會泰會
春會典俱國學

補遺

潘同燦字次夏穎異絕倫受書不再誦未一載遍五

經注疏詩文下筆千言邑先輩比之顏謝髫年應
府試時金壇太史王公方若居署閱卷亟加嘆賞
稱爲天下才列諸生四月掇經魁丙戌春闈攜所
著文稿新波詩集謁王太史待鑴以下第不暇取
歸明年怏怏而卒年三十四未竟其志士林惜之

胡思順　倪之經

按其學皆無考今讀瞿甲上姚禹門書竊見黃崗
王一鳴麻城朱子禕周應嵩黃梅胡思順倪之經
漢魏以上才五人皆甲友云云故補附文苑傳後

喻化鵠蘄州工部陳詩作傳云喻明經化鵠字物外
號圃其號也先世由麻城遷黃梅皆以種德積文
爲務而化鵠尤卓犖不屑以流俗人自處與同里
黃之騏孟閎熊欽溥翁李枚西卜蔡洲瀛洲角逐
斐然楚中稱黃梅五子然化鵠初不以自慊益務
與當世名人魁士遊思自進於古作者方是時桐
城方望溪以古文之學爲天下倡而金壇王巳山
評騭時文剔裁僞體於砭學尤爲有功化鵠既私
以自屬又親聆其緒論兩人皆器重之古文自歸

震川以來其道旁出不復能振起而制文代聖賢
立言學者往往誘於祿利務期諧俗獨望溪以其
有物之言肩隨震川巳山決擇持慎比於艾東鄉
定待諸選一時或不免怖猶河漢化鵠乃以一老
諸生遥相應和其可謂篤志者矣化鵠所爲古文
多望溪所點定而經義則巳山爲之序且掇其尤
者入諸選中然化鵠竟無所遇充貢入太學而卒著
有素業堂古文素業堂四書文若干卷藏於家

石志升字鴻學進士確之曾孫方亚好讀書起居言
笑無非禮父再指己謂生暮年獨生志升升少孤
子立事母至孝處族黨慷慨敦古誼母卒哀毀盡
禮歲時奠墓下依依竟日不能去或嘗一珍味輒
流涕謂未能以此奉父母弱冠受知於山陰邵明
府拔冠軍入黌序有聲大戰棘闈不利閉戶攻書
史課子弟嚴肅有家法爲文力追先正月露風雲
不屑也研心四子及性理書所著講義苦功錄家
貧不能梓晚年酷嗜朱子文集彌留前一夕猶翻

閱至二更許折書左角以所食餘薑表其處莫不
朝之復讀也翌旦遽以疾卒年四十二士林多惜之
李本質字義民性穎異讀書目十行輒成誦爲詩古
文辭倜儻豪放在太白長吉之間食廩餼試輒高
等乙酉拔於郡爲海鹽朱宗師所得士朱公負碩
望不輕許可獨於本質無間言著有自覺堂文集
號海上聱客其志趣超邁傾倒一時云
石之璋字德符舉人奇之孫幼佩祖訓言笑必謹長
習舉子業博極羣書力追唐宋大家言毀入古敬

授生徒多所成就邑中知名士半出其門以歲貢
待銓司訓未任而卒子本盛乾隆戊申經魁
陳大有字有年博極群書爲文高古淵穆避俗如仇
雖好學深思莫能驟曉晚博一衿絕意進取以文
教來學爲己任設帳之處必擇其父兄有行誼者
教人子弟一以孝弟禮義導其天机去其俗累故
其施教易入而成就者多所得館穀悉以周給族
戚空乏者家雖貧甚愈洒脫不羈檢存制藝百餘
首滌水文集共八卷其殁也學者私諡爲文成先生

義行傳

梅重義輕利固由天性亦其富實使然而豪傑救人
急則又楚風也載其可知者于篇

宋

劉世矩元豐間設粥賑饑

徐震元祐時人賑貧糴急不計有無

元

陳子英江州義門陳氏之後定康初徙黃梅十世同
居門以内尺帛斗粟無私以明經領鄉薦官提舉

嚴仲祥獨山人子十一人九世同居不蓄私財值紫
荆於庭天歷中旌表義門

明

陶文達喜讀書親賢樂士正統間輸穀賑荒上聞賜
金字坊旌其義勅曰國家施仁義民爲首爾陶文
達能出稻谷二千五百石用助賑濟有司以聞朕
用嘉之今遣人齎勅諭爾勞以羊酒旌爲義民仍
免本戸雜泛差役三年用副褒嘉之意欽哉故勅
石銓獨出谷六千四百石助賑與陶文達同日膺旌
奉旨建坊於屯頭壩

魏澄成化十三年舉人邑人有事爲有司屈澄爲有
司語直之其人謝以金澄不受居鄉接待貧者不
取其贄

胡慶璉家頗豐性不蓄財盡出以給族之貧乏者惟
癖山水工聲律著愚溪詩稿湖上吟等集行世

洪夢祖號省惕邑庠生父遺官付家政倉廪頗豐夢
祖每出囊代人償賦族黨貧窘者婚嫁殯塟以身
任之及父歸貧甚兄弟和協不忍析著學使者兩
舉優行卒年七十有四三子世美世振有傳世寵

俱文學

李馥字歲貢生授徒束修分給諸弟居惟茅屋數椽

盧俊歲貢生嘗爲邑令程宇署中塾師端方自持不
通外事規切弊竇多所裁益後授許州訓導陞進賢
教諭再陞信陽學正進賢信陽兩祀名宦

石澍字洪霖太學生事繼母以孝稱撫二弟有成

洪紹貞號惕所以太學授四川旌陽簿勤敏歷練案
無留牘補旌陽令以内艱歸出其餘俸以濟族中
貧乏者

張士美允中長子㑹歲旱 罄家濟旱保民事聞旌義官
梅廷 父卒孺慕不輟諸弟感泣相礪遂數世合爨
邢懋才字樂予選貢生授蒲圻訓導蒲邑有某生者
嗜學而貧捐俸佐之後生闈試冠軍咸稱其知人
黄仲懋歲饑出粟二千五百石助賑有司上其義勅
賜以官凡津梁祠祀無不助修
宛淯隣有獲盜者將浸之源湖淯固釋縱之一夕於墻
内獲布一束莫省其由年餘有驗者下道拜曰前
所活者吾也謹以布謝今改行矣

熊楫嘉靖甲辰歲大祲楫委露積於場令便與之
洪偕訓詁力田稍有得輒以周人時稱長者
黎衆表家不大裕能施楏修橋
胡鵬多建橋梁
桂炳侍父疾衣不解帶撫兄子若已出屢輸貲賑乏
助公家建置邑令楊邑令姜俱錫匾旌其義舊志
胡世栢豪俠捐貲周乏不憚勞費邑令楊書積善堂
以旌之
袁少泉喜施捐貲修雙城橋郡守縣令俱有旌匾

余亮 嚴文 黄來新 徐哲 雷景福
許選 何軏 陳喆 桂友芳 潘世昌
張錦 汪材 吳振義 周浩 錢子鳳
吳晨 鄒最 周信 黄來登 羅日星
以上俱義官皆助修廨舍橋梁及出粟賑荒者舊志
國朝
柳琥字熙春世居小溪邑庠生好善樂施善排解人咸重之孫
曇晃文學喬孫榮貢生錢河庠生文峯文學子八惟衣少鳳
鳳鹿雲陞鳳竹冲如名冀時若俱文學詩禮桑麻世傳弗替

黄景恒字仲占邑庠生胡君孚號信菴邑庠生宦子
吳之棟邑庠生崇禎間寇起據蘄黄一帶破羅田
乘勢東下攻梅城先是上憲檄飭有司令聚鄉兵
諭民各立堡寨防禦邑西舒城山三面臨水地可
守衆共推胡君孚黄景恒吳之棟商議守險法山
北陸路掘爲濠引湖水環繞相山勢築板爲土城
城上設木栅置男婦其中蓄火藥弓弩器械城開
二門君孚爲西門長景恒南門長之棟北門長固
路哨探賊遠衆出耕近地收粟儲山上賊方與石

礪角遊騎畧湖邊知山有粟撤兵來攻舒城山君
孚號呼衆持捕魚叉殺賊兼放弓弩賊少却冬水
枯築白湖橋口湖水漲漂賊壘賊没幾大半賊隨
乘木篺矢攻𢙣君孚招衆載版船頭繫以束草賊
矢攢草上或射板片不得入人藏船中架百丈鏡
火發中傷無算賊驚散景恒君孚等均衣食平紛
競別男女一統十十統百累而千萬皆有領率勇
則用其力智則用其謀崇禎八年至十有五年壬
午縣城破而舒城山獨完

國朝順治二年奉督臺佟查取賢能砦主赴部面試擢
用縣令張秉紀給以批文景恒等俱辭不赴景恒
子中立中理邑諸生中醇甲午選貢孫利通進士
君孚子濟湙淑皆諸生孫曾鎮楚歲貢當陽學訓
如炳廪膳可郁舉人之棟子剛貢生孫宏勳敬錫
軒俱文學輔國學曾孫永述文學有傳

梅天祐字自申邑庠生天性醇樸誼篤倫紀推腴産
為祀田復出所餘量給貧族

石嵩年字山公邑增生少穎異博極群書嵩年忠烈
孫又負奇才時名輩過黃梅者無不借觀其詩文
名大震著有訓勺初言行世子再登貢生再榮已
卯舉人再卓增生

汪愼言字敷公歲貢生帶如長子兄弟八人皆列文
學愼言弱冠食餼博學多才不事彫飾任卹里黨
傾囊不惜有故人子為人所誣繫獄愼言委曲伸
救事得雪里人有為豪家所逼將鬻其妻愼言喻
以大義招負者償其欠俾骨肉完聚

胡淑字宗遠君孚子性穎異年十八為諸生膽智過人

國初里排未革正供不納於官民徵民解里長取之排
年排年取之花戶豪猾蠶蠹層累疊出淑目擊其痛
議滅里下苛派諸色身任趨運之勞往者兌輙不
敷如餓虎當蹊委肉而飼之淑至發其奸猾督束
手漕得充額身旨播變邑有西山征夫之役一縣
愕然計無措淑持議斲銀役地代僱充之請於上
憲往返徒跣數次始報可明兩漕故事府屬差押往
蘄州掛口赴造倉廒數百里洪濤上下與之牽挽
淑呈其情於兩臺改歸本地清江孔壠新添驛告

銀兩赴道領取淑議於全書内在各部寺下起運
動支二千有奇淑勇於爲義有難舉火者輒衣食
之值歲瘟蓄棺櫬與人族黨中貧不克舉者經紀
其費給地瘞之子利捷維新有則有傳
洪世訓字公育邑諸生有聲黌苑尤好施遇人急難
捐貲救之卒年八十一歲子楠夭媳熊貞女見列
女志濤廩生超文學演廩生
石太素字純義邑庠生好施任俠惠族鄙鄰邑中修
建有裨地方公務輒捐重貲助之子昇旦俱文學

孫悠遠際會歲貢文遠覔諸生
王作聖字庠生邑文學崇禎末避冦上寺山日出米
粥給親鄰乏食者有族人因同里侵蝕錢糧一百
六十兩潛逃無蹤被逮作聖慨然代賠子時俊時
偉時份孫珽璡璁鵬俱文學廷珍理有傳
石嘯年字峋山歲貢生急公慕義凡邑中建閣開河
諸務皆親董其役夙夜勤勞無須臾怠惰
魯式廓字大子邑廩生雅尚氣誼急於觧推里人有
貧不能葬者傾囊助之及歸家人索其貲無以應

徐曰無憂貧吾爲汝曹種德矣男孫逵官都司
王時份字叔藩邑文學刋有制藝行世志行醇篤雅
重氣誼生平不輕取於人借貸不計有無年七十
卒先一日檢取篋中借券悉焚之府守李匾曰端
亷可風邑令李匾曰望重梓里子廷珍理有傳
喻穎字魯成黃利通傳畧云崇禎十四年城破時穎
纔十齡適父叔方他往導其母張縋城出重圍走
湖濱鄉寨以免年十九爲諸生捐腴產一百三十
畝以收族人每值年饑輒散粟數百斛自于端清

公題額旌閭人望攸屬嗣是郡伯李公邑侯申公
諸名賢甫下車必致禮焉癸酉舉鄉大賓此禮舉
行五十年餘升自西階聽鼓琴吹笙工奏鹿鳴之
三終而示我周行其色不怍惟穎一人耳
石奇字儒藩定烈之弟康熙二十年武魁由兵部効
職歷官江西中軍守備學優才敏生平急公慕義
時邑十年三差紳衿胥吏相比爲奸其費至萬計
奇慨然呈請舉行公抬凡有出辦照糧均派夙弊
悉除子天閏恩貢生孫之瑋歲貢曾孫本盛戊午經魁

柯禹字定九邑庠生慷慨好義邑有鬻身償債者禹憫其義出三十金以贖值歲歉招衆入源湖取魚代完湖稞子介乾桐孫士瑚璉俱文學

王之瀚字辟生邑諸生性豪俠族鄰艱生計者輙賙廩以周堤防橋梁恒資修助子躋霄字凌雲九南俱文學好義世濟其美孫士宏猷士賢俱庠士曾孫學纘一桄俱國學

劉之炎字赤夫讀書兼習騎射康熙二十年武舉性慷慨里有爭訟者不惜貲解之晚搆草堂課子姪讀書有成就子夢龍文學

梅光啟字開士邑庠生有民貧爲豪家索債將鬻其子於僧光啟質産以償其負且以餘金授其人曰留此爲日用需勿復貸也子時對叙才俱早逝孫維垌文學維墉國學

洪大林性慷慨遇江西陳某自中州桐柏縣移父櫬歸里乏費林以五十金助之後陳以百金酬辭不受世讓字任予太學生性喜施予遇歲飢輒捐谷賑之郡守于成龍高其義旌其堂曰文峰振響

胡道亨字明遠邑庠生喜推解每積穀以拯人饑家非素封拮据爲之子利溥利勤文學孫芳英國學芬乾隆丙子舉人

石俊字章民歲貢生內行純篤遇宗族鄉里有緩急輙解囊救之晚年厭煩穢日與邑中耆老爲真率會有洛社遺風

黃利廣廩貢生候選州同居心恬退與人言如不出口及其遇事從容順應教子弟恂恂有條理待鄉黨不惜傾囊以濟之子之綱康熙壬午武魁之華文學之綸之綍國學

石永年號鳳池郡廩生以優行授武昌府訓導委署興國州學正解組歸里年甫四十杜門養晦庚午辛未歲大祲出粟千石以貸貧者癸酉復饑米價騰湧出巳粟減其值之半以糶食價始平郡守于成龍高其誼旌之

程俊廩膳生輕財樂義戊申歲饑俊倒廩救不足鬻產遠糴濟之郡守于成龍聞其義旌之

梅元春字應侯廩膳生生平樂成人善里中有以貧廢學者元春具束脩悉招致入館延族人[illegible]

振爲師子魁才庠生德用雄才國學
黎光明字升友邑庠生學問博通尤精象數邑令戴
修揚穴長堤未卜所費若干光明至步行踩勘約
次日用弓丈答曰已知之矣歸作算書一册以呈
高低廣狹分寸不爽子楝廷佐三才俱列宮墻
石乾字季布邑庠生素行清介日與姪瑩天璽日旦
輩賦詩論文門内若師友焉子天勳諸生品詣端
潔前縣李濂訪保舉辭不就六衙天倬俱文學
陳士勳字平占以儉樸起家自奉簡約遇里人有急

難妻相救待族黨尤極賙䘏無吝色子攀龍庠生
孫其福國學璧諸生
[illegible]之曾字沂公歲貢生性敏嗜學日吟哦小齋不問
外事里黨有急必相周䘏嘗值歲歉出粟以賑出
貸[illegible]悉焚其券卒年八十有二子士昇文學士
[illegible]貢士泰國學著有雪亭集行世
吳士遷字里仁邑諸生聰明英異指陳機變聚米畫
沙視事舉不足辦家故貧慷慨赴人急難尤篤於
孝誼年四十二卒有顯德堂詩集行世子嵩采邑

庠生
石再卓字不群邑諸生性豪邁倜儻料事成敗如指
諸掌試高等食餼卒年三十孫會圖有傳會圓國
學曾孫廷珪增生廷瑛國學鰲諸生
於鑑倫字向五邑諸生以俠烈自任料事奇中邑有
興革利病必咨諏焉子謐國學孫敏文學奠邦諸
生時亮國學曾孫采柏文學永淞國學
石時珍邑庠生事嗣父祺年以孝聞家不甚豐而能
竭力施濟鄉里賴之

石鍾岱字瀾詹歲貢生年十二單騎走都門毅然以
經世爲念後數奇重自韜晦日肆力於經史文詞
卒年六十三
余學由庠生好讀書善飲酒偶有餘粟即以周人雖升斗
亦不自嫌其少也子澤芳孫英秀俱庠生
梅嵐芝起家勤儉每與人言必以後伕爲戒見宗族
中有好義嗜學者具羊酒延至其宅力爲奬掖一
時兼德者多草薦從忠焉子正南庠生可逵羅平
吏目可遴國學孫士傑夏縣知縣

陳慕陳字庶周增廣生居鄉授徒常以所入俸貲贍里黨貧乏者自處淡泊宴如也蚤孤事母以孝聞與弟令食五十載無間言年七十八卒子大經大有俱文學

陳廻字賈席邑廩生性慷慨有貸金貧不克償者盡焚其券遇人急難不惜重貲濟之子銳文學鈍廩生五雲庠生

蔣天桂字蟾木康熙五十二年舉人弟中璧字鳴喈雍正二年舉人敦本睦族遇歉歲兄弟各出餘粟

賙鄰不計其償橋梁有傾圮者捐金修築天桂子方營中璧子方煒孫志坦俱文學

程許成郡庠生性慷慨排邑公事衆咸推服在黃荊庵公立有匾額邑令莊亦旌其堂曰賈董宏材

程用五邑庠生讀書慕義喜賓客每客至脩極欵洽久而彌篤

吳樂字聲遠雍正己酉舉人爲人古樸不尚文飾事繼母盡禮友愛兄弟周鄰里黨人咸稱之

胡纘祖字阜豬邑諸生雍正五年歲歉捐穀百石以濟鄉里子澂振國學

梅文字二葯自申李子幼失怙母性嚴肅諸子稍違節即呵斥之文知振厲年十四入邑庠受業于其叔祖公璐寒暑無惰容經子史諸書過眼無遺素謹飭足不踰里巷春秋社與父老講集循循執弟子儀其族姓甚繁文捐金建宗祠三楹祀期前三日必聚同姓辨禮其中少長以齒立約束法族長主之祭時第其行誼而優劣之善者賞於祖不善黜不與祭雖親屬無所避子三天鈞文學銳增生

鎮業儒孫渭廩生怡國學

吳玉懷字譽章太學生好施與每遇歲歉出粟以賑貧乏本鎮橋梁道路多所脩治子宏仁庠生弘翥國學孫柔國學

馮宣臣讀書明大義子八人極相友愛家庭雍穆一時無兩孫詔乾隆甲子舉人讓訓謨誡俱庠生

李時炎字日上邑貢生家甚豐捐田十石爲族公産又以田三石入文廟地稞十兩入崇聖祠白湖橋圮前縣薤標屬時炎胡鎮翼襄貲共成木梁

余世芳字偉男邑文學崇孝友近文章礪廉隅長洲沈宗伯爲之傳其畧曰余生父病飲食湯藥必躬親越二年終始如一諸弟皆有私産生居長者獨無毎自言凡事有兄弟與俱最是一樂以故一門雍雍数十年無閒至才能敏達器量恢宏持巳端嚴而處人必留餘地聞余氏累世皆然矣子挹秀附貢函秀舉人

董時亨字次元增生邦忠孫郡庠攸序子也邑諸生幼失恃繼母蔣撫之讀書不出户庭凡邑中公事無不捐貲佽助子洪功洪德華國復一俱列宫牆

石凝基字孟端太學生憲副鎭國曾孫父天衢早世從伯父天勅訓誨天勅卒凝基哭泣盡哀撫天勅子若同胞延師教讀悉克成立尤分多潤寡推巳各田産佽助諸弟遇歲歉凡鄉里有空乏者輒捐穀濟之子念誠庠生

吳宏裔字嘉樹附貢生性恬静不阿時好遇朋友過正直面規無少隱嘗捐貲以濟人難遇邑公事輒傾囊佽助年三十二歲卒子廷齡廪生頊齡國[illegible]

石會圖字文起爕少司馬督學楚時保舉優行貢太學壽卒

余聞凌少司馬選貢舉優論其學行又論其先世應山楊忠烈與梅邑石忠烈子孫皆入選焉

石諸字寅亮貢生父再華康熙巳卯舉人余于乾隆十六年至梅郎聞喻于智石諸兩生以孝友端正重義輕財爲梅邑所推重喻于智以公事接見問石諸則巳故矣余聽事凡一切舊案兩造俱云石諸當時説如此細詳事故無不平允石故忠孝世家族甚繁聞石諸存時石族子弟皆受約束爲黄郡諸世家冠石諸撫從孤子孤孫皆使成立十九年余舉喻于智鄉飲賓今修梅志訪石諸事梅人云事不可枚舉又其事之始末郎石諸子姪亦不能言其曲折無以傳信于後世余因書其大槩如此以誌得人之意云爾

喻之圻字蒙泉貢生于德長子幼孤事孀母以孝聞中年肆力詩古文詞著有燼餘集行世江南丁元長爲之序生平好義俠常破産以資豪舉疾劇[illegible]人

數百石設糜粥以賑飢五晝夜生平信義感人如此

石偉望字宗魯生員性慷慨族中應試不給者輒助之康熙戊子丑荒歉出穀減價以濟鄉鄰長子淑麟候選州同次子兆麟候選縣丞

孫玉岑字雲依國學年三十六喪偶終身不再娶進士陳長典額其堂曰賢希子與凡邑有營建身先不倦咸以爲能繩祖武云

洪昱字肇東候選縣丞太學世讓孫庠生芾子性慷慨有貧不能塟者輒捐貲給之雍正丙午歲大祲昱减價平糶以濟族黨子國翼國俊庠生國定附貢生孫學淵學敏學禮俱諸生

梅兆龍字六陽邑諸生事其父文學華曲盡歡愛華好施而性多薪兆龍有才幹每善通方濟急救患斟酌以承父教至爲外戚捐貲贖産保墓鄉里化義之子士慥國學

廖瑚字横南忠烈士貞孫汝川知縣應援子家貧好義長兄琎國學次璉俱早喪養嫂撫孤歷久彌篤與弟廩生桂怡怡無間言子燕孫駿飛俱文學

石學洙字近魯貢生賦性温和好義俠善詩文與弟貢生學潛髫齡失怙極相友愛事孀母以孝聞伯父貢生天如撫育成立事之如父諸務聽稟命不行遇人空匱輒傾囊以濟不計其償友戚有貧相投者終歲食之歸必贈以貲予人咸以爲古道足風焉

石志士字君楷國學生敬兄國學志謙孝事節母廖母病割股療之殁喪葬盡禮爲戚贖産迄今賴之子方濬方浩方潜世其家學

胡國義義民拾遺金不昧前縣任詳請上憲給匾褒之

吳夢梅字調五太學生行誼純粹重名教敦氣誼甲申江堤决歲大歉散谷數百石以賑貧溺乙巳早其子克紹前徽太守錢公賜額褒之建路途鎮河西石橋往來稱便梅川進士劉斯興紀其事名其橋曰續成言能成其先人濟物之志也子書田文學貢生三易優增生孫光大敦文學光朝國學光顯貢生光吉光瑩光烈光祖俱業儒有文名

向正楚素性好善見縣東驛道雨雪泥濘行者苦之乃慨傾囊捐修石路募功成工邑人高其義

恬退傳

有才智而居恬退則爲賢哲愚不自用賤不自專亦

聖世所不棄梅競尚才智亟著恬退以維風教焉

明

韓璁問學該博制行狐介成化丙午鄉薦授江西萬安縣學訓宏治戊午聘雲南鄉試尋致仕

胡子琳字西峴別號逸叟性簡默呐呐如不出口遇事謙退自下人或以爲迂環堵蕭然亦不介意隱居湖濱吟咏嘯歌以諸生老孫寄垣萬歷庚子舉

人

鄒如穎字允貞萬歷戊子舉人以才學名家歷官九年囊橐蕭然致政後手不釋卷以著述老

張恩兄光病疽醫言人吮之可活恩含水噀之再四而愈

吳珂字君佩號靜齋歲貢生授仁和丞倭寇亂靖亂有功遷潮口縣尹致仕後構茅恬隱鄉黨高之

周璽讀書甘貧築一室名耕隱堂課子授徒日繙書披咏其中里中有婚葬不給者輒致粟帛往佐之子渭太學孫寀嘉靖二十五年舉人授武陟知縣

周楫性篤孝年十二入邑庠母疾日夕服侍至[illegible]體母殁哀號不已遇風雨輒抱棺呼哉夢中如狂竟以毀卒里人傷之

石粱邑庠生隱居自樂日以孝弟訓子孫卒年八十六

王麟成化七年舉人性至孝父塟廬墓三年所得坊金悉分給族黨之窮獨者

王忠字廷諫成化十六年舉人性至孝親卒哀毀幾

危塟日引已出忽暴雨至忠欲旋入曰不可忠曰吾父存日畏雷乃冒雨塟乎伏棺號痛候霽始塟事後授夔州府推官清白自守居官八月即致仕

洪彌遠文學事母極孝足跡絕不履公庭里人重之

倪鳳岐性孝友居父喪哭泣盡哀幾滅性撫幼弟以成父志後以子民望貴贈文林郎

石有信字叔孚號湘濱中丞崑玉第三子中萬歷四十三年舉人閱十四年會試中副車第六名是科詔副榜士赴部選可得官有信以崑玉引疾[illegible]

不與逆自有信見太僕有恆殉亂至中丞崑玉卒凡十有三年左右侍崑玉無少間服勞奉養盡人子禮桃源劉禂公作廣南陔廣白華以歌之直指余公二磯特疏薦舉有孝同孺慕清異人知之語下部以孝行徵有信堅辭不出寓白下荊溪周相國延儒將入朝具禮文齎輅傳迎期一晤淮陰舟次有信謝不往皖江巷皂某投刺到門以長者禮見有信還其刺言草茅踈陋未敢相通獄賊陷城避亂于江洲亂後購求先代遺書得一字若獲重

璧閒與山樵野老課農桑較晴雨以卒餘年

石鍊性至孝母曹氏疾鍊旦夕侍湯藥惟謹至廢寢食竟以毀卒

程鍃少孤事母至孝以躬耕起家置田百畝屋十椽推與弟凡里中婚嫁殯殮不給者皆捐貲相助年八十四有司屢旌之

嚴橋邑庠生事母至孝以腴田遺弟一夕盜火其家唯戒無焚橋室欽其孝也

胡思謙五歲母卒即哀號擗踊勺水不入口者五日又十五年繼母卒寢苫經麻不御酒肉三年骨立遂以毀卒

沙莫蘭英山教諭家貧父母繼亡蘭莅治甚弟病幾危蘭日夜調護之弟始愈以已田遺弟自甘疏水平生屬文摛詞樂道循理里人稱之

胡聞絃邑諸生事其父飲食必親父卒哀毀骨立喪葬盡禮以孝聞嘗念曰頭上青天歲底合計年中諸行事不敢昧毫髮錄一通告天年七十二無病而逝

汪朝東邑庠生博極羣書工於吟咏後棄舉子業放浪山水間

陳質吾邑庠生性穎異文不屬草一日可十餘藝學使葛屺瞻先生嘆爲雋才後築室古角山著有寒山文集

洪紹元字約所沉酣書史不慕榮利與聘君瞿九思善卒九思輓章云人失陶潛蹟淡門前柳色孫成王且葱蘢階下槐陰

石維屏邑庠生性恬退結舍山中讀書祗節勵行林

學師蕭與德行堅辭不就
王獻臣字文可邑庠生愛山水工詩賦祿諸生韶
號芳谷自稱江漢遺民
陳琪封君嶷恒之子瑜之弟淡白寡營獨居養親猶
父大壯曰爾事親兄事君忠孝兩字遂之
李同雲貢士有風裁讀書日成誦常與邑紳士建造武
當宮仕籍雖未甚顯大抵亦急流勇退人也
洪夢申字唯一篤學厲行爲善恥聽所嘗接老不棄
學經史百家盡力研究晚有足病城隔卒殷以壽

終子世講呂黎知縣世護國學孫濬琦喆俱庠生
王宗曾由選貢任廣西灌陽令嚴正自矢不可當路
趨任八月掛冠歸脩然自得毫無慍色
沈論素行清介以明經爲長洲丞先是爲諸生時與
蘄州洪武山友善後武山爲督學臨長洲同簡長
洲卷人不敢以私干
喻嵩母疾不粒食賓亦不食割股療之不效母卒號
泣不已賓自謂奉母無狀當從地下私從讀澗山
給身于萬仞壁氣雖絕呼然而立於嶽者許之

余鐸字與聞邑庠生通音律正真草隸書晚年究心
禪說子振遠何遠俱文學
鄧天驥年貢嗜學言動不苟事繼母以孝聞講學授
徒出其門者多豪俊以明經爲豈城訓導
國朝
陳文炳字夏玉邑庠生事節母厥色養備至撫弟教
[illegible]育有成尤篤友誼受其姪遺孤終身不負其託以
[illegible]學術見重于梅壽九十[illegible]子其雯志隱有傳
趙之牧字公造歲貢生家貧積學能文以教授生徒

爲事偶授訓導不就
汪方長字帝如歲貢生[illegible]監可受官江南游金陵
山水之勝日泛舟秦淮間以詩酒自娛後歸里築
草堂於黃連洞吟哦[illegible]秋夜分不息多探秘要
學者宗之
洪標字勉思邑庠生性極孝父病甚侍榻下十餘年
無倦色父歿棄舉子業葛巾野服日以吟咏爲事
與弟樞備隱澗濱
郁士昕字前甫風流蕭灑與物無競雅潔兒嬉處里

社有相邀出遊者欣然相從暇則彈棋賦詩悠然
自得然生平大閑不踰故人[illegible]之事莫得而抑
之也
劉澤世字叔及邑諸生隨父任[illegible]日以訓誨爲務
子樹屏樹玉瑞齡士統俱文學
梅如岡字淩遠邑庠生嗜古讀[illegible]至老分不[illegible]若[illegible]
孝友爲一時典型子秀貢生季諸生孫兆龍文學
曾孫世遐貢生士恬國學鳳翙國學
於瑞字文葉邑庠生平生端謹教學終身邑人學[illegible]

肯宗之子五仁鑑義鑑倫草奎皆諸生華教庠生
孫是泰是堯文學是白廩生曾孫震文學
黎煥字仲昭邑庠生少孤事母孝弟亡撫姪分產一
同己子子蔚升文學有父風立家政與祀產戊子
歲歉捐私囷三百石以濟貧之孫存質光耀光燦
曾孫夢祥皆諸生慕蓮舉人慕蘘國學生
石峻年字嶙士歲貢生父礪以捍城勞瘁卒峻孤事
嫡母二昆以孝友著尤篤志於學不慕榮利子坦
鑑貢生朗候貢惺振諸生孫爲藝進士

吳亮采字烱叔邑學生穎悟嗜學素剛正質直有司
馬君實風與弟鴻翼文學日以詩文相勵孝弟力
田家貧晏如也著有白雪堂稿子世懃國學化大
士庠生
黃中坦字坦然邑庠生篤學砥行不墮時趨幼失怙
事母以孝聞遇荒約處湖濱完聚者不下數百戶
歲飢給錢給粟出之無吝色有古義士風焉晚年
尤嗜吟咏遇物輒賦花藥松石怡情永日兒稱泉
石君子信不誣也年八十四歲而卒子利廣貢生

候補州同孫之綱舉人之華文學之綸之緯國學
李奇字亘喬邑庠生性穎異博學能文持己端介城
市之氣都盡教授生徒詩文多成家自號退菴居
士云
吳宏勳字冶房邑庠文學之棟孫貢士剛之子事後
母以孝著弱弟三悉撫之名成遲產皆與諸弟好
讀書年不三十博通經史嘗搆三樂堂自題有事
親最樂爲善最樂讀書最樂之句旦夕與諸弟工
詩賦其中年八十不倦有留耕堂集行世子永述

文學有傳

王德先性友孝竭力承歡親歿刻木肖像以祀守分安命一體紫陽夫子之訓子承鉦國學

龔華廷字碩先性恬退熟史學訓子以謙讓子采臣持素終身邑稱忠厚長者孫貴德貴熾國學

吳正甫廪生兩躓棘闈不第遂不屑就試讀書東山寺四十年時賢高之子益生庠士孫惠我庠生

石再楫字作舟庠士事親孝飲食必親奉學識遒異恒流指陳時務如聚米畫沙然深自歛退每有才

不用惟延明師訓子姪昜以讀書立品故至今以詩禮世其家

吳輶字季輿國學貢士剛之子家非素封性慷慨常捐貲以勸成公事兄宏勳敬錫軒俱賢良文學極友愛日賦詩飲酒怡怡一堂除琴書鶴劍之餘絕不問戶外事故子若孫如承治承述承嶽承韶琴峰等詩禮文章世傳不替云

吳枡庠生剛子端方正直疎於財族鄰凶吉事不惜傾囊自幼英敏善屬文然絕意志舉杜門歛跡著周易存疑三卷

胡利捷字咸有邑庠生博學能文試輒異等爲人倜黙一守先正遺規子鎮楚貢生光文學孫鳴鳳丹鳳國學

程仕英字奎文庠生賦性疎放蕭然物外常對人長吟知足不辱知止不殆二語子兆元廪生兆魁庠生

吳錫祉字介繁官名山縣少池孫幼失怙事母以孝聞嗜讀書盛暑嚴寒未嘗輟學著有萱草集及忍性等書年二十餘卒子世理甫週歲長從舅氏黄懷

亭遊學日進主盟文壇列歳薦孫璉文學國彥貢生湛經術孝友端廉自督憲及吳楚紳士贈詩敘成集

曾式則字南士諸生天性醇篤閉戶讀書教授生徒子登龍登瀛遴俱文學

洪明字慕瑞邑庠生七歲失怙師潯陽李遇集爲文潛逸古樸以闈試母卒不與殯憤棄功名日夜號泣成疾卒子國選際盛國器有聲庠序孫禹拜樂人晉副榜

程士煥字肇文邑庠生其先河南人伊洛猶裔宋祥

興二年有見者以進士官梅遂家焉士煥甫六歲
父期遠歿卽知讀書過目成誦弱不勝衣骨稜稜
出母邢患之夜禁不給膏火士煥私買香分炷爇
之引光㼆字鷄鳴爲度遍覽經史子集母疾奉藥
衣不解衣稽母卒哀毀幾危喪三年如禮府守楊
留齋召入書院拔取第一遂遊泮出太守門者人
咸歸之入暮金士煥拒之鄉試屢薦不售乃棄舉
子業習主敬存誠之學一以河洛先世爲宗閉門
著述有洛水年譜先世彙言南湖藏稿等集藏于

家子許成綸元庠生一飛歲貢同男舉人大建國
學孫爲茂國學三連學皆諸生
石昇字上公邑庠生賦性聰穎尤勤搜討日以詩禮
課子侄昇跡甚塵岐髮龐眉自顏其齋曰半隱堂
子悠遠恩貢寬文學
陳其雯字儲士弟志陞字履謙皆邑諸生篤友恭自
兒童逮老耄共相勸諭怡怡無間其雯理族事建
祠置祀田三十餘畝性和緩無疾言遽色志陞原
卞急而眞誠自矢有外姻石端伯再世而孤力爲

撫之其雯子雜嵩文學志陞子應選國學孫汝翼
天椿皆文學
潘婁松字著如幼英敏善屬文邑先達比以潘邠老
杜門斂跡絶不問外利達事子同炓經魁同孔文
學同燦國學
蔣基豐字東垣㬌子康熙三十五年舉人刻志讀書
學行純粹揀選知縣子天機國學孫方能文學朝
萬候選州同曾孫志壆錫麟俱庠生
喻于道字函五邑文學束修勵行一遵禮教子之墉

邢庠生孫編邑廩生
洪材字宇扶邑貢生工制藝總角應童子試前令張
取冠多士子國鈞國忠俱太學曾傑貢生
陳鑣字天馭性穎異十三補諸生試異等食餼屏絶
外營肆力於學奇寒溽暑未嘗廢業卒貴志以歿
子星輝諸生孫國佐國學
宛士慝邑文學賦性沉靜立身清潔家庭孝友凡有
爭訟得其一言以釋
余心極字碧開邑文學生天[illegible]敏學問淹洽爲人

矜嚴好禮作止有則未嘗與人忤而人自不敢犯每教子弟誦讀書要有用處奈何即以書妾又曰人生惟安分守己最受用故邑中余氏獨有家法子四世芳文學紹芳國學行芳元芳俱文學

董日躋字瞿屽歲貢生工詩文兼善草隸居太白湖濱不與戶外事弟曰炳候貢子道文學

石中璵字伊璜邑庠生窮經力學務闡程朱之旨著四書講義

王洪勳字方虎邑增生少孤事母孝及卒廬墓二年

攻舉子業不售鍵戶苦吟不干外事梅學行純粹者洪勳爲第一子家瑞諸生世其家學

吳太字魯宗邑廩生性敏嗜學詩古文辭悉心討究有制藝入名家選行世家素豐愛藏書聞有秘書即重貲購求於居室前建小齋名曰敬業與邑蔡洲黄之騏輩朝夕論文詩酒陶咏歲時族人各有贍給其力不能就試者即解囊贈之

趙士謙字六皆博物洽聞雍正戊申貢成均制行卓犖立品端方子錦倘癸卯舉人錦堂乙卯選拔錦雲文學錦心國學孫瑛玠瓚俱文學

熊國輔字素書邑增生孝友肫摯氣節端嚴幼與兄恪暨弟慨搆草堂攻舉子業每一藝出人即抄誦子大贇文學孫取上實發與甲賡鹿俱諸生

胡有則字方爻邑庠生母吳卒時有則纔九歲事繼母劉飲食必躬奉之不假他手性好學頗厭科舉文喜讀孝經及先賢語録手輯一帙曰自箴編子鑅一華文學大華廩膳生

何其藻字素生邑增生行已端方前令周獻慕其才

延舘署内三載不與聞外事邑人重之

王廷珍字我槐弟王理字品三内行純篤工制義通經史百家言棄舉子業築雙隱草堂于多雲山種花植竹詩酒自娱足不履城市者四十年著有四書集訓廷珍子仕秀文學理子道平國學

洪演字易策候貢生洪氏自太僕愚以詩禮世其家子孫克守先緒循循有規矩演尤名著子其績太學生

胡鎮翼字式南太學生父卒時鎮翼與弟紀南俱幼

母撫養之後鎮翼以母節具牒有司建坊紀南卒遺孤開勳僅一齡鎮翼視若已子盡心教讀俾克成立爲邑諸生

吳宏岐字鳴岡附貢生授州同職爲文一宗先正書法爲時賢所珍重嘗出腴産給族人耕種貧者不計其租親族有搆訟者岐以理諭之各自帖服邑令李議舉優行岐辭之不就鍵戶課子足迹不履公庭年六十四歲卒子三提附貢生華國大椿俱貢生

於是達字希上邑諸生篤于倫紀有從姪再世而孤爲之撫恤備極艱辛子時中文學昇平增廣生時舉文學預修府志孫永升文學

陳際時字小籓邑庠生性謹飭雖居市落落不與人搆帷日以勤儉孝友訓其後人子士粗貢生士霖文學士元歲貢生

陳雄字南勳邑庠生好學能文爲人渾厚樸誠築山南草堂教授生徒從遊者益衆

梆時青字煥眉邑諸生規言矩行爲里黨所矜式性尤嗜學雖酷暑嚴寒未嘗廢業子永年鞏年皆諸生孫紹蓮德遇國學蓉蓮文學德茂茂蓮俱國學

洪畸字彝叙郡增生世讓子性温厚敦樸尤好交遊往來皆知名士遇貧友嘗傾囊倒篋自甘澹泊晚年隱居湖濱嘯咏自適著有行餘集偶存草行世子言昌望隆言坊俱文學言福言揚國學孫國耀文學肇文學曾孫學開國學

梅世英字漢成醇謹自守足跡不履城市平居以善化其里黨口不言人過而耿介之操豪悍者見輒

心服子士翰國學萬年庠生

補遺

邢士鯤字季萬懋順子處儔黨中神采翛然如鷄羣之鶴善屬詞兼工書法吳越之彥論其詩文者比之徐山陰云

龔映祥事孀母至孝母疾兩次割股飼之及卒同兄映麟廬墓三載極其哀痛

熊大鵬字萬程號荻上鄉賓夢順之子國學勸之父也少而秉性醇篤長而持已端方賙濟以待宗族

推解以厚姻親宗戚有鰥居者捐貲爲娶里黨有危急者罄囊相助德著鄉邦授州同前任張贈以匾曰德脩廷獻府憲王贈以匾曰望符璜橋生平之懿行固多大概之品諸足述爰勒數語以誌不朽孫廷相廷魁俱國學

王宏業字登三號殿邦廩膳生康熙乙酉科副榜候選教諭周歲失怙天姿聰穎苦志讀書學行純粹教授後裔皆從者衆子作賓孫啓蒙邑諸生

潘希元不樂仕進恬淡自愛雍正十一年實授八品

冠帶其弟履陞尤嚴取與非義非道一介不苟兄弟怡怡至耄年不忍析烟不惟勤儉持家亦且義方訓後以故子孫輩多賢肖者方之張公百忍陳氏萬指同食庶其近之希子天相天柱俱國學孫華諧庠生履子天楫國學

鄭尚文字可珍邑文學受學於其兄廪生傚脩賦性穎悟好學不倦子三其儀郡增生其傑雲龍諸生

桂世升字躋先爲人敦厚祥慎居家儉約修建橋路不惜重貲遇人急難常傾囊相佽父疾親視湯藥衣不

耆壽傳

年高德劭士也卽優游林泉德不著聞而老成持重亦足爲鄉里法是皆可嘉因詳著于篇

宋

黄眉翁姓名無考永福鄉之廟角里人寡嗜慾咏歌恬飲咸淳間已百歲遇異人授以藥謂食此可再周甲子至一百六十歲眉黄長三寸垂兩顴故稱黄眉翁

元

楊俊字士元初爲博士弟子後棄書覓石龕古磯山

中優游偃仰一百三十歲

明

劉珏楊家穴人恤貧撫孤甃餙橋道以利濟爲事壽一百二十歲

洪勲邑庠生鈍之子恩之弟敦孝友周貧窘壽八十三歲

蔣彬邑鳳凰嶺人生五歲不言一日有戲是兒癡者應曰如君喋喋不如嘿嘿一坐皆驚壽八十三歲

胡仲寬壽官敦倫尚義壽一百歲

沈萃邑庠生行已無忝父淪生十子萃處其母昆弟極其友愛壽九十六歲

章涵宗理父性剛遇事直言不假借生平不御紈縠壽七十七歲

李文郁以諸生補藩椽壽九十七

陳瀾字平橋壽官父世雄頗素封生五子所遺產業瀾悉讓諸昆弟自創家業累萬餘篤義好施遇貧困者輒賑之耄年詩酒自娛生八子曾孫瑜官四

川夔州道元孫欽命任玉田教諭

曹欽麟之兄壽官恪守家訓事父克孝舉鄉飲賓

陳鉞邑庠生壽八十歲

曹文獻欽之子壽官

汪湜壽官　石銑壽官　汪希顏壽官　宛嘉謀壽官

洪伯淮操身端潔有古人風壽八十歲

汪太克敦友愛壽八十三歲

蔣一元字甲吾壽官父廷松晚年舉一元生八月無

哭聲長有雋才雅好詩禮尊師取友教子無倦長子忠邑庠生次文次景同中崇禎壬午舉人

宋錦課子讀書壽八十三歲

沈都好施與遇窮乏輒周之壽九十

汪祈宣事親孝每食必備其所好乃敢進稍有病輒日夕不寢食鄉里稱其孝壽八十三歲

國朝

李一鵾字序佳邑庠生少孤鵾讀書兼治家政竟致素封後分箸以其肥饒者悉與諸弟壽九十一歲

子天思材旋文學天任國學孫桂庠生本質廩生

石文遠字雯上邑庠生幼嗜學晚年尤好施與鄉里咸德之壽九十一長子里三年八十九歲

胡執經字爾問邑諸生承其家學克自樹立晨夕咿唔不輟壽九十二歲子潛文學曾孫學聘諸生

柳允吉字會卜力學砥行教授生徒再三開諭壽九十三歲子蒼扶

陳五雲字載臣邑廩生廼叔子行誼端方壽九十歲子康濟煥治炳道濟皆庠生孫天祺等文學六十餘

國學
汪愼信字作符太學生方長第五子入國子監隸業
三載歸壽九十一歲孫芳學韓俱國學
洪濛字汲只工文辭年十七爲諸生忠厚正直里黨
紛爭一言以釋壽八十九歲
余錫字公純邑庠生明末兵燹後祀載無存獨以其
祖宗邱墓生死日時及其先世詩文詳述以示後
人邑中親友無不就問前代軼事年九十歲
陳際會字佐臣邑庠生際會伯兄早逝撫孤姪無異

巳子延師訓課以讀書孝友爲先子士蘭又新俱
文學竭力承歡上荷天眷壽九十三歲
石宏烈字廓仁邑庠生志行醇潔終身不渝耄年築
小軒於松嶺以自頤養壽九十三歲子尙志歲貢
生
吳之芬字雲裳吳氏自劉宋時居梅考田山族甚繁
之芬友愛族人周恤貧乏鄉里稱之舉鄉飲賓年
九十三歲子士光邑廩生以避夏逆亂奉之芬居城
後遂居城之芬既歿以友愛爲鄉里所稱士光又以

文行爲城中所矜式時城中無賴子弟挾制官長
如瞿九思故事遂移禍士光矣士光子璋年二十
往京師泣訴刑部士光得贖歸璋後以保舉爲覲
縣知縣士光仲子璋貢生叔子瑛新喻縣丞孫德
松德桂德桐庠生德桃德楊國學生
黎一德字公燮邑庠生研究經史通達時務壽九十
二歲
栁褒御字秉六邑文學性恬淡不與外事築暢意園
訓課子姪一門敦崇詩禮壽九十歲子方祺國學

孫浚漢庠生
石光斗字景山邑庠生性耿介嚴取與壽九十歲子
山峻山峰俱太學生
陳介臣敦孝義父秀宇患病數載親奉湯藥朝夕無
倦色壽九十二歲子大柱文學
石敎字宗禮太學生考授縣丞乾隆二年奉文調取
赴選以年老辭優游林泉詩酒自娛壽九十八歲
子山阜國學
蔣士英字羣瞻家豊裕崇尙節儉以詩禮訓後人壽

九十五歲子孫繁盛列贊序者多人

胡執爵字公錫邑庠生田産甚廣家無藏貨每年除自用外節盡推以給族之貧乏者壽九十歲子彪諸生

梅之蘭字鳳三邑庠生好讀書至顏白髮手不釋卷年九十二歲

吳士淳字亦常邑庠生樸誠工制義一時從遊者多被曲成壽九十一歲

洪茝字荊埜邑庠生閒靜有則樂善不倦以詩書啟

後人故子孫多列贊序壽八十一歲

胡鎮嶽字慕山弟鎮嶼字景山同登耄耋遍惠族里延名儒以啟後人嶽子駿大勇諸生嶼子璉大志諸生

楊芳芹字曾侯太學生好施與邑橋梁道路有裨地方公務者皆捐貲助之遇歲歉獨穀賑饑年八十歲子正儒貢生

余國彥字依聖厚於財喜周恤里人咸德之壽九十歲子必達國學孫鳳毛文學

洪廣字公居邑庠生少負逸才博覽群書終身不忘一字壽九十六歲子鳴昕庠生孫翊淮廩生

吳世範字九疇少孤事祖母嫡母以孝聞壽九十三歲子樹都增生文蔚貢生

胡鎮昇字小重庠生雅重道義髦年築室水涯訓子課孫壽九十歲孫廷材邑諸生

何彭年字眉仙邑庠生潔修自愛未嘗入公庭壽九十三歲子士賓邑庠生

梅永祚性淳厚惟課農桑足不入城市年九十五歲

趙宗訓自少至老惟讀書日拈一題提筆立就壽九十三歲

胡湄字眉水性恬淡人有貸物者雖所寶愛必與之或留之不之索壽九十三歲孫世澤世華國學

黎焜字清臣邑文學性閒靜足不履公庭族里咸欽其品壽九十一歲子時寅時鄰俱諸生

洪溆字端士弟瀛俱邑庠生洪坦以詩書傳家溆家又素封周恤鄰里里人遂推洪氏溆年九十二歲源子則祖庠生孫止庠生溆子則哲廩生孫[illegible]庠

生

洪言昌字英磊與蔡洲李枚并共文章會者二十年
爲人尤敦孝友崇信義鄉里重之壽九十一歲

田世浩字淩雲孝友端方父母皆年逾百歲俶養無
失有堂弟早孤寄居濟邑迎歸愛若同胞壽八十
六歲子必昇恩貢中桂庠生

黎時旭字方旦工詩文務情山水壽九十二歲子存
心孫鳴琴俱諸生

吳之偉字中朗附貢生居家以讀書耕桑爲本壽九十一歲

子士萃士英俱諸生

毛素侯喜讀書暮年猶日吟哦壽九十四歲

何長年字蓬仙邑庠生家貧嗜學不涉外事壽九十
歲

李正公端謹醇恪時出家財以周族里壽九十歲

樂屏垣字維之惟訓子弟以孝弟力行壽九十七歲

石明臣生平未入公庭壽八十九歲

黃永和性孝友同胞五昆弟始終合食不分爨家財
頗厚各無私爨子光楚國學

能夢順鄉賓字順鄉爲人忠長存心道義培宗族厚
姻親思明誼義指不勝屈闔邑公舉鄉飲贈以額
曰杖朝逸叟壽八十有七

陳永昇字濟庵少失怙事母孝母病篤癒進藥餌三
年衣不解帶比里族黨有急者輒周之優游林泉
壽九十有一

陶承達義士文達後裔性慷慨捐建百萬坂石橋一
座雍正十三年捐穀一百担充社倉以賙民饑邑
令莊詳請上憲旌其堂曰惠均里黨乾隆十五年

舉鄉耆賓壽八十五歲子啟明國學

王鼎玉質樸醇古耕釣終身人咸稱爲至誠長者壽
九十三歲

梅介祉持己公平里中事無大小咸取決焉壽九十
三歲

帥明字朗生起家課子務淳樸去刻薄壽八十七歲
子七五爲庠生

熊文鐸字振木尊師友濟危急祖遺田宅悉讓諸弟
壽九十七歲子三長傳和文學幼傳科國學

吳鍾嵩字宗岳廩生子芳孫諸生堯膽子幼讀書屬文不趨時好後棄舉子業究心六藝之學以詩書篆隸爲時所重居心端謹質直喜排解族鄰爭競每得一言以釋乾隆甲戌年舉鄉飲賓壽九十三歲

王正法字可儀賦性聰穎五經過目不再誦壯志弗售築草堂教授後裔義方有訓壽九十五歲

陳心許字去非能讀父書弱冠補弟子員屢試棘闈不第教授生徒詩酒自樂壽九十七歲孫士亞士桂俱文學曾孫法顏國學

李天秩字典五號東川貢生候選縣丞行已檏誠涉世質直建祠以煙宗支造梁以濟行津壽八十五歲子舜扶貢生槐伯國學

壽婦胡氏生員石惺之妻壽百三歲乾隆三十七年四月請
旌建坊
新舊貞壽之門子若舒壽亦九十五歲

蔡瑺字越九讀書好善忠厚傳家壽八十五歲子六孫及曾孫數十闔邑共推善門三子時修庠生孫濯英諸生

鄭周禕字綱存太學生敦倫尚義篤好詩書壽八十四歲手不釋卷邑人稱之長子常敬次常泰貢生孫源郡文學紹彭郡庠生孫頗蕃有文名

許伯常名士旂太學生秉書好施人稱長者壽八十一歲孫曾林立有聲藝苑蓋積善之報云

余鎮字朝望爲人淳樸忠厚傳家邑人稱善公舉鄉飲　曾憲舒　賜以銀牌壽八十歲

陳犢字楚書懷仁樂義周急族黨遇事解囊不廢公庭邑尊德之公舉鄉約　邑侯和　詳請壽八十五

歲子三世燃俱國學世炫業儒孫範文學

陳東揚幼失怙恃付生孝友撫弟淳朴起家義方訓子育成壽八十五歲子夢龍國學

僑寓傳

梅深山大澤學士大夫樂居於此景仰前哲流連故閭有可得而考者矣

南北朝

鮑照字明遠東海人文辭贍逸嘗爲古樂府尤遒麗義慶時與大尉袁淑吳郡陸展東海何長瑜並著才名宗藩臨海郡王子頊鎮荊州以照爲前軍參軍掌書記攝黃梅法令詳明德教孚洽居民宜之因留居今邑治基即其舊宅

宋

陳宗達字世顯江州義門陳伯宣之後康定初徙居於梅

胡瑞建炎中[illegible]元兵至瑞以其家子從軍兄弟六人俱赴敵死子文政收兵還江州過黃梅蔡山江心寺遂家焉

岳震忠武飛第四子飛討李成駐兵黃梅會詔進屯洪州飛以士卒非震莫可彈壓因留震黃梅及飛死震懼易姓匿大河間弟霆以父死聞震在黃梅亦潛依焉秦檜憎岳字改岳州爲純州遂從鄂姓孝宗即録從嶺南雲雷支裔而此派不及其後分爲十三戶鄂有忠武遺金鉦一面地方有警則此金不敲自鳴今已復岳姓世襲生員祠祀忠武廟

元

洪儁江西饒州忠宣公晧子三洪之裔也元末授江州路建昌令再授廣州路清遠令知世將亂遂掛冠去携四子二女度淮訪所知道經黄梅遂置田築室隱居於此

張允中鄱陽人元末以進士任戶部主事督九江稅廠因稅額不足降黄梅稅課司尋落職因家於此戶名張宗一

明

瞿大成其先合肥人祖通官右都督父能亦深習兵[illegible]以開國功官大都督建文中副曹國公李景隆[illegible]禦燕戰白溝河敗績能及子大芳死之明年成祖定天下其季子大成恐誅遂匕走黄梅家焉後補戍籍從征有功授都指揮得世券以

奉通祀七傳至廣平守晟生九思

張復字子遠休寧人蚤以學行自立事親孝親卒始出遊學訪黄梅瞿九思值其被逮入京長子甲上書救父復左右之瞿得直罷歸復執贄列諸弟子盡發其藏書讀之乃曰學以治心也心念穢雜如野馬亂絲僅聲悦夸人乎製大鞭懸座右毋妄念起輒自痛鞭或遍擊几席牀壁如是者二十年著作皆宏麗古雋其他稿自焚惟黄河源流圖考盛行於世瞿九思序其夔下語云是吾徒張子遠所

黄梅縣志　卷之十一　僑寓　三

爲夔下語耶不圖爲苦之至於斯嗟嗟子遠病心惡凡八載病狀三變奮怪矣其爲書言言皆悟後語夫朝既聞卽何妨夕死乃猶未死豈子在何敢意耶吾讀之始欲泣會于心惡病幾不減于遠無能爲子遠序第天姤此人乃能以白頭自作夔可謂奇甚乃又有程生者纂刻之亦復大奇雖然子遠狠狽極矣夔則夔吾不禁吾第謂此吾道百世鼎願少自愛慎無令火燃其鬚乃可

梁有儲南海貢士任梅諭因家焉子仲玉入籍永樂[illegible]戶名梁仲玉玉後七[illegible][illegible]戶名梁興一

二

[illegible]舊志所載僑寓惟[illegible]後[illegible]人其他皆後裔業盛於梅爲土著矣土著[illegible]稱僑寓之仍舊志也

黄梅縣志　卷之十一　僑寓　四

列女傳

綱常名節風化所關亦云偉矣梅女得膺
旌典悉爲登載其窮簷僻壤實在苦節完貞未及請
旌表者亦搜訪入編庶氷雪幽貞同垂不朽云

宋

李氏韓秀妻宣和末秀久客汴姑老病劇氏焚香泣禱刲臀調治浹月姑愈孝養益篤姑語人曰吾今九十三吾媳亦六十吾子有若無也吾非媳何賴哉氏真丈夫也

元

伏貞女少許聘未婚并許子殀女撤其環誓不再嫁以養父母家貧女工紡績供日用所需值母病疽屢爲吮之年二十七卒

蒲烈女邑吏蒲汴女也年十六爲紅巾賊所執女顏色不變紿以隨我至下山橋靜處果從以往比至女乃潛拔簪在手賊逼近之刺賊一目賊伏地哭賊追而刃之罵不絕口死 通志府志俱作麻城誤

明

宋氏鴻臚寺序班張嗣妻訓故氏哀毀絕粒幾死遂起撫孤守節三十年有司匾其居曰鳳臺

完顏氏孝子洪士高妻李氏藏書孝義傳曰完顏氏貴家女也士高父宗海爲本學訓與縣尹完顏善尹因以女妻其子性質柔婉宗海病癱氏同士高奉侍竭力供事湯粥

張氏馮永妻甫二載永以解運赴京溺死氏年二十二歲苦節七十餘卒 通志作陳氏誤

周氏劉瑄妻年二十四夫亡三月生遺腹子詔家貧氏勤織紝撫孤詔復殀氏竟困苦完節邑令旌之

王氏舉人魏澄妻年二十七澄以會試死氏甘貧自守矢志不移有司顏其堂曰松筠勁節

邢氏嚴高妻名聖貞年二十五夫亡守節以終前志云氷節凜然正德間奉旨建坊旌表

陳氏年二十六舅姑及夫與叔俱亡僅遺孤姪陳通氏同娣撫之一日盜猝至將刃遺孤氏以身障啣首告曰一家之命懸于此子幸以我代盜怒刺之血迸流盜駭乃並釋而去年七十餘卒

胡氏經魁洪模妻年二十八夫亡氏事姑孝訓孤慈嚴兼至孀節七十年卒

羅氏邑泗州學正陳言妻子善卒于官署言以念子亦亡氏遠扶二櫬與媳李氏撫幼承繼先業卒年八十六歲

陳氏胡鶴妻年十九夫亡哭泣幾絶遺孤幾兩月舅姑勸之始強進飦粥孤復殀氏以姑猶在不忍遽死事之益謹已乃立鶴兄子爲嗣撫之成立家貧績布易食之人曰此節婦布也宜寶之年七十卒

胡氏生員李文明妻孝廉胡橋之妹歸文明篝燈佐讀文明死僅遺一女氏年二十七日伏棺下蓬髮穢面水漿不入口者五日後痛哭不絶三年如一息或微勸之嫁氏即誓于夫墓結廬于側植雙柏踰年爲牧豎斷其左二尺許氏踞而泣曰左夫道也奈何見折浹月長與右齊人以爲誠節所感年七十八卒　一時徐栻妻齊氏以孝稱與胡氏同巷而居推府曾維倫題曰孝節巷　汪勲贈詩云疾沾枯柏獨誰哀枯柏囘生亦異哉何事夫君不如柏哭乾兩眼未歸來苦節愁心一婢知孤燈夜雨共妻其人間重掃蛾眉者羞見當年老侍兒節婦家貧惟一婢相依不忍出嫁俱以壽終　誰造訛言暗裡投曉看鮮血滿衢髏如今多少冥行者不畏蒼蒼在上頭有惡少欲過節婦嫁造貼訛言迅雷驚死

汪氏程太仲妻夫亡年三十矢志守義苦節七十載壽九十九卒通志作江氏誤

章氏胡世松妻性純謹事舅姑以孝聞夫病侍湯藥累年夫亡欲殉之觸棺幾死壽至一百一歲

周氏程夢斗妻夫遭里中惡少窘辱以死氏痛夫死非命白于有司以不忍暴夫屍讐黨止于坐戍氏以冤未盡雪抱棺毀裂嚎嘔血骨立而殞邑人傷之

施氏柯大經妻夫死氏哀毀骨立儀容不飾苦節三十年

嚴氏王修妻性端莊夫死守節四十年懿範嚴肅

王氏生員倪鳳崎妻鳳岐居父喪哭泣盡哀郡志載大孝行鳳岐歿氏年二十餘遺孤民望尚幼家貧

氏織絍育孤艱苦備嘗後民望中鄉試授南康令
隆慶三年以覃恩勅封孺人有貞節賢母之褒年
八十餘卒
劉氏舉人瞿星妻事姑惟謹姑卧病侍湯藥不解衣
帶者二十日星以會試客死于京訃聞氏三日不
食悲號幾死子九韶有異才補博士弟子又歿苦
節四十年有司旌其堂曰完貞
瞿氏生員熊華問妻待詔瞿九思女性聰慧尤端謹
四歲不與外兄同坐從父受列女傳內則女誡過

目成誦能為文鄉黨稱為大家會父羅究女以兄
在義不得比緹縈惟日夜號痛既適華問日以砥
名勵行相華問卒事祖舅姑盡孝內外稱其女德
無間言一日以微疾端坐而逝闔巷哀之
汪氏生員熊華夏妻少孤事母至孝居恒喜聞古烈
女事長歸夏夏家貧厲志讀書氏工織絍勤井臼
奉舅姑夏病劇託氏以高堂弱子氏曰君病可痊
無慮乃于夜半燃香祝天引刀割其左臂三寸許
烹而進之夏病稍甦閱兩月而卒氏哀毀骨立事

親撫孤克承夫志忽一日痛哭觸地嘔血數升而
逝邑令王繼祖榜其廬曰節烈遺孤兆師舉孝廉
為陽山令夏與氏俱得贈如子官石峴玉贈詩云
鸞刀纔執便神傷鮮脆含辛味怕嘗自矢捐身遊
白刃底幾續命當青囊情知執手將分手肌盡充
腸亦斷腸若續故歡來夢裏何妨偏袒見蕭郎
鄒氏倪乾端妻端歿無子其舅孝廉民望及其姑亦
相繼歿氏哀毀不欲生三喪九載艱辛萬狀苦節
四十一年萬歷壬子兩院旌之

李氏生員瞿平妻年十八夫死哀痛絕粒日置夫衣
冠書籍于庭撫而哭之苦節六十餘年崇禎中建
貞節坊于西關外
黎氏生員王作雨妻夫卒遺孤三歲氏年二十矢志
不移蓬首垢面三年足不履閾制滿人曰孝服可
脫矣氏曰此寧有盡斯除死方休耳齊衰不改歷
四十年邑令陳嘉宣匾曰霜柏年六十五歲
王氏副榜陳廷榮繼室廷榮歿氏年二十前室廖氏
遺子頤年尚幼氏撫之教愛備至子亦不知其非

所出也長有才名入邑庠氏年八十七歲邑令武
岡功學師謝自修共相旌表曰慈節雙全
陳氏生員程逵郗妻孝廉陳言女夫勤學以瘵卒遺
二孤氏紡績教訓俱入膠庠萬歷戊申水災斗米
千錢氏内自儉約出粟以周貧乏所全活甚衆苦
節四十餘年邑令馮可立額其居曰節義堂
梅氏邢上琇妻琇早亡家貧乏嗣氏撫從子爲嗣勤
織紝以供朝夕教養兼盡巳出後嗣子甫入庠亦
殀氏守節五十年卒

胡氏生員黄若坤妻年二十三夫死布衣疏食教遺
孤成立終身以禮儀爲事至五十遍慧語家中未
來事一一不爽年七十一卒
洪氏生員王聖臣妻貢生洪度女年十九夫臨危誓
以偕死夫以遺腹辭之及夫卒氏扃閤自守撫孤
成立朝夕禮佛閲二十餘年流賊至氏隨父走恐
辱于賊觸城而死
石氏生員魯偉妻獻賊陷城夫婦被擄氏私促夫速
逃勿相顧並夫逃少頃賊逼之上馬氏投井賊撈
出之遂以頭觸石血流滿面罵不絶口賊怒殺之
梅氏生員石一音妻音素有學行性激烈明末丙子
流寇至被執不屈大罵遂遇害氏聞之痛哭亦投
溺死事聞勅縣官旌表子礎廩生孫崙年廩生敏恩貢
洪烈女生員世罷女兄楷少有才名入黌序早殁父
母相繼亡女失怙恃粗涉書史曉于大義年甫及
笄爲流賊所執紿之俱往道經烈焰投火死
胡氏生員石砥妻夫亡氏年十六痛欲身殉取夫書
盡焚之曰吾夫生平手不釋卷不忍此書之不隨

去也苦節自貞閉室禮佛外人莫窺一面即眷屬
亦不接見年三十一歲卒
周氏廩生胡振鷺妻劉氏振龍妻鷺與龍俱爲賊所
殺家産盡荒兩婦年俱少誓死同守安貧守節日
用所需取給針指有稱改嫁于其前者即引刀自
加其頸氷操凜然人稱一門雙節
商氏馮公甫妻氏及姑與夫俱爲流寇所執强氏從
氏詐許焉乞脱姑與夫及得脱氏奔投烈火中罵
不絶口死

程氏生員岳懷寧妻堅潔性成素知大義遇寇執上馬不從寇怒砍頸伏地幸未斷骨蘇甦未幾夫故毀容自誓盡瘁養孤父母欲奪其志遂終身不復歸寧

潘氏生員沈文澤妻于歸甫十日文澤卒即斷髮毀容閉室貞守終身不易其志

胡氏張惟正妻惟正苦學早逝遺子國光幼氏傷夫志未就惓惓以詩書訓子啜粥茹草命就外傅國光年十二入邑庠氏督課益勤後果領崇禎癸酉

鄉薦庚辰賜進士授上饒知縣陞鎮江同知氏曰但使爾作清官愛百姓吾願畢矣敕贈孺人年七十三歲卒

周氏生員石顯親妻年二十餘夫亡誓以身殉水漿俱絕姑慰之曰捐軀非節撫衰姑成夫志乃節也因強起旦夕焚香號泣淚盡血枯兩目俱盲時邑令上其事于巡撫方旌其堂曰天植完節孀居四十四年卒瞿聘君弔聯云久截髮剔眸地下相從神不死享耆齡完節人間棄去骨猶香通志作[illegible]文顯[illegible]

王氏生員石元岱妻年二十二夫卒苦節孝事公姑義方訓子會有盜入室舉家驚走氏獨危坐不出賊執之問其故曰吾夫棄世時屬以毋踰此門敢懼一死背遺言乎賊義而釋之卒年七十歲

邢氏生員石研妻貢生邢士鯤女研讀書成疾氏奉湯藥無間研卒氏年二十六堅貞苦節盡出私蓄貨産還石諸昆獨處一室設夫主泣奠如禮終身不渝

胡氏生員梅亮中妻方伯胡鳳孫女年二十二夫亡

氏剪髮矢志守節凜若冰霜事孀姑向氏辛勤不輟姑病垂危氏焚香祝天祈以身代割股飼之姑愈亮仲叔貢生開瓊以事聞邑令申請旌表

黃氏生員石維錯妻生員黃景修女錯與氏相敬如賓錯亡柏舟自矢貲財千緡悉委諸石伯叔長裔奉佛閉門苦節以終

陳氏生員嚴之恒妻禮法自持夫卒氏年十九生一女操履冰霜苦節四十八年左兵之亂氏年六十五攜其女投井死

勞氏生員嚴天申妻江洲中丞堪孫女結褵二載天申死氏年十九茹苦守節四十年髮白齒落抱疾以終

徐氏庠生李淑妻夫亡無子有女一氏年二十寇亂歲荒艱難困苦氷操彌厲與僕婢二人耕鑿紡績至死不變其志

劉氏王廷賓繼妻年二十夫亡撫五歲孤兒完節以盡餘年　舊志未載今據郡志補入

國朝

熊貞女生員熊兆吕女許聘諸生洪世訓子楠楠以疾歿女年十五父母將別議婚遂引刀割鼻乞身歸洪展墓泣血服斬衰廟見執婦禮不少渝與孀姑同居歷七十載如一日邑令趙應登贈以詩曰輕塵弱草幾增悲洗盡紅顏殉所隨半面未諸琴瑟好兩髦親結死生褵畫眉人憶前因杳劓耳名將令女垂邈向丹青式巾幗三庭擁鼻更奚爲康熙五十四年

旌

李氏陳萬鑑妻李質友女夫與舅同日病卒哀痛過切家僅有田數畝盡鬻以治喪氏年二十七姑衰老子信倚俱幼氏紡績以供朝夕時值歲荒自恐飢餓易米餉姑哺子鄉里謂之耐餓節婦雍正四年

旌

廖氏生員喻于德妻忠烈士貞孫女汶川縣令應拔長女廖故以忠孝傳家氏夙閑大義于歸後敬守禮法于德卒氏撫二子長之圻附貢生次之堂歲貢生雍正四年

旌建坊

胡氏生員劉樹玉妻樹玉早卒氏撫養二子長子山

入邑庠有文名亦歿媳毛氏同姑守節胡以雍正四年

旌

邢氏貢生熊繼妻經死氏年二十八茹貧苦節雍正五年

旌

劉氏生員周天柱妻夫亡年二十六事舅姑以孝聞雍正五年

旌子炳緗庠生

吳氏程侶瓊妻夫亡無子氏年十九立侶瓊兄子爲嗣宋幾侶瓊兄嫂俱逝遺三子撫之如己出雍正六年

旌

程氏生員汪槃一妻槃一司馬可受孫年二十二夫
亡氏家貧自茹粗糲奉甘美以養高堂立姪昆裕
爲嗣未幾嗣子暨媳繼亡孑遺孫幼氏復盡心撫恤雍正九年
旌
邢氏廩生石天位妻年二十于歸生子不育僅一女
勸夫納媵未幾夫歿鄭氏亦無出同志苦節雍正九年
旌
王氏洪文蘭妻夫亡氏年二十二守節撫孤雍正十年
旌
鄭氏程士達妻夫亡氏年二十六遺孤歲餘撫之成立雍正十年
旌

王氏諸生胡文遠妻年二十四夫亡遺孤甫三月撫
之葬夫盡禮毋除名廬墓側以孤子托婢從焚奠三年不懈雍正十年
旌
宛氏諸生蔣茂械妻氏年二十七夫亡遺腹生子天
旌
項氏李公亮妻夫早卒族人欲改嫁氏以刀加頸乃

止家空乏日勤紡績餬口前後兩撫嗣子雍正十一年
旌
商氏生員曾文衢妻夫亡氏年十七遺腹生子撫育成立雍正十二年
旌
熊氏生員曾逵妻曾逵以文有名于梅及卒門戶蕭
條日用窘廹氏忍飢苦節子光國文學雍正十二年
旌
王氏生員石維藩妻廩生王斌女維藩苦學病故氏
年二十四撫三孤成立孫龍翀邑庠生雍正十二年
旌

陳氏生員柯彥吉妻夫歿家貧晝夜紡績薪水取給十指雍正十三年
旌
劉氏趙燕吉妻夫亡氏年二十五家貧苦節撫孤有成乾隆元年
旌
廖氏石載鳳妻夫早亡撫孤成立艱苦備嘗乾隆二年
旌
吳氏國學潘同爔妻適潘無出慮夫絕嗣脫簪買婢夫卒
殯殮盡禮預鐫墓碑喪葬畢絕粒而死乾隆三年以烈婦

旌

姚氏吳承萬妻年二十四夫卒無子以姪爲嗣守節終身乾隆四年

旌

宛氏聶翰臣妻年二十六夫卒僅一子夭殁立嗣苦節以終乾隆四年

旌

商貞女張逢龍聘妻商恒武之女年十九未嫁逢龍
死女請于父奔喪完貞四十一年卒乾隆四年

旌

馮氏太學生吳玉懷妻性嚴毅無惰容慢色夫亡遺

有孤氏苦節教子爲一門前後所倚賴乾隆五年

旌

石氏洪其統妻氏年十八其統卒氏守節事姑姑病
瘳時氏年已六十寢食藥餌必躬親不假婢手乾隆五年

旌嗣子天鯤歲貢生

何氏儒童喻赤懷妻庠生何士貴女幼隨其兄雲龍讀書曉大
義年十七歸喻兩月赤懷卒氏撫赤懷兄子之琢爲嗣乾隆六年

旌建坊

項氏李文侯妻夫亡氏年二十二有遺腹子焜如撫
育成立孝事太姑及姑守節四十一年乾隆六年

旌

余氏李焜如妻夫亡氏年二十三遺子甫五齡矢志
撫之事孀姑家雖貧乏必竭力奉甘旨乾隆六年

旌

張氏生員呂騏蒲妻夫殁無嗣撫姪文炳承祧教讀入邑庠乾隆六年

旌

張氏國學黃之駿妻夫亡氏年二十八撫養庶子恩
勤備至無異己出子復不壽撫孤孫九載成立乾隆十年

旌

游氏黄利参妻夫亡氏年二十一生一子顧卑僅數
日矢志撫養艱苦萬狀事繼姑以孝聞乾隆十二年

旌

程氏鄭周裀之子常敬妻國學程孟高女夫卒氏年
二十二哭盡哀投繯而死乾隆十二年以烈婦
旌建坊胞弟貢生常泰之子紹崧紹晃紹材繼嗣俱國學

童氏國學劉光朝妻夫故氏年二十二遺孤文德甫
二歲家貧苦節文德殁復撫姪孫贊皇爲後乾隆十二年

旌

蔣氏梅嶠妻氏生二子維垌維城夫死後叔嶠亦死
無嗣氏以維城繼嶠後其嶠婦王氏同矢靡他敬
事孀姑稱雙節俱乾隆十二年
旌維垌邑庠生

王氏歐師憲妻夫死水漿俱絕者數日家人知其有
身以大義勸之曰黃五世獨傳幸而得男黃氏不絕
矣氏乃起遺腹生子珍入邑庠孫廷鎏國學乾隆十二年
旌

蔡氏張集五妻夫亡氏年二十五守節終身乾隆十三年

張氏生員趙士昇妻夫亡無子遺一女甫三月氏年
二十一撫叔次子錦泉爲嗣苦節以終乾隆十三年
旌

石氏生員洪望高妻生員石文濠女生一女甫六歲
望高死氏年二十七撫族子承祧守節以終乾隆十三年
旌

柯氏毛步武妻生員柯定九女夫亡氏年二十六遺
子方一歲家計蕭條氏多方拮据苦節終身乾隆十三年
旌

趙氏毛帝載妻生員趙士昇女夫亡氏年二十三撫
姪本寧爲嗣教讀入邑庠苦節以終乾隆十三年
旌

黎氏王象儀妻年二十三夫卒遺孤五月撫之成立
迨授室子媳相繼亡復撫孤孫守節終身乾隆十三年
郡志載孤四歲誤今據學册改正
旌

劉氏程如玉妻年二十餘夫亡無子遺一女氏立如

玉弟諸生龍起子巖典爲嗣苦節終身乾隆十三年
旌

何氏詹震寰妻夫病篤焚香籲天割股啖之不效夫
亡立嗣葬舅姑盡禮乾隆十三年
旌建坊

留氏劉寧伯妻宿松人夫歿遺孤嗣堯僅數月氏年
二十四撫孤成立苦節六十二年乾隆十四年
旌

劉氏李蒲龍妻年二十五夫亡矢志撫姪承祧乾隆十四年
旌

陳氏李紀南妻夫亡氏年二十一矢志以終乾隆十四年
旌
張氏聞王謨妻于歸四載夫病遺命立姪三頌爲嗣
及夫歿氏矢志撫之苦節三十九年乾隆十四年
旌
邢氏柯士昌妻貢生邢維樞女夫亡氏年二十四矢節立
胞姪爲嗣撫育如巳出勤紡績以奉公姑乾隆十五年
旌
曹氏嚴嵩群妻生員曹達孫女夫亡遺孤一舉方㓜

氏家貧浴薾擗纑以佐饔及孤就傅日不再食不
令廢學乾隆十六年
旌
梁氏李懷璧妻年二十五夫卒敬事公姑立叔懷德
之子廷瑞爲嗣竭力撫育閱盡艱辛乾隆十六年
旌
梅氏生員石正性妻廪生梅元春女于歸二年生一
子殁夫隨病故氏年二十五立伯之子紹盤爲嗣
撫愛訓誨務期克繼夫業守節數十年乾隆十六年
旌

張氏黄利物妻夫亡氏年二十六孝事舅姑撫長子
之暉幼子之曦成立長子卒與媳向氏同撫孤孫乾隆十七年
旌
余氏鄭遂妻趙氏鄭棋妻伊姑鄒氏文學鄭祚永妻
夫亡守節撫遂祺方受室俱抱病二氏年二十二
割股飼之不效二氏以姑老孤幼飲血殞泣事姑
孝姑年八十一歲無間言撫子入泮乾隆十八
旌
李氏徐士僧妻年十九夫亡家貧撫遺腹子斗菽不飽無怨言乾隆十九年

旌
陳氏洪國龍妻年十八未嫁國龍病篤奉父母命往省
氏乃潛割左股和藥進次旦暈絶不醒家人始覺
侍病兩載夫卒氏年二十撫國龍弟孟錫子繩宗
課廸有法事舅姑惟謹苦節三十餘年乾隆二十年
旌
梅氏潘倡賢妻年二十七夫亡家貧矢志撫姪應麟
爲嗣自恐飢寒織紝以事公姑乾隆二十年
旌

王

旌建坊

胡氏劉東升妻生員胡荊𪷌女于歸半載夫亡氏年十九茹蘖飲冰闔覺巖肅痛夫無後立東升弟周仁子夢烈爲嗣教育不啻已出敬事舅姑年老熄代子職侍姑病篤奉湯藥不解帶苦節以終乾隆三十年

旌

胡氏王贊昌妻夫亡氏年二十五兩次投繯救免奉翁姑以孝聞撫子方成立及後與娌趙氏共撫孫乾隆二十一年

旌

王氏毛言重妻于歸甫一歲夫死於水遺腹生子值翁病篤氏奉湯藥兩次割股翁愈越三年翁以舊疾終氏憂鬱卒子亦殀亡邑人哀之爲請

旌

蔣氏貢生郭承模妻秉陽教諭蔣袞孫女氏夙閒禮教動合內則事承模父母以孝聞紳士公舉請

旌子元良貢生

王氏楊崙璧妻年二十二崙璧卒苦節三十三年乾

旌

梅氏黃去非妻夫亡氏矢志撫姪爲嗣乾隆二十一年

旌

洪貞女國學國選女孝廉禹拜妹許字國學梅廷綸子逢晟逢晟病故女聞訃即奔喪不返矢志完貞乾隆三十九年

旌建坊

殷氏陳子經妻年二十四夫卒家貧歷盡艱辛苦節五十一年

石氏廩生吳士甲妻邑兵備道鎮國女年十九于歸

三月夫亡苦節三十一年

史氏忠烈廖士貞妻忠烈亡氏同祖姑王氏姑萬氏投繯以死

邢氏王倘伯妻年十六倘伯卒氏守節六十餘年邑令吳景恂給匾

沈氏吳彝臣妻年二十夫死撫三月孤長齊五十餘年刻夫像誦經奉祀尤善文裝著書累德以昌後

胡氏李世俊妻年廿二夫卒撫一子成立苦節四十三年子紹銓國學孫繼白文學

蔣氏生員胡士文妻夫歿撫孤入泮苦節六十餘年
黄氏吳介繁妻年二十一夫亡氏苦節六十年孀姑黄
貞節賢明善文藝氏孝養克繼其志子世理□貢
石氏廩生陳鑣妻夫卒長齋苦節四十年邑令張府
憲許俱給匾
生員石茂卿妻夫卒守節六十年邑令張錫額
陳氏生員吳贊虞妻年二十七夫卒苦節五十二年
孝事孀姑子蜂基邑諸生

梅氏石耆維妻夫死氏年二十安貧苦節歷今五十
年子道邑庠生
馮氏黄明友妻年二十一夫卒家貧撫孤光庭僅周
歲艱辛備至苦節三十二年
黄氏生員於是充妻年二十六夫病割股不效夫卒
苦節四十四年
黎氏儒童石槐妻年二十五夫卒撫孤教育歷四十五
年子宏毅秉毅邑庠生
吳氏汪導淮妻夫卒苦節四十年子振峯邑庠生

祝氏石金滕妻年二十四夫亡守節歷今三十六年
子步雲登賢書
程氏吳補恩妻年二十夫亡撫孤世傑入庠苦節五十年卒
劉氏生員石大年妻年廿九夫亡舅礪以保城積痹死
氏紡織事孀姑撫六歲孤苦節五十載後孤日乾
爲諸生孫燦孝廉
王氏胡亦任妻年二十一夫卒苦節四十一年
宛氏廩生程兆元妻年廿八夫亡撫孤三傑幾數月
教育成立苦節五十年

劉氏吳光業妻光業以孝聞光業卒氏年二十四苦
節四十年
熊氏生員梅鋭妻夫亡撫嗣子如已出事孀姑以孝
聞苦節三十年卒
蔣氏國學石福妻年二十五夫亡撫孤孤歿又撫孤
孫苦節四十年
吳氏毛雲書妻夫亡無嗣奉姑送終畢同女守節復
歷三十餘年
石氏生員胡鎮國妻夫亡苦節撫孤四十八年

程氏吳晝三妻年廿六夫亡苦節撫孤歷四十六年孝
熊氏胡師臣妻年二十夫亡撫孤苦節三十二年子
英國學
陶氏馮學潤妻夫亡撫遺腹子苦節五十餘年
石氏生員吳如茂妻年二十三夫亡苦節撫嗣子樹
松戚立守節五十三年
董氏邢席珍妻年二十夫亡遺一女苦節三十一年
汪氏蔣庚明妻夫亡遺一女撫姪爲嗣苦節三十年
洪氏胡軼群妻年二十軼群死苦節歷今三十六年

程氏吳國瑞妻貢生允遵女夫亡年二十一孝事公
姑苦節三十年子文華國學
劉氏庠生陳霞章妻年二十四夫亡苦節撫孤五十
年子慕陳諸生
王氏石天申妻夫亡立嗣承祧苦節四十年子士舉
候選縣丞
劉氏吳廸若妻夫亡年二十九家貧撫二子苦節三
十八年
周氏國學張致中妻未嫁父病割股于歸夫卒苦節

三十年
石氏陳伯霑妻年二十五夫卒無嗣孝事公姑苦節
三十一年
李氏胡宇仍妻年二十四子仍死苦節四十三年
徐氏生員黎哉明妻年二十五夫卒撫孤興入泮苦
節五十六年
藍氏石登岸妻年十八夫亡教愛嗣子元針拮[illegible]孀姑
胡氏吳引鉄妻年廿八夫亡撫孤苦節歷今三十一年
吳氏胡正邦妻年二十四夫亡家徒壁立紡績度日

撫孤有成守節三十一年
陳氏吳孟謙妻年十八夫亡撫子孝事公姑苦節三
十四年
王氏石再躋妻夫亡撫二子守節五十年孫秉龍庠生
戴氏儒士胡惟光妻年廿夫亡苦節三十六年嗣掄甲有文名
石氏胡獨青妻年十八夫亡苦節三十年
劉氏生員石再翰妻年二十夫亡撫孤苦節五十年
胡氏吳光表妻夫亡守節三十餘年
張氏石慶揚妻年二十五夫亡撫子授室生孫子媳

繼亡復撫孫苦節歷今三十一年
郝氏張鳳岐妻夫亡殯畢拜公姑與伯叔遂投繯邑令戴給匾
石氏增生柯士璉妻年二十七夫亡貞守撫孤苦節歷今三十五年子斯睢貢生
胡氏舉人趙錦尚妻生員胡利捷女年二十八夫卒氏苦節三十年撫子瑛玠俱入邑庠瑛死瑛妻梅氏以死殉遺孤孫一氏撫之玠死無出玠妻陳氏亦矢柏舟

張氏吳亦愚妻年二十四夫亡寡言笑躬節儉苦節歷今四十四年
洪氏劉謨三妻夫亡家貧立族子承祀紡績度日苦節四十九年
陳氏石松齡妻年二十二夫歿苦節四十年
方氏生員黎存質妻年二十二夫亡苦節四十一年子夢祥邑諸生
洪氏吳宏緒妻年二十七夫歿苦節四十年撫子逢年成立

陳氏嚴瑜妻忠烈士貞孫媳夫歿家貧撫三歲孤苦節四十餘年
石氏國學陳天懋妻夫亡年二十撫孤苦節三十年
田氏生員汪曰掄次室年廿九夫亡家貧撫孤成立
劉氏生員石再章妻夫亡苦節四十五年
蔣氏廩生劉日寧妻夫卒撫孤苦節三十四年
歐陽氏黎備三妻年二十二夫卒家貧鬻釧自給苦節歷今三十九年
王氏劉正字妻夫亡撫孤成立苦節三十二年

洪氏生員熊成子妻年二十六夫亡撫一子早卒苦節四十一年
趙氏熊宅三妻年二十夫亡無嗣割股救姑苦節三十九年
周氏程庭烈妻夫亡家貧艱辛備嘗苦節四十六年
喻氏汪如松妻年二十二夫亡矢志柏舟撫姪義勝爲嗣乾隆四十七年
旌
於氏柳昌衣妻夫卒苦節三十餘年
蔣氏貢生吳宏喬妻年二十七夫卒教子延齡爲邑

諸生苦節二十二年
毛氏陳光表妻年二十二夫亡撫遺腹子成立苦節
五十年
陳氏石翰登繼妻年二十四夫亡撫二子苦節歷今
四十六年
石氏梆登晰妻年十八夫卒敬事公姑撫孤苦節終身
羊氏王廷若妻夫亡無嗣苦節六十餘年
蔣氏洪國韓妻夫亡氏年二十撫嗣承事公姑節孝
並著歷今三十餘年

石氏國學熊爲城妻年二十六夫亡撫孤姪無異已
子苦節歷今三十一年
陳氏生員石巨濟妻貢生士元女年二十一夫亡乏
嗣善事孀姑苦節歷今三十一年
吳氏潘亚詩妻夫亡撫遺腹子遺腹子復歿遂投繯
石氏詹謙吉妻石金難女夫卒氏年十九撫孤守節
終身
王氏胡行秘妻年十八夫亡立嗣承祧苦節三十七
年撫嗣子承芳有文名

邢氏生員石泰基妻夫卒氏年十九撫嗣子念純成
立守節歷今三十三年
程氏生員劉佐國妻貢生程一飛女年二十八夫歿
氏堅志撫孤苦節終身
吳氏梅斐然妻夫亡氏年二十立斐然兄子爲嗣苦
節三十年
於氏程榮華妻年十八適華比年夫亡欲身殉因姑
老無依強留殘喘閱四載姑歿氏破額流血絕粒而亡
朱氏程體明妻夫亡家貧撫孤成立苦節四十一年

石氏徐書黄妻年十九夫亡氏苦節以歿
氏候選州同蔣朝萬妻生員黎光耀之女年二十于歸
二十四歲夫歿矢志冰霜孝事舅姑撫孤教讀有成歷
今四十八載子錫麟國學孫楚璠姪孫楚玕俱文學
毛氏黎景周妻年二十五夫卒家貧撫遺腹子子復
歿苦節四十年
饒氏方象德妻年二十八夫亡苦節撫遺腹子歷今
四十六年
余氏生員陳憲章妻夫亡家貧苦節五十餘年
嚴氏生員趙偉妻夫卒立嗣承祧守節三十年

張氏吳鴻傑妻年二十二夫卒撫嗣子裕策苦節三
十七年
石氏生員王成棟妻明經坦女夫卒苦節三十餘年
胡氏生員於鈹妻生員胡任學女胡故以詩書傳家
氏明大義年二十二夫死閱四年營夫葬所畢即
治巳棺絕粒而亡子永柏文學亦夭
柯氏國學熊孚中妻年二十三夫卒苦節三十一年
程氏桂方周妻夫卒苦節三十餘年
汪氏石之璽妻夫卒親族舉無可依紡績度日苦節

四十年子鍵附生
喻氏儒童吳慕陵妻庠生世傑長媳鄉大賓喻子昭
次女十八歸吳年二十慕陵亡氏氷霜自持孝事
公姑內外無閒言苦節二十八年卒
洪氏石爕妻年廿三夫亡撫嗣子德裕苦節三十年
黎氏石象五妻年二十五夫亡撫孤洪福讀書成立
苦節三十年
梅氏黃新山妻夫卒撫新山姪為嗣苦節三十餘年
章氏柯炳文妻年十九夫卒撫孤子復撫孤孫苦節

六十年
吳氏熊揆九妻揆九死守節撫姪三十餘年
向氏駱宗文妻年二十四夫卒家貧紡績度日苦節
四十年
黃氏吳嶠山妻夫亡守節三十二年
楊氏洪萬里妻年二十夫卒無子苦節三十年
胡氏黎待聘妻胡其文女年二十二夫亡家貧撫孤
苦節歷今三十二年
王氏袁君和妻夫亡氏年二十六守貧撫孤苦節四

十餘年
吳氏楊得三妻年十八夫歿勤儉自給苦節三十載
梅氏柯含英妻年二十八夫亡家貧苦節二十年撫
孤際虞成立
胡氏吳韓州繼妻夫亡年十九家貧無嗣苦節事姑
以孝聞歷今二十九年
羅氏翟體仁妻年二十夫卒家貧織紝以供朝夕苦
節四十餘年
汪氏生員洪國鳳妻年二十六夫亡撫孤苦節

黄氏生員吳業妻年十九夫亡無嗣苦節終身
余氏王遠士妻夫亡苦節三十年
陳氏嚴澤萬妻于歸一載孝事公姑夫卒氏是夜即
投繯以殉
陳氏徐接三妻夫卒氏年二十苦節三十年
吳氏王學坡妻孝廉樂女夫亡年廿二苦節三十年
石氏吳左伯妻夫卒苦節三十一年
馮氏黎忠一妻年二十夫卒苦節三十五年
周氏吳廷龍妻夫亡氏年二十二苦節三十年

向氏王九萬妻夫亡年二十一甘貧苦節五十年
黄氏李希哲妻夫亡年二十二家貧紡績餬口撫子
鐘靈苦節三十四年
翟氏史位三妻夫卒苦節三十年
張氏生員胡上選妻年十九夫亡撫孤成立苦節三十一年
袁氏鄭松友妻袁公常女年廿三夫亡撫孤苦節六十一年
洪氏石聲基妻夫亡苦節三十年
劉氏陶帝懷妻年十九夫亡苦節三十五年
袁氏張殿甲妻夫卒苦節撫孤三十餘年

黄氏黄价仁妻夫亡自食野蔬織紝湯米以哺子苦
節三十餘年
蔣氏生員洪國泰妻夫卒年二十一撫孤苦節終身
陶氏張步占妻年十九夫卒撫孤苦節三十一年
何氏黎天倚妻年二十一夫亡家貧紡績自支苦節卌一年
黎氏熊惠久妻年二十三夫卒撫子正鑑正鈞苦節三十四年
許氏儒童李開泰妻年二十二夫病篤割股救之夫
亡撫子早逝同媳胡氏撫孤一孫苦節終年
許氏李占鰲妻夫亡年二十撫孤二子苦節五十年

梅氏程道遠妻吏目可達女年二十三夫亡苦節三十一年
陳氏趙東會妻年二十夫亡家貧撫孤四十一年
余氏石秉奚妻年二十四夫亡守節撫孤二十年
鄭氏生員陳天椿妻生員鄭廷元女年二十三天椿
卒家貧撫孤苦節歷今二十餘年
蔣氏王庭璧妻年廿七夫卒撫遺孤守節三十三年
殷氏袁書範妻年二十二夫亡無嗣守節三十五年
楊氏袁表範妻夫卒同娣殷氏苦節三十一年鞠子
成立人稱雙節

李氏儒童石爲稼妻年二十五夫亡苦節五十年子文楹文舉
程氏儒童帥上膺妻二十六歲夫亡苦節四十八年
嚴氏石瑶階妻夫卒撫孤苦節四十八年
楊氏陳楚玉妻夫卒家貧紡績度日苦節三十年
張氏馮若舜妻夫亡氏年二十一苦節撫孤三十年
龔氏余德芳妻早寡撫孤苦節四十年男啟秀國學
邢氏熊佳士妻夫亡氏年二十撫子成立孝事舅姑
苦節三十年
黄氏胡益謙妻年二十三夫卒苦節四十三年子夢

錫庠生
嚴氏陳利見妻夫亡氏年二十撫四月孤苦節三十年
饒氏李時芳妻年二十七夫亡撫孤成立苦節終身
向氏王展南妻年二十五夫卒家貧佐姑紡績成家
自井啖泊孝翁姑曲盡孝養苦節三十七年
方氏戴次懷妻夫卒氏年十八撫遺腹子井貧苦節
四十年
項氏石益晴妻年二十一夫卒遺孤一苦節三十六年
石氏柳來朝妻夫亡苦節媳高氏撫遺孤雙節凛然

殷氏石若愚妻夫卒氏年二十家貧紡績苦節撫孤
四十餘年
王氏石中立妻年二十八夫亡撫孤苦節
喻氏石兼四妻年二十六夫亡乏嗣家貧無寸土借
居棲身貧紡績養姑自食糠秕苦節三十四年
蔣氏胡承業妻年二十二夫卒苦節三十年
胡氏張良弼妻年十九夫卒撫遺腹子正茂家貧苦
節迄今三十五年
李氏楊藏璧妻年十八歸楊夫患病數載氏割股亟
次年二十二夫卒守夫產五畝耕種以奉翁姑于

年十七亦亡苦節四十三年
馮氏詹泰吉妻年二十夫亡撫孤苦節三十餘年
黎氏張斐存妻年二十二夫亡撫遺腹子苦節五十年
王氏儒童張萬選妻夫亡貧苦矢志苦節三十年
王氏柯超野妻年十九夫亡苦節四十年
陳氏庠生帥光庠妻年二十五光庠卒苦節三十年
王氏庠生聶天根妻年二十六天根卒苦節四十餘年
劉氏張上儒妻年二十七夫亡乏嗣貧無寸土苦節終身

余氏儒童石希聖妻年廿二希聖卒苦節三十餘年
洪氏石承宗妻年廿一夫亡苦節六十載
周氏楊發志妻年廿四夫歿撫遺腹子大璋教以義
方苦節終身
石氏國學宛健存妻年二十四夫亡苦節三十年
洪氏石新雅妻年二十夫亡苦節三十年
張氏貢生吳承恩妻年廿五夫亡教子舜年有方苦
節終身
劉氏涂虞賓妻年廿二夫亡家貧苦節廿八載

邢氏石軒舉妻年二十五夫卒苦節三十年
潘氏宛際雲妻年二十二夫卒苦節三十一年
石氏曾恒饒妻年二十四夫亡守節三十六年
鄭氏張艮玉妻年二十一夫亡苦節四十五年
王氏陶大士妻夫亡年二十二歲甘貧苦節四十一
年撫子承達有成孫敬明國學
劉氏董定周妻二十歲夫亡家極貧冰蘗自守苦節
四十八年
周氏張敬先妻二十二歲夫亡窮困不堪苦節五十

王氏儒士胡西一妻年廿三夫亡苦節四十三年子楚珩國學楚璧
袁氏石再屏妻化邑樂入天焙女年二十夫亡苦節
五十四年
胡氏梅錫九妻年二十八夫亡苦節三十五年以其
紡績所餘捐脩孔鎮壩石道二堠
曾氏洪寅賓妻年二十三夫歿苦節三十六年前縣
孫給匾以旌
鄢氏熊羣表妻年二十四夫亡苦節三十七年
汪氏石席豐妻年二十五夫卒苦節三十八年

余氏國學梛成高妻舉人學益女割股救公姑以孝
聞夫亡氏年二十六苦節三十年
洪氏生員石再培妻夫亡氏年二十二苦節四十五年
帥氏聶光斗妻夫早世撫孤麟時成立入監苦節三十一年
黎氏陳錦還妻年二十六夫亡苦節三十三年
黎氏監生郭炤妻生員黎國棟女氏年二十六炤卒
氏撫炤侄世杰爲嗣苦節歷今二十三年
張氏儒童郭守忠妻生員張學韓女氏年二十二守
忠卒氏撫守忠侄世安爲嗣苦節歷今二十三年

尹氏儒童曾□妻年二十一夫卒撫一子苦節二十年
李氏項常泰妻年二十夫亡撫侄成立苦節三十年
周氏儒童湛光詮妻生員周彤女氏年二十九光詮
卒氏撫子盈功盈名成立苦節二十八年
劉氏儒童方黎懷妻氏年二十一黎懷卒氏撫子國
盛成立苦節五十餘年
殷氏國學殷繼昌妹年十九適國學石志士事節孝
至孝甫七載志士卒氏苦節撫孤堅心教子承父
志儉約持家家漸裕布衣蔬食亟老猶甘淡泊

方潞國學生方浩方渚成立
廖氏貢生石學洙妻忠烈公廖士貞孫廪生桂之女年
十九于歸八載學洙卒遺孤甫六齡姑髦年氏苦
節自守孝奉白髮慈撫黃口溫恭淑慎族咸欽其閫範
葉氏喻之型妻年二十八夫卒矢志冰霜事翁姑克
孝撫孤貢生本錀不墜家聲本錀年三十卒復與媳
舒氏撫遺腹孫兆瀾迄授室兆瀾又卒孫婦吳氏殉節死
氏謀於族衆立嗣苦節五十年乾隆五十六年
旌與孫媳吳氏合建節烈坊

旌
黃氏江行遠妻苦節三十一載乾隆三十七年
旌
柯氏熊學中妻苦節三十九年乾隆二十七年
桂氏胡周勳妻桂甫昂之女夫亡冰霜矢志家貧奉姑極
孝教子登泰成名苦節三十四年乾隆二十九年題
旌建坊
李氏喻葆中妻年十九于歸次年夫亡撫侄本鎬為
嗣事舅姑克孝茹苦積貲建橋以濟行人立祠以
奉先祀乾隆三十一年
旌建坊
謝氏李揚達妻于歸一載夫故氏□□食貧扶夫喪葬

畢投繯殉節乾隆三十四年
旌
□氏喻方烈妻錢監生熊建甘嘉康使嗣公嘉年女喻乾貢氏有
借隱風不知為貧人女也年廿七夫亡粥本不給矢節自甘撫二子
相繼夭長媳王氏日刈薪易脫粟事之人謂節婦東孝婦薪
旌
黎氏監生郭炤妻苦節三十年乾隆三十五年
旌
胡氏生員石惺妻百歲乾隆三十六年
旌
陳氏生員石巨濟妻苦節三十一年乾隆三十七年

旌
鍾氏劉澄清妻苦節三十年乾隆三十七年
旌
項氏李端萬妻苦節三十九年乾隆四十年
旌
瑜氏吳德桂妻年二十六歲夫亡矢志冰蘗撫姪孫
艮芸爲孫以承宗祧苦節五十載乾隆四十年
旌建坊
石氏胡倚青妻苦節四十一年乾隆四十年

旌
廖氏儒童許汲海妻苦節三十四年乾隆四十七年
旌
張氏周定武妻張援功女苦節五十二年
程氏周暖重妻程桂益司女苦節三十二年乾隆五十四年　詳請給匾
黃氏生員吳榮妻苦節三十九年乾隆四十八年
旌
洪氏石華野妻苦節四十四年乾隆五十年
旌
吳氏喻旭東妻年二十四歲夫亡遺娠墮胎撫繼姪

邑人哀之乾隆五十三年請
旌
石氏岱秀和妻年廿六夫亡撫孤成立苦節三十三年
王氏黎學積之妻夫亡二十五歲苦節三十四年撫
孤祁晃成立乾隆五十四年詳請　學憲吳給匾
錢氏儒童顏一占妻夫亡氏年二十一撫伯子應鳳
爲嗣入國學苦節終身乾隆五十年詳請
學憲王　給匾
張氏儒童吳取高妻苦節二十八年　黃氏生員吳
得志妻苦節三十年乾隆五十一年以雙節詳請
學憲王　給匾
石氏監生陳日旦妻石五衢女苦節三十四年乾隆

五十二年詳請　學憲張　給匾
陳氏教諭光庠妻陳宜三女年二十五歲夫故守節撫
夫胞兄光庭子國學上理爲嗣前任縣主薛採訪節孝
載入縣志至乾隆五十四年共苦節六十五年現年
八十九歲詳請　學憲吳給匾孫承灝承洙俱邑庠生
趙氏蔡克昌妻國學趙世瀧女于歸一載夫亡勤儉
孝慈立伯文學澤濟之子文燦爲嗣吏目候選吾

節三十年乾隆五十四年詳請　學憲吳　給匾
熊氏柏敬涓妻監生熊勸女年二十六夫亡苦節三
十三年撫侄馥蟒爲嗣詳請　學憲吳　給匾
余氏監生李天秩妻儒童余百順室女年二十五夫
亡苦節三十年乾隆五十四年詳請　學憲吳給匾
石氏劉中輔妻石東吉女年二十八夫歿安貧敬事
公姑撫孤教讀靜績書績長之陞應例就職次光衢
文學乾隆五十四年詳請　學憲吳　給匾
尤氏儒士桂德和妻尤平章女年二十三夫故孝敬

勤苦遺子甫一月氏教養成立苦節三十一年子長
源貢生乾隆五十四年詳請　學憲吳　給匾
吳氏生員於永柏妻貳十三歲夫亡苦節三十四年
撫姪雲爲嗣雲文學乾隆五十四年詳請　學憲吳
給匾
吳氏陳興周妻二十六歲夫亡苦節四十二年撫孤
成立乾隆五十四年詳請　學憲吳　給匾
張氏郭守忠妻苦節四十三年乾隆四十五年詳請
學憲洪　給匾

徐氏陳文敬妻生員徐聖則女也夫故年二十苦節
三十九年乾隆四十四年詳請　學憲洪　給匾
劉氏王光斗妻苦節三十五年乾隆四十六年詳請
學憲吳　給匾
貞女胡氏儒童黃光裕聘妻未于歸光裕歿氏聞訃
奔喪年二十歲守貞三十二年乾隆四十九年詳
請　學憲王　給匾
梅氏儒童李利見妻苦節三十四年乾隆五十四年
詳請　學憲吳　給匾

陳氏吳錫綱妻年二十九夫卒翦髮付棺投繯以身
殉舅姑諭以撫孤成夫志始拜泣受命家故貧灌
園蔬勤紡績以供甘旨教遺孤家法整肅長明禮
應例就職次朗邑庠生乾隆三十八年請聞于
朝賜坊旌表
劉氏洪其達妻夫亡年廿六歲苦節四十五年子早世孫
陳常文學乾隆五十四年詳請　學憲吳　給匾
嚴氏柯光斗妻夫亡年廿九歲苦節五十八年撫孤朝棟本瑚成
立入監孫秉松邑庠生乾隆五十四年詳請　學憲吳　給匾

蔣趙氏乾隆己卯舉人現任嘉魚縣教諭蔣方煢
之繼母也前嫡母汪氏其生母則劉氏也父天桂
康熙癸巳
恩科鄉薦任鍾祥縣教諭祖在縂後授職州同氏夙嫻
女箴相夫篤孝敬翁沒後事太姑久存沒克盡厥
職營甫四齡生母沒越一載嫡亦捐館營已子
立氏鞠育如同己出營幼善病母晰夕必親和藥
餌調護弗辭勞瘁稍長延師教訓篝燈課讀不裘
乾隆二年居宅火營父柩在堂氏哭禱神明顧家

黃梅縣志　卷十二　烈女　四十五

救之柩僅外燬因易棺衾以斂後經畫堂構艱苦
備嘗生平持身儉勤閑家嚴肅好善樂施族黨中咸
以爲有陶歐賢母風守節三十載乾隆五十六年
恭逢
覃恩貤贈孺人五十七年　督學院查給匾額以獎之
孫志培曾孫楚鐸楚蘭俱文學生
宋氏李筠秀妻年二十一歲于歸三載家貧勤織敬
事公姑夫亡殮畢遂投繯殉節
趙氏儒士蔣方燫妻國學趙士訓女年二十三夫亡誕遺
腹子志靖矢志栢舟孝事舅姑無缺禮撫孤慈嚴兼至

有和丸畫荻之風靖亦遵聆母訓于乾隆甲午庚子
兩科俱膺鄉薦歷今苦節四十九年　學憲李延
訪給匾獎之氏夫以子貴揀選知縣候贈文林郎
附葬下新鎮中灣屋後山場
陳氏儒童蔣志堅妻年十九于歸二十四夫亡無子紡
績度日撫姪爲嗣歷今苦節三十一年詳請
學憲李給匾
陳氏儒童趙銘基妻生員陳慕陳女年二十五歲夫
亡立姪羣英承夫祀歷今苦節四十五年詳請

黃梅縣志　卷十二　烈女　四十六

學憲李給匾
張氏儒士岳繁衍聘妻年十六奉舅姑命來省夫疾
旋夫亡未婚氏即閉門終喪矢志自守紡績度日
貧苦自甘撫姪丹桂承祧苦節終身
邢氏陳其讓妻其讓積學未遇氏年廿六夫亡柏舟
矢志撫夫兄子師舜爲嗣不幸早逝氏與媳余氏
仝甘冰蘖撫孫世業世業又夭孫媳程氏年廿六
生遺腹男文炯辛苦鞠育三世同心稱一門三節
陳氏儒童李元長妻年廿四夫亡矢志自守雅甘淡泊
事翁姑能盡孝養撫姪念曾承祧苦節四十年

張氏儒童黎和萬妻生員殷邦仲媳十八歸黎楚云
年夫卒氏氷霜自持孝事公姑紡績自甘撫孤成
立苦節五十餘年

程氏張象賢妻年二十八歲夫亡矢志自守紡績度
日撫孤文塋成立苦節五十餘年

吳氏儒童盧步洲妻年二十九歲夫卒氷霜自持紡績
度日撫侄爲嗣苦節三十餘年詳請給匾

張氏監生　君仁之妻監生張　楫之女生子聲玄學氏苦節三十
年事姑盡孝教子有方詳請學憲　姑賜匾曰彤管增輝

仙釋傳

梅地路當八省通衢其深山大澤代傳仙釋緇衲先
生賓客商賈過梅眺覽不倦亦梅之勝事也王阮亭
十祖師外又雜記其可考者

釋

千歲寶掌和尚西洋中印度人周威烈王時示生初
生左手握拳不展伊父母異之比長携以謁佛陀
精舍遂展掌禮佛故稱寶掌遍閱聖僧該練乘部
嘗曰我欲住世千年寶[illegible]黄梅居雙峰遂成叢社

又過廬山抵白下遊迴達磨又訪觀音大士於南
海復返雙峰最後移錫江浙寂於會稽之雲門自
周威烈十二年丁卯至唐高宗顯慶二年實一千
七十二年故五燈會元稱爲千歲寶掌寶掌去後
開化本山者有道常靜川道安香林至今稱清深
道場紫雲爲最

天王道悟和尚隋士崔子玉之後唐元宗開元二十
五年示生年十五依長沙寺曇翥律師薙染受具
於嵩山和尚南謁馬祖祖教以識取自心本來是

佛師大悟服勤九年辭去比還去荆門結草爲廬節度使見訪了無接待怒擲師水中旆返徧衙火發惟聞空中有聲曰我是天王神我是天王神使惶懼求懺火燄頓息宛然如初親往江邊見師在水衣裾不濕使重申懺悔迎請供養建天王寺請師住持十餘歲杖錫過蘄春登雙峰遂卓錫龍岐之墟已遷蕭雙峰之南名上寺又退而菴於紫雲之巔寶掌故址也其寺原名老寺廢於隋末 闢而新之有老人前拜曰吾烏沙潭龍也莫罰當死

請救之悟問汝能易形乎曰能乃化小虫伏襟帶間是夕雷雨大作不能害明日出拜曰非師幾腥此山矣請助工乃指船米二石曰所需薪米悉取於此如其言寺成遂止唐元和十三年戊戌四月十三日示寂有得法弟子一人龍潭信禪師信之子爲德山鑒是爲雲門法眼二宗之祖

香林和尚名元果舒城卞氏子明武宗正德元年九月九日示生年二十謁匡廬孤月薙染受具後遍謁名山至黄梅問一居士曰雙峰幾幾有嶰洞可憩息否居士曰雙峰之下有白雲火燄二洞境甚都但多虎狼師曰無慮遂挈瓢往白雲洞有虎乳兒於其內師叱曰若速去此洞我居矣虎哮吼數聲引兒去師坐洞中不火水者七日居士憶師死矣荷梃偵之見師怡然趺坐衆合掌拜曰吾師德足服虎矣後移居老寺一新殿宇嘗示衆曰汝等但信自心即佛更莫外求閱年六十七坦化

三昧寂光瓜渚錢氏子母感宣律師入夢而誕年弱冠禮淨源剃落謁慧雲於潤州甘露寺始納具戒

冬夏一衲該練毘尼以荷法爲念及付囑後次第開化於老寺三番說戒祖殿蓮池皆爲一新旋歸南都重興隆昌寺受福王紫衣師號明年六月朔令侍者進歷指初四午刻當別大衆屆期澡浴畢跏趺微笑而逝

憨翁森即圓照國師茆溪遍叅諸方機投大雄室內十年首衆報恩順治巳亥秋奉師命賫本謝
恩 辛丑歲靜隱中山 遂於老寺開堂說戒有南北二集並諸録行世

懿山德武陵劉氏文而菴居士母石姓師早離火宅

二十餘圓具挈一笠徧叩諸方過邑之蓮苞峰宿
因深重手闢梅源居之會圓照國師遯跡老祖山
中師闢棧道往謁圓照門風高峻當其說法萬善
殿中金紫緇白俱集出遊五臺斾旟扈從王公貴
戚而下皈誠禮足維師得髓應心是名冢嫡衣法
授受爲言思擬議所不到自此初主圓映次鼎州
之文殊次桃源之芭焦重以杭州圓照之繼席一
杖一喝流布人寰見黃懷亭文集

四祖大醫禪師名道信姓司馬河内人父爲永寧令
卽今廣濟以陳周靜帝大象二年三月三日示生
縣門洛佛井尚存先是達摩尊者以其法傳二祖
慧可可傳三祖璨師謁三祖乞解脫璨曰誰縛汝
更求解脫乎師悟斷髮事之隋大業師於吉州祥
符寺受戒時寇至邑人洶洶師曰無擾亟誦摩訶
般若波羅密越三日天王見四門賊驚走又大疫
邑人復求救師誦摩訶般若波羅密七日時盛暑
天降大雪疫乃止衆建雪山寺以酧之逾年歸侍
三祖授以衣鉢武德七年卓錫於破額山唐代宗

朞賜六名屢徵不赴賜紫衣閱世七十二年唐高宗
永徽二年閏九月四日寂於毘盧塔九年四月八
日塔戶自開衆歎呼珍奉唐代宗謚爲大醫禪師
慈雲之塔宋元明累有褒贈龍湟槃時言吾手開
過千紙當再來明武宗正德十四年右手衝舉火
從頂發自焚其身惟存舍利蒙感荆王鑄金爲像
衣鉢授五祖而本山闡化者有端禪師仲宣止堂
法幢山鐸最後有晦山顯

再來生法幢元時廣濟人李雲隆夢四祖僧借居因
生幢稍長投寺僧尚智剃度明洪武十七年與智
語欲往徐志五家托生化度爲善遂坦化二十一
年九月果生其家智來省之笑投智懷遂名善來
歲餘抱至寺中禮佛卽直入舊禪悉取舊物人呼
法幢則應蕁投本寺終歲持誦法華圓覺等經志
五父子悉化爲善洪武末召至京師居報恩寺
山鐸名真在德化李氏子出家悟道住四祖寺遷瀰
川準桂寺復返黃梅預定化日期至端坐書偈因
從無量刼來與衆僧爲伍將此皮骨送入江湖喂

魚鱉蝦蟹濟衆僧免饑苦免占檀那地土浩浩長江是吾歸所擲筆大喝一聲而逝

晦山戒顯住四祖寺本儒家子明末祝髮者冒頭陀行得三峰法開四祖萬工池素工書有求者輒寫經藏偈語以贈至今重其人兼重其字稱爲四祖顯云

雙峰退菴禪師當晦山顯主席西山譽滿吳楚即以文字禪論亦可謂名下無虛乃師于向上一路窺其閫奥終不入其保社棄謝名山深入無人之境

其孫曾勇聰明識道理捹關閱藏四周寒暑見黃懷亭文集

五祖大滿禪師名宏忍黃梅人昔四祖闡教于破額山時大滿師爲栽松道者一日請曰法可得聞乎祖云汝老脫有所聞能廣化耶再來當傳爾今且去師請所向祖曰逢港則住遇周則止師遂南適行至濯港遇一女子浣衣揖曰寄宿得否女曰有父兄在可往求之曰諾則敢行女首肯之即回策坐化于破額女周氏子歸家輒孕父母怒逐之女無所歸傭紡里中夕止社屋隋文帝仁壽二年壬戌十月二十三日女生子以爲不祥棄諸濯港逆流而上氣體鮮明見者異之後舉還母七歲隨母行乞里舍呼無姓兒路過四祖祖言此兒缺七種相不逮如來因問何姓答曰姓有不是常姓祖問何姓曰是佛姓曰汝無姓曰姓空即無祖遂於母所乞令出家母以宿緣願捨爲僧祖命衆建壇場焚香戒肅母負兒至殿鐘鼓自鳴大衆皆驚兒至即曰法道可得聞乎祖曰兒今尚小童啟祖曰昔謂我老今謂我小豈法印竟不得聞耶即于是後

日苦功行年二十一祖知時至遂授法衣師乃開法於東禪寺以便將母學侶日衆有神秀者博學多聞來參法座新州盧行者即六祖慧能禪師本賣柴傭聞客誦金剛經至應無所住而生其心遂覺有省亦來參學祖曰欲求何物盧曰不求餘物惟務作佛祖曰嶺南人無佛性盧曰人有南北佛性何有南北祖知異人乃訶曰着槽廠去盧入碓房舂米晝夜不息八閱月祖命衆等各取自性作一偈來維時會下七百餘衆上座神秀學通內外遂書一

偈於廊壁間曰身似菩提樹心如明鏡臺時時勤拂拭不使惹塵埃祖見深善盧在碓房誦之良久曰美則美矣了則未了乃和一偈曰菩提本無樹明鏡亦非臺本來無一物何處惹塵埃祖後見偈問是誰作衆以盧對祖詣碓房見能腰石舂米語曰求道之人當如是乎問曰米熟也未盧曰米熟久矣猶欠篩在祖乃以杖三擊碓頭盧會其意三鼓入室祖以袈裟遮圍爲說金剛經仍至應無所住而生其心盧言下大悟遂啟祖曰何期自性本

自清靜何期自性本不生滅何期自性本自具足何期自性本不動搖何期自性能生萬物祖曰不識本心學佛無益若識本心自見本性卽名大丈夫天人師吾今授衣爾善保護無令斷絶聽吾說偈曰有情來下種因地果還生無情亦無種無情亦無生盧跪受衣法啟祖曰法則既受衣付何人祖曰達摩未至人未生信故傳衣以明得法今信心已熟衣乃爭端止於汝身不再傳也盧曰當隱何所祖曰逢懷則止遇會則藏盧拜辭去祖送至

九江親爲把櫓曰合是吾渡汝盧曰迷時師渡悟了自渡祖曰如是如是以後佛法由汝大行祖歸不復上堂衆疑問之祖曰法已南矣能者得之衆始知之祖乃開堂于馮茂山今五祖寺是也後盧隱曹溪秀行法江陵分南北宗云上元二年二月二十六日祖告大衆以功畢欲行囑曰吾滅後塔吾全身後以手撫時吾當再來此語驗在五百年入室安座而逝壽七十有九塔全身於東山之陽衣缽授六祖後本山闡化有戒公演祖表自宗自

曉常最後有千佛圖

諸戒所出無考住五祖寺塔在山麓名山塔灣塔前有石亭爲蘇子瞻所建今稱爲東坡亭記載東坡爲五祖戒後身故坡嶺外詩云父母曾看烏角巾應緣曾現宰官身溪邊古路三叉口獨坐斜陽數過人叟志林載雲菴夢同子由及蜀僧聰迓五祖戒既而三人俱會同適東坡書至云旦夕相見三人大喜出城迎之

法演禪師五祖十五代嗣孫巴西綿州鄧氏子少爲

書生長慕出世法年三十始祝髮初謁圓照本次謁浮山遠一日遠語師曰吾老矣恐虛子光陰可往依白雲與雲問答頓悟獻偈雲特印可命分座開示已遍遊叢社晚至東山初五祖之寂也遺記云吾滅後當留真身君手啟而舉當再來後四百六十年演祖果至其禮祖拈香偈云昔年全體與麼去今日重來記得吾是時像與手相裂中可容箸衆咸異乃知演公因五祖乘願再遊者也於是主東山席崇寧三年六月二十五日上堂辭衆歸

方丈淨髮澡浴遂寂年八十餘是夕四十里內山谷皆震

表自禪師演祖法嗣繼席東山參學如雲其門榜有三語曰道得者許其掛搭否則他去一僧提坐具徑造丈室云某甲道不得只要掛搭師大喜命其排繳法語詳載禪典以禪後學示寂後塔於本山年久荒沒幾不能辨有遠孫緑雨蕉手闢荆榛俾還舊規其掃塔偈云一塔中分半有無荒煙蔓草淡痕枯至今三語依然在更倩何人門上書其修造石路自一天門直達白蓮峰頂歷數里許及講經臺三佛橋沿路五塔引路百松悉出其手至今賴之

千仞岡俗姓王鄞縣人父臺為楚房命師以諸生隨父任性好學博極羣書迫其父殉難後師自顧惘然一日閱楞嚴至清淨本然云何忽生山河大地慨然從徑山信剃落尋受具於天童悟常參趙州無字有省說偈云狗子無佛姓莫道說得好閨女學做媒自身也難保時箬菴問住夾山師往參機

大契合卓錫馮茂慨然以興復祖庭自任得還舊觀迎母養於山躬自執役不煩一僧康熙五年丙午冬十月脾疾忽作師笑曰毋相逼吾行期定於明春二月也屆期晦山顯至晦入見師談笑飲啜如常欲辭去師曰不須去吾明日行矣時為二月二十九日未時聚衆陞座問衆聚否曰聚問晦公在否曰在師曰好吾今去矣端坐而逝時有野鹿入方丈哀鳴不已遂留弗去毋上供輒長鳴焉是為五祖中興厥後繼席如緑雨孤懷瑞罄皆能不

愧宗風云

圓證祖師卽普菴祖師唐僖宗乾符三年賜號圓證得法於荷澤澤得法於六祖建寺南山塆在虎首山去寺百步梅遇旱求雨澤輒應

無迹祖師卽彥賓祖師唐長慶元年師建寺北山塆去寺四里許圓覺庵其塆院也後有臨濟下天章來主法席山舊有樹曰娑羅數百年間物入院日忽噴異香爲中興之兆 天章付

靜鑑祖師諱章泰和梁氏子明洪武元年十二月八

日示生甫七歲父母繼歿從雪峰寺悟空落髮後入終南山二十九載以巳事未明捨身投岩者有掩之者六投六掩乃止忽有老僧稱天臺比邱謂曰若無泡影大事難辦時節一至其理自彰奚捨身爲乃示以黃梅妙高山可居師挈鉢而來掛錫幽巖功苦精進歲種魁芋三百六十本日啖其一閱歲久慧鑑渾圓一日呼弟子文僧及大衆曰有來必有去我其行乎三年後當以吾演化也跏坐而逝正統十二年十二月八日也建塔于本山距

景泰元年十二月八日如期文僧會衆啟塆見師顏貌如生乃膠漆莊嚴供於本寺時邑令梁姓者師族也甫治梅夢師來見刺稱宗弟謂令曰吾腰重未能揖願以累子令形求見於南山之嶺惟肖於是創其累重焉

曉愚禪師汾州昭法嗣嘗叅五祖戒禪師戒問不落唇吻一句作麼生道師云老大人話頭也不照顧戒喝師亦喝戒拈捽師手卽戒云闍黎且住有話在師將坐具搭肩上更不回頭直去遂衍法龍華

寺上堂云摩騰入漢已涉繁詞達摩西來不守本分山僧今日與麼道也是爲他長無明後寺爲賊燬示夢於石氏及衆姓皆同口稱募化袈裟舉拂說偈云六十年來失却衣夢中親口向人題飛仙臺畔龍華寺世間無相不皈依衆爲重裝金身今則剎宇一新矣

道初爲五祖演法嗣衍教龍華機辨敏捷一日謂衆曰昨日離城市白雲空往還松風清耳目端的勝人間有頃脫然而逝

遠公祖師遠公初居廬山與陶淵明爲友後渡黃梅建道塲曰栢林又與劉遺民十八人結爲蓮社謝靈運求入遠謂其心雜弗許見晉書

朗公禪師晉長安左氏子剃渡於潭州招提寺於遠公爲兄弟遍遊叅學至梅求卓錫地遍歷數處未善過馬𩔰山遇土人新雨乃揮蘆於青龍山云花開即雨後果然故又名望花冲其趺坐處爲朗公坦最後住錫於東永福寺塔在寺中

張金禪師係蘄州張得賓之裔建道塲於考田山衝

白馬寺寂於蘄州首巾庵

流支禪師中印度人梁武帝時與達摩同來譯經藏爲流支疏建道塲曰菩提示寂于多雲山其塔在焉

天澤霖五祖千仭岡法嗣主東禪寺法席前一夕殿上大鐘不擊自鳴者三而本寺剃度有應菴華受具於虎邱隆遍主大刹語錄入北藏行世

問巳未詳所從來嘗灌園於五祖禪堂暇則念佛不輟主席者察其行戒擬以首衆乃潛跡於上沿鎮之老林庵亦惟以灌園念佛爲事時鎮有虎患偵知虎穴所在擊柝聲佛繞林三匝虎歛威出隨其後念佛送之轉數坡虎患遂息

遍曉濟福本邑吳氏子慧根清澈戒行精嚴年十四祝髮西峯菴及長受戒西山遊江南住紫竹林叅素白和尚說法下浙住靈隱寺返江南天界寺晚年叅悟上乘脫然塵滓年八十六示寂於本菴說偈曰水雖朝海去雲定入山歸動靜原無跡去歸兩者非益已透菩提無樹明鏡非臺之宗旨矣經

魁胡攀龍序其事最詳今提其要載於册末裔孫清澈

仙

羅公致福真仙江西廣昌人好元術晉武帝時入陽明山洞巳徧歷名山大川至梅悦鳳臺蘆溝之勝棲止焉一日遇道者携藥籃白蟾語令留居之經九歲忽夜半道者指視赤虹亘天之祥謂曰子玉皇仙侍誤翻瓶水化爲霖浸陷多郡故謫居塵世

今限滿當復直命余度汝隨隱去不見逾月於簷下洗手腱乃曰病龍也可療明晨一秀士以首疾來謁福曰可示真身詖吾邪北角毋悸吾民尋往見一龍先期伏坎中劈其腦取白蜈蚣一殺之傳以丹丸龍徐徐騰去後名其地爲乾龍池晉元康中惠帝病阽幾絶徧索名醫福被召投之劑病即愈賜金帛官爵不受敕號真人禮送至邑泰源觀修煉故觀旁有煉丹池一日濯足北圳之陂升高阜四顧觀者駢集福冉冉起謝衆曰泰源官觀若成河河流北岍吾重過白日冲舉後名其地爲飛昇臺

宋公飛仙名益孚儒上閩越汀州人母林氏夜夢黃龍投室於晉太元壬午五月朔二日誕生安帝義熙中以文學孝廉徵爲番禺令改刺睦州治事餘暇喜觀釋道經文生平清淡尊謹見劉裕篡晉解綬歸遍歷名山大川至彭蠡渡江登黃蓮嘴進古長安驛有施生文錦張生文通一見師事之歲旱衆姓請求雨澤因示以結額立牌之制七日果雨後

三人行至考田冲見山水秀麗樹木陰翳四顧寂靜遂棲真焉今黃龄仙洞是也宋元嘉末縣屢旱義豐（治內舊縣名見古蹟）尹劉弼夜夢神人告曰急求宋仙次日六鄉老人請曰黃龄洞有隱者消息甚奇請往禱之尹齋宿步請轉大河之北公預候於谷口尹詫問曰何由得知公笑曰空山早報仙聲矣進而對奕聯吟有頃出洞見村舍路徑不似來時劉訝之公笑示來路及歸市朝巳變矣復返和依相傳一日宋公坐一石上沉爲黃龄潭騰空直上劉及

六鄉老人同升遺有升天石集仙臺花菓山石棋盤石棋子過小溪山石上有馬足跡其後禦災捍患屢著靈異居民敬奉唐武德二年始建廟宇於古角山旱則取水於潭誠求屢應武德九年詔沙汰天下廟祀其德在生靈者令所在有司條上履歷以定報典謂公修真得道祈禱屢應事有可稽且義不臣宋終身巖穴孤忠當表乃封顯應侯宋真宗時冦圍城侯顯聖解圍詔封顯佑侯景德三年邑患疫邑令李懋家皆染子虓已死尹伏虓尸

夢侯來言曰見汝家及百姓受灾將來救汝尹未及答侯將虓尸一踢父子忽醒尹感侯德乃建廟于北郊山景德五年賊兵逼城李巡城見侯當冦道前有二將異形賊退因申侯功詔封靈濟侯嘉慶四年詔改封善濟侯元皇慶二年天下大旱獨黄梅祈禱有驗中書省臣禿忽魯奏上封惠蔭侯明永樂中封昭德王俗稱昭德王福主行報賽之禮期以八月廿二日立兩壇大會其牌額之制方圓以象天地縈麗以象日月布列以按星辰參差

以分水火卷舒以應風雨其取材動衆醵享飲食之修葺不下數百餘金而村民鼓舞樂從

王月航真人初在紫虛觀修煉後學法龍虎山歸一日有病者乞符水延至其家月航知故乃書雷符於掌以往至則數老者陪坐取文書數十道示之曰此皆若所申奏被我輩勒得者航乃開掌雷發滿洞狐皆擊死後亦以法爲戒埋寶劍不用以壽終士人因祀之紫虛觀號真人

姜通真仙唐方士修煉于多雲山道成昇仙遺跡石

壁間里人呼壁爲石道士因廟祀之祈雨輒應

毛靈相公宋時臨川人以文學名遊黄梅山南坂聚鄉童子講學日食蔬素夜誦經典雖踈雨寒檠未嘗有間性喜周濟所得束修悉資貧乏歿後里人謀葬於合口塘隅一夕里人各得一夢云上帝因某爲正士勅爲毛一將軍以雨澤濟人若能刻某像祀之則塘口有木一株可取用也衆述其夢各駭異果於塘口得木命工雕像祀之於建龍庵感靈甚著村人求雨輒應至今賴之

刷龍王龍坪山人爲孺子時就傅與羣兒浴於塘水湧歸周身人怪之久之身生鱗化爲龍飛去後人祀爲龍王浴處即今龍王潭也鄉人祈雨投疏潭中輒應

烏沙龍王即紫雲山之老龍王也事詳道悟傳中今出水井出米石運米石船皆其遺跡

白衣龍王始末無攷蔡山寺有龍王三尊原係一木裁爲三像一日一風一雨祈禱者任意求迎一尊過日即日過風即風過雨即雨靈感之妙亦可異

也

于聖龍王姓于初爲石人腳高氏傭工晴日持簑笠往田果雨雨時棄簑笠而往果晴後倚大樹坐化即截樹如坐長短爲像祀以禱雨輒應初祀高宅今寄祀蓮花庵

張連翹唐時女道士本縣人兒時汲水見井生蓮花漸出井口探取數四遂墜井家人訝久不還往視見連翹立井中及出云飢甚日食數斗六七日後遂不食歲時或啖棗數枚父母因命出家年廿八見天上雨黃藥三丸取吞之立死有頃復甦覺力健神清天寶末忽辭父母如有所適百姓縣官皆見五色雲擁一寶輿自天而不競來觀視連翹初無所覺雲亦消散自是兩脅相合形體枯悴而不食矣見通志

劉仙女宋時人父居黃梅縣東容峰之側女未笄父出嘗豫言陰晴宜持簑與否皆驗後入山不知所在土人祠之名仙女洞出舊通志